글로벌 시장과
국제광고

서울경제경영

글로벌 시장과 국제광고

정만수 · 김유경 · 이경렬 · 전영우 · 김병희 · 최영균 · 심성욱 지음

INTERNATIONAL ADVERTISING

서울경제경영

머리말

학부생들을 대상으로 '국제광고론'과목을 강의하면서 교재로 사용할 적절한 책을 선택하는 것이 쉽지 않아 안타깝게 생각하였는데, 몇 명의 동료 교수들이 한마음이 되어 새로운 교재를 집필하기로 뜻을 모았다. 그리하여 하루가 다르게 변화하는 글로벌 시장과 국제광고의 최근 동향을 살펴보고, 최근의 국제광고 전략과 실제 사례를 담은 교재를 만들고자 의도하였다.

하나의 기업이 성장하여 한 국가에서만 머무르지 않고 여러 국가에 진출하면서 국제광고를 실시하며, 판매영역을 넓혀 가는 성장전략을 취하게 된다. 다국적 기업이 국내에서 광고를 실시하고, 우리나라 기업들도 무한경쟁시대를 맞아 글로벌 시장을 대상으로 국제광고를 확대하고 있다. 급변하는 글로벌 시장에서 벌어지고 있는 경제전쟁에서 살아남고 승리하기 위해 국제광고의 중요성이 더욱 커진다. 최근에는 인터넷, 위성 방송, 모바일 매체와 같은 뉴미디어의 발달로 더욱 많은 기업이 국제화, 세계화를 추구하고 있다.

국제광고의 기본적인 기능은 국내광고와 크게 다를 바 없다. 다만 광고환경이 자국이 아닌 해외시장이므로 시장환경이 달라짐에 따라 경제적, 사회문화적 기능에 특히 유의해야 한다. 국제광고의 경제적 기능은 글로벌 시장에 제품을 광고하면서 호의적인 태도를 형성하고, 현지 소비자들에게 상품에 대한 정보를 제공하며 새로운 수요를 창출하는 것이다. 사회문화적 기능은 현지국의 가치관이나 생활양식에 직접적으로 영향을 미치는 부분으로 광고활동에 있어서 세심한 주의가 요구되며, 현지문화와 외래문화의 마찰도 고려해야 한다. 국제광고가 성공하기 위해서는 다국가적 및 다문화적 분석이 요구되며, 다차원적 접근을 할 필요성이 있다.

이 책은 총 12장으로 구성되었다. 1장은 국제광고의 의의, 2장은 국제광고와 광고산업의 최근 동향, 3장은 국제광고와 문화에 대해 살펴보았다. 그 다음은 광고의 주요 부문별로 다루었는데, 4장은 국제광고의 기획전략, 5장은 국제광고의 제작과 관련된 크리에이티브 전략, 6장과 7장은 매체와 뉴미디어를 나누어 별도로 살펴보았다. 8장은 국제광고와 소비자행동 전략, 9장은 국제광고에 대한 효과조사 전략, 10장은 국제광고와 스폰서십 전략에 대해 살펴보았다. 아울러 마지막 부분에는 사례분석을 제시하였는데, 11장은 다국적 기업이 국내에서 실시한 대표적인 수입광고, 12장은 우리나라 기업이 글로벌 시장에서 실시한 수출광고의 실제 사례를 다수 분석함으로써 국제광고에 대해 보다 현실적인 이해를 돕고자하였다.

짧은 집필 기간임에도 불구하고 마음을 모아 좋은 원고를 작성해 주신 동료 저자들과 멋진 책으로 만들어 주신 서울경제경영 출판사 김은중 대표와 편집진에게도 감사의 뜻을 전하고 싶다.

2014년 7월

저자를 대표해서 **정 만 수**

차례

머리말 v

Chapter 01 국제광고의 이해

1_1 국제광고란 무엇인가? 2
1_2 국제광고의 등장 9

Chapter 02 국제광고와 광고산업

2_1 글로벌산업의 발전과 국제광고 22
2_2 국제광고산업 현황 32

Chapter 03 문화와 국제광고 전략

3_1 글로벌시대의 출현과 시장의 글로벌화 48
3_2 문화의 정의 49
3_3 문화와 소비자 가치 52
3_4 문화와 소비자행동 57
3_5 문화 차원과 광고 커뮤니케이션 63
3_6 맺음말 72

Chapter 04 국제광고의 기획 전략

4_1 국제광고 기획과 문화 76
4_2 광고에 나타난 문화적 가치 79
4_3 국제광고 기획 과정 83
4_4 광고전략 모형 89

차례

Chapter 05 **국제광고의 크리에이티브 전략**

5_1 광고 창의성과 크리에이티브 전략 100
5_2 프레이저의 크리에이티브 전략 105
5_3 프렌전의 크리에이티브 전략 111
5_4 카피 플랫폼 작성 방법 117

Chapter 06 **국제광고의 매체기획**

6_1 개요 126
6_2 세계 주요국의 미디어 하부구조(Media Infrastructure) 127
6_3 매체기획과정(Media Planning Process) 130
6_4 사전기획단계 136
6_5 기획단계 142

Chapter 07 **국제광고와 뉴미디어**

7_1 글로벌 매체환경의 변화 156
7_2 인터넷광고 158
7_3 모바일광고 167
7_4 소셜미디어광고 175

Chapter 08 **국제광고의 소비자행동 전략**

8_1 소비자 의사결정과정 192
8_2 개인적, 심리적 요인 197
8_3 문화적, 사회적, 대인간 요인 204

Chapter 09 국제광고의 효과조사 전략

9_1 국제광고조사의 정의 및 목적 212
9_2 국제광고조사 과정 212
9_3 국제광고조사의 유형별 분류 214
9_4 양적조사(Quantitative Research)의 유형별 분류 218
9_5 질적조사(Qualitative research)의 유형별 분류 224

Chapter 10 국제광고의 스폰서십 전략

10_1 해외기업 231
10_2 국내 글로벌 기업 239

Chapter 11 국제광고 사례분석(I)

11_1 코카콜라 246
11_2 유니클로 (Uniqlo) 250
11_3 맥도날드 (McDonald) 253
11_4 애플(Apple) 256

Chapter 12 국제광고 사례분석(II)

12_1 삼성 갤럭시 262
12_2 현대 소나타 270
12_3 LG 3D TV 278
12_4 오리온 초코파이 285

찾아보기 293

INTERNATIONAL ADVERTISING

Chapter 1

국제광고의 이해

1_1 국제광고란 무엇인가?

1_2 국제광고의 등장

1_1 국제광고란 무엇인가?

우리는 글로벌 환경에 둘러싸여 생활하고 있으며, 많은 해외 브랜드에 관한 정보를 접하고 시장에서 쉽게 구매할 수 있다. 우리나라 기업들도 무한경쟁시대를 맞아 글로벌 기업으로 성장하기 위해 해외 소비자들의 인식과 평가를 분석한다. 글로벌 시장에서 인지도와 이미지 제고, 그리고 매출 증대를 위해 국제광고를 확대하고 있는데, 국제광고는 국가별 문화 차이, 시장 요인, 제품 요인, 소비자 요인 등을 고려해야 한다.

우리나라는 지난 반세기 동안 글로벌 시장에서 빠른 추격자(fast follower)였으며, 이를 위해 헌신과 희생을 받아들이며 근면하게 살아왔다. 문제는 빠른 추격자로 먹고살던 시대가 이미 지나가고 있다는 점이다. 즉 한국 경제의 규모는 빠르게 남을 따라 하는 것으로 유지할 수 있는 수준을 넘어서고 있다. 지금 우리가 직면한 시대는 우리에게 빠른 추격자가 아니라 선도자(first mover)가 되기를 요구한다. 물론 우리가 영위하는 모든 산업에서 선도자가 될 수는 없다. 하지만 역사적으로 보면 지금 한국 경제는 전체적으로 '뒤따르는 자'가 아니라 '선도하는 자'가 될 준비를 해야 할 시기임이 분명하다. 피터 언더우드(Peter Underwood, 2012)는 그의 저서 '퍼스트 무버'에서 한국 경제의 현주소를 진단하고, 선도자가 되기 위해서는 가격과 품질을 뛰어 넘는 창의성, 개방성, 효율성 등을 갖춰야 한다고 강조한다. 그의 주장은 글로벌 시장에서 국제광고를 탐구하는 우리에게 큰 시사점을 던지고 있다.

1_1-1 국제광고의 정의

하나의 기업이 성장하여 한 국가에서만 머무르지 않고 여러 국가에 진출하면서 국제광고를 실시하고, 판매영역을 넓혀 가는 성장전략을 취하게 된다. 지금까지 산업 선진국의 제품들이 많은 나라에 진출했으며, 최근에는 인터넷, 위성 방송, 모바일 매체와 같은 뉴미디어의 발달로 많은 기업이 국제화, 세계화를 추구하고 있다. 이처럼 교통수단과 통신기기의 발달로 형성된 지구촌(global village)이 국제광고에 가장 잘 어울린다 해도 과언이 아닐 정도로 다양한 상품이 국제적으로 광고되고 있다. 그렇다면 국제 광고를 어떻게 정의해야 할까?

국제광고(international advertising)는 어떤 나라에서 만든 상품을 다른 나라에 판매할 목적으로 제작한 광고를 말한다. 좀 더 구체적으로 국제광고란 기업이 해외의 소구대상에게 제품과 서비스에 대한 정보를 전달하고 설득하여 태도를 변화시키거나 수요를 창출함으로써, 궁극적으로 매출의 증대를 추구하는 커뮤니케이션 활동이다. 여기에서 소구대상이란 일반 소비자뿐만 아니라 해외의 기업, 정부, 단체, 유통기구 등을 포함하는 개념이다.

지금까지 국제광고라는 말이 통일된 의미를 갖지 못한 체 다양하고 다의적으로 사용되어 왔다. 국제광고에 종사하는 실무자와 이를 연구하는 학자에 따라 다양한 용어로 표현되고 있으며, 사용하는 사람의 입장이나 시각에 따라 미묘한 의미 차이가 있다. 즉 어떤 제품을 수출하는 기업이나 국가에서 볼 때는 수출광고이지만, 제품을 수입해서 사용하는 입장에서는 수입광고이다. 더욱이 점차 기업의 주체와 소재, 제품의 원산지 표시가 큰 의미가 없어지고 있는 현실에서 국내에서 집행되고 있는 해외광고와 국내광고를 굳이 구분할 의미도 줄어들고 있다. 뿐만 아니라 국제광고는 국내광고의 집행 과정에서 사용하는 마케팅 의사결정 도구들을 그대로 사용하기도 하며, 특히 현지화 전략을 추구하는 국제광고는 현지의 광고대행사를 활용하여 국내광고와 거의 동일한 제작과정을 거치는 경우도 흔하게 볼 수 있다.

국제광고에 해당하는 의미로 수출광고와 수입광고, 해외광고, 다국적광고, 세계광고, 글로벌광고, 글로벌마케팅커뮤니케이션 등 많은 표현들이 혼용되어 왔다. 수출광고와 수입광고는 수출입하는 상품이나 서비스에 대한 광고만을 다루기 때문에 국제광고의 하위개념이라 할 수 있다. 다국적광고(multinational advertising)는 통상 널리 알려진 다국적기업이 실시하는 광고라는 의미로 사용되고 있기 때문에 국제광고와는 구별되는 개념이다. 때로는 국제광고를 해외광고(foreign advertising 또는 overseas advertising)라고 부르기도 하나 엄격히 말하면 국제광고는 그 범위가 해외광고보다 넓은 것이 특징이다. 즉 국제광고는 우리나라 기업의 해외광고뿐만 아니라 외국기업의 국내광고까지를 포함하기 때문이다. 글로벌광고(global advertising)는 세계를 대상으로 한다는 점에서는 국제광고와 호환해서 쓸 수 있다. 그러나 모든 국제광고가 반드시 전 세계를 대상으로 하는 것은 아니므로 국제광고라는 표현이 보다 일반적이라고 할 수 있다. 이 책에서는 앞의 용어들을 통칭하는 넓은 개념으로 편의상 국제광고라는 용어를 사용하고자 한다.

1_1-2 수출광고와 수입광고

국제광고의 구분을 실무에서는 흔히 수출광고와 수입광고로 나눈다. 수출광고(export advertising)는 수출 기업의 해외 마케팅활동을 지원하거나 서비스하는 광고활동으로, 해외시장이 활동무대이며 해외고객 지향성을 띠고 있다. 국내기업이 성장하여 외국에 진출하는 경우를 말하며, 우리나라에서 수출광고를 활발히 하는 기업으로 삼성전자, 현대 · 기아자동차, LG전자, 한국타이어, 금호타이어, 아모레퍼시픽, 오리온 초코파이, 농심 등을 들 수 있다.

이에 비해 수입광고(import advertising)는 외국의 기업이 국내소비자를 대상으로 국내에서 광고활동을 하는 것을 말한다. 국내의 기업들과 경쟁을 하거나 다국적기업끼리 치열한 경쟁을 벌이기도 한다. 우리나라에서 활발한 광고활동을 하는 다국적기업은 셀 수 없이 많은데 몇 개만 들어보면, 코카콜라, 맥도날드, 스타벅스, AIG보험, GM, 도요타자동차, P&G, HP, 씨티은행, 폭스바겐 등 직접 자사 이름을 사용하는 것과 유한킴벌리, GS칼텍스, 르노삼성과 같이 합작투자 또는 지분참여를 통해 국내에서 활동하는 다국적기업도 많다.

국제광고의 하위개념인 수출광고와 수입광고의 특징을 (표 1.1)에서 정리해 보면 다음과 같다.

표 1.1 수출광고와 수입광고의 특징

수출광고	수입광고
• 해외시장에 제품과 서비스를 수출하는 기업 • 외국의 고객, 소비자 대상 • 현지 광고주, 다국적 기업과 해외시장에서 경쟁 • 현지국의 국민성, 정서, 생활양식 파악 • 현지 특수매체, 옥외매체, 개별매체 활용 • 국내 광고회사와 현지 협력관계	• 다국적 기업이 광고주 • 국내소비자 대상 • 국내 광고주와 국내시장에서 경쟁 • 국내 소비자 파악 • 국내매체, 옥외매체, 글로벌매체 활용 • 다국적 광고회사, 합작회사 진출

1_1-3 국제광고의 기능

국제광고의 기능은 국내광고와 크게 다를 바 없다. 즉 광고는 기본적으로 정보제공 기능, 경제적 기능, 사회문화적 기능, 대중매체 육성기능, 소비문화적 기능, 마케팅 기능을 수행한다. 다만 광고환경이 자국이 아닌 해외시장이므로 시장 환경이 크게 달라짐에 따라 경제적, 사회문화적 기능에서 큰 차이를 보인다.

국제광고의 경제적 기능은 시장 확보를 위한 세계화를 추구하며, 글로벌 시장에 제품을 광고하면서 호의적인 태도를 형성하는 것이다. 현지 소비자들에게 상품에 대한 정보 및 구매결정을 돕는 자료를 제공하고, 외국 제품에 대한 거부감을 줄이며 새로운 수요를 창출하는 기능이 있다. 이러한 경제적인 기능은 현지 소비자의 욕구를 세계 소비자의 욕구로 변화시켜 글로벌 시장을 동질화하고, 범세계적인 광고캠페인을 실시하여 표준화된 메시지로 소구하는 것을 목표로 한다.

사회문화적 기능은 현지국의 가치관이나 생활양식에 직접적으로 영향을 미치므로 광고활동에 있어서 세심한 주의가 요구되며, 현지문화와 외래문화의 마찰을 고려해야 한다. 국제광고의 사회문화적 기능은 고유한 소비문화를 변형시키고, 새로운 혼합문화를 만들기도 한다. 또한 생활방식의 고유성에서 탈피하여 세계 사회를 하나의 공동사회로 인식시키고, 동일한 제품과 문화를 공유함으로써 단일 문화권을 형성해 나간다. 국제광고의 경제적 및 사회문화적 기능을 (표 1.2)에서 정리해보면 다음과 같다.

표 1.2 국제광고의 경제적 및 사회문화적 기능

경제적 기능	사회문화적 기능
• 글로벌 시장 개척 및 확대 • 현지 수요 창출 • 제품의 현지화 • 글로벌 소비자 확보 • 현지 소비자 교육 • 글로벌 기업 이미지 제고 • 글로벌 마케팅 지원 • 광고의 세계화	• 외래문화 전파 및 이식 • 고유문화 변형 • 현지문화 재편 • 문화 상품화, 물질주의 • 커뮤니케이션 현지화 • 문화 오락화 • 생활방식 세계화 • 세계문화 동질화

1_1-4 국제광고의 기본전략

1_1-4-1 Think Global, Act Local

국제광고에서 가장 많이 사용되는 금언은 '범세계적으로 생각하고, 지역적으로 행동하라(Think global, act local)'이다. 국제광고를 수립함에 있어 국제적인 안목과 사고방식을 가져야 하지만, 실행에 있어서는 각 지역의 제반 사정을 염두에 두고 행동해야 성공할 수 있다. 먼저 몇가지 사례를 살펴보자.

사례 1 미국에서 컴퓨터가 고장이 나서 수리를 맡기려고 Dell 컴퓨터 회사의 콜센터에 전화를 하면 누가 받을까? 많은 경우 인도에 있는 콜센터에서 인도인 엔지니어가 고장수리 접수를 받는다. 미국 대학에서 매년 6만 여명의 정보통신분야 졸업생을 배출하는 데 비해, 인도인 졸업생은 매년 39만 명 정도를 배출한다. 더욱이 미국 실리콘 밸리에 있는 벤처 자금이 인도의 정보통신 기술을 찾아다닌다. 머지않아 인도가 세계 정보기술의 중심지로 부상할 것이다.

사례 2 지난 2012년 LG전자 아랍에미레이트 콜센터에 출장 서비스 의뢰가 한 건 들어왔다. 서비스 엔지니어는 여느 때처럼 방문 예약 날짜를 잡고 고객의 가정을 방문했지만, 집에 들어가지도 못한 채 문전박대 당했다. 당시 서비스를 부탁한 고객은 여성이었는데, 출장 온 남성 엔지니어를 보고 "지금은 집에 나 혼자뿐이니 들어올 수 없다"고 한 것이다. 서비스 엔지니어는 하는 수 없이 발길을 돌렸고, 이후 네번이나 다시 그 집을 찾았지만, 그때마다 공교롭게도 주부 혼자 있어서 수리를 할 수 없었다. 아랍의 독특한 문화적 장벽에 부딪힌 직후 LG전자는 여성 엔지니어로만 구성된 '핑크 서비스'를 실시했다. 고객들에게 친근하게 다가갈 수 있도록 핑크색 유니폼까지 갖췄다. 여성 고객들의 호응에 힘입어 LG는 핑크 서비스를 두바이를 중심으로 한 아랍에미리트 지역에서 이란까지 확대했다(조선일보, 2014).

사례 3 맥도날드가 처음 인도에 진출했을 때에는 매우 냉담한 반응이었는데, 인도인의 대부분은 쇠고기나 돼지고기를 먹지 않는 힌두교 신자 또는 무슬림이기 때문이다. 이에 맥도날드는 곧바로 현지화 전략을 펼쳤는데, 인도의 유명 애니메이션과 캐릭터를 이용한 광고 및 마케팅을 실시했다. 인도인들의 입맛을 사로잡기 위해 닭고기 또는 양고기를 넣은 햄버거를 내놓았다. 그 결과 맥도날드의 인도 진출은 성공적이었으며, 현재 인도에서 큰 인기를 얻는 패스트푸드점이 되었다. 이처럼 맥도날드는 세계 어디에서나 동일한 음식을 판매하지만, 현지 입맛에도 큰 관심을 가졌다. 한국에서 개발한 불고기버거, 싱가포르인들이 즐겨먹는 맥스파게티, 일본에서는 데리야끼소스버거를 출시한 것이 그 사례이다.

앞의 사례에서 보듯이, 국제광고를 실시함에 있어 한 나라를 넘어서는 다국가적 및 다문화적 분석이 요구되므로, 다면적 다차원적 현상을 살펴보고 효과적인 접근을 할 필요성이 있다. 실제 국제광고의 제작과정에는 외국의 광고주와 국내에서 광고업무를 담당하는 국내 파트너가 공존하여 광고 업무를 진행하는 경우가 많다. 국내 파트너는 다국적기업의 한국 지사이거나 수입판매를 주로 하는 제휴업체일수도 있다. 따라서 국제광고를 담당하는 광고대행사는 글로벌 광고주와 국내 파트너 광고주를 동시에 만족시켜야 한다.

마리케 드 무이 (Marieke de Mooij, 2010)는 국제적으로 생각하되, 현지에 맞게 행동하라는 국제광고의 금언은 매우 역설적이라고 주장한다. 왜냐하면 사람의 생각과 행동은 문화의 영향을 받으며, 아무리 범세계적으로 생각하는 사람도 여전히 자기 자신이 속한 문화의 일부이기 때문이다. 즉 글로벌화가 진행되더라도 전세계적으로 동일한 고객을 만들 수 없다는 점을 강조한다. 비록 기술, 미디어, 금융시스템에 대한 국제적 융합이 있지만, 소비자들의 욕구와 행동이 동일하게 융합되지 않았다. 따라서 국제광고에서 문화적 요소에 대한 충분한 검토가 필요하며, 본서에서는 뒤에서 자세하게 다룰 것이다.

1_1-4-2 세가지 전략

국제광고의 기획과 의사결정 과정은 매우 복잡하다. 진출하려는 국가의 사회구조와 문화 차이를 고려하여 각 지역이나 나라별 분석이 이루어져야 한다. 이러한 분석을 기반으로 중앙집중식 표준화전략을 선택할 것인가, 지역분권식 현지화전략을 선택할 것인가, 아니면 두 가지를 혼합한 절충전략을 선택할 것인가를 결정한다.

표준화전략은 기본적으로 인간은 비슷한 취미와 욕망을 가지고 있으며, 사랑, 미움, 두려움, 기쁨, 물질적 안락함을 추구한다고 가정한다. 즉 기본적인 인간의 욕구와 필요 및 기대는 지리적, 국가적, 문화적 경계를 초월한다는 것이다. 따라서 동일한 제품은 어디서나 동일한 광고소구를 사용하는 것이 효과적이며, 광고의 문안과 제작기법 등이 세계적으로 통용되는 표준화된 광고를 선호한다. 표준화 전략은 고객과의 일관성 있는 관계를 유지하고, 광고 제작에 필요한 시간절약, 비용절감, 강력한 중앙집권적 계획과 통제를 할 수 있다.

현지화전략은 각 국가들 간에 존재하는 문화 차이를 강조하며, 국제광고 전략 수립 시에 이런 문화적 차이를 고려해야 한다고 강조한다. 시장 환경조건이 다른 나라의 소비자들에게 제품을 판매하기 위해서는 광고가 지역에 따라 달라져야 한다. 즉 표준화전략을 실행함으로써 창출할 수 있는 비용절감이 기대만큼 크지 않고, 매체와 커뮤니케이션의 혁신으로 세계소비자가 동질화되었다는 주장은 과장이다. 문화와 국가적 차이가 더 이상 중요하지 않다는 것도 설득력이 없으며, 해외광고에 대한 노출정도, 빈번한 해외여행 등은 광고 표준화를 하기에 충분한 수준이 아니다. 또한 광고표준화에 의해 발생하는 정치적 문제를 고려해야 하며, 이를 관리하는 데 많은 노력이 필요하므로 현지화전략이 필요하다고 주장한다.

절충전략은 실정에 따라 표준화 및 현지화전략을 적절히 혼합해야 한다는 입장이다. 즉 광고의 기본적인 전략이라고 할 수 있는 독특한 판매제안(USP, Unique Selling Propositions)과 같은 것은 표준화가 가능하지만 각국의 문화적 배경, 환경변수 등을 고려하여 현지에 알맞은 표현전략을 개발하는 것이 바람직하다. 이렇게 하는 것이 표준화와 현지화의 장단점을 수용할 수 있는 방법이다. 국제광고의 표준화 및 현지화에 대한 결정은 적정한 비율에서 선택할 수 있다.

국제광고의 세가지 전략은 표준화된 생산의 경제적 이득을 누리느냐, 아니면 현지 소비자의 요구와 습관에 대응하여 더욱 큰 효과를 실현하느냐 사이의 선택이다. 이러한 패러독스가 생기는 이유를 살펴보면, 마케터들은 시장이 곧 사람이며 이 때문에 현지화가 중요하다고 보는 반면, 기업들은 제품을 중심으로 글로벌 활동을 벌이기 때문이다. 글로벌 기업은 사람이 아닌 제품, 브랜드, 그리고 시장에 대해 주로 이야기한다. 글로벌한 제품은 있어도 글로벌한 사람은 없고, 글로벌 브랜드는 있어도 이런 브랜드를 구매하고자 하는 글로벌한 동기는 존재하지 않는다(김유경 · 전성률, 2013).

실제 글로벌 기업의 일부 브랜드를 제외하고 대부분은 표준화전략과 현지화전략을 혼합하여 절충전략을 선택하고 있다. 절충전략을 선택할 때 어떤 비율을 택할 것인가는 그 제품이 지닌 국가별 인지도, 선호도, 시장규모, 경쟁상황, 경제수준, 언어, 매체 가용도, 전통, 생활양식 등을 고려하여 결정된다. 표준화전략을 선택할 것인가, 현지화전략을 선택할 것인가, 아니면 절충전략을 선택할 것인가는 국제광고의 기획, 크리에이티브 전략, 매체 계획, 집행의 전 과정에 걸쳐 매우 중요하다.

1_2 국제광고의 등장

1_2-1 국제광고의 성장 배경

글로벌 시장의 성장과 함께 국제광고도 성장하며, 경제크기와 광고시장은 밀접한 관련이 있다. 국제무역이 활발해 짐에 따라 국제경제가 발전하며, 세계적인 산업의 성장은 국제광고의 성장을 수반한다. 글로벌 기업에게 전략적인 국제광고가 반드시 필요한데, 그 이유는 해외시장이라는 환경적 요인 때문이다. 즉 국내광고는 자국문화나 법규를 바탕으로 제작되지만, 진출국의 문화나 법규에 맞지 않아 기업의 이익창출에 방해가 되고, 기업이미지에 손상를 입힐 수도 있기 때문이다.

현대 사회는 글로벌화가 진전되면서 글로벌 시장에서의 경쟁도 치열해지고 있다. 1995년 세계무역기구(WTO)체제가 출범함으로써 세계 경제와 무역구조가 큰 변화를 맞았고, 국가 간의 울타리가 점차 없어지는 양자 및 다자간 자유무역협정(FTA)이 확대되고 있다. 따라서 관세장벽이 낮아지고, 세계로부터 유수한 다국적 기업들의 제품과 서비스가 밀려오고 있다. 마찬가지로 우리 물건들도 쉽게 외국에 판매할 수 있는 무한경쟁의 시대를 맞았다. 이처럼 급변하는 글로벌 시장에서 벌어지고 있는 경제전쟁에서 살아남고 승리하기 위해서는 국제광고의 중요성이 더욱 커진다. 품질 및 가격경쟁력을 갖추고 효과적인 국제광고 캠페인과 마케팅을 전개하는 것이 중요하다. 국제광고는 글로벌 시장에서 제품의 인지도 제고 및 시장점유율 확대를 위한 유력한 도구이다. 이 도구를 사용하여 성공적인 결과를 거두기 위해서는 진출국의 문화적 특성을 잘 이해하는 것이 관건이다. 한 나라의 문화와 가치관에 어긋나는 광고는 소비자들의 인식 속에 받아들여지지 않으며, 가치관은 구매의사결정과 구매행동에 영향을 미친다.

뮐러(Mueller, 2004)는 국제광고의 등장 배경을 포화상태인 국내시장, 해외수익의 증대, 외국산 제품의 급격한 증가와 치열해 지는 경쟁 상황 등의 요인을 제시한다. 이 밖에도 인터넷과 모바일과 같은 새로운 통신수단, 이동 시간을 단축하는 고성능 교통수단, 위성 방송과 각종 뉴미디어 발달이 국제광고가 활성화되는 데 큰 기여를 하고 있다.

1_2-1-1 포화상태인 국내 시장

글로벌 기업들은 자국 내의 경쟁이 치열해지고 국내 시장이 포화상태에 이르자 세계 진출을 시작했다. 제2차 세계대전 이후 급격히 성장한 대기업들은 보다 많은 고객을 확보하기 위해 외국 소비자들을 새로운 시장으로 주목하기 시작했다. 우리에게 잘 알려진 글로벌 광고주들, 즉 코카콜라, 맥도날드, P&G, 나이키, 스타벅스, 애플 등 수많은 다국적 기업들이 세계 시장을 겨냥하여 판매 활동을 넓혀 나가고 있다.

스타벅스를 일례로 들어보자. 현재는 세계적인 커피 브랜드가 된 스타벅스는 세 명의 동업자에 의해 1971년 시애틀에서 작은 상점으로 시작했다. 최근 미국과 캐나다에 5천 여개의 매장이 있으며, 맨하탄의 24평방 마일 안에 124개의 스타벅스가 있다. 시애틀 스타벅스 매장에는 매일 평균 9,400명의 사람들로 북적인다. 이렇게 포화상태가 된 스타벅스는 해외로 눈을 돌려 적극적인 수출에 주력했다. 1996년 일본과 싱가폴 진출을 시작으로 빠르게 성장하여, 2006년에는 128개국에 1만 2,241개의 매장을 보유하고 매출액이 78억 달러에 달했다. 2014년에는 세계 2만 여개의 매장을 보유하고, 머잖아 4만 개의 매장을 갖는다는 목표를 가지고 있다.

1_2-1-2 해외 수익의 증대

다국적 기업이 해외로 진출하는 것은 외국 시장에서 큰 이익을 창출하기 때문이다. 많은 글로벌 기업들이 치열해지는 국내 경쟁과 까다로운 자국 소비자들을 피해 재료비와 인건비를 절감할 수 있는 개발도상국으로 생산기지를 옮겼다. 수익을 얻기 위해 생산시설 뿐만 아니라 판매 지역도 세계를 대상으로 확대하고 있다. 이런 현상은 이미 오래전부터 진행되었는데 미국에서 다국적 기업을 대상으로 실시한 조사에 의하면, 해외에 활발히 진출한 다국적 기업과 국내에서 주로 활동하는 회사의 수익을 비교해 본 결과 다국적기업이 더 빠른 경제성장을 가져온다는 것을 파악했다. 노키아는 97%의 상품을 외국에 판매하고, 도요타자동차는 일본보다 미국에 더 많은 자동차를 판매하고 있다. 우리나라의 대표적인 글로벌 기업인 삼성전자와 현대자동차도 국내 보다 해외 판매가 월등히 높은 비율을 보인다.

1_2-1-3 외국 제품의 증가

지난 몇 십년 동안 미국시장을 살펴볼 때 상당히 많은 외국산 제품들이 늘어났다. 이런 현상은 이미 포화상태인 국내시장에서 더욱 치열한 경쟁상황을 가져왔다. 예를 들면 독일과 일본의 자동차와 가전제품, 네덜란드의 정유회사, 스위스의 커피와 금융기업, 프랑스의 화장품, 영국의 정유회사와 보험회사가 활약하고, 최근에는 중국, 벨기에, 캐나다, 한국, 체코, 헝가리 등의 제품이 수입되거나 직접투자의 형태로 급증하고 있다. 외국산 제품의 유입은 세계 여러 나라에서 나타나는 공통적인 현상으로 거대한 다국적 기업들이 글로벌시장을 상대로 치열하게 경쟁하고 있다. 이런 상황은 우리나라도 예외가 아니며, 세계적으로 유수한 글로벌 기업들이 한국 시장에 진입해서 판매경쟁을 벌이고 있다.

1_2-2 국제광고의 발전 단계

광고와 마케팅은 여러 측면에서 밀접한 관련성을 가진다. 마케팅에 관한 일반적인 지식이 없으면 효과적인 광고활동의 수행이 어렵고, 반대로 광고에 대한 체계적인 이해가 없으면 기업의 마케팅 활동이 비효율적이 된다. 마케팅이란 생산자와 소비자 사이에서 제품이나 서비스의 교환을 원활하게 하는 기업 활동이다. 현대사회에서는 기업의 활동이 대중매체에 의해 주로 알려지기 때문에, 매체를 이용한 광고 및 홍보의 역할이 중요하다. 국내에서의 광고 및 마케팅 활동이 성공하면 기업들은 해외로 눈을 돌리게 되며, 결국 국제광고로 이어진다. 일반적으로 국내에서 광고와 마케팅 활동을 잘 해야만 해외에 있는 소비자에게도 효과적으로 국제광고를 실시할 수 있다. 기업이 성장하여 해외 마케팅으로 확대되는 과정은 다음과 같이 5단계로 나눌 수 있다.

1_2-2-1 국내 생산 단계

어떤 기업의 생산 및 판매활동이 한 국가 내에서만 이루어질 때에는 국내에서의 광고활동이 위주가 된다. 국내의 광고활동도 국내경쟁자는 물론 본국 시장에 들어온 다국적기업이 모두 경쟁의 대상이 된다. 따라서 경쟁사의 광고활동과 다국적기업이 실시하는 국제광고의 영향을 피할 수 없게 된다. 대부분의 기업이 글로벌 시장에 진출하기 전에 국내 시장에 초점을 맞춘다. 국내 생산 단계의 광고는 자국어를 사용하고 자국의 소비자를 대상으로 하기 때문에 비교적 단순하다. 국내 소비자의 욕구에 맞는 제품을 개발하고, 국내 소비자의 성향, 국내 시장 환경에 대한 광고전략을 수립한다. 이 때에도 국내 경쟁사의 광고와 마케팅 활동, 국내에 진출한 다국적기업의 광고에 대응해야 한다.

1_2-2-2 수출 단계

오늘날 많은 기업이 어느 정도 규모가 커지면, 국내 생산에만 한정하지 않고 해외 진출을 준비한다. 기업에 따라서는 수출에 주력하거나 외국에 자회사를 설치하여 제품을 생산 · 판매하는 경우도 있다. 일반적으로 수출 초기단계에서는 본국이 중심이 되어 소수의 나라를 선정하여 전략적으로 준비한다. 상품을 수출하는 것은 다른 나라의 유통 구조 속에 자사의 상품을 배치시키는 것을 뜻한다. 수출기업은 수출 대상국의 수입업자와 함께 일할 자사의 직원을 파견하거나, 현지 사정에 익숙하며 마케팅과 판촉을 담당할 유통업자를 선정한다. 이처럼 활동의 내용이나 형태는 달라도 모두가 해외 시장에서 광고 활동을 한다는 공통점이 있기 때문에 국제광고에 포함시킨다.

수출은 해외시장에 가장 쉽게 진입하는 방법이다. 기업은 해외공장을 세우기에는 자원이 부족할 때 이런 방법으로 해외시장에 진출한다. 간접 수출은 독립적인 중개인이 유통 과정에 책임을 지며, 기업은 수출 담당 부서를 갖는 대신 중개인을 선택한다. 제품의 판매, 수송, 유통, 기술지원, 제품 생산을 원활하게 하기 위해 국제무역회사와 일하는데, 특정 지역을 취급하는 회사이거나 제약 · 화학제품처럼 특정 상품을 전문적으로 다루는 회사도 있다. 수출이 증대되면 중개인을 거치는 대신 직접수출 방식을 택하는 경우가 많은데, 이 때 제조업자들은 해외시장에서 기업을 대표하여 판매를 담당할 유통업체를 선정한다.

크고 까다로운 시장을 개척하기 전에 지리적으로나 문화적으로 우호적인 나라를 선정하여 일종의 시험시장(test market)으로 활용하기도 한다. 예를 들면, 현대자동차가 미국시장에 진출하기 위해 먼저 캐나다에 수출하여 호의적인 반응을 바탕으로 성공적인 결과를 가져왔다. 캐나다는 북미 시장에 진출하는 교두보로서 좋은 테스트 마켓이며, 기후는 미국보다 훨씬 추워서 캐나다의 겨울을 견뎌낸 자동차는 미국에서 쉽게 받아들여진다. 유럽시장에 진출하기 위해 생산비와 인건비가 비교적 낮은 동구권에 물류센터나 생산기지를 갖는 것도 좋은 방안이다.

수출이 이루어질 때 국제광고에도 대비해야 하는데, 국내에서 이미 파트너로 일하는 광고회사의 도움을 받을 수 있다. 대부분의 광고회사는 글로벌 광고회사와 업무제휴, 지분참여 또는 합작투자를 통해 이미 다국적 광고주를 많이 경험해 왔다. 광고산업은 다른 업종에 비해 일찍 개방되었으며, 외국의 광고 상황에 대한 노하우를 축적하고 있다. 또한 현지 광고회사와 업무제휴, 현지법인을 설립하거나 현지 광고회사를 선택할 수 있다. 수출 단계에서 국제광고를 시작할 때 많은 변수를 고려하고 대비해야 한다. 예를 들면, 가전제품을 수출할 때 대상국의 전기 및 전압시스템을 철저히 조사해야 한다. 한국과 미국은 다른 전압시스템을 사용하는데, 220볼트를 주전압으로 사용하고 있는 한국 전자회사가 110볼트를 주전압으로 사용하는 미국에 제품을 판매하고자 할 경우에 이를 고려해야 할 것이다. 자동차의 경우 영국, 일본, 호주, 뉴질랜드, 홍콩, 말레이시아 등 여러 나라에서는 운전자의 핸들이 오른쪽에 달려 있다는 점을 고려할 필요가 있다.

1_2-2-3 매니지먼트의 이동

수출업무가 확대되고 장기화될 경우 해당국에 오래 체류할 간부급 임직원이 해외지사 또는 현지법인에 파견되며, 본사를 대표하여 현지에서 책임을 지고 상품판매를 관리한다. 수출이 확대되고 제품의 시장점유율이 높아지면 점차 현지생산에 대한 요구가 커지며, 이에 따라 매니지먼트 기능이 현지로 이동하게 된다. 현지 생산을 확대하면 관세 규제와 물류비용이 낮아져 가격경쟁력을 확보하기 쉬워진다. 즉 인건비, 운송, 통관, 보험, 보관 등 마케팅 전반에서 비교 우위를 가질 수 있다. 해외에 공장을 세움으로써 지역주민에게 일자리를 창출하고, 제조비용이 낮아질 수 있다. 특히 본국에서의 노사문제로 인한 생산 차질, 지나친 인건비 상승이 문제가 될 때 기업은 현지생산을 선택할 가능성이 높아진다.

1_2-2-4 현지화

현지화란 자사의 제품을 해당국 현지에서 생산하여 판매하는 것을 말한다. 수출기업은 여러 측면에서 손익을 계산하여 제품을 자국에서 생산하여 수출만 할 것인지 아니면 현지에서 공장을 세우거나 인수하여 제품을 생산할 것인지를 판단한다. 본사에서 최고 경영자 또는 간부급 임원을 파견하거나 현지 책임자를 임명하여 권한의 위임이 점차 많아진다. 일본의 도요타자동차는 현지화에 성공한 사례인데, 미국 캔터키주에 생산공장을 세워 캠리(Camry) 브랜드를 생산하고 있다. 여기서 생산된 자동차들은 미국내 시장에서 판매될 뿐만 아니라 남미나 동남아까지 수출된다. 우리나라에 수입되는 캠리 중에 상당수는 미국에서 제조된 것이다. 현대자동차도 현지생산을 점차 확대하는데, 미국 앨라바마, 중국 베이징, 터키 이스탄불을 비롯해서 브라질, 체코, 인도, 러시아에 생산법인을 운영 중이다. 아울러 미국, 유럽, 일본, 인도에 자동차기술연구소를 설립했고, 미국, 유럽에는 디자인센터도 가동 중이다. 앨라바마에서 생산된 쏘나타는 미주지역 전체에서 판매된다.

이처럼 기업의 현지화가 진행되면 이와 함께 국제광고도 증대하고, 광고의 현지화가 요구된다. 현지생산이 확대되면서 지역주민, 정부 등에 대한 광고의 기능이 더욱 요구되며, 무역 마찰의 해소를 위한 홍보활동이 늘어난다. 현지화 단계에 이르면 국제 광고도 표준화와 현지화전략을 혼합할 필요가 높아지는데, 국내 시장에서 사용되었던 광고전략이 해외에서는 적절하지 않은 경우가 있기 때문이다. 광고와 프로모션이 문화적 차이 때문에 해외에서는 성공하지 못할 수 있으며, 나라마다 다른 법적 규제도 염두에 둬야 한다. 독일에서는 '하나 사면 하나 더 주는 것(buy one get one free)'이 불법이기 때문에 월마트는 가격 할인으로 대체했다. 프랑스에서는 제품 가격의 7%까지 증정품을 제한한다. 호주, 캐나다, 스웨덴, 영국, 미국 등은 경품 등에 규제가 덜하지만, 벨기에, 덴마크, 독일, 일본, 멕시코 등은 규제가 까다로운 편이다. 기업은 스포츠 이벤트, 콘서트, 페스티벌, 비영리단체 후원 등을 통해 현지시장에 정착할 수 있다.

현지화는 생산자원, 인적자원, 연구개발, 자본조달 및 마케팅 등 여러 분야에서 현지화를 의미하는데, 해외생산은 다음과 같이 라이센싱, 계약경영, 해외 조립, 직접 생산, 합작회사, 직접 투자의 형태를 띤다.

- 라이센싱(Licensing): 등록상표, 특허의 사용, 제조 과정, 기술적 조언, 마케팅 스킬을 얻는 것이 포함하며, 라이센스를 가진 기업에게 노하우를 제공 받으면 판매량에 따라 로열티를 지불한다.

- 계약경영(Management Contracting): 국내 기업이 해외기업에 자본을 투자하고, 노하우를 공급하는 방식이다. 기업은 수수료를 받거나, 이익을 할당받거나, 회사 지분의 일부를 갖는다.

• 해외조립(Foreign Assembly): 제품의 구성물들은 대부분 국내에서 생산하고, 마지막 조립만 해외에서 하는 방식이다. 비용이 적게 들고, 완제품을 수출하는 것보다 관세가 적다.

• 계약제조(Contract Manufacturing): 해외 제조업자에 의해 해외에서 직접 생산하는 것인데, 기업이 유통과 마케팅을 직접 통제하고 저렴한 인건비를 유지할 수 있다.

• 합작회사(Joint Ownership): 해외에서 2개 이상의 기업이 소유권, 경영권, 제조, 마케팅을 공동으로 진행하며, 소유권을 지분에 따라 나누어 가진다.

• 직접투자(Direct Investment): 해외 시장에 가장 적극적인 개입은 직접투자이며, 현지 제조업체를 인수하거나, 새로운 시설을 설립하는 것이다.

1_2-2-5 대단위 지역화

어떤 기업이 특정 국가 내에서 현지화가 이루어지면 인근 국가로 국제 매니지먼트를 확대하는데, 해당 지역의 국가들을 하나의 블록으로 형성하여 그 곳에 적합한 마케팅 및 광고활동을 전개한다. 예를 들면, 현대자동차는 글로벌 시장을 몇 개의 지역본부로 나누어 대단위 지역화하고 있다. 중남미는 미국 플로리다주 마이애미, 동유럽은 러시아 모스크바와 우크라이나 키에프, 중동은 아랍에미레이트 두바이, 아프리카는 이집트 카이로, 아시아태평양지역은 베트남 호치민과 말레이시아 셀랑고르에 지역본부를 두고 있다.

대단위 지역화는 세계 시장의 블록화 현상을 반영하는데, 국제광고의 실행도 경제블록 단위로 접근하고 있다. 즉 WTO체제의 출범으로 무역장벽이 낮아지고 FTA를 통해 자유무역체제로 움직이며, 글로벌 시장은 지역별 블록 경제로 재편되고, 역내 무역이 활발해지고 있다. 세계적으로 대단위 지역화가 이루어진 경제블럭은 다음과 같다. 경제협력개발기구(OECD))는 정치적으로 대의제, 경제적으로 자유시장 원칙을 받아들인 선진국들이 회원으로 참여하여, 회원국들의 경제정책 조정, 무역 및 산업정책 검토, 환경문제, 개발도상국에 대한 원조 등을 다룬다. 유럽연합(EU)은 유럽을 하나의 경제공동체, 단일통화권으로 묶고 있다. 아세안(ASEAN)은 동남아국가들의 모임이며, 걸프연합(GCC)은 페르시아만의 6개 아랍 산유국이 역내 협력을 강화하기 위해 결성한 지역협력기구이다.

1_2-3 향후의 국제광고

1_2-3-1 사회적 책임의 증대

국제광고가 발전함에 따라 기업에 대한 사회적 책임(CSR, Corporate Social Responsibility) 및 윤리적 기준이 높아지고 있다. 기업의 사회적 책임은 국민의 복지 또는 지역사회를 위해 다각적으로 기여해야 한다는 것을 의미한다. 글로벌 기업에 대해서도 이러한 사회적 책임이 요구되며, 기업의 사회적 역할이 커진 만큼 이에 걸맞는 책임의식의 증대를 요구하는 경향을 볼 수 있다. 윤리적 기준에 근거한 광고는 광고주와 광고인들이 도덕적으로 올바른 광고를 제작하고 집행하는 것이다. 여러 나라에서 광고회사가 제작한 광고에 대해 책임을 지게하고, 심지어 광고에 회사명을 표기하기도 한다. 소비자와의 분쟁을 피하고 원활한 광고를 집행하기 위해서는 진출국에서 사회적 책임을 약속하고 이를 이행할 때 계속해서 성장할 수 있다.

국제광고를 담당하는 실무자들에 요구되는 사회적인 책임은 다음 질문에 어떻게 답할 것인가를 고민하는 것이다. 즉 광고해야 하는 것은 무엇이며, 광고하지 말아야 하는 것은 무엇인가? 광고 메시지가 될 수 있는 것은 무엇이며, 될 수 없는 것은 무엇인가? 광고인은 기업의 사회적 책임의식과 윤리기준을 유지하는 것이 필요하다. 일반적으로 윤리기준이 무엇인지 명확하게 정의하기는 어렵지만, 기만하는 활동이나, 도덕적으로 사회적 문제를 일으키는 기업 활동은 윤리적으로 받아들여지지 않는다. 다국적 기업이 윤리적 책임을 무시한 사례로서, 조제분유의 글로벌 시장 점유율 50%를 차지한 네슬레를 들 수 있다. 네슬레는 1960년대 선진국의 출생률 하락으로 분유 판매가 줄어들자 출생률이 높은 제3세계로 판매지역을 확대하면서 생산비 절감을 위해 과도하게 물과 희석하거나, 심지어는 오염된 물을 사용해 문제를 일으킨 적이 있다.

여러 나라에서 최상급 단어로 과장하는 광고를 금지한다. 예를 들면, 독일에서는 과학적으로 증명할 수 있는 과장만을 이용할 수 있다. 광고대행사인 맥켄 에릭슨은 "당신의 기분을 최고로 상쾌하게 해줍니다."라는 코카콜라 슬로건을 "당신의 기분을 아주 상쾌하게 해줍니다."로 변경했다. 많은 유럽 국가에서는 쿠폰, 프리미엄, 무료 미끼 제품 등을 금지한다. 중국의 광고규제도 엄격하여, 모든 광고에 대해 사전심의를 요구한다. 프랑스는 지역신문의 광고수입을 보호하기 위해 체인점의 상품광고나 책, 잡지, 신문, 영화 등의 TV광고를 금지한다. 이슬람 지역은 광고규제가 세계에서 가장 엄격한 곳이다. 사우디아라비아에서는 'TV광고의 개념을 규정하는 기본 원칙은 이슬람 교리와 가르침, 믿음을 준수하는 것이다'라고 선언하여, 이슬람교가 이 지역의 매체와 광고에 얼마나 절대적인 영향을 미치고 있는지를 보여준다.

국제광고를 규제하는 상황은 다르기 때문에 광고를 하기에 앞서 각 나라의 규제 환경을 조사해야 한다. 규제 환경은 인구통계학적, 경제적, 정치적, 법률적, 그리고 문화적 요소에까지 영향을 줄 수 있다. 어떤 나라에서는 자유롭게 광고할 수 있는 광고가 다른 나라에서는 금지되고, 한 시장에서 적절한 메시지가 다른 시장에서는 맞지 않을 수 있다. 글로벌 광고 규제의 필요성이 대두되는 가장 큰 이유는 소비자의 권리를 지키기 위해서이다. 최근 글로벌 규제 추이를 보면 정부의 직접적인 규제가 어려워짐에 따라 비정부기구의 활약을 기대하며, 규제를 하되 큰 마찰이 생기지 않도록 선진국일수록 시민단체와 자율규제가 활성화 되고 있다.

1_2-3-2 국제광고의 확대

다국적기업에 의해 주도되어 온 국제광고는 앞으로 보다 확대되고 보편화될 것이며, 그 이유는 소비자의 변화, 세계 경제환경의 변화, 뉴미디어의 변화를 들 수 있다.

먼저 소비자 측면을 살펴보면, 세계적으로 또는 지역적으로 공통된 의식구조와 욕구를 지닌 소비자들이 많아지고 있다. 특히 젊은이들의 생활방식이 유사해지면서 의식주에서 비슷한 라이프스타일을 지닌 소비 계층이 늘어난다. 이들은 햄버거와 피자를 즐겨 먹고, 특정 브랜드의 청바지와 운동화를 착용하며, 그들의 손에는 삼성 갤럭시나 애플 아이폰이 들려 있다. 이들의 방에는 침대, 책상, 컴퓨터가 놓여져 있고, 좋아하는 연예인 브로마이드가 벽에 걸려 있다. 이들은 미국 대학의 이름이 새겨진 몇 벌의 티셔츠와 유명 아웃도어 브랜드의 후드 티를 가지고 있다.

다음으로 세계 경제환경의 변화를 들 수 있다. 전 세계는 블록 경제로 재편되고 있으며, 역내 무역이 활발해지고 있다. 세계무역기구의 출범으로 무역장벽이 낮아지고, 자유무역협정이 확대되면서 국가간 자유로운 상품교역이 이루어진다. 수출위주의 국제 마케팅 전략에서 글로벌 시장의 현지 마케팅 활동에 중점을 두는 다국적 마케팅, 글로벌 관점에서 실행하는 국제광고가 늘어나고 있다. 이러한 다국적기업의 대단위 지역화는 글로벌 시장의 블록화 현상을 반영하며, 국제광고의 실행도 경제블록 단위로 접근하고 있다.

다양한 뉴미디어의 등장은 국제광고의 확장에 크게 기여할 것이다. 인터넷의 활용은 국제광고에 있어 시간과 공간의 제약을 감소시키고 있다. 인터넷은 국경의 제약을 뛰어넘어 세계적 접근이 즉각적으로 이루어지며, 1년 365일 하루 24시간 운용이 가능하다. 하루 종일 지속적으로 광고할 수 있고, 시간대가 다른 국가에서도 언제든지 원하는 시간에 접속할 수 있다. 더욱이 각기 시간대가 다른 지역이나 국가의 소비자와도 쉽게 만날 수 있다. 시간의 제약을 받는 방송매체와 지면의 제약을 받는 인쇄매체와는 달리 인터넷상 공간을 거의 무제한 확보할 수 있다. 인터넷 광고는 기존매체에 비해 저렴한 비용으로 웹사이트를 구축하여 지속적으로 운용할 수 있으므로 광고비가 저렴하다. 아울러 내용의 추가나 변경이 다른 매체에 비해 쉽고 빠르며 비용이 적게 된다. 인터넷 광고를 통해 대기업은 물론 해외 진출을 원하는 중소기업에게도 국제광고의 기회가 확대되고 있다. 최근 스마트폰을 통한 모바일 광고와 SNS 광고, 디지털 사이니지 등 새로운 매체가 국제광고에 많이 활용되고 있는 추세이다.

1_2-3-3 국제광고 인력의 양성

우리나라 기업들의 글로벌화가 늘어남에 따라 해외 마케팅 및 국제광고 활동이 활발해지고 있으며, 해외광고비 지출도 급격히 늘어나고 있다. 최근 우리나라 국제광고의 특징을 몇가지 살펴보면 다음과 같다.

첫째, 제품의 질과 상표의 선호도에서 열세를 보이고 있는 미국, 유럽 중심의 선진국 시장에서 벗어나 중남미, 아프리카, 동유럽, 중국, 인도 등 신흥국 성장 시장을 집중적으로 공략하는 국제광고가 많아지고 있다. 이런 미개척 시장은 일종의 블루오션으로서 새로운 수요 창출과 고수익 성장을 향한 기회로 작용할 수 있다. 둘째, 효율적인 마케팅 및 광고 업무수행을 위한 기업들의 조직적 체계가 갖춰지고 있으며, 담당조직도 점차 확대 개편되고 전문인력도 보충되고 있다. 앞으로 국제광고를 담당할 인력을 보다 체계적으로 양성하고 관리하기 위한 노력이 필요하다. 셋째, 국내 광고회사들도 글로벌 시장에 진출하는 광고주를 지원하기 위해 지사 또는 현지법인을 설립하여 업무영역을 확장해 가고 있다. 크리에이티브 등 제작 능력이 향상되고, 다국적 광고회사의 노하우를 습득하여 경쟁력을 강화하고 있다.

앞으로 우리나라 기업들도 선진 다국적기업의 노하우를 적극적으로 수용하여 글로벌 소비시장을 개척하고, 제품의 국제경쟁력을 갖추게 될 것이다. 현재 글로벌 시장에서 선전하고 있는 삼성 갤럭시나 현대자동차 같은 우리나라의 다국적 기업들이 계속해서 글로벌 시장의 빠른 변화에 잘 대처해야 할 것이다. 이에 국내 광고회사들도 국제적 감각 배양, 크리에이티브 강화, 매체의 다양화 등의 다각적 노력과 함께 국제 비즈니스 감각을 갖춘 광고인의 국제화에도 힘써야 할 것이다.

생각해 볼 문제

1. 국제광고의 경제적 기능 및 사회문화적 기능에 대해 생각해 보자.
2. 국제광고의 등장배경에 대해 생각해 보자.
3. 국제광고의 발전단계에 대해 논의해 보자.

참고문헌

강혜구 역 (2005), 블루오션 전략, 교보문고. W. Chan Kim & Renee Mauborgne (2005), Harvard Business School Publishing Corporation.

고경순 (1998), 문화와 국제광고 표현, 커뮤니케이션북스.

김유경, 전성률 역 (2013), 해외시장에서의 브랜드전략, 한경사. Marieke de Mooji (2010), Global Marketing and Advertising (3rd Edition), Sage Publications, Inc.

심성욱 외 (2011), 광고학 개론, 서울경제경영.

양영종 · 김상훈 · 정걸진 (2008), 현대사회와 광고, 형설출판사.

원우현 외 (2006), 인터넷 커뮤니케이션, 박영사.

윤계호 · 김유경 역 (1998), 글로벌 광고, LG애드. Vardar (1992), Global Advertising, Paul Chapman Publishing Ltd.

이명천 외 (2002), 글로벌시대의 광고와 사회, 한울아카데미.

장대련 · 한민희 (2006), 광고론, 학현사.

정수경 (1996), 국제광고론, 진리탐구.

조병량 외 (1998), 현대광고의 이해, 나남.

조선일보 (2014), "지구촌 최후의 시장 아랍 문 여는 'Key 5' ", 조선일보 Weekly Biz, 2014. 2. 8.

최윤식 (2013), 2030 대담한 미래, 지식노마드.

피터 언더우드 (2012), 퍼스트 무버, 황금사자.

한은경 외 (2002), 글로벌 마케팅 커뮤니케이션, 커뮤니케이션북스.

Barbara Mueller (2004), Dynamics of International Advertising, Peter Lang Publishing, Inc.

C.Samuel Craig & Susan P. Douglas (2000), International Marketing Research, John Wiley & Sons, Ltd.

INTERNATIONAL
ADVERTISING

Chapter 2

국제광고와 광고산업

2_1 글로벌산업의 발전과 국제광고
2_2 국제광고산업 현황

2_1 글로벌산업의 발전과 국제광고

20세기 후반부에 접어들면서 활발해지기 시작한 글로벌 산업은 21세기에 들어와서 보편적인 현상이 되었다. 마샬 맥루한이 처음 사용했던 지구촌(global village)이라는 용어는 최근 들어서는 너무나 당연한 개념이 되었기에 진부하게 느껴질 정도이다. 국경의 의미가 희미해지면서 글로벌산업은 자연스럽게 자리 잡았고, 국내 산업과 국제 산업 간 경계조차 모호해졌다. 우리가 구매하는 제품에는 원산지를 표기하게 되어있으나, 공산품의 경우에는 원산지 표기에 큰 의미를 부여하기 어려울 정도로 이미 많은 제품들의 경우 국제화가 진전되었다.

스마트폰을 구입하는 소비자는, 삼성 갤럭시를 구입하건 애플 아이폰을 구입하건 이미 그 제품을 구성하고 있는 부품들은 전 세계 각지에서 생산되었으며 특정국가 (요즘은 거의 대부분이 중국)에서 조립, 생산되고 있음을 알고 있다. 예를 들어 애플 아이폰의 뒷면에는 "캘리포니아에서 디자인하고 중국에서 조립되었다(Designed in Apple California Assembled in China)"고 표기되어 있다. 디자인된 곳으로 미국이 아닌 캘리포니아로 표시되어 있는 것은 글로벌시장에서 이제 국가는 더 이상 별 의미를 갖지 못한다는 것을 의미한다. 또한 "중국산" 즉 중국에서 제조된 것이 아니라 "중국조립"이라고 표기된 것은 제품이 전 세계 각지에서 생산된 부품들로 구성되어 있다는 것을 의미한다. 제품의 생산과 소비가 모두 글로벌하다는 것의 의미한다.

이렇게 글로벌 산업이 발전하는 과정에서 광고는 자연스럽게 글로벌 시장을 타깃으로 하는 글로벌 광고산업으로 발전하게 되었다. 시장의 글로벌화는 20세기 들어서면서 꾸준히 진행되었으며 특히 20세기 후반부에 급격하게 진전되었다. 글로벌 산업이 일찌감치 발전하기 시작한 것과는 달리 광고의 국제화는 산업의 국제화보다는 더디게 진전되었다. 즉 국제광고라는 개념이 포괄적으로 사용되기 시작한 것은 그리 오래된 일이 아니다. 또한 1장에서 이미 지적되었듯이 여러 브랜드별로 국제화가 추진된 시점이 틀리고, 각 브랜드별로 국제화가 시작되었어도 특정 브랜드의 국제광고가 집행된 시점은 다양한 차이점을 보이고 있다.

이런 점을 고려해 본다면, 글로벌 산업이 발전하는 과정에서 국제광고가 어떻게 자리를 잡게 되었는지를 알아보기 위해 글로벌 산업의 발전과 이에 따른 국제광고의 발달과정을 살펴볼 필요가 있다.

2_1-1 역사적 배경

산업의 글로벌화가 시작된 시점을 정확하게 규정하는 것은 쉽지 않으나, 20세기 이후 글로벌 산업을 선도한 미국 기업의 경우 19세기 후반에 이미 국제화를 시작하였다고 볼 수 있다. 포드자동차, 질레트, 싱어 등의 미국 기업들이 19세기 후반에서 20세기 초반에 걸쳐서 해외시장에 제품을 판매하기 시작하였다(Mueller, 1996). 특히 20세기에 접어들면서 교통과 통신 등 여러 산업분야에서 급격한 발전이 이루어지면서 제품 생산량의 증가속도가 국내시장의 성장 속도를 넘어서게 되면서, 여러 기업들의 해외 진출이 증가하기 시작한다.

20세기 들어서면서 증가하기 시작한 글로벌화는 1920년대에서부터 1940년대까지 증가세가 정체되는데 이 시기에는 전세계를 엄습한 대공황과 제2차 세계대전의 영향으로 국수주의가 득세하는 시기였다. 이 시기에 전 세계의 여러국가들은 관세를 높이고 쿼터제를 도입하는 등 수입을 규제하고 국내산업을 보호하는 정책을 추진하였고, 따라서 국제무역은 정체될 수밖에 없었다. 제2차 세계대전이 끝나고 난 이후 1945년 이후로 국제사회는 비교적 안정을 되찾게 되었다. 또한 국제통화기금(IMF, International Monetary Fund)과 관세무역일반협정(GATT, General Agreement on Tariffs and Trade)등의 국제무역 관련 기구들이 창설되어 국제무역이 다시 활성화되는데 기여하였다. 선진산업국가간 관세는 1947년도 40%에서 1991년에는 불과 5%로 감소하였다. 이러한 요소들은 국제무역이 활발하게 진행되도록 도왔으며 특히 제2차 대전 이후 비교적 안정된 국제정세, 교통과 통신기술의 급격한 발전 등의 요인과 더불어 전 세계적으로 산업의 글로벌화가 진전되었다.

1995년 세계무역기구(WTO, world Trade Organization)가 출범하면서 세계경제와 무역구조는 큰 변화를 맞이하게 된다. 자유무역을 방해하는 다양한 요소들은 WTO체제가 들어서면서 철폐되거나 크게 완화되었다. 관세를 통한 보호주의는 급격하게 줄어들 수밖에 없었으며, 이러한 트렌드를 통하여 전 세계적으로 산업의 글로벌화가 급격하게 진전되었다.

1990년대 이후 세계 경제는 빠르게 통합되기 시작하는데, 이러한 세계 경제의 통합은 90년대 이후 나타난 여러 현상들에 의해 촉진되었다. 특히 90년대 이후에는 제품의 개발에 있어서 혁신적인 신기술이 대거 등장하였다. 이 결과 제품의 라이프사이클이 매우 짧아지게 되었고 결국 이러한 추세는 세계 경제의 통합을 가속화 하였다. 선진국의 내수시장이 포화상태를 겪게 된 반면 개발도상국 시장은 이 시기에 지속적으로 성장하였고 시장개방 또한 진척되었다. 위성방송, 인터넷, 이동통신 등 새로운 커뮤니케이션 기술이 발달하였고 이런 새로운 커뮤니케이션 기술은 다국적 기업에게 유리한 환경을 제공하였다. 전 세계적으로 경제발전이 이루어지고, 그 결과 전 세계적으로 비슷한 조건을 갖춘 시장이 증가하였다. 경제발전과 더불어 교통과 통신, 그리고 국제 미디어의 발전은 소비자들의 기호가 전 세계적으로 비슷해지는 추이로 나타났다. 이러한 요인들로 인해 나타나게 된 변화는 기업들로 하여금 변화하는 추세에 맞추어 규모의 경제를 추구하게끔 만들었다. 그 결과 세계 경제의 통합을 겪으며 많은 기업들이 경쟁력을 갖추기 위해 글로벌기업으로 발전하게 되었다.

20세기 후반부터 21세기 초반을 거쳐 현재까지 나타나고 있는 국제무역 환경에서 중요한 변혁은, 양자간, 혹은 다자간 자유무역협정(FTA, Free Trade Agreement)이 활발하게 추진되고 있다는 사실이다. 이것은 FTA라는 체제에 편입된 국가 내에서 관세 등 자유로운 무역을 방해하는 규제를 철폐하는 것을 목적으로 하는 것이며, 궁극적으로 블록경제 내에서의 경제통합을 추구하고 있다. FTA의 장래를 예측하는 것은 성급한 일일지 모르나 글로벌화는 이미 확고하게 자리 잡고 있으며 이제 더 이상 제품의 생산지를 구별하는 것은 의미 없는 일이 되었다. FTA체제는 전 세계를 거대한 경제공동체라는 블록으로 묶어가고 있으며 우리가 사용하는 대부분의 제품은 20세기와 21세기에 걸쳐 이루어진 글로벌화의 결과물이다.

산업의 글로벌화가 진행되었다는 것은 규모의 경제가 중요하게 되었다는 것을 의미한다. 글로벌화를 지향하는 기업들은 국내시장에 의존하는 기업들에 비해 월등한 경쟁력을 갖추게 되었고 더욱 많은 기업들이 국제화, 즉 글로벌화를 추구하게 되는 요인이 되었다. 예컨대 국내시장에 의존하는 기업은 국내 경기에 크게 영향을 받을 수밖에 없으나 국제시장에서 영업을 하는 기업은 상대적으로 국내 경기

감소에 따른 영향을 국제시장에서 상쇄할 수 있으므로 궁극적으로 국내시장에서도 우월한 경쟁력을 확보할 수 있다. 물론 글로벌시장에서 영업하는 것에 따른 규모의 경제에서 발생하는 경쟁력도 기업들이 글로벌화를 추진할 수밖에 없는 요인이 되었다.

국내시장을 넘어서 해외시장에 진출하여 글로벌화를 추구하는 기업들은 제품 자체를 국제화시킬 필요가 생겨나게 되었다. 즉 국내시장과 해외시장에서 동일하게 어필하기 위해서는 제품 자체가 국내외의 소비자들에게 모두 어필할 수 있는 동일한 특질을 가지고 있어야 했다. 글로벌 시장에서 경쟁하는 기업은 제품의 개발과 마케팅에서부터 글로벌 시장을 겨냥하고 글로벌시장에서 통용될 수 있는 전략을 추구할 수밖에 없다. 즉 국제광고의 발전은 산업의 글로벌화에 따른 필연적인 결과이다.

2_1–2 기업의 글로벌화 단계

기업의 글로벌화는 일반적으로 국내기업에서 출발하여 국제기업, 다국적기업, 글로벌기업으로 진행된다. 각 단계별 차이점은 다음과 같다.

2_1–2–1 국내기업(Domestic company)

대부분의 기업은 순수하게 자국의 시장을 타깃마켓으로 처음 시작하고, 이렇게 특정한 국가의 국내에 국한된 영업을 목적으로 활동하는 기업을 국내기업(Domestic or national company)으로 분류한다. 기본적으로 국내의 고객을 타깃으로 영업을 하며, 자원의 조달이나 전략의 개발도 국내 시장을 타깃으로 하고 있다.

2_1–2–2 국제기업(International company)

국내시장에서 영업뿐 아니라 국경을 넘어서 수출을 통해 해외영업을 시작하게 되면 국제기업(International company)으로 분류한다. 이러한 기업은 모국의 마케팅 전략과 계획을 해외로 확장 적용하여 영업을 한다.

2_1-2-3 다국적기업(Multinational company)

해외 영업의 비중이 높아지면서 기업은 자연스럽게 다국적기업(multinational company)와 글로벌기업(global company)으로 변화하게 된다. 다국적기업은 진출한 각 국가를 개별적인 시장으로 간주하고 각 국가별로 차별화된 마케팅을 하는 특징이 있다. 각 국가별 차별점을 감안하여 적절하게 대응할 수 있는 장점이 있지만 반면에 각 국가별 공통점은 간과하는 단점도 있다. 기본적으로 각 국가별 자회사를 설립하고 독립적으로 운영한다.

2_1-2-4 글로벌기업(Global company)

글로벌기업은 중앙집중화를 통해서 전 세계적인 가격경쟁력을 추구하는 기업이다. 전략, 자원의 조달, 의사결정과정 등 주요한 부분이 중앙집중적으로 운영된다. 각 국가별 차이점과 공통점을 동시에 파악하여 적절하게 대응할 수 있다는 장점이 있다. 국제기업이 자국의 소비자를 위해 개발한 제품을 세계시장에 판매하는 기업이라면, 다국적기업은 각 국가별로 적절한 제품을 따로 개발하여 판매하고, 글로벌기업은 세계시장에 적합한 제품을 개발하여 판매한다고 이해하면 좋다.

2_1-3 기업의 국제확장 방식

기업이 국제 시장에 진출하는 방식은 여러 단계로 분류할 수 있다. 국제시장에서 확장하는 방식은 수출, 라이센싱, 프랜차이즈, 조인트 벤처, 전략적 제휴, 지사 설립 등으로 구분할 수 있다(Terpstra와 Sarathy, 1991).

2_1-3-1 수출(Export)

수출은 기업이 국제적으로 성장하고 확장하는데 있어서 가장 기본적인 단계이다. 국내시장을 벗어나서 세계시장에 진출하는 기업의 입장에서 보면 가장 저렴한 비용으로 비교적 위험부담을 최소화할 수 있는 방법이다. 기본적으로 국내에서 판매하던 제품을 그대로 해외시장에 판매하는 방식이다. 모든 기업이 수출을 할 수 있는 것은 아니며, 제품과 기업의 규모에 영향을 받는다. 제품 자체가 다른 국가에서 판매가 가능한 제품이어야 수출이 가능하다. 예컨대 문화상품의 경우 문화적 차이로 인해 다른 국가로 수출이 불가능한 경우가 종종 있다. 기술적으로 진보한 제품의 경우 선진국에는 판매가 용이할 수 있으나 경제적으로 낮은 발전단계에 있는 국가로의 수출은 어려운 경우가 많다.

수출이 증가하여 국내판매를 능가하게 되면 기업은 다양한 방법으로 효율성을 추구하게 된다. 일반적으로 해외에 수출대행사를 설립하여 현지에서 직접 물류, 마케팅 광고 등의 활동을 전담시키는 방법이 사용된다.

2_1-3-2 **라이센싱**(Licensing)

라이센싱은 제품 자체를 수출하는 것이 아니라 노하우를 수출하거나 브랜드를 수출하는 경우이다.

2_1-3-3 **프랜차이징**(Franchising)

특정 기업이 기업의 이름이나 로고, 디자인, 혹은 경영기법을 해외시장에서 사용하도록 허락하는 경우이다. 지역적 특성이 존재하는 경우 각 지역별 차별화된 특성과 구매력을 국제적인 기업의 명성이나 경영능력과 결합하는 형태이다. 각 국가별로 프랜차이즈를 운영하는 주체는 독립적인 기업이기는 하지만 본사에서 요구하는 기준을 충족시켜야 한다. 본사에 로열티를 지불하며 장비는 본사로부터 구매해야 하는 경우가 일반적이다. 호텔이나 패스트푸드식당 등의 업계에서 흔한 기법이다.

2_1-3-4 **조인트 벤처**(Joint Ventures)

진출한 지역의 파트너와 공동소유의 기업을 설립하는 것을 의미한다. 외국기업의 독자적인 경영권이 인정되지 않는 국가의 경우 어쩔 수 없이 현지 파트너와 함께 공동으로 조인트 벤처를 설립하여 운영할 수밖에 없다. 현지의 법률적 제도적 문제가 없는 경우에도 해외시장 진출의 위험부담을 줄이기 위한 목적으로 조인트 벤처를 설립하기도 한다. 또는 현지에서의 정치적인 부담을 최소화하기 위해 조인트벤처를 활용하는 경우도 있다.

2_1-3-5 **전략적 제휴**(Strategic Alliances or Partnership)

전략적 제휴는 두 개 이상의 기업이 제휴하여 기술이나 제품, 지식 등을 공유하는 형태를 의미한다. 두 개 이상의 기업이 판매 등의 분야에서 공동 책임을 지기 때문에 위험을 분산시킬 수 있다. 전략적 제휴는 위험부담을 줄일 수 있으며 적은 비용으로 경쟁우위를 점할 수 있다는 장점이 있다. 두 개 이상의 기업이 제휴함으로써 규모의 경제를 달성할 수 있으며 개발비 등의 분담으로 비용을 절감할 수 있다. 상호 기술적인 노하우를 교환하고 공유함으로써 국제시장에서 경쟁력 확보가 더욱 용이하다는 장점이 있다. 또한 국제 시장에서 문화적, 언어적 장애를 극복하는 효율적인 수단이 될 수 있다. 특정 분야의 제품군을 생산하는 기업의 경우 전략적 제휴를 통해 해외시장에서 다양한 종류의 제품분야에 진출 할 수 있다. 또한 제휴기업의 유통망을 상호 활용함으로써 유통망을 확장하는 효과를 기대할 수 있다.

다만 전략적 제휴의 경우 자사의 기술과 노하우를 경쟁사에 유출시킬 수 있다는 위험부담을 감수해야 한다. 따라서 정확한 이해를 바탕으로 치밀한 전략을 수립한 후 신중하게 접근하는 것이 필요하다.

2_1-3-6 자회사설립(Wholly-owned Subsidiaries)

모기업이 최대 지분을 갖는 완전한 자회사를 설립하는 것은 해외시장이 매우 중요하다는 것을 의미하며, 국제시장에서 적극적으로 영업하겠다는 의지의 표시이기도 하다. 자회사의 설립, 투자, 제비용 등 모든 분야에 있어서 직접적인 책임을 진다는 의미이기도 하다. 자회사를 새로 설립하는 경우도 있고. 현지시장의 동종기업을 구매하는 형식으로 자회사를 설립하는 방식도 많이 사용된다.

2_1-4 국제무역의 증가와 광고산업

국제광고산업은 국제무역의 증가와 밀접한 관계를 가지고 있다. 국제무역이 증가하며 글로벌기업의 숫자가 증가하고, 이러한 추세는 자연스럽게 국제광고산업의 활성화에 영향을 미쳤다. 주지하다시피 국제무역은 20세기에 비약적으로 발전하였다. 이런 국제무역의 발달에 영향을 미치는 6가지 요소를 마르케 드 무이는 다음과 같이 정리하였다(De Mooij, 1994).

첫째, 1944년에 설립된 국제통화기금(International Monetary Fund)의 원조격인 국제통화시스템이 UN에서 결성되었다. 이후 국제 무역에 있어서 결제수단의 기준이 확립되었다. 둘째, 관세와무역에관한일반협정(General Agreement on Tariffs and Trade)체제의 출범으로 자유 무역의 기틀이 확립되었다. GATT체제의 출범으로 관세장벽이 낮아졌으며 이것은 국제무역의 증가로 이어지게 된다. 셋째, 제 2차 세계대전 이후 전 세계는 비교적 평화를 유지하고 있다. 국지적인 갈등은 끊임없이 발생하고 있으나, 제2차 세계대전과 같은 전 세계적인 스케일의 전쟁은 없었고 이러한 평화는 국제무역이 증가하는데 주요한 영향을 미쳤다. 더구나 냉전으로 상징되던 갈등요인이었던 공산권의 몰락으로 인하여 국제무역을 더욱 가속화시켰다. 이러한 추세는 지금도 계속되고 있다. 넷째, 경제발전을 꼽을 수 있다. 기술의 발달과 매니지먼트 기법의 발전은 여러국가들이 국경을 개방하고 국제무역에 동참하도록 만든 원동력이 되었다. 많은 국가들이 경제발전을 이루고 있으며 이러한 지속적인 경제 성장은 필연적으로 국제무역에 동참하게 만드는 요인이 되었다. 저개발국가의 경우 수입규제를 하였으나 이러한 규제도 1990년대 이후 완화되었고 국제무역은 현재도 꾸준히 증가하고 있다. 다섯째, 커뮤니케이션 기술의 발달과 비용의 감소는 국제무역을 촉진시킨 요인이다. 그 결과, 지구촌이 현실이 되었고 세계적으로 글로벌라이제이션이 가속화되었다. 마지막으로 글로벌기업의 발달도 국제무역 증가에 기여하였다. 글로벌기업은 전세계에서 자원과 재정을 동시에 조달하고 전세계를 대상으로 영업을 한다. 이런 글로벌기업의 발달은 필연적으로 국제 무역과 경제 발전에 기여했다.

뮐러(Mueller, 2004)는 국제광고가 등장하고 발달하게 되는 요인으로 국내시장의 포화, 글로벌 마켓의 성장에 따른 해외수익의 증대, 수입의 증대에 따른 경쟁의 심화 등을 꼽고 있다. 뮐러가 지적한 요인들을 살펴보면 국제광고가 어떻게 발달되었는지를 구체적으로 살펴 볼 수 있다.

2_1-4-1 국내시장의 포화

주요 선진국들의 경우 인구증가율의 둔화는 오래된 추세이다. 20세기 내내 선진국들의 인구증가율은 지속적으로 감소했다. 미국의 경우 1970년과 1980년 사이에 가구수가 27% 증가하였으나, 1980년에서 1990년 사이에는 15% 증가에 그쳤다. 또한 미국의 경우 1960년대에 가구당 평균 구성원은 5.5명이었으나 1990년대에는 2.65명으로 줄었다. 이러한 추세는 다른 주요 선진국에도 공통된 현상이었다. 인구증가율의 둔화는 주요 선진국들의 국내시장이 포화상태에 이르게 된 주요 요인 중 하나이다.

인구증가율이 둔화된 반면 기업의 생산성은 지속적으로 높아졌으며, 이는 자연스럽게 과거 생산자 중심 시장으로부터 소비자 중심 시장으로 전환되면서 시장의 포화를 촉진하였다. 주로 선진국의 대기업들을 위주로 제품 생산 능력이 증가한 동시에 인구증가율 둔화로 인하여 국내시장이 포화상태에 다다르게 되었다. 그 결과 선진국의 기업들은 적극적으로 세계 시장에 진출하게 되었다. 우리에게도 친숙한 다국적 글로벌 기업들, 코카콜라, 맥도널드, 나이키, 스타벅스, 애플, 소니 등의 기업들이 국제화를 추진하게 된 배경에는 자국 시장의 포화라는 요인이 일정부분 자리 잡고 있다.

선진국의 시장이 포화상태에 다다른 것과는 반대로 개발도상국의 경우 상대적으로 높은 인구증가율과 경제성장으로 인하여 새로운 시장으로 부상하였다. 중국을 위시한 신흥공업국가의 시장이 증가하였고 이러한 요인은 여러 기업들이 자국 시장을 벗어나서 글로벌기업으로 성장하게끔 만드는 주요 요인이 되었다. 글로벌 기업으로 발전하는 과정에서 국제광고가 자연스럽게 발전하게 되었다.

2_1-4-2 글로벌마켓의 성장과 해외 수익의 증가

국제무역이 증가하기 시작한 20세기 후반에 이르러서, 해외영업을 하는 기업과 국내영업만 하는 기업 간 차이가 벌어지기 시작했다. 비즈니스위크(Business Week, 1991)에 의하면, 1980년대까지 미국기업 1,500여 개를 분석한 결과 국내영업에 치중한 기업보다 다국적기업이 더 빠른 성장속도를 보였다. 그 결과 대다수 기업들의 경우 글로벌마켓으로 진출하는 것이 수익의 증가와 직결되는 결과를 가져왔다. 현재에는 많은 글로벌 기업들이 수익의 대부분을 국내시장보다 글로벌시장에서 창출하고 있다. 삼성전자의 경우 2011년 기준 수익의 28.8%가 미국시장에서 창출된 반면, 한국 국내시장의 비중은 16.1%에 불과하다.

표 2.1에서 보는바와 같이 삼성전자와 같은 글로벌기업의 경우 자국 시장의 비중보다는 글로벌시장의 비중이 더 높은 경우가 많다. 미국과 유럽시장에서의 판매량이 절반을 넘고 있다. 이와 같이 자국 시장에서의 수익률보다 글로벌시장의 수익률이 더 높기 때문에 기업들은 국내시장에 머무르기 보다는 글로벌시장에 적극

표 2.1 삼성전자 지역별 매출

Performance by Region

Increased sales of mobile phones and TVs in the Americas, Europe and Asia contributed greatly to the increase in total sales

Sales by Region **(KRW trillion)**

	2009	2010	2011
America	33.8	43.5	47.5
Europe	35.1	36.0	39.1
Asia	21.7	24.9	28.8
Korea	21.9	25.9	26.5
China	23.8	24.3	23.1

(출처 : 미주 삼성전자)

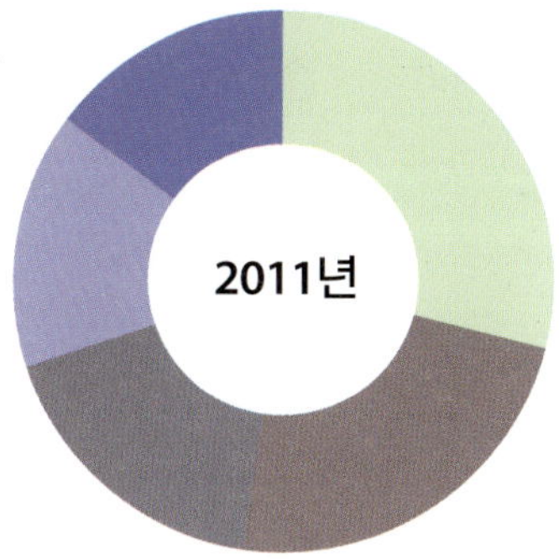

적으로 진출하게 되었다. 국제시장의 비중이 높아지고 높은 수익률을 올리고 있다는 것은 곧 국제광고의 중요성이 높아졌다는 것을 의미한다. 국내시장보다 더 많은 비중을 차지하는 글로벌마켓을 대상으로 하는 국제광고의 비중이 국내광고보다 더 높아지는 것은 필연적인 결과이다.

2_1-4-3 경쟁의 심화

국제무역이 증가하며 국내시장에서의 경쟁도 더욱 치열해졌으며, 이런 현상은 기업들이 국제화를 추구하는 주요한 요인이 되었다. 미국의 경우, 1970년대에는 텔레비전 수상기의 90%이상이 미국기업에 의해 제조되었다. 그러나 이 비율은 1990년대 들어서면서 10%이하로 감소하였고 21세기에 들어서며 미국기업은 더 이상 텔레비전수상기를 제조하지 않게 되었다. 이는 다른 가전제품시장도 비슷한 추세이다. 즉 미국 국내 가전제품 시장에서 더 이상 미국기업은 경쟁력을 갖고 있지 않다. 소니와 파나소닉과 같은 일본제품들이 미국 가전제품 시장을 거의 독점하다시피 했으나 21세기 들어서면서 삼성과 LG와 같은 한국제품이 강세를 보이고 있다. 즉 미국시장에서 여러 글로벌기업들이 치열한 경쟁을 벌이고 있으며, 그 결과 미국의 가전제품업체는 경쟁력을 상실하고 사업에서 거의 철수한 상태이다.

국내시장에서 글로벌기업과 국내기업들 간에 치열한 경쟁이 벌어지는 것은 미국에 국한된 현상이 아니라 전 세계적으로 공통된 현상이다. 20세기 후반에 다양한 무역장벽이 철폐되기 시작하면서 국제무역에 있어서 제약이 완화되었고 FTA등 여러 국제무역시스템이 진전되면서 국내기업들은 글로벌기업과 경쟁해야 하는 상황에 놓이게 되었다. 즉 경쟁이 치열해지면서 순수하게 국내영업만으로는 글로벌기업과의 경쟁에서 살아남기가 어려운 경우에 직면한 기업들이 증가하였다. 그 결과 국내기업들이 글로벌기업으로 변화할 수밖에 없는 여건이 조성되었다. 심화된 경쟁으로 인해 글로벌기업으로의 변신이 촉진되었다는 점과, 많은 글로벌기업간 경쟁이 치열하다는 것은 곧 국제광고의 증가로 이어진다. 한국의 경우에도 대부분의 글로벌기업들이 진출해 있으며 이런 글로벌기업과 더불어 글로벌 광고대행사도 진출해있다. 마찬가지로 한국의 다수 기업들도 글로벌기업으로 성장하였고, 이와 더불어 한국광고대행사도 글로벌대행사의 기능을 일부 수행하고 있다.

2_2 국제광고산업 현황

국제광고의 성장은 국제무역의 성장과 밀접한 관계를 가지고 있다. 제2차세계대전이 끝났을 때 대부분의 광고는 국내광고였다. 이 당시 전세계 광고비의 75%가 미국에서 집행되었다. 제2차 세계대전이후 전 세계의 광고비는 지속적으로 증가하였다. 1950년에 전 세계 광고비 총액은 7억 4,000만 달러였다. 이 당시 미국시장의 광고비가 5억 7,000만 달러로 전 세계 광고비 집행의 대부분이 미국시장에서 지출되었다. 1970년대에 들어서면서 전 세계 광고비는 72억 달러로 증가하였다. 미국시장의 광고비는 38억 달러로 미국 이외의 국가에서 광고비가 비약적으로 증가한 것을 볼 수 있다. 경제발전과 더불어 광고시장이 전 세계적으로 성장하였다.

국제무역이 크게 증가한 20세기를 거쳐 21세기에 접어들면서 전 세계적으로 경제발전이 꾸준히 이루어졌고 더불어 광고비 지출 또한 급격하게 증가하였다. 2008년 전 세계 광고비는 476억 달러로 증가하였다(Mueller, 2011). 북미지역은 여전히 가장 큰 광고시장으로 남아 있지만, 북미지역에 비해 비교적 작은 규모였던 다른 지역의 광고시장의 성장은 괄목할 만하다. 2011년 통계를 기준으로 보면, 북미지역의 총광고비는 170억 달러, 아시아-태평양지역은 134억 달러, 서유럽 110억 달러, 라틴아메리카 31억 달러, 중-동유럽 19억 달러, 중동 및 아프리카 15억 달러였다(eMarketer, 2013). 특히 아시아-태평양지역의 광고시장 성장은 21세기 들어서면서 두드러진다. 광고산업은 경제발전과 밀접한 관계를 가지고 있기 때문에 아시아지역의 경제발전이 이루어지면서 자연스럽게 아시아-태평양지역의 광고시장 규모도 커지게 되었으며 현재 북미시장에 이어서 두 번째로 큰 광고시장이 되었다.

2_2-1 국제광고비 현황

광고가 처음 등장한 이래로 전 세계의 광고비는 지속적으로 증가하고 있다. 1950년 지구촌의 총 광고비는 7억 달러에 불과했으나 2008년 476억 달러를 기록한 이후 전 세계 광고비는 2013년 517억 달러로 증가하였다. 2011년부터 2017년까지의 전 세계 광고비 증가현황과 예상치는 아래 표와 같다.

표 2.2

(단위: 억 달러)

년도	2011	2012	2013	2014	2015	2016	2017
	481.68	503.07	517.10	542.73	566.77	592.97	617.31

출처: eMarketer, 2013 8월

국제광고비의 증가현황은 국제경기와 밀접한 관계가 있다. 미국의 경우 2007년도에 광고비 178억 달러로 피크를 기록한 이후 경기침체로 인해 광고비가 감소하였고 2015년 이후가 되어야 예전 광고비 집행 수준을 회복할 수 있을 것으로 전망된다. 반면 아시아지역은 꾸준한 경제성장으로 인하여 광고비 집행이 지속적으로 증가하였다. 특히 중국의 성장은 아시아지역 성장을 견인하였다.

국제광고비 집행에 있어서 매체의 변화는 두드러진다. 과거 전통적인 올드미디어에 국한되었던 매체비용은 뉴미디어가 발달하면서 다양한 미디어로 확산되었다. 인쇄광고는 전세계적으로 감소하고 있으며 인터넷광고는 그 비중이 지속적으로 증가하고 있다. 2005년도의 경우 TV광고가 차지하는 비중은 36.8%였고 신문광고는 29.1%로서 두 매체가 거의 비슷한 비율을 보였다. 잡지광고는 13.1%, 라디오 8.4%, 옥외광고 6.6%였다. 반면 인터넷은 5.6%로 미미한 비중을 차지했다.

2013년의 통계를 보면 인터넷광고의 약진을 확인할 수 있다. 여전히 TV광고가 전 세계 광고시장에서 가장 중요한 비중을 차지하는 것으로 나타났다. 40.2%의 비중으로 2005년도 통계보다 비중이 약간 더 증가한 것을 볼 수 있다. TV광고의 뒤를 이어 인터넷광고가 20.6%로 두 번째로 큰 비중으로 성장하였다. 신문광고는 17%로 감소하였고 잡지광고도 7.9%로 2005년에 비해 절반 가까이 감소하였다. 라디오와 옥외광고는 공히 6.9%의 비중을 차지하였다.

향후 인터넷과 모바일광고의 비중이 더욱 증가할 것으로 전망된다. 국제광고시장에서 인터넷과 모바일이 중요한 광고매체로 부상하고 있으나, TV는 상당기간

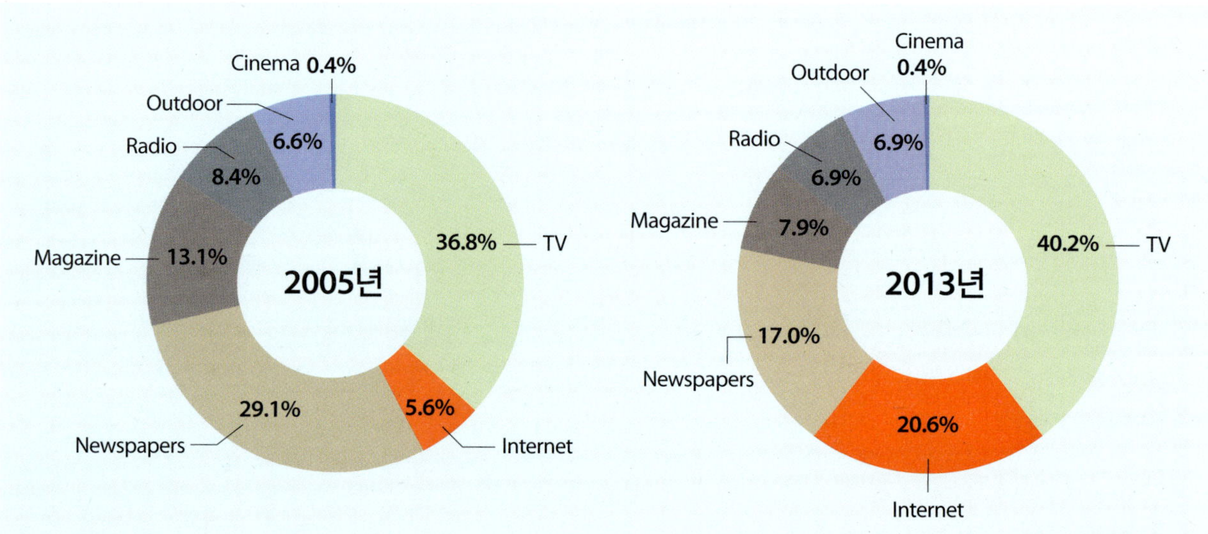

출처: Advertising Age, 2013

그림 2.1 인터넷

표 2.3 지역별 인터넷광고비 지출 추이

(단위: 백만 달러)

지역/년	2011	2012	2013	2014	2015	2016	2017
북미	1,378	4,279	7,724	12,031	17,192	22,999	29,067
아시아-퍼시픽	1,770	2,690	4,143	5,842	8,120	10,516	13,061
서유럽	780	1,669	3,589	6,388	9,199	12,050	15,184
중-동유럽	37	71	162	273	423	609	822
라틴아메리카	41	78	150	289	482	766	1196
중동/아프리카	10	21	50	86	137	219	340
총계	4,016	8,801	15,819	24,908	35,553	47,160	59,669

출처: eMarker, 2013 www.e-Markerter.com

여전히 국제광고시장에서 가장 주요한 광고매체로 남아있을 것으로 보인다.

디지털광고, 특히 모바일인터넷 광고는 지속적으로 증가하고 있는데 2012년 대비 2013년에는 무려 80%의 증가율로 가장 성장이 빠른 매체이다. 각 지역별 인터넷광고비 지출은 (표 2.1)에 나타나 있다.

인터넷광고의 급격한 증가는 소비자들의 디지털기기 사용이 급격히 증가하였기 때문이다. 전세계의 모든 지역에서 모바일기기 등 디지털기기의 보급이 증가하였고 이러한 디지털 기기를 통하여 인터넷에 접속하고 디지털 광고에 노출되는 소비자가 급증하였다. 이러한 소비자의 디지털 이용 추이에 따라 디지털 광고는 전세계적으로 급격하게 증가하고 있는 추세이다.

글로벌 마케터별로 광고비 지출을 살펴보면, 가장 많은 광고비를 지출한 기업은 2008년 기준으로 Procter & Gamble이었다. 그 뒤를 이어서 영국의 유니레버

표 2.4 상위 20위 국제마케터 현황 (2008년)

(단위: 백만 달러)

순위	마케터	본사	광고비
1	Procter & Gamble	Cincinnati	9,731
2	Unilever	London	5,715
3	L'Oreal	Clichy, France	4,040
4	General Motors	Detroit	3,674
5	Toyota	Tokyo, Japan	3,203
6	Coca-Cola	Atlanta	2,673
7	Johnson & Johnson	New Brunswick	2,601
8	Ford Motor	Dearborn	2,448
9	Reckitt Benckiser	Slough, UK	2,369
10	Nestle	Vevey, Swiss	2,314
11	Volkswagen	Wolfsburg, Germany	2,309
12	Honda Motor	Tokyo	1,851
13	Mars Inc	McLean	1,998
14	McDonald's Corp	Oak Brook	1,968
15	Sony	Tokyo	1,851
16	GlaxoSmithKline	Brentford, UK	1,831
17	Deutsche Telecom	Bonn, Germany	1,812
18	Kraft Foods	Northfield	1,792
19	Nissan Motor	Tokyo	1716
20	Walt Disney Co	Burbank	1,586

가 2위를 기록했다. 3위는 프랑스의 로레알, 4위는 미국의 제너럴모터스, 5위가 일본의 도요타였다. 미국, 영국, 프랑스, 일본 등 여러 국적과 다양한 분야의 기업이 상위에 포진하고 있다. 전체적으로 퍼스널케어(Personal Care)제품군이 가장 많은 비중을 차지하였다. 이러한 추세는 2012년에도 지속되어서 전체 기업의 1/4에 해당하는 기업이 퍼스널케어 제조회사였다.

2013년에는 상위 100개의 글로벌 마케터 중 41개 기업이 미국기업이었다. 유럽은 36개, 아시아기업은 23개였다. 이 순위는 광고비 지출 순위로서, 기업의 규모나 매출액과는 직접적 관련은 없다. 100대 기업 중 94개 기업이 가장 큰 광고시장인 미국에서 광고를 집행하였다. 100대 기업 중 6개 기업만이 미국시장에서 광고를 하지 않았다. 프랑스와 영국의 통신회사인 Orange와 Vodafone, 그리고 프랑스 자동차업체인 푸조-씨트로엥과 르노는 미국 시장에서 광고를 집행하지 않았다. 또한 세계적으로 가장 큰 식품점 체인인 프랑스 까르푸도 미국시장에서 광고를 하지 않았다. 마지막으로 홍콩의 통신회사인 허친슨-왐포아도 미국에서 광고를 집행하지 않은 기업이다. 특이하게 100대 글로벌 마케터 중 미국시장에서 광고를 집행하지 않은 기업 6개 중 4개 기업이 프랑스 기업이었다.

글로벌 100대 마케터를 살펴보면 테크놀로지부분이 빠르게 성장하고 있는 것을 살펴볼 수 있다. 가전(consumer electronics)과 테크놀로지 부분의 광고가 전년도 대비 9.6% 증가하였다. 특히 삼성전자의 경우 무려 전년대비 55.1%의 증가세를 보이며 100대 마케터 중 가장 높은 성장률을 기록했다.

2_2-2 글로벌 광고대행사의 역사와 현황

글로벌광고대행사는 기업들이 국내시장을 탈피하여 글로벌 시장에 진출하기 시작하면서 자연스럽게 발전하기 시작했다. 대부분의 광고대행사는 기본적으로 국내시장에서만 마케팅을 하던 기업들의 국내 광고를 대행하던 광고대행사였다. 이들 광고대행사의 광고주가 글로벌시장에 진출하면서 광고주의 국제마케팅을 지원할 필요가 발생하였다. 해외시장에 진출한 광고주를 따라서 자연스럽게 광고대행사도 글로벌광고시장에 진출하기 시작했다. 이러한 추세는 20세기 후반부에 기업의 글로벌화가 가속화되면서 광고대행사의 글로벌화도 가속화된다.

광고는 언어의 장벽과 문화의 차이에 크게 영향을 받는다. 따라서 광고대행사가 글로벌하기 위해서는 이러한 장벽을 극복해야 한다. 초창기 글로벌시장에 진출한 광고대행사들은 현지 광고환경에 맞추어 차별화된 광고영업을 제공하는 다국적광고대행사의 형태를 갖추고 있었다. 초창기 광고대행사들이 자국의 광고주가 해외시장에 진출하면서 같이 해외에 진출한 경우가 많았기 때문에 다국적광고대행사는 자연스럽게 해외시장에 진출한 기업들의 헤드쿼터와 밀접한 관계가 있었다. 미국과 서유럽 기업들이 세계시장에서 압도적인 시장점유율을 가지고 있었던 결과로, 이들 기업의 광고를 대행하던 미국과 서유럽 특히 영국계 광고대행사들이 글로벌시장에서도 주도권을 잡았다.

1980년대와 90년대 이후 일본 기업이 글로벌 기업으로 발돋움하면서 한때 일본의 최대 광고대행사인 덴츠(Dentsu)는 상당기간 세계 1위 대행사 자리를 유지했고 일본계 광고대행사들이 전 세계 시장에서 상위에 랭크되었다. 이들 일본계 대행사들은 일본 기업이 진출한 전 세계 시장에 지사를 설립하고 모국 클라이언트의 광고를 대행했다. 그러다보니 문화차이에 따른 에피소드도 많이 생겨났다. 덴츠 뉴욕지사에서는 직원들이 회사를 상대로 소송을 제기한 적도 있는데, 일본인인 지사장과 소수의 일본인 간부직원들이 업무시간이 아닌 저녁 회식 시간에 자신들끼리 회사의 인사나 정책등을 비밀리에 결정하고 집행해서 미국 직원들이 불이익을 당했다는 이유로 소송을 제기했다. 일본 특유의 기업 문화를 미국시장에서도 지속하다가 발생한 해프닝이었다.

1990년대 이후 많은 다국적기업들이 글로벌기업으로 진화하면서 다국적광고대행사들은 활발한 인수-합병과정을 거치며 글로벌광고대행사로 발전하게 되었다. 그 결과 소위 메가 에이전시(Mega Agency)라 불리는 거대 광고대행사가 등장하게 되었다. 이들 메가 에이전시는 광고뿐 아니라 PR, 프로모션 등 마케팅 전반을 아우르는 세부 조직을 모두 거느리는 거대한 기업군을 이루게 되었다.

이러한 메가 에이전시는 21세기 들어서서 현재까지도 전 세계 광고시장의 추이로 자리 잡고 있다. 이들 대행사는 글로벌기업이 추구하는 전 세계적으로 표준화된 광고와 마케팅은 물론이고, 각 지역별로 차별화된 접근이 필요한 경우에도 전 세계에 퍼져있는 방대한 조식을 통해 적절히 대처하는 장점을 가지고 있다. 이들 글로벌광고대행사의 거의 대부분은 미국과 서유럽, 그리고 일본을 기반으로 하고 있다. 한국 대행사로서는 유일하게 제일기획이 20위권에 랭크되어 있는데, 이는 물론 모기업인 삼성이 글로벌 기업으로 성장한 것에 힘입은 바 크다. 전 세계 상위 25개의 글로벌광고대행사 현황은 아래 표와 같다.

표 2.5 상위 25위 글로벌광고대행사 (2008년)

(단위: 백만 달러)

순위	글로벌대행사	본부	글로벌광고액
1.	WPP	LONDON	13,598
2.	Omnicom Group	New York	11,721
3.	Publicis Groupe	Paris	6,287
4.	Interpublic Group of Cos	New York	6,028
5.	Dentsu	Tokyo	3,113
6.	Aegis Group	London	2,109
7.	Havas	Suresnes, France	2,010
8.	Hakuhodo DY Holdings	Tokyo	1,522
9.	Acxion Corp	Little Rock, AR	750
10.	MDC Partners	Toronto/New York	546
11.	Alliance Data Systems	Plano, TX	514
12.	Asatsu-DK	Tokyo	451
13.	Edelman	Chicago	440
14.	Media Consulta	Berlin	401
15.	Photon Group	Sydney	366
16.	Spient Corp	Boston	356
17.	Groupe Aeropian	Montreal	351
18.	IBM Corp(IBM Interactive)	Chicago	322
19.	Cheil Worldwide	Seoul	312
20.	Groupo ABC	Sao Paulo	277
21.	inVentive Health	Westerville, OH	272
22.	Huntsworth	London	245
23.	Aspen Marketing Service West	Chicago	225
24.	LBi International	Stockholm	224
25.	Markle	Columbia, MD	223

2_2-3 주요 국가별 광고산업 현황

20세기 가장 중요하고 가장 큰 광고시장은 미국시장이었다. 1950년대 미국은 전세계 광고시장에서 거의 80%에 육박하였다. 그 이후 전 세계적인 경제발전이 이루어지면서 유럽의 광고시장이 크게 성장하였고 일본은 세계 2위의 경제대국으로서 광고시장에 있어서도 미국 다음으로 가장 큰 광고시장 자리를 유지하고

표 2.6 세계 10대 광고시장 추이

(단위: 백만 달러)

2007 순위	광고비	2010 순위	광고비
USA	179,251	USA	194,063
Japan	41,528	Japan	43,875
UK	23,320	UK	27,861
Germany	21,676	China	24,266
China	15,023	Germany	22,678
France	12,881	Russia	17,205
Italy	11,227	Brazil	14,223
Spain	9,847	France	13,486
Brazil	9,703	Italy	12,319
South Korea	9,701	South Korea	11,796

2013 순위	광고비	2016 순위	광고비
USA	167,299	USA	191,433
Japan	53,015	China	57,374
China	40951	Japna	56,252
Germany	23,184	Germany	24,145
UK	20,448	UK	23,870
Brazil	16,380	Brazil	20,199
Australia	13,118	Australia	14,330
France	12,809	Indonesia	14,213
Canada	11,570	South Korea	13,795
South Korea	10,612	France	13,092

출처: Zenith Optimedia

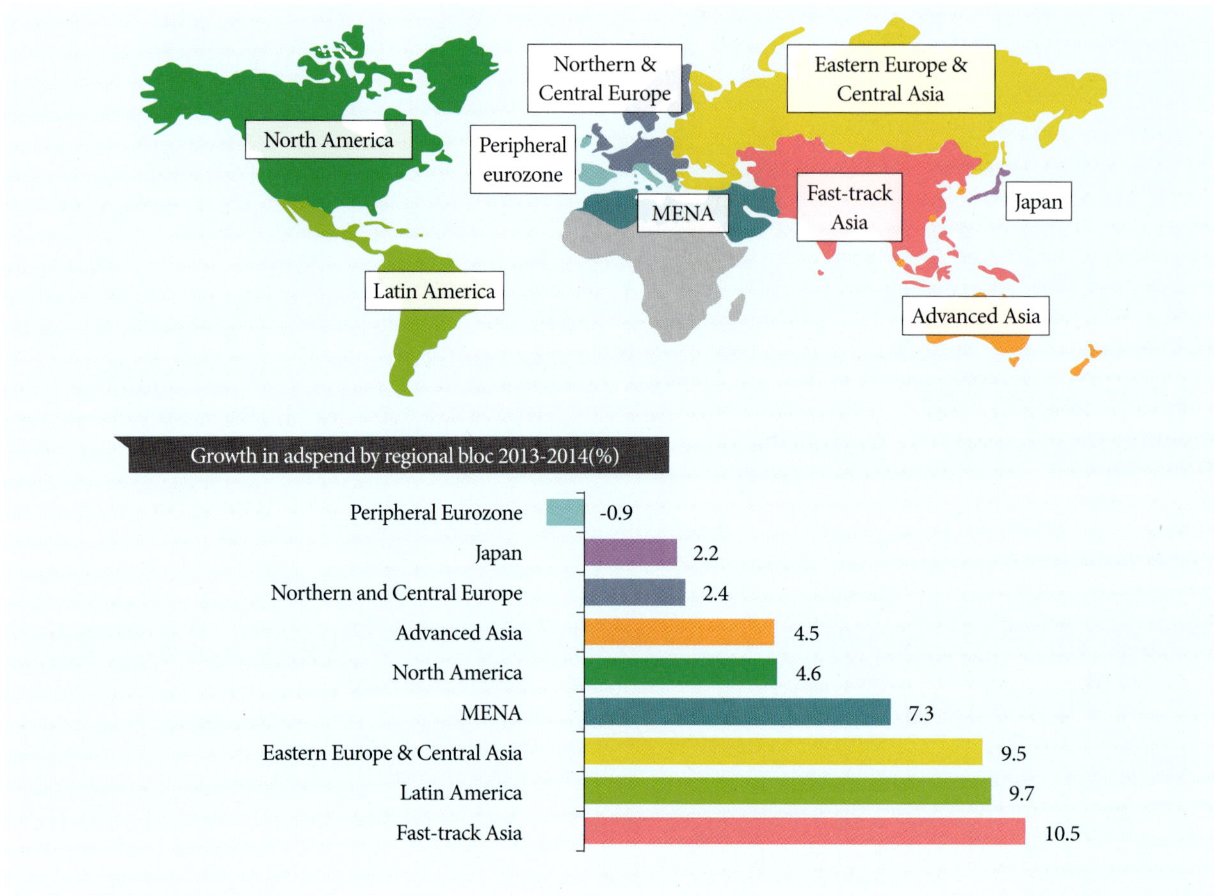

그림 2.2 광고권역과 성장률

출처: Zenith Optimedia

있다. 상위 10개 광고시장을 살펴보면 대다수 선진국의 광고시장이 상위를 차지하고 있는 것을 볼 수 있다. 21세기 들어서면서 신흥공업국들, 특히 BRIC(브라질, 러시아, 인도네시아, 중국)의 성장이 두드러진다. 2007년 이후 주요 광고시장 순위를 살펴보면 다음과 같다.

전통적으로 광고시장은 북미, 남미, 서유럽, 중-동유럽 아시아-태평양, 중동-아프리카 등과 같이 지역적 경제적 권역에 따라 분류하였으나, 21세기 이후에 아시아권의 경제발전과 유럽에서의 변화 등으로 광고시장을 새롭게 분류하는 경향이 있다. ZenithOptimedia는 광고권역을 지역적 유사성과 광고시장의 유사성에 의거하여 다음과 같이 분류하고 각 권역별 분석을 하고 있다.

• 변두리 유로존(Peripheral eurozone):
유로존 국가 중에서 경제위기를 맞고 있는 국가를 따로 분류한 것으로, 포르투갈, 아일랜드, 이탈리아, 그리스, 그리고 스페인을 포함하고 있다. 경제위기로 인해 이 권역에서 광고는 급격하게 위축되고 있다. 이 권역에서 광고비는 2012년에는 전년도 대비 15.4%가 감소하였고, 2013년에는 10.3% 감소했으나 2014년에 안정을 찾고 2015년에는 2.7% 성장을 전망하고 있다.

• 북/중 유럽(Northern and Central Europe)
통칭 서유럽으로 불리던 지역과 중부 유럽을 포함하는 권역이다. 프랑스, 독일, 영국 등의 전형적 서구국가와 더불어 체코, 헝가리, 폴란드 등의 중부유럽국가들이 속해 있다. 중부유럽국가들이 이 권역에 속해있는 것은 우선 유로존에 속해 있으며 서유럽 국가들과 무역등에 있어서 밀접한 관계를 가지고 있기 때문이다. 이 권역에서 광고는 거의 정체되어 있다. 2012년에는 0.6% 성장을 기록하였다.
(소속국가: 오스트리아, 벨기에, 보스니아&헤체르고비나, 크로아티아, 체코, 덴마크, 핀란드, 프랑스, 독일, 헝가리, 네덜란드, 노르웨이, 폴란드, 루마니아, 세르비아, 슬로바키아, 슬로베니아, 스웨덴, 스위스, 영국)

• 동유럽/중앙아시아(Eastern Europ & Central Asia)
러시아와 우크라이나, 아제르바이잔 등의 국가들을 포함하는 권역이다. 유로존과 연계성이 거의 없다. 이 권역에 포함된 중앙아시아지역 국가들은 동유럽국가들과 유사점이 많고 매우 비슷한 성향을 보인다. 광고 시장은 빠르게 성장하고 있으며 최근 2013년까지 매년 9~10%의 성장을 꾸준히 기록하였다.
(소속국가: 아르메니아, 아제르바이잔, 벨라루스, 불가리아, 에스토니아, 그루지아, 카자흐스탄, 라트비아, 리투아니아, 몰도바, 러시아, 터키, 우크라이나, 우즈베키스탄)

• 일본
일본은 아시아의 다른 국가들과는 사뭇 다른 광고시장이다. 2011년 지진이후에 빠르게 회복세를 보여 2012년에 3.5%의 성장을 기록했다. 그러나 전반적으로 일본 시장은 경기 침체와 디플레이션으로 연간 2%정도의 성장을 하고 있는 추세이다.

• 어드밴스드 아시아(Advanced Asia)
일본을 제외하고 아시아에서는 5개 국가가 선진화된 경제와 발전된 광고시장을 가지고 있다. 호주, 뉴질랜드, 홍콩, 싱가폴, 그리고 한국을 포함하는 권역이다. 2012년 이 권역의 광고는 3.6% 성장하였다. 이 권역의 광고시장은 중국의 경기 상황 및 북한과 밀접한 연관이 있다. 중국과의 무역이 큰 비중을 차지하고 있고, 북한 문제는 한국의 광고시장과 밀접한 관계가 있기 때문에 이 권역에서는 위 두가지 요인이 전반적 광고시장에 영향을 미치고 있다.

• 패스트 트랙 아시아(Fast-track Asia)

위에서 열거된 국가들을 제외한 나머지 아시아 국가들이 이 권역에 속한다. 중국, 인도, 인도네시아, 말레이시아, 파키스탄, 필리핀, 타이완, 태국 그리고 베트남이 포함된다. 이 권역은 매우 빠르게 경제가 발전하고 있는 지역이다. 또한 서구의 기술과 제도를 빠르게 받아들이고 있다. 통상적으로 7%에서 10%를 넘나드는 광고시장의 성장률을 보이고 있는 지역이다. 2015년에는 11%의 성장을 기록할 것으로 예측된다.

• 북미(North America)

미국과 캐나다 두 국가가 이 권역에 속해있다. 이 지역은 정체되어 있는 유럽에 비해 훨씬 더 역동적인 지역이다. 소비문화, 일자리 창출, 소매업의 성장, 건설경기 등 대부분의 분야에서 역동적인 성장을 하고 있는 지역이다. 대체적으로 4~5%의 성장을 꾸준히 기록하고 있는 지역이며, 광고비에 있어서 항상 세계에서 가장 큰 광고시장이다.

• 중남미(Latin America)

이 권역은 동유럽/중앙아시아권역과 비슷한 성향을 가지고 있다. 빠르게 경제성장을 하고 있는 지역이며, 광고시장도 빠르게 성장하고 있다. 2012년에는 7%성장을 기록했으며 2015년에는 10.7%의 고성장을 기록할 것으로 전망된다.

(소속국가: 아르헨티나, 브라질, 칠레, 콜롬비아, 코스타리카, 에쿠아도르, 엘살바도르, 멕시코, 파나마, 페로, 푸에르토리코, 우루과이, 베네주엘라)

• MENA(Middle East & North Africa)

2010년 아랍의 봄 이후에 이 권역의 광고시장은 정치적 상황에 크게 영향을 받고 있다. 불안정한 정치상황은 광고시장을 위축시켰으며, 2011년에는 광고가 14.9% 감소하였다. 그러나 정치적 불안감이 해소되면 광고시장은 성장할 것으로 전망되고 있으며, 2015년에는 8.9%의 성장이 예상된다.

(소속국가: 바레인, 이집트, 이스라엘, 쿠웨이트, 오만, 카타르, 사우디아라비아, 아랍에미레이트)

2_2-4 국제광고제 현황

국제 광고량이 증가하고 글로벌광고대행사가 발달하면서, 광고크리에이티브에 대하여 수상을 하는 광고제도 자연스럽게 국제광고제로 발전하였다. 현재 다양한 국제광고제가 여러 국가에서 광고에 대한 시상을 하고 있는데, 가장 잘 알려지고 권위있는 광고제로는 미국의 클리오광고제와 프랑스의 칸느광고제가 대표적이다.

미국의 대표적인 광고제인 클리오 어워즈(Clio Awards)의 경우 1959년에 미국 내의 광고제로 시작하였으나 1965년부터 국제광고제로 발전하였다. 클리오의 경우 현재 매년 10,000건 이상의 광고가 출품되고 있으며 출품작의 65% 이상이 미국이외의 국가에서 출품된 작품들이다.

또다른 광고제인 칸느광고제(Canne Lions International Festival of Creativity)는 프랑스 칸느에서 개최된다. 칸느영화제에서 영감을 받아서 칸느광고제를 구상하고 1954년도에 187개 작품이 출품되어 칸느국제광고제가 시작되었다. 현재는 전세계에서 가장 규모가 큰 광고제로 인정받고 있으며, 2013년에는 35,765개의 작품이 출품되었다. 국가별로 출품작 규모를 살펴보면, 미국 6,078, 브라질 3,476, 영국 2,671, 오스트레일리아 1,404, 인도 1,110 그리고 일본 1,093의 순서로 광고를 출품하였다.

그림 2.3 클리오어워드

이런 국제광고제는 전세계 크리에이티브의 동향을 살펴볼 수 있고 정보를 교환하는 장소가 되기에 해마다 전 세계 각국에서 광고인들이 모여 교류하는 축제의 장이 되고 있다.

클리오와 칸느 이외에 전 세계 여러 국가에서 다양한 광고제를 개최하고 있다. 표 2.7은 각국에서 개최하는 광고제를 정리한 표이다.

표 2.7 광고제 현황

Award Organization	Award Type
Argentina FIAP–Ibero American Advertising Festival	 Creative Award
Australia YoungGuns International Advertising Award	 Creative Award
Belgium EURO EFFIES Integrated Marketing Communications European Awards (formerly PMC Awards) WFA Hall of Fame Award	 Effectiveness Award Effectiveness Award Creative Award
Canada First Boards Awards	 Creative Award
France Cristal Festival EFFIE France Epica International Car Advertising Film Festival	 Creative Award Effectiveness Award Creative Award Creative Award

표 2.7 광고제 현황

Award Organization	Award Type
Mondial de la Pub des Pays Francophones	Creative Award
Phénix U.D.A de la Communication	None
Prix Club des Directeurs Artistiques	Creative Award
Prix de la campagne citoyenne	Creative Award
Germany	
EFFIE Germany	Effectiveness Award
Italy	
International Freecard Award	Creative Award
Latvia	
International Advertising Festival Golden Hammer	Creative Award
Russia	
Moscow International Advertising Festival (Red Apple)	Creative Award
Slovenia	
The Golden Drum Awards	Creative Award
Spain	
ADC*E	Creative Award
El Sol Festival Publicitario Iberoamericano (San Sebastián)	Creative Award
Premios IP Mark a la Creatividad espanola	Creative Award
Switzerland	
Golden Award of Montreux	Creative Award
Thailand	
Asia Pacific Advertising Festival (AP AdFest)	Creative Award
United Arab Emirates	
Dubai Lynx Awards	Creative Award
United Kingdom	
Cannes Lions International Festival of Creativity	Creative Award
D&AD Awards	Creative Award
International Food and Beverage Creative Excellence Awards – FAB Awards	Creative Award
IPA Effectiveness Awards	Effectiveness Award
LEAF Lisbon Erotic Advertising Festival	Creative Award
The Advertising Festival Ad Awards Tenerife	Creative Award
United States	
ADC Young Guns	Creative Award
American Advertising Awards, ADDY	Creative Award
Art Directors Annual Awards	Creative Award
CLIO Awards	Creative Award

표 2.7 광고제 현황

Award Organization	Award Type
AA Responsibility Award	Creative Award
International ANDY Awards	Creative Award
International Automotive Advertising Awards (IAAA)	Creative Award
One Show Interactive Awards	Creative Award
The Cresta Awards	Creative Award
The One Show	Creative Award

출처: http://www.adforum.com/pages/ourpartners/awardfestival.html

참고문헌

Barbara Mueller (1996), International Advertising: Communicating Across Cultures. Wadworth Publishing Company.

Barbara Mueller (2011), Dynamics of International Advertising. Peter Lang Publishing, Inc.

Marieke De Mooij (1994), Adertising Worldwide, Prentice Hall.

Vern Terpstra and Ravi Sarathy (1991), International Marketing, Hardcourt Brace Jovanovich College Publishers.

"For Manufacturers, the Grass Is Far Greener Overseas," Business Week, December 23, 1991. p.20.

www.samsung.com/us/aboutsamsung/sustainability/sustainabilityreports/download/2012/2012_Facts_and_Figures_FINAL.pdf

"10 Things You Should Know About the Global Ad Market," Advertising Age, December 08, 2013

"Worldwide Ad Growth Buoyed by Digital, Mobile Adoption" eMarketer, Sep 25, 2013

http://www.zenithoptimedia.com/wp-content/uploads/2013/12/Adspend-forecasts-December-2013-executive-summary.pdf

INTERNATIONAL ADVERTISING

Chapter 3

문화와 국제광고 전략

3_1 글로벌시대의 출현과 시장의 글로벌화

3_2 문화의 정의

3_3 문화와 소비자 가치

3_4 문화와 소비자행동

3_5 문화 차원과 광고 커뮤니케이션

3_6 맺음말

3_1 글로벌시대의 출현과 시장의 글로벌화

지금 세계는 정보통신의 막강한 영향력으로 명실상부한 지구촌 시대, 곧 글로벌 시대를 맞이하고 있다. 글로벌 현상은 영역별로 다양하게 나타나고 있는데 이는 크게 보아 이념의 글로벌화, 기술의 글로벌화, 정보의 글로벌화, 시장의 글로벌화로 나누어 볼 수 있다. 이념의 글로벌화란 냉전체제의 종식 이후 서유럽의 민주주의 사조가 세계적으로 보편화 되어가는 현상을 말한다. 이 같은 현상은 특히 미국의 여론, 인권 등의 이념적 이슈가 유럽을 위시하여 아시아권 국가로 확산되어가는 과정에서 관찰된다. 기술의 글로벌화란 산업사회에서 정보사회로 이동을 가능케 하는 추진력으로서 기술이 국가 간에 이전되고 표준화되는 경향을 일컫는다. 이 같은 기술적 추진력은 곧 미디어의 발전원동력으로 대중매체시대에서 뉴미디어 시대로의 전환을 촉진하는 역할을 수행해왔다. 정보의 글로벌화는 산업사회 이후 지식으로서의 정보가 근간이 되는 정보화 사회의 중요한 현상의 하나이다. 과거 제한된 매체환경 속에서 공유되지 못했던 정보가 다양한 커뮤니케이션 수단의 발달로 물리적 이동 없이 앉아서 전 세계의 정보를 수집하고 교류할 수 있는 시대로 변화되어가고 있음을 의미한다. 시장의 글로벌화는 최근 세계경제환경에서 가장 두드러진 변화요, 발전이 아닐 수 없다. 1983년 하버드 대학교의 레빗(Theodore Levitt)은 글로벌 매체와 통신기술의 발달이 지구촌시대를 촉진하는 한편, 경제활동의 무국적, 무국경화 현상을 부추기는 등 이미 국제환경은 단일시장권 형성을 가속화하고 있다고 역설했다. 즉, 생산을 통해 제품과 기업이 글로벌화하고, 이들의 해외진출과 함께 광고를 비롯한 광범위한 프로모션이 국가간, 문화간에 전용되는 글로벌현상을 촉진하게 된 것이다.

그렇다면 지구촌의 발빠른 형성을 촉진하는 주요 요인들은 무엇일까? 글로벌시대를 주도하는 가장 중요한 요소로 학자들은 시장의 세계화를 꼽는다. 다시 말해 기업, 미디어, 소비자, 브랜드들이 하나의 시장 속에서 어우러지는 역동적인 세계화 현상을 일컫는다.

이러한 글로벌시대에 마케팅 전략가들은 효과적인 시장침투를 위해 목표시장의 사회문화적 현상을 분석하고 광고와 목표소비자 집단간의 문화적 일치를 위한 노력에 혈안이 되어 왔다. 문화가 궁극적으로 시장 내 다양한 마케팅 커뮤니케이션 현상에 영향을 미치는 중요한 요소임을 간파하고 이를 위한 대응노력에 집중하고 있는 것이다. 세계는 문화를 중심으로 전체가 하나가 되기도 하며, 때론 대륙을 중심으로 이른바 권역화(regional)되기도 하고 나아가 개별 국가를 중심으로 지역화(localization)되기도 한다는 진리를 발견했다(Vangelder, 2003). 결국, 다양한 국가에서 기업을 운영하기 위해서는 필요한 여러 문화를 이해할 수 있는 능력과 국가간이나 심지어 한 국가 내에서도 다른 지역간의 문화적 차이를 이해하는 능력이 절대적으로 필요하다.

글로벌시대에 문화간의 차이는 성공적인 광고를 이해하는데 있어 필수 요소이다. 소비자들은 그들의 문화에서 자라났기 때문에 그들은 자기 문화에 익숙할 수밖에 없다(Zhang & Gelb, 1996). 특히 광고는 문화적인 요소가 강한데, 그 이유는 광고가 어느 문화의 언어와 커뮤니케이션 방식을 사용하고 있기 때문이다(Schutte & Ciarlante, 1998). 또한 커뮤니케이션 패턴이 문화적 규범에 연결되어 있기 때문에 문화의 영향은 광고에 반영된다. 글로벌 기업의 광고에 있어 그 성공 여부는 현지 소비자들에게 어필할 수 있는 광고 표현 전략이며 그 전개에 있어 각 지역의 문화적 특수성을 고려하는 것이 글로벌 기업의 진정한 세계지향이고 원활한 글로벌 브랜드 전략의 이행이라고 생각된다. 지역적, 문화적 차이를 고려하지 않는 표준화된 전략으로는 더 이상 강력한 브랜드를 구축할 수 없다. 이에 따라 좀 더 효과적인 국제광고 전략을 위해 문화의 개념과 차원에 대해 알아보고, 그에 따른 국제광고의 전략에 대해 살펴보고자 한다.

3_2 문화의 정의

문화와 광고간의 관계를 알아보기 위해 우선 문화에 대한 개념적 이해가 필요하다. 홉스테드(Hofstede)는 문화를 "특정 환경 하에서의 사람들의 집단적인 정신적 프로그램"이라고 정의한다. 그는 또 "문화는 개개인의 특성이 아니며, 동일한 교육과 생활경험에 의해 조건화된 수많은 사람들의 집단적 특성"으로 보았다(김유경, 전성률, 2013).

이러한 정의는 '문명' 또는 '예술'로 정의하는 협의의 개념과는 상반되는 광의의 개념으로서의 문화를 말한다. 문화는 유전자를 통해 선천적으로 획득되는 것이 아니라, 자신이 속한 사회적 환경 속에서 학습되는 것이다. 홉스테드는 문화를 인간의 본성 그리고 개성과 구별하였다. 개성은 사회의 다른 구성원들과는 공유되지 않는 자기 자신만의 독특한 정신적 프로그램인 것에 비해, 문화는 집단의 구성원들이 모두 공유하고 있는 것이다. 문화라는 개념은 인종적, 혹은 민족적 집단에서부터 국가, 연령, 직업 및 사회계층이 다른 수준에 있는 한 사회내의 집단들에 이르기까지 다양하게 적용된다. 개개인의 문화적 프로그램은 그가 속한 집단 혹은 범주에 따라 달라진다. 즉, 문화의 표현은 자신이 속한 문화적 프로그램의 수준에 따라 달라진다. 예를 들어 식습관은 국가마다 다를 수 있고, 의습관은 직업에 따라서, 그리고 남성과 여성의 역할은 국가와 사회계층에 따라서 다를 수 있다. '문화'를 논의할 때는 그 문화의 수준을—'민족문화', '기업문화' 혹은 '연령문화'와 같이—분명히 해야 한다. 이는 그 수준에 따라 문화가 다르게 표현될 수 있기 때문이며, 그에 따른 개념의 혼란을 미연에 방지하기 위해서이다. 어떤 수준에서는 사실인 것이 다른 수준의 문화에서는 그렇지 않을 수 있는 것이다.

광고는 이러한 폭넓은 의미체계를 반영한다. 또한 광고는 사람들의 사고방식, 동기뿐만 아니라 그들이 상호간에 어떻게 관련을 맺고 있는지, 어떻게 살고 먹고 휴식하고 즐기는지를 반영한다. 문화의 모든 측면은 다양한 차원에서 광고에 반영되어 나타나는데 이같은 다양성의 근거는 그 사회의 여러 특성에 기초한다. 학자들은 이 사회적 특성이 문화마다 상대적으로 다양하다고 전제하고, 이를 문화거리라고 부른다.

사모바(Samovar), 포터(Porter), 제인(Jain)은 문화간 커뮤니케이션에서 나타나는 문화의 영향은 문화 또는 지역간 상이성에서 연유한다고 주장한다. 문화거리는 메시지의 송신자와 수신자가 문화적으로 어느 정도 다른가에 관한 것이다. 이는 사회적, 정치적, 심리적, 인구통계학적 관점에서 상호 유사성을 가질수록 인간의 행위 및 커뮤니케이션 레퍼토리도 아울러 유사성을 지닌다는 가설에서 출발한다. 국가간 또는 문화간에 이같은 유사성은 상대적으로 차이를 보이게 된다(그림 3.1 참조).

문화거리 개념에 근거하여, 뮐러(Mueller)는 국가간 광고의 상대적 표준화 정도를 알아보기 위해 미국, 일본, 독일의 광고를 비교하였다. 그 결과 광고의 정보전달에서 서유럽과 동양 사이에 전달되는 메시지보다 서유럽 국가들 사이에 전달되는 메시지 경우에 표준화 경향이 보편화되어 있는 것으로 나타났다. 이는 서유럽 국가들 사이의 문화거리가 서유럽 국가와 동양권 국가간 문화거리보다 작다는 기본 명제에 근거한다. 결국 문화거리가 가까운 국가들의 경우 표준화된 광고 캠페인이 일반화되어 있음을 의미한다.

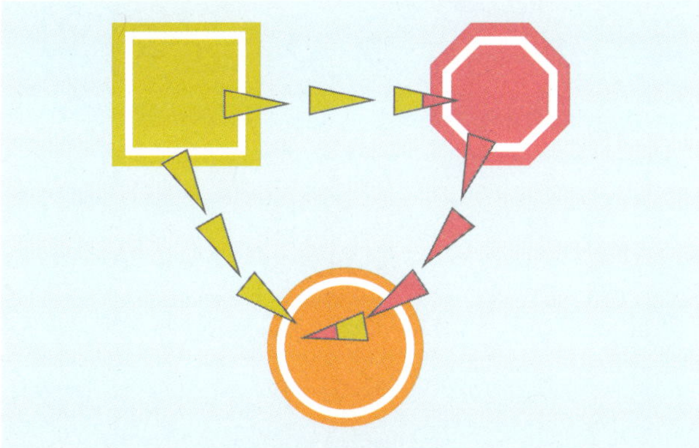

그림 3.1 Samovar, Porter, Jain의 문화간 커뮤니케니션 모델

Samovar Larry, Porter Richard, Jain Nemi, Understanding Intercultural Communications, Belmont, CA: Wadsworth, 1981

사모바와 동료들은 문화간 상대적인 차이를 측정하기 위한 척도의 사용을 제시하였다. 두 문화집단간의 차이의 크기는 각 문화의 상대적인 사회적 독특성에 기인하는 것으로 설명될 수 있다(그림 3.2 참조).

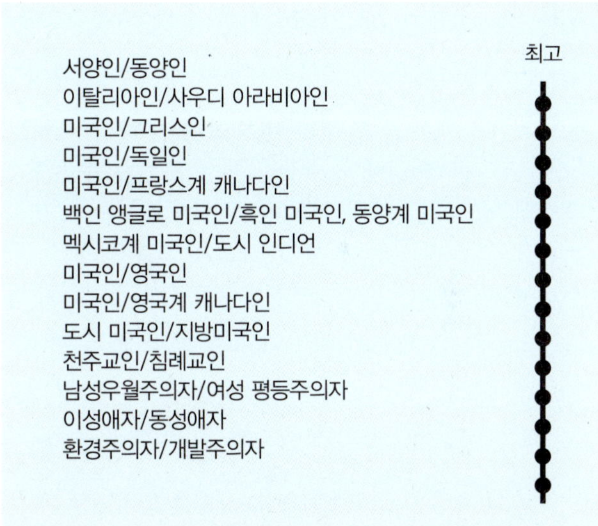

그림 3.2 문화적 거리 척도를 이용한 국가 및 하위문화별 비교

Samovar Larry, Porter Richard, Jain Nemi, Understanding Intercultural Communications, Belmont, CA: Wadsworth, 1981

이러한 사회적 독특성은 외모, 종교, 철학, 사회적 태도, 언어, 문화적 유산, 자아와 우주에 대한 기본적 개념과, 그리고 기술발달의 정도와 같은 문화적 차원에 의해 종합적으로 결정된다. 예컨대, (그림 3.2)에 의하면 아시아와 서유럽 국가간의 문화거리는 미국과 캐나다 또는 미국과 영국간의 문화거리보다 훨씬 크며, 따라서 미국과 캐나다간에 전용되는 광고는 표준화 성향이 높지만, 아시아와 서유럽 국가간에 행해지는 광고는 표준화 기회가 낮기 때문에 더욱 현지화 또는 차별화되어야 한다.

그렇다면 문화는 소비자행동에 어떤 영향을 미칠까. 기업이 대고객 커뮤니케이션을 수행함에 있어 나타나는 문화적 현상은 가치라는 개념으로 재생산되어 활용된다.

3_3 문화와 소비자 가치

가치는 "대립되는 행위 양식 혹은 최종 상태에 비해 선호되는 행위 양식 혹은 최종 상태에 대한 지속적인 신념"으로 정의하였다. 가치 체계란 대안 선택, 문제 해결 그리고 의사 결정에 도움이 되는 원칙과 규칙들로 이루어진 학습된 구조체이다. 가치는 인지적, 감정적 그리고 행위적 요소들로 구분되며 다른 행위 양식에 비해 선호되는 궁극적 또는 수단적 행위패턴을 말한다(Rokeach, 1973). 궁극적 가치란 한 문화의 소비자가 지니는 최종가치 또는 중심 가치를 말하며 수단가치는 궁극적 가치를 달성하기 위한 수단의 역할을 한다.

인간의 가치를 연구하는 학자들은 인간이 소유한 총 가치의 수는 상대적으로 적은 데다, 모든 인간은 기본적으로 어느 정도는 동일한 가치를 소유하고 있으며 인간 가치의 특징은 고유한 문화, 사회, 관습을 통해서 파악할 수 있다고 가정하고 있다(Rokeach, 1973; Kahle & Timmer, 1983; Ness & Stith, 1984). 따라서 가치란 소비자가 현실세계를 반영하도록 변환한 근본적 욕구의 표상인 셈이다. 따라서 유사한 가치를 지닌 소비자들은 유사한 소비행위와 함께 정보처리 행위 역시 유사할 것이라는 가정이 설득력을 가지게 된다. 이를 국제환경에 적용해 보더라도 나라마다 고유한 전통적 가치가 존재하며 이는 문화심층부에 안정적으로 자리 잡고 있음을 알 수 있다. 결국, 문화간에 광고를 비롯한 마케팅 활동에 있어 가치란 이해 당사자간에 고려해야 할 중요한 영향요인임을 의미한다.

Rokeach와 Kahle의 가치구조로 대표되는 서양의 가치를 공통적 속성에 따라 유형화해보면 인간중심적 가치인 자아 지향성(self-oriented), 완성 및 자존적 가치인 성취(achievement), 규범 및 사회 순응적 가치인 성숙(maturity), 즐거움의 가치인 쾌락(hedonism), 본능적 가치인 안전(safety) 으로 대별할 수 있다. 이들 서구가치에 동양의 가치인 조화와 자연친화의 가치를 추가하면 동서양의 가치를 보편적이며 통시적인 시각 속에서 관찰할 수 있는 핵심가치군(群)이자 모형이 될 것으로 판단된다(그림 3.3).

아래의 문화적 가치와 그에 따른 광고의 표현적 특성에 대해 알아보기로 하자.

핵심가치유형	가치특성
자아 지향성 (self-orientation)	인간중심적 가치
성취 (achievement)	완성, 자존적 가치
성숙 (maturity)	규범, 사회 순응적 가치
즐거움, 기쁨 (pleasure/enjoyment)	쾌락적 가치
안전 (safety)	본능적 가치
조화 지향적 (harmony-oriented)	조화/집단적 가치
자연 친화적 (nature-familiarized)	자연 의존적 가치

그림 3.3 동서양의 종합적 가치유형 및 특성

3_3-1 자아 지향적 가치 (self-oriented)

자아 지향적 가치란 창조성, 독립성, 지적, 논리성 등의 수단적 가치영역을 의미하며 의사결정, 창의성 등 행위에 있어 자신의 독립적인 능력에 있어서의 만족감을 나타내며 개인욕구의 최고상태인 자아존중이나 자아실현(self-fulfillment)의 성향으로 표현된다. 이 가치는 주로 물질적인 번영을 전제로 하는 개인주의 문화에서 두드러진다. 특히 이 같은 가치구조하의 광고는 정보원 또는 모델의 전문성과 대외적인 공신력을 강조하며 감성적 소구보다는 정보위주의 경성 소구와 비교소구에 치중한다. 특히 개인주의 사회에서 두드러지는 자아 지향적 가치는 성능, 품질 등 제품의 기능적 속성과 논증식의 직접표현을 강조하는 경향이 많다.

3_3-2 성취 (Achievement) 적 가치

성취란 일을 추진하게 만드는 세 가지 주요한 동기, 즉 성취, 권력, 소속 중의 하나라고 주장한다. 성취는 전형적인 앵글로 색슨계의 복합가치이다. 즉, 문화적으로 결과를 중시하는 남성주의문화와 위험에 대한 과감한 도전의식을 지니고 있는 문화-낮은 불확실성의 회피성향-에서 흔히 관찰된다. 이러한 조합은 기업 활동에서 나타나는 앵글로 색슨 문화의 경제적 성공에 대한 원동력이라고 볼 수 있다. 성취가치를 중시하는 광고는 자아실현(self-actualization)이나 이에 대한 도전을 지향하는 지위소구나 외형적 장점에 의존하는 경향이 높고, 사회적 인정과 존경을 추구하는 상징적 가치가 주로 이용된다. 특히, 광고에 있어 경성판매소구의 정보적 접근과 비교, 유머, 성적 소구 등의 직접적 메시지전략이 두드러진다. 그러나 성취가치는 한 사회구성원의 바람직한(desirable) 규범가치라기 보다는 실제로 소비자의 이상적인 자아(ideal self)를 실현하는 바라는(desired) 가치의 요건을 구성하고 있어 시장경제환경을 갖춘 대부분의 광고에서 관찰되어 왔다.

3_3-3 성숙 (Maturity)의 가치

성숙이란 인생의 경험을 통해 도달하는 궁극적 가치로, 지혜, 성숙한 사랑, 진정한 우정, 심미적 세계를 지향하는 등의 수단적 가치를 포함한다. 특히 성숙이란 사회적 규범에 동조하며 질서와 규칙에 순응하는 시민가치를 중시한다. 미국인은 자아 지향성으로부터 나온 개인적 가치와 아시아인들의 전형인 소속지향성으로부터 나온 성숙의 가치가 병존하는 패러독스적 가치구조를 가지고 있다고 판단된다. 그러므로 성숙의 가치는 서구와 아시아지역에 공존하는 혼합형태의 가치라고 볼 수 있다. 성숙은 성취가치와는 달리 광고에서는 다소 절제된 형태, 예컨대 연성판매소구나, 상징적 은유형태로 등장한다.

3_3-4 즐거움/기쁨 (Pleasure/enjoyment): 쾌락의 가치

즐거움, 또는 기쁨은 인간의 심리적 만족감과 직결되는 수단적 가치로 남성주의와 개인주의 사회에서 주로 관찰되는 서구적 가치이다(De Mooij, 2013). 그러나 때때로 남성주의와 집단주의가 결합된 문화−예컨대 일본의 경우−에서 자주 나타나는 소비자 가치이다. 광고에서는 재미, 오락, 즐거움을 통해 소비자를 만족 또는 흥분시키는 비교, 유머, 반복기법, 경성판매소구의 기법으로 나타난다. 특히 소비자를 설득하기 위한 메시지전략으로 성적 소구나 A/S, special offer 등의 정보적 소구내용에서 관찰된다. 이처럼 메시지의 외연적 특성을 위한 전략과는 별도로 소비자의 내면적 가치를 자극하는 브랜드 친숙기법도 자주 이용된다.

3_3-5 안전 (Safety) 가치

안전가치는 개인주의 사회에서 주로 관찰되는 핵심가치로 가족의 안전에서 세계의 평화를 지향하는 궁극적 가치를 말한다. 이 가치는 집단주의문화가 지향하는 안정가치와 구별되며 광고에서는 미국을 비롯한 서구에서 특히 기능적 혜택(functional benefit)으로서의 안전을 강조하는 형태로 나타난다. 따라서 비교소구, 직접적인 판매소구나, 경성판매 소구를 지향하는 경향이 높은데다 기능적 우월을 강조하는 정보적 소구, 특히, 성능이나 품질면에서 보증적 주장을 많이 담고 있다.

3_3-6 조화지향 (Harmony-oriented)적 가치

조화지향적 가치는 Michael Bond 등이 CVS를 통해 발견한 유교적 역동성에서 추출한 동양적 핵심가치이다. 흔히 문화적으로 Hofstede가 그의 IBM 연구에서 장기지향적 문화로 발전시킨데서 연유한 조화가치는 1970년대 이미 유럽 내 23개국을 대상으로 그 효용을 검증한 바 있는 가치변인이다. 이는 한편으로 집단주의와 상관관계가 높으며 광고에서는 논증소구, 정보소구, 명령 및 반복소구 등의 직접적인 메시지 표현을 지양하고 경쟁적 분위기나 지나친 설득적 메시지를 나타내는 비교소구나 성적소구의 사용에 대해서도 극히 민감한 광고관행을 나타낸다(De Mooij, 2013).

3_3-7 자연친화 (Nature-familiarized)적 가치

자연친화적 가치는 조화가치와 함께 장기지향성 문화에서 뚜렷이 나타나는 자연에 대한 존중가치를 말한다(Hofstede, 2005). 인간의 삶속에서 자연과의 조화가 중요한 역할을 하는 자연 의존적 생활습관을 반영하는 것으로 광고에서는 휴식과 안정을 위한 자연으로의 귀의 등을 나타내는 '선 (Zen)'의 소구나, 자연을 소재로 한 상징적 연상이나 심리적 소구를 들 수 있다. 자연과 자연의 상징에 대한 광고표현은 주로 일본, 중국, 한국 등 아시아 국가에서 자주 관찰된다(De Mooij, 2013). 그러나 서구의 경우에도 자연가치는 존재하는데 이는 아시아의 친화적 개념이 아니라 탐험적, 또는 정복적 자연관을 반영한다(Mueller, 2006). 자연을 광고에 표현하는 행태는 다양하나 일반적으로 메시지에 의한 기능적 표현보다는 크리에이티브에 의한 감성적 표현이 주류를 이룬다.

앞서 살펴보았듯이 2000년대 이후 아시아권에 등장하는 경제 및 사회정치 분야의 변화는 아시아의 가치구조를 역설적(paradoxical)으로 이원화하고 있다. 즉, 바라는 가치와 바람직한 규범적 가치의 갈등 현상이 이를 설명하는 데 예컨대, 자아 지향적 가치나, 성취가치 등은 동양사회에서도 얼마든지 찾아볼 수 있다는 것이다. 그러나 미국인이 이를 수용할 때의 개념과 일본인이나 한국인이 수용할 때의 의미와는 판이하다. 다시 말해, 광고표현에서는 공히 관찰될 수 있는 현상이나 그 의미는 다르게 해석되어야 한다는 것이다. 예컨대, 일본의 광고에서도 개인주의 문화에 해당하는 자아 지향적 가치가 발견되는데 이는 집단주의 문화의 변종이 아니라 경쟁을 지향하는 경제적 상황을 특수하게 반영하는 것이며 곧 일본인 개인이 바라는 자아 회복적 가치인 것이다.

결국, 광고와 브랜드를 차별화하기 위해 선택된 소비자 가치는 광고전략가의 문화적 가치를 통해 목표소비자의 문화적 의식구조와도 연계되어야 한다. 엄밀히 말해 광고가 문화적 가치의 반영이라는 명제는 곧 문화의 근간을 이루는 가치를 토대로 광고 메시지가 표현되어야 효과적이라는 주장과 일맥상통한다. 소비자 가치가 효과적으로 전이된 브랜드를 강력한 브랜드라고 하듯이 목표 집단의 가치가 제대로 표현된 광고야말로 강력한 광고요, 효과적인 광고로 인정받을 수 있다는 것이다. 이러한 주장은 국제광고환경에서도 그대로 적용된다. 국제광고에서의 쟁점은 광고와 목표 집단간의 문화적 일치에 관한 의제이며 나아가 광고를 통해 이들 집단의 문화적 가치를 어떻게 표현할 것인가에 관심을 기울여야 한다.

한 연구에서는 한국, 미국, 프랑스, 러시아의 TV 광고물을 대상으로 내용분석을 실시하여 문화간 소비자 가치가 어떤 형태로 광고에 반영되며 국가별 군집형태는 어떠한가에 대해 연구를 진행하였다. 그 결과 (그림 3.4)와 같은 concept mapping이 제시되었다. 그림을 보더라도 결국, 가치는 국가에 따라 지배적 유형이 차별적으로 드러남으로 보여주고 있다.

이를 통해 한국광고는 다른 나라에 비해 자연친화적 가치와 조화 지향적 가치를, 러시아 광고는 자아지향성과 조화 지향적 가치를, 프랑스광고에서는 성취가치

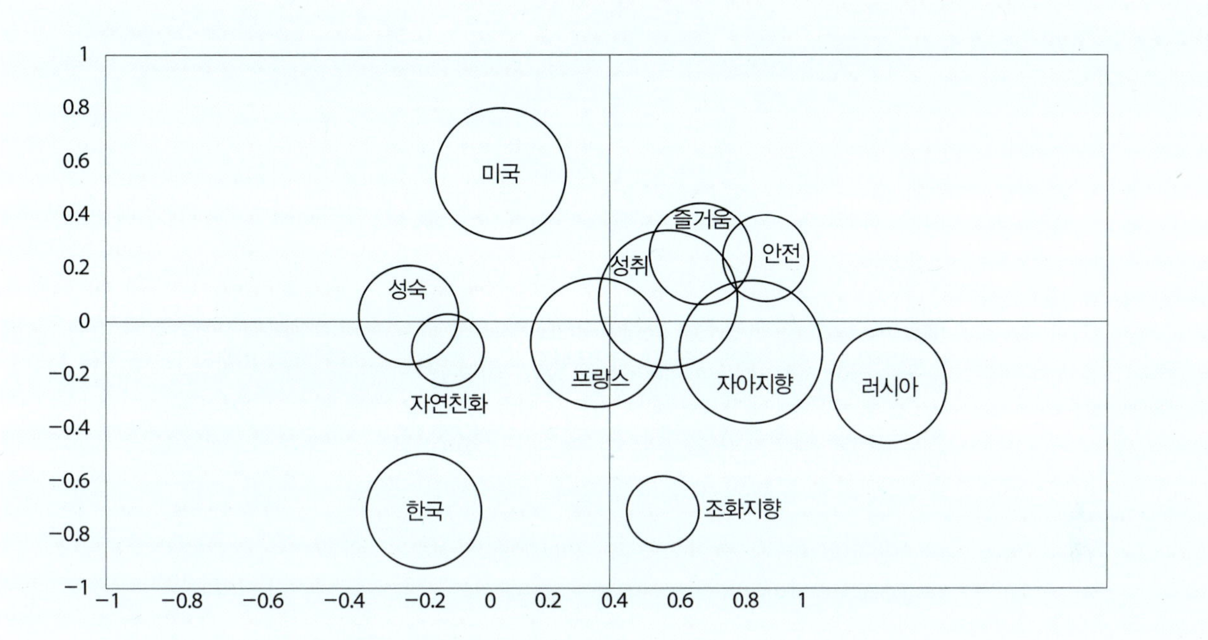

그림 3.4 국가별 광고와 지배적 가치유형에 대한 Concept Mapping

를, 미국가치는 성숙가치를 지배적으로 반영하고 있는 것으로 나타났다. 또한, 즐거움과 안전의 가치는 미국, 러시아, 프랑스 광고에서 고르게 반영되어 있어 서구의 공통적 가치로 분류되었다.

3_4 문화와 소비자행동

소비자행동은 사람들이 니즈와 욕구를 충족하기 위해 제품, 서비스, 아이디어, 또는 경험을 선택, 구매, 사용, 또는 폐기하는 것이다. 이러한 정의는 소비자 행동을 구매 전, 구매 중, 그리고 구매 후에 소비자에게 영향을 미치는 요소들을 포함한 프로세스로 본다. 이러한 프로세스에는 다양한 인간행동이 관련된다. 이러한 것들은 사람이란 무엇인가("나는 누구인가"), 특성과 성향으로 정의되는 자아와 개성("나는 어떤 사람인가"), 사람들은 어떻게 느끼는가, 사람들은 어떻게 생각하고 배우는가, 그리고 사람들은 무엇을 하는가로 요약될 수 있다. 느끼는 것과 생각하는 것, 그리고 행동하는 것에 대한 사회과학적 용어들은 각각 영향(affect), 인지

(cognition), 그리고 행동(behavior)이다.

사람들이 어떻게 행동하는가와 무엇이 사람들을 동기유발 시키는가 하는 것은 대부분 문화에 관련되어있다. 소비자행동 이론은 서구의 심리학과 사회학에 뿌리를 두고 있다. 따라서 서구 심리학의 많은 부분은 아시아에 적절하지 않을 수 있다. 문화들을 넘어서 사람들은 그들의 구매동기에 영향을 미치는 자아에 대한 상이한 개념들을 갖는다. 개성과 정체성은 서구의 개념들이고, 개인적 특성의 브랜드에 의미 부여를 실행하는 것도 서구적 개념이다. 정서와 사람들이 정서를 표현하는 방법도 문화와 관련되어 있다. 사람들이 어떻게 정보처리를 하는지, 그들이 어떻게 의사결정을 하는지, 그들이 혁신적인지 아닌지의 차이와 같은 모든 요소들도 역시 문화와 관련되어 있다. 효과적인 글로벌 마케팅, 글로벌 브랜딩, 그리고 글로벌 광고를 위해 이러한 차이들을 반드시 알아야 되고 이해되어야 한다.

서구적인 마케팅의 한 특성은 구매자를 다른 사람과 차별화해줄 수 있는 제품의 특성, 혜택, 또는 가치에 초점을 맞춘다는 점이다. 또 다른 특성으로는 실질적인 자아와 이상적인 자아를 구분한다는 점이 있다. 사람들은 자아의 개념과 일치하거나, "이상적인 이미지"를 향상시켜줄 수 있는 제품을 구매한다. 이러한 관점에서 자아의 개념은 우리가 어떤 종류의 사람이며, 우리가 되고 싶은 사람에 대한 이미지라고 할 수 있다. 이상적인 자아와 관련하여 자주 언급되는 요인들은 개성, 정체성, 그리고 이미지이며, 이들은 미국과 북서 유럽의 심리학적 연구로부터 비롯되었다. 그래서 소비자 행동 교재들에 소개된 이들과 다른 심리학적 모델들은 개인주의적 세계관으로부터 유래되었다. 다른 모델들은 다른 그룹들을 위해 더욱 개발되고 있다.

국제광고를 제대로 이해하기 위해서는 글로벌 시장에서 각 나라의 소비자가 어떤 행동성향을 갖고 있는가를 이해하는 것은 매우 중요하다. 중요한 몇 가지 요소만을 살펴보도록 하자.

3_4-1 자아 개념과 문화

소비자 심리학에서 사용되는 자아의 개념은 개인주의에 근간을 두고 있다. 이는 특정인에 대한 다음의 개념들을 포함한다. 사람은 능동적인 주체로 고유한 특성, 자질, 그리고 프로세스를 지닌다. 이러한 내적 특성이나 프로세스의 구성에서 행동이 비롯된다. 개별적인 사람들의 행동은 차이를 보이며, 이러한 고유성은 긍정적인 것이다. 사람들의 특성과 프로세스들은 일관적으로 다양한 상황에서 표현되어야 하며, 이러한 일관성은 긍정적인 것이다. 때문에 상황에 따라 변화하는 행동은 가식적이거나 병적인 것으로 인식된다.

예컨대, 개인주의 문화에서 젊은이는 가족을 제외한 다양한 사회 집단에서 독립적으로 기능할 수 있는 정체성을 구축해야 한다. 이에 실패하게 되면 정체감의 위기가 초래된다. 집단주의 문화에서의 발달은 복잡한 가족 위계질서에 의존하는 법을 배우는 것에 기반하며, 다른 사람과 동일해지는 것이 이상적이다.

중국 어린이의 첫 단어는 사람과 관련되어 있다. 반면에 미국 어린이는 물건에 대한 말을 먼저 시작한다. 일본에서 느낌이 좋은 것은 친근한 느낌과 같은 개인간의 상황들과 더욱 관련되어 있다. 반면 미국에서의 좋은 느낌은 우월적 또는 자신감의 느낌과 같은 개인간 거리와 더 빈번하게 관련되어 있다. 영국에서 행복의 느낌은 독립감과 긍정적으로 연관된다. 반면 그리스에서의 좋은 느낌은 독립감과 부정적으로 관련된다.

마케터들은 자아의 문화적 측면을 이해함으로써 서구적인 자아의 개념을 다른 문화에 적용하는 데에 더욱 조심스러워질 수 있다. 그 예에는 자부심, 자아 확인, 일관성, 자아실현, 인정, 자기표현, 지배, 독립, 그리고 성취에 대한 욕구 등의 개인적 동기가 있다.

3_4-2 개성 (Personality)과 문화

개인은 넓은 의미로 개인주의 문화에서 사람이 지니는 자질과 특징의 총합이다. 개인주의 문화에서는 사람이 "독립적이고, 자립적이고, 능동적이며, 고유한 내적 특징(예, 성향, 능력, 동기, 그리고 가치)을 지니며, 이러한 내적 특징을 근거로 행동하는 주체"라고 정의된다. 이러한 성격은 고유하고 모든 상황에서 일관된다. 서로 다른 상황에서도 일관성을 가지고 행동하는 것이 기대된다는 의미이다. 성격은 일반적으로 자율성이나 사교성과 같은 성향을 기준으로 묘사된다. 이렇게 사회적 환경과는 독립된 능동적 주체라는 성격에 대한 개념은 개인주의 문화의 독립적 자아와 관련된 특징을 포한한다. 집단주의 문화에서는 사람들의 이상적인 특성이 사회적 역할에 따라 달라진다. 행동은 맥락 요인의 영향을 상대적으로 크게 받는다.

사람의 개성 구조가 문화에 달려있듯이, 브랜드 개성 또한 문화에 기반을 둔다. Jennifer Aaker(1997)는 다양한 문화에 걸친 브랜드 개성 차원을 정의하기 위한 다수의 연구를 진행했다. 그녀는 미국에서 다섯 가지 브랜드 개성 요소를 발견하였고, 이들을 진정성, 자극성, 능숙함, 세련됨, 그리고 견고함이라고 명명했다. 이들 중 처음 세 가지는 사람의 개성 요소인 쾌적한, 외향성, 그리고 성실성과 유사하다. 일본과 스페인에서 진행한 유사한 연구는 추가적이며 해당 국가에 고유한 요소들을 드러냈다. 일본과 스페인 모두에서 평화로운 요소가 추가적으로 발견되었고, 스페인의 경우 열정이라는 고유한 요소가 존재했다. 나이키, 소니, 리바이스, 아디다스, 폭스바겐, 그리고 BMW 등 잘 알려진 글로벌 브랜드의 브랜드 개성에 대한 연구를 통해 두 가지 특별한 한국 브랜드 개성들을 발견하였다. 첫째, 쉽고, 부드럽고, 가족 지향적이고, 쾌활하고, 감정적인 것과 같은 특성을 포함하는 수동적 좋아함으로 명명되었다. 둘째, 엄격하고, 진중하고, 지적이며, 대담한 것을 포함하는 주도권으로 명명되었다. 이들이 제시하는 것은, 비록 지속적이기를 기원하는 기업들이 하나의 특별한 개성을 글로벌 브랜드에 연결하고 있다할지라도 문화를 넘어서는 소비자들은 이들 브랜드에 상이한 개성을 부여한다는 것이다. 이들은 소비자에 의해 판단되는 특성이지만 기업이 원하는 것과 매우 다를 수 있다. 교차문화의 브랜드 가치 연구는, 우호적과 같은 브랜드 특성이, 높은 불확실성 회피와 낮은 권력 거리 문화에서 강한 글로벌 브랜드에 기인한다는 것을 보여주었다.

브랜드 개성에 대한 개념은 일반적으로 집단주의 문화보다는 개인주의 문화에서 통한다. 사람들이 맥락 밖에서 자기 자신을 추상적으로 표현하는 데에 익숙하지 않은 경우, 브랜드에 대해서도 같은 태도를 보일 것이다. 만약 집단주의 문화에서 사람들이 자신들을 다른 사람에 관하여 묘사한다면, 그들은 브랜드를 그들이 롤모델로 간주하는 실제 사람들에 관하여 연계하는 것 또한 선호한다. 따라서 크리에이티브 팀이 추상적인 크리에이티브 컨셉을 말하는 것에 의하는 것 보다 광고주에게 캠페인 제작과 관련된 유명한 연기자를 보여주는 것에 의해 제안된 캠페인을 설명하는 것이 더 쉽다. 일반적으로 집단주의와 광고에서의 명성 사용 간에는 유의미한 상관관계가 있다.

3_4-3 라이프스타일 (Lifestyle)과 문화

라이프스타일은 소비 패턴에 반영되어 있는 공유된 가치나 취향이라고 묘사할 수 있다. 개인적인 특징들은 고유한 라이프스타일을 개발하기 위해 필요한 원재료로 취급된다. 경제적인 관점에서 한 개인의 라이프스타일은 소득을 분배하는 방식이라고 할 수 있지만, 라이프스타일은 실제 행동을 설명하는 동시에 반드시 일치하지는 않는 정신적 구조로 보는 것이 더 정확하다.

라이프스타일은 한 개 국가에 대한 기준으로 유용하게 사용할 수 있지만, 여러 문화에 걸친 세분화를 하는 데에는 유용하지 않다. 국가에 따라 라이프스타일이 다르기 때문이다. 다양한 국가에 걸쳐 라이프스타일의 유사성이 문화적 차이보다 강하게 나타난다는 실증적인 증거는 누구도 제시하지 못했다. 반대로, 문화가 라이프스타일보다 강한 요소라는 증거는 갈수록 많이 발견되고 있다. 서로 다른 문화권의 특정 집단들이 동일한 제품을 소유하고 있을 때에도 해당 제품을 구매한 동기는 다양하며, 이 때문에 국제 광고를 개발하기 위해 라이프스타일 집단을 활용하는 것은 무의미하다.

3_4-4 욕구 (Needs), 동기 (Motivation)와 문화

소비 의사결정은 기능적 또는 사회적 욕구들에 의해서 이끌어질 수 있다. 어떤 이들에게는 기능적 욕구가 다른 이들에게는 사회적 욕구가 될 수 있다. 한 문화에서는 기능적 욕구인 것이 다른 문화에서는 사회적 욕구일 수도 있다. 자전거는 교통수단으로 자전거를 필요로 하는 많은 중국인들에게는 기능적 욕구이다. 반면에 사회화 또는 건강을 위해서 자전거를 사용하는 많은 미국인들에게는 사회적 욕구가 된다. 이처럼 특정 제품 특성에 대한 민감도의 차이와 다양한 구매 동기는 제품군에 따라 달리 적용되는 문화적 가치를 통해 설명할 수 있다.

높은 불확실성 회피 문화에서는 생수 소비와 관련된 욕구는 일반적으로 순수성이다. 이는 낮은 불확실성 회피 문화에서는 크게 중요하지 않다. 주류는 여성적인 문화가 아닌 남성적인 문화에서 지위와 관련된 가치를 지니며, 위스키 소비는 높은 권력거리 문화에서의 사회적 지위와 관련되어 있다. 자동차의 경우에는 안전,

지위, 디자인, 그리고 친환경적인 것을 추구하는 욕구와 관련되며, 이 모두는 다양한 문화적 가치와 관련되어 있다.

자아실현은 지극히 개인주의적인 미국인들의 동기이다. 집단주의 문화에서 실현되어지는 것은 자아가 아니다. 그것은 집단을 구성하는 개인들이 아니라 내집단(in-group)의 관심과 명예가 실현되어지는 것이다. 집단주의 문화에서는 집단에의 소속과 안전은 결국 같은 의미가 된다. 집단으로부터 자기 자신을 구별하는 것은 매우 위험한 것이다. 안전은 불확실성 회피가 강한 경우 다른 욕구들보다 우선시 되는 경향이 있다. 소속의 욕구는 여성적 문화에서는 자아존중욕구보다 우선시되지만 남성적 문화에서는 자아존중의 욕구가 소속의 욕구보다 우선시된다.

사람들의 동기를 유발시키는 것은 경우에 따라 달라지며, 이를 이해하는 것은 다른 시장에서 브랜드를 포지셔닝하는데 있어 중요하다. 이것은 상표충성도, 브랜드선호, 브랜드이미지 그리고 럭셔리 브랜드의 중요성을 설명해준다. 예컨대, 구매동기는 광고에 사용되는 소구를 통해 인지할 수 있다. 많은 학자들이 광고를 분석함으로써 소비 동기의 목록을 확보했다. Pollay는 광고에 포함된 가치를 목록화 하였으며, 이는 북미식 구매 동기의 초기 형태라고 할 수 있다. 일부 동기들은 여러 문화에 걸쳐 존재할 수 있지만, 그 중요도는 서로 다를 것이다. 일부 동기들은 제품군에 귀속된다(예, 식품과 음료의 순수성). 그렇지 않은 제품군의 경우 구매 동기는 문화에 따라 큰 차이를 보여준다.

단적인 예로 차량을 구매하는 동기가 있다. Hofstede의 차원들 중 2개의 차원인 남성성향과 불확실성 회피성향에서의 유사성에 따라 군집화된 문화들에 있어서의 자동차구매동기들을 보여준다. 광고분석을 통해 발견된 이 동기들은 성공적인 자동차 브랜드의 광고에 사용되어지는 어필들이다.

3_4-5 감정과 문화

감정은 인지와 생리 간의 상호작용에 따른 하나의 과정으로 기술된다. 완전한 감정적 경험은 표현적 행동으로 이끄는 느낌과 욕망을 일으키는 생리학적 변화뿐만 아니라 신념과 가치 그리고 평가를 발생시키는 인지적 요소들을 포함하고 있다. 감정은 후천적으로 배우는 정서적인 반응이다. 감정에 대한 개념, 정의, 이해, 그리고 의미는 문화에 따라 다르다. 그럼에도 불구하고, 서구의 감정 심리학자들은 많은 감정들이 보편적이라고 주장해왔다.

글로벌 (표준화된) 광고의 개념은 행복이나 사랑과 같은 기본적인 감정이 보편적이라는 가정을 근거로 두고 있다. 이는 행복한 사람들을 브랜드와 연관시키는 동일한 광고들로 이어졌다. 문화에 따라 사람들이 감정을 표현하는 방법이 상당히 다르기 때문에 글로벌 광고에 감정을 적용하는 것은 현명하지 못하다. 소위 무드판(mood boards)을 사용하는 사람들은 다른 문화에서는 동일한 시각적 상징을 사용하여 그 무드를 표현하기 힘들다는 점을 깨닫게 되었다. 국제 광고 대행사인 BBDO는 미국에서 촬영한 표정들을 이용하여 무드를 표현하는 "photo sort" 방식이 유럽에서는 적용할 수 없다는 사실을 경험했다. 유럽 사람들은 미국 배우들이 표현한 특정 무드를 이해하지 못했다. 이는 유럽에서도 마찬가지이다. 유럽 전체를 위한 "사진 모음"을 개발하는 것은 불가능하다.

문화에 따라 달라지는 소비자 행동영역은 다양하다. 위에서 언급한 것 외에 의사결정과정이나, 대인영향력을 나타내는 의견 선도자의 영역, 언어, 지각, 능력, 때로는 소비자가 광고를 통해 형성하는 정보처리과정 등도 문화적 차이가 뚜렷하다. 본 장에서는 소비자행동의 주요영역이 문화적 민감도가 높다는 사실을 강조하는 정도로 기술하고자 한다.

3_5 문화 차원과 광고 커뮤니케이션

일반적으로 문화를 차원으로 구분하여 문화와 커뮤니케이션의 관계를 설명하고 나아가 광고현상의 사례를 적용한다. 여기서는 호프스테드, 홀 등의 차원 가운데 중요한 내용을 중심으로 정리해 본다.

3_5-1 권력거리와 광고 커뮤니케이션

권력거리란 권위와 이에 대한 사회적 인식의 수용 정도와 관련되며 흔히 권위주의로 통칭된다. 권력거리가 큰 문화에서는 권위에 대한 수용력이 적은 문화에

그림 3.5 알파 33. 포르투갈

비해 사람들이 부모, 스승, 상관 등의 권위적 실체에 복종하는 편이다. 잔푸어(Zand-pour) 등의 연구는 권력거리가 문화사이의 광고의 상이함에 영향을 미치는 중요한 요소였다는 것을 확인하였다. 권력거리가 큰 문화에서는 연장자에 대한 존경심이 있기 때문에 텔레비전 광고 출연자의 경우 대체로 연령이 높거나 사제관계, 부자관계 등 주로 신분관계에 의한 소구 경향이 지배적이다. 예를 들면 골프와 같은 어떤 특정한 신분을 나타내는 스포츠의 사용이다. 권력이라는 가치에 호소하는 것은 "더 나은 업무를 위해 힘을 아끼세요"(싱가포르의 렉서스 광고)라는 카피처럼 언어적이고 직접적일 수도 있고, 포르투갈 광고에서처럼 특권계급을 의미하는 혈통이나 요트와 같은 언어적 시각적 은유를 활용하기도 한다(그림 3.5).

그림 3.6 블루 밴드. 네덜란드

독립은 권력거리가 작은 문화에서 바람직한 가치의 광고 소구이다. 권력거리가 큰 문화에서는 독립은 바라는 가치이다. 일본의 혼다 광고에서는 "나는 독립적이다"라는 카피를 사용한다. 권력거리가 큰 문화에서는 권력거리가 작은 문화에서보다 어린이는 더욱 보호를 받아야 하는 대상이고, 나이가 든 다음에 독립해야 하는 것으로 여겨진다. 네덜란드의 블루 밴드 마가린 TV 광고에는 어린아이가 혼자서 자전거를 타고 건물 안으로 들어가고자 애쓰는 장면이 나오는데 이것은 권력거리가 큰 문화에서는 받아들여질 수 없는 광고이다(그림 3.6). 네덜란드에서는 그 아이가 진취적이고 독립적인 아이로 보는 반면, 다른 문화에서는 혼자 남겨졌기 때문에 동정의 대상이 된다.

3_5-2 개인주의/집단주의

개인주의와 집단주의는 이미 많은 학자들에 의해 검증을 거친 문화 변이성의 중요한 차원으로 제시되어 왔다. 개인주의는 사람들이 자신이나 자신의 직계가족을 중시하는 경향으로 인식되는가 하면, 집단주의는 조직이나 집단상황에서 충성에 대한 대가로 구성원을 관리하고 보호하는 차원의 상황으로 정의된다. 개인주의 사회에서는 특히 그들 집단의 조화나 합의를 추구하는 것과는 달리 의사결정을 위한 사실적 정보에 의존하는 개인의 독창력과 업적이 강조된다. 더욱이 집단주의 사회는 커뮤니케이션에 있어 비언어적이고 모호한 표현적 특징을 지니는 데 반해 개인주의 사회에서는 메시지의 명료성이 강조된다. 개인주의와 집단주의 분류체계는 홀의 상황적 문화의 분류와 관련이 있다.

그림 3.7 럭키 스트라이크, 스페인

그림 3.8 L&M, 스페인

개인주의 문화의 커뮤니케이션 스타일은 저상황적인 반면에, 집단주의 문화에서는 고상황적이다. 저상황적 커뮤니케이션 스타일은 직접적이고 외연적이다. 집단주의 사회에서 직접적인 어법은 그룹과 개인을 소원하게 만들기 때문에 오히려 간접적인 접근방법에 대해서 더욱 호의적이다. 잘 알려진 명사나 추천인들을 등장시키는 것은 개인주의 문화의 경우 직접적으로 수용자에게 전달하고자 하는 데 목적을 두는 반면, 집단주의 문화에서는 수용자와 그들을 연결시키고자 하는 데 목적을 둔다.

개인주의적 문화에서는 럭키 스트라이크 광고(그림 3.7)에서 보듯이 1인칭 대명사가 자주 사용된다. 럭키 스트라이크의 광고는 스페인에서 집행되었는데, 이러한 접근법이 스페인에서는 별로 호소력이 없다. 스페인의 경우는 L&M 담배광고(그림 3.8)가 바람직한데, 이 광고의 문구는 "더 나은 우정을 위해"이다.

저상황적 커뮤니케이션 스타일은 언어적인 반면, 고상황적 커뮤니케이션 스타일은 시각적인 특징을 갖는다. 하지만, 새로운 기술을 통해 시각적인 광고들이 전 세계로 뻗어나가게 해 주었다. 또한 이러한 신기술은 미국과 같은 저상황적 문화에서 광고카피가 줄어들게 하기도 했다.

대략 지구촌의 70%의 인구들이 다소 집단주의적인 성향을 지니고 있으며 글로벌 광고들이 개인주의적 가치를 표방한다는 사실을 반영할 때 대부분의 광고는 극히 일부의 수용자들에게만 소구하고 있다고 생각해 볼 수 있다. 대부분 글로벌 광고들은 소비자를 직접 호명하고 혼자 있는 사람들을 보여주며 개인주의적 주장을 담고 있다.

3_5-3 남성성/여성성

문화적 차원에서 구분되는 남성주의란 사회간 차이에 관한 모든 정보를 토대로 정의된다. 남성성향은 흔히 남녀 역할이 명확하게 구분되는 사회에서 두드러지는데, 남자는 자기 주장적이며 거칠고 물질적인 성공을 추구하는 반면, 여성성향은 보다 겸손하고 부드러우며, 사회적 성 역할이 중첩되는 사회 즉, 남성과 여성이 모두 겸손하게 부드러우며 삶의 질에 관심을 두는 사회에서 현저히 관찰된다. 이 차원은 광고의 문화적 영향을 설명할 수 있는 효과적인 변인임에도 실제 연구에서는 크게 소외되어 왔다. 예컨대, 과장, 설득, 비교 광고는 남성주의의 반영이며, 친절한 배려, 부드러움, 작은 것 등을 강조하는 광고는 여성주의를 반영한 것으로 볼 수 있다.

그림 3.9 니콘. 국제광고

그림 3.10 스키니. 독일

성 역할의 차이도 광고에 나타난다. 남성주의 문화에서는 아버지와 아들, 어머니와 딸이 등장하지만, 여성주의 문화에서는 아버지와 딸, 어머니와 아들이 등장한다. 남성주의 문화에서 광고 소구는 일과 성공지향적인 반면, 여성주의 문화에서 광고 소구는 친화와 관계 지향적이다. 요컨대, 남성주의와 여성주의적 접근방법의 가장 중요한 차이점은 과장과 절제의 형태로 나타난다.

'승리'는 남성성 문화의 특징을 나타내는 개념으로 흔히 미국 광고에서 찾아볼 수 있다. 특히 개인주의와 남성성이 결합된 문화(앵글로-독일계의 결합 문화)에서는 승리하고, 성공하고 그것을 자랑하는 것은 필수적이다. 그 예가 "최고의 것", "세상에서 하나뿐인 것", "최고가 되어라"라는 식의 것들이다. 과장, 설득, 비교 광고는 남성성의 반영이다. "우리는 클라이언트/서버 장치 설치에서(SAP 통합 소프트웨어) 첫 번째 기록을 남기고 싶습니다"와 같은 표현 방법은 남성성 문화의 전형이고 경쟁의식을 반영한 것이다. 니콘 카메라 광고(그림 3.9)는 "초당 더 많은 승리자", 속옷 브랜드 스키니의 독일 광고는 "최고 그 자체"라는 카피를 담고 있다(그림 3.10).

공격적인 방법과 레이아웃은 경쟁심을 표현하는 또 다른 방법이다. 꿈과 부푼 기대는 남성성 문화의 한 부분이다. "꿈이 실현된다", "한계 없는 세계"와 같은 것은 '정복'을 반영한 것이고, 이것은 열심히 노력하는 한 누구든지 모든 것을 할 수 있음을 의미한다. 이는 여성성 문화와는 상반되는 모습이다. 여성성 문화에서는 꿈이란 망상이라고 여겨지기 때문이다. 여성성 문화는 보살핌, 부드러움, 작은 것에 대해서 호감을 가진다. 러시아의 노릴스크 니켈의 글로벌 광고는 아이를 등장시켜 약자에 대한 그들의 사랑을 표시하려 했다(그림 3.11). 여성성 문화는 과장법 대신 절제된 표현을 좋아한다. 예를 들어 칼스버그의 광고는 “아마도 세상에서 최고의 맥주”(그림 3.12)에 그러한 성향을 반영했다. 가장 여성성이 강한 문화를 지닌 스웨덴 볼보의 대부분 광고는 가족의 안전을 강조한다. 여성성 문화에서 과시는 부정적이다. (그림 3.13)의 볼보 광고는 “내면에서 나오는 진정한 섬세함”이라는 문구를 제시하는데 이는 스스로 과시할 필요가 없음을 의미하는 것이다.

그림 3.11 노릴스크. 국제광고

그림 3.12 칼스버그. 국제광고

그림 3.13 볼보. 국제광고

3_5-4 불확실성 회피 성향

불확실성의 회피는 불확실한 현상에 대한 회피 및 대응 정도를 말하며, 비체계적인 상황보다 체계적 상황을 선호하는 성향을 의미한다. 이는 극도의 경직성에서 상대적인 유연성으로 분포되어 있다. 즉, 애매모호한 상황에 어느 정도 민감하게 반응하고 이에 대처하느냐에 관건이 있다고 하겠다. 불확실성의 회피성향이 높은 문화는 형식적 규칙, 절대적 진실, 그리고 전문가로 여기는 사람들의 충고에 보다

그림 3.14 란시아. 이탈리아

더 의존하는 경향이 높다. 커뮤니케이션 상황에서 불확실성을 해소하기 위해 보다 명시적, 논리적, 직접적인 메시지 사용이 권장되는 것이 보통이다. 이러한 문화적 가치는 커뮤니케이션 양식과 메시지에 대한 이해능력과 밀접하게 관련되어 있기 때문에 다른 어떤 가치보다 광고에 명확히 반영된다. 불확실성회피성향이 강한 문화에서는 설명, 구도, 긴 카피, 실험, 전문가에 의한 증언 등의 방법뿐만 아니라, 기술과 디자인도 세심하게 고려된다. 이러한 것은 독일과 이탈리아의 광고에서 쉽게 발견할 수 있다. 예를 들어, 이탈리아 자동차 브랜드 란시아의 광고(그림 3.14)는 잘 구조화되고 상세하게 표현되는 경향이 있다.

독일 사람들이 좋아하는 광고 표현은 "실험결과 최고", "비교실험에서 승리" 등이다. 독일 광고가 기술적인 측면에 초점을 맞추고, 이탈리아 광고가 외양에 초점을 맞춘다는 차이가 있지만, 독일과 이탈리아 모두 디자인이 중요한 요소이다. 프랑스와 스페인은 모두 예술과 패션 지향적이다.

불확실성이 강한 문화에서는 제작자의 능력과 모든 세부적인 과정을 포함하여 제품이 어떻게 만들어지는지를 보여주는 것이 중요하다. 권력거리가 작고 불확실 회피성이 약한 문화에서는 전문가를 풍자한 모델이 자주 등장한다. 또한 불확실 회피성이 강한 문화에서는 안정이 중요한 가치이고 변화는 바람직한 가치로 수용되지 않는다. 두려움에 대한 소구는 사람들이 위협보다 혜택에 더욱 반응하는 불확실성 회피 성향이 약한 문화에서보다 강한 문화에서 더욱 효과적인 소구 방법이다. 비영리, 건강과 관련된 커뮤니케이션이 대표적인 두려움 소구라 할 수 있다.

불확실성 회피 성향이 강한 문화의 광고에서 등장하는 제품의 추천인은 그 방면의 직업전문가나 사장과 같은 전문인이나 능력 있는 교수, 혹은 믿을 만한 상사이고 이들은 아마도 대부분 흰 가운을 입고 있기 마련이다. 작은 권력거리 와 약한 불확실성 회피 성향의 문화권에서는 전문가를 패러디 하는 장면이 선호된다.

3_5-5 장기 지향성/단기 지향성

서구학자들이 실시한 조사방법으로는 이 지역 문화권의 정체성을 확연하게 설명할 수 없었다는 지적이 기존 연구 결과를 통해 끊임없이 제기되어 왔다. 이러한 한계를 극복하기 위해 동서양의 학자들이 발견해낸 새로운 문화적 차원이 곧 '유교적 역동성'이다. 1970년대 초 본드(Bond)와 중국 사회과학자들이 공동으로 참여해 실시한 중국적 가치조사를 통해 나타난 이 문화적 차원은 아시아 문화권의 경제발전을 설명할 수 있는 잣대로 평가할 수 있다. 아울러 유교적 역동성을 실용적 용어로 개념화한 것이 장기지향성–단기지향성이며 이들은 동양의 커뮤니케이션 구조관점에서 동서양을 객관적으로 구분하게 하는 부가적 차원으로 볼 수 있다.

장기지향성을 반영하는 아시아 광고에서는 자연과 인간의 조화가 중요한 가치이다. 이것은 아시아 문화가 격렬한 대립과 제품을 직접 언급하는 것을 싫어하기 때문에 나타나는 가치이다. 아시아에서의 광고목적은 직접 제품을 판매하기보다는 회사에 대한 신뢰를 형성하는 것이 더 중요하다. 그러므로 대나무, 꽃, 낙엽, 계절을 상징하는 것과 같이 자연과 관계된 시각적인 것들이 중요한 의미로 등장하게 되고 외국인들은 이러한 상징의 의미를 잘 이해하지 못한다. 장기 지향성의 상징은 두꺼운 나무나 미래 세대에 대한 명시적 언급에서 드러난다. (그림 3.15)의 일본 통신회사 NTT 도코모의 국제 광고는 이러한 대표적 예이다. 한국의 기업 LG는 글로벌 광고에서 장기 지향성을 드러냈는데 (그림 3.16)의 광고는 '노인이 끝내지 못한 일을 아기가 해낼 것'이라는 메시지를 담고 있다. 또한 자연과 조화를 이루는 인간의 모습을 상징화하고 있기도 하다.

단기 지향성 문화의 가치는 미국 광고에서 잘 나타나는데, 이것은 급하다는 단어로 나타난다. 예를 들어 "서둘러라", "기다리지 않는다" 혹은 "클라이드는 지금

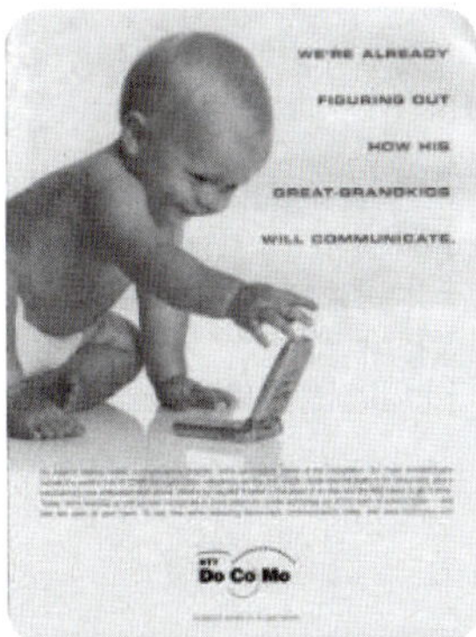

그림 3.15 NTT 도모코. 국제광고

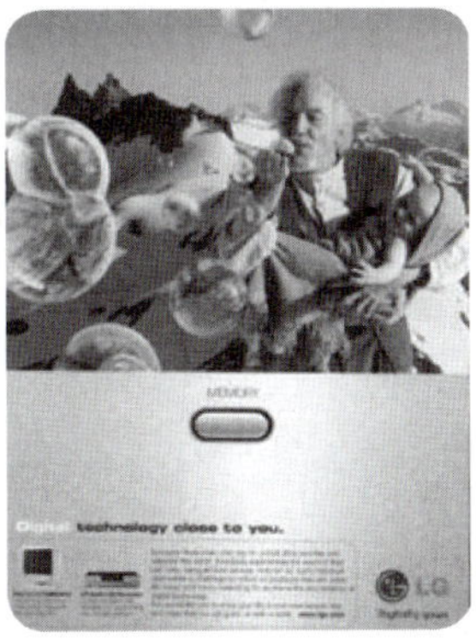

그림 3.16 LG. 국제광고

그림 3.17 하겐다즈. 영국

그림 3.18 CK. 스페인

50%를 할인합니다. 현금은 없어도 되고 2년 기한의 신용카드만 있으면 됩니다. 지금 당장 오십시오" 등의 문구이다. 단기 지향적 사고는 하겐다즈 아이스크림 광고에서 볼 수 있는 "순간의 기쁨"에서 드러난다(그림 3.17). "좋게, 나쁘게, 있는 그대로"라는 문구를 담은 CK의 광고에서 보듯 미래에 대해서 생각하기보다 현재를 살아가라는 문구에서 잘 드러난다(그림 3.18).

3_5-6 문화와 상황 (Context)

미국의 인류학자인 홀(Hall)은 문화를 커뮤니케이션 체계상의 상황의 정도에 따라 구별하였다. 사람들이 상황에 얼마나 많은 의미를 부여하는지에 따라 고상황적 문화와 저상황적 문화로 구분하였다. 대부분의 아시아 문화들은 고상황적이다. 반면에 대부분의 서구문화들은 저상황적이다. 일본과 중국은 고상황적 문화의 극단적 면을 띠고 있으며, 독일, 스위스, 미국은 저상황적 문화의 극단적인 면을 띄고 있다.

그림 3.19 푸조. 스페인

먼저 고상황적 문화에서는 의사소통에 필요한 정보가 사회적 배경이나 정보전달자와 수용자의 상황에 내재화되어 있기 때문에 명백한 부호와 문장으로 표시되지 않더라도 해석이 가능하며(이규현, 2005), 그로 인해 메시지에는 최소한의 정보만이 담겨지게 된다. 다시 말해 의사전달자의 배경, 연상, 기본적인 가치관 등에 더 많은 정보가 포함되어 있기 때문에 실제 구두로 나타나는 메시지에는 정보가 적게 포함된다(황선대, 2004). 이러한 고상황적 문화에서의 광고는 시각적인 은유법이나 환유법의 기법이 이용된다. (그림 3.19)는 푸조 206의 스페인 광고를 보여주는데, 안전을 강조하기 위해서 황소의 뿔을 내세웠다.

또한 고상황적 문화에서 상품은 간접적이고 때로는 암시적으로 제시가 되는데, 예를 들어 직접적으로 상품의 장점을 강조하는 미국 광고와는 달리("그것은 당신에게 좋습니다"라고 말하는 대신) "사람들이 좋다고 말합니다"라는 방식을 택하는 것이다. 일반적으로 고상황적 커뮤니케이션은 경제적이고, 신속하며, 효율적이다. 그러나 프로그램화하는 데 많은 시간이 필요하다. 만약 이런 프로그램이 형성되지 않으면 그 커뮤니케이션은 완전한 것이 되지 못한다. 홀에 따르면 일본, 중국과 같은 고상황적 문화권에 있는 사람들은 경험, 정보 네트워크 등에 관하여 매우 동질적이며, 따라서 일관성 있는 메시지가 환경에 대한 일관성 있는 반응을 생산해 낸다. 그러므로 일상생활에서 사람들은 상세한 배경 정보를 필요로 하지 않으며 기대하지도 않는다.

그러나 독일, 스위스, 미국과 같은 저상황적 문화권에 있는 사람들은 동질적이지 않으며, 대인적 접촉을 구획(Compartmentalize)하는 성향이 높다. 또한 이 문화의 사람들은 경험이 동질적이지 않기 때문에 다른 사람을 만날 때마다 상세한 배경정보를 필요로 한다. 특히 미국인들은 평가를 위해서는 데이터가 필요하다. 외국인들에게는 미국에서의 방송 미디어와 일상 대화 속에서 마주치는 숫자와 통계치의 양은 엄청나다. 홀은 "대부분의 미국인들은 계량화된 자료가 없으면 어떠한 것도 평가하기 힘들 것처럼 보인다."라고 언급하기도 하였다. 저상황적 문화에서는 의사소통 참여자들에게 내재되어 있는 정보가 적기 때문에 메시지에 대부분의 정보가 담겨지게 된다(오미영 · 신호창, 2002). 또한 메시지의 의미가 확실하게 드러나는 구체적이고도 분명한 대화를 통해 대부분의 정보교환이 이루어지게 되며, 비언어적 요소보다는 명백한 문장으로 기술된 문서가 그러한 정보의 교환을 돕는다. 이러한 저상황적 문화에서의 광고의 예로, 유니레버의 도브 광고가 있다.

도브는 추천기법의 형식을 통해 도브라는 브랜드를 전 세계에 성공적으로 알렸다. 몇몇 국가에서는 스타가 아닌 지역 소비자들이 광고를 통해 비누와 방취제의 효과에 대해 직접 증언하였다. (그림 3.20)은 그러한 증언의 예를 보여준다. 또한 제품이 어떻게 얼마나 효과가 있는지를 보여주며 제품의 효과를 실연해 보이는 광고 역시 저상황적 문화에서 효과적이다.

그림 3.20 도브 비누. 네덜란드와 이탈리아(위) / 도브 방취제. 폴란드와 스페인(아래)

3_6. 맺음말

글로벌 시장에서의 국제광고는 메시지 소구 방식이나 표현전략을 동일하게 집행하여서는 안 된다. 각 국가별 문화적 가치를 이해하고 지역시장에 맞는 소비자 중심의 광고를 개발하여야 한다. 그러기 위해서는 문화특성, 시장여건, 성별 등 기타 사회 문화적 특성들도 아울러 고려해야 한다.

각각의 개별적인 문화 속에는 외관상으로는 모순된 것처럼 보이는 가치들이 존재한다, 각 문화 내 바람직한 가치와 바라는 가치 사이에서 대립이 발생한다. 문화가치의 패러독스를 이해하지 못하는 사람들은 전 세계의 가치가 점점 하나로 통합되고 있다고 생각할지도 모른다. 그러나 이것은 사실이 아니다. 각 문화는 모순된 가치를 지니고 있고, 이것은 다른 문화의 모순된 가치와는 다르다. 이러한 현상들은 다섯 가지 문화적 차원을 통해서 설명될 수 있다.

문화의 상반된 가치를 인식하는 것은 그것이 문화의 가장 의미 있는 요소들이기 때문에 광고에서 중요하다. 바라는 것과 바람직한 것은 광고에서 의미 있는 소구로 사용되곤 한다. 때때로 어떤 문화 안에서 바라는 가치는 다른 문화의 바람직한 가치와 비슷해 보인다.

집단주의 문화의 광고에서 혼자 있다는 것은 친구가 없다는 의미로 해석된다. 더 나아가 자기의 정체성이 집단 안에서 이루어지는 것이므로 그것은 자신의 정체성이 없다는 의미일 수도 있다. 지구상의 70% 이상이 집단주의 문화이므로 광고에 더 많은 사람을 등장시켜야 한다. 광고에 많은 사람이 등장하는 것이 개인주의 문화의 사람들에게는 아무런 영향을 미치지 않지만, 집단주의 문화의 사람들에게 광고에 외롭게 한 명만이 등장하는 것은 부정적이다.

미국 광고의 지배적 성향 때문에, 국제 광고에는 남성성이 약한 문화권의 사람들이 생각하는 것보다 훨씬 과장된 내용이 많다. 예를 들어 유럽대륙의 대부분의 국가들이 여성성 문화라는 것을 고려해본다면 유럽을 겨냥한 국제 광고에서는 과장되고 경쟁적인 광고를 자제해야 할 것이다. 이러한 문화적 이해를 바탕으로 국제광고 전문가들은 해외광고의 기획과 전략을 설정할 경우, 반드시 각 지역시장에 어떤 방식으로 접근할 것인지, 어떤 내용이 제시되어야 할 것인지에 대해 투자마

인드의 관점에서, 즉 미래 지향적인 관점에서 결정해야 할 것이다. 글로벌 시대의 커뮤니케이션 흐름을 보다 다양한 문화적 접근을 통해 설명하고 메시지의 다양한 현상을 정확하게 분석해낼 수 있는 시도가 이루어 져야 할 것이다.

참고문헌

권택주, 조창환(2012), 제품군과 문화에 따른 기업 트위터의 커뮤니케이션 유형과 정보 내 용의 차이 한국과 미국의 기업 트위터를 중심으로. 광고연구, 92, 438−467.

김유경, 전성률 역(2013), 해외시장에서의 브랜드전략, 한경사.

김유경.(2004). 새로운 문화 차원에 의한 국가간 광고 비교의 효용성 연구.

(1999). 호프스테드의 문화차원에 나타난 광고거리에 관한 연구. 한국언론학보, 43(4), 42−78.

(1999). 광고표현에 나타난 소비자가치유형의 비교연구: 한국, 러시아, 프랑스, 미국 TV 커머셜의 내용분석. 광고연구, 제 4, (4), 129−154.

(1997). 문화 및 시장거리가 국제광고에 미치는 영향 연구.

오미영, 신호창(2002). 국가 이미지 제고를 위한 해외 홍보: 이론, 현황 및 전략, 홍보학연 구, 6(1), 230−267.

이규현(2005), 신상품마케팅, 경문사.

이명천 외(2002), 글로벌 시대의 광고와 사회, 한울아카데미.

한은경 외(2002), 글로벌 마케팅 커뮤니케이션, 커뮤니케이션북스.

황선대(2004), 문화모델의 비교연구, 사회과학연구, 18, 173−186.

Aaker, J. L.(1997). Dimensions of brand personality. Journal of Marketing research, 347−356.

De Mooij, M. (2013). Global marketing and advertising. Sage.

Hofstede, G. & Hofstede, G. J.(2005). Cultures and Organizations: Software of the Mind(Rev. 2nd ed.). New York: McGraw−Hill. For translations see www.geerthofstede.nl and “ur books”.

Kahle, L. R. & Timmer, Goff, S.(1983), A Theory and Method for Studying Values and Social Change: Adaptation to Life in America, New York: Praeger.

Levitt, T.(1993). The globalization of markets. Readings in international business: a decision approach, 249.

Mueller, B.(1988). Multinational Advertising: An Examination of Standardization and Specialization in Commercial Messages, UMI dissertation, 150−157.

Mueller, P.(2006). Exploring the knowledge filter: How entrepreneurship and university−industry relationships drive economic growth. Research Policy, 35, 1499 − 508.

Ness, T. E. & Stith, M. T.(1984), “Middle−class Values in Blacks and Whites”, n R. E. Pitts & A. G. Woodside(eds). Personal Values and Consumer Psychology, Lexington, MA: Lexington Books.

Rokeach, M.(1979). The two−value model of political ideology and British politics. British Journal of Social and Clinical Psychology, 18(2), 169−172.

Schuette, H., & Ciarlante, D.(1998). Consumer behavior in Asia. New York: New York University Press.

Samovar Larry, Porter Richard, Jain Nemi, Understanding Intercultural Communications, Belmont, CA: Wadsworth, 1981.

Van Gelder, S. (2003). Global brand strategy: unlocking brand potential across countries, cultures & markets. Kogan Page Publishers.

Zhang, Y., & Gelb, B. D.(1996). Matching advertising appeals to culture: The influence of products' use conditions. Journal of Advertising, 25(3), 29–46.

INTERNATIONAL ADVERTISING

Chapter 4

국제광고의 기획 전략

4_1 국제광고 기획과 문화
4_2 광고에 나타난 문화적 가치
4_3 국제광고 기획 과정
4_4 광고전략 모형

4_1 국제광고 기획과 문화

명실상부한 글로벌 시대를 맞이하여 국제광고 전략이 갈수록 중요해지고 있다. 비교문화연구자 드 무이는 "글로벌한 제품은 있을 수 있지만 전(全) 글로벌한 인간은 있을 수 없다"고 〈글로벌 시대의 국제광고론〉의 서문에서 강조한 바 있다(de Mooij, 1998). 오랫동안 국제광고 전문가들은 광고에서의 감성 소구 방법이 이성 소구에 비해 세계인에게 보편적으로 받아들여진다고 생각해왔다. 이는 세계인이 공유할 수 있는 보편적인 감정이 존재한다고 가정했기 때문이다. 그러나 최근에는 특정 문화권의 감정을 다른 문화권에 적용하면 동일한 효과를 얻기 어렵다는 연구 결과들이 보고되고 있다.

국제광고의 기획 전략에 있어서 가장 중요한 것은 광고 기획자가 글로벌 시장의 특성이나 현지 문화를 깊이 이해해야 한다는 사실이다. 중국 광고에서는 시각적 표현을 더 중시하는 반면에 영어권에서는 언어적 메시지로 소비자의 기억을 활성화시키려고 한다. 예를 들어, 캐논(Canon)의 영국 광고에서는 '캔(can)'이라는 단어를 반복해 "If anyone can, Canon can."이라는 카피로 광고의 핵심 메시지를 전달했다. 그렇지만 중국에서는 브랜드의 기능을 시각 이미지로 제시하면서 광고의 핵심 메시지를 전달했다. 서양인은 소리와 발음에 치중하기 때문에 서구의 기업은 소리와 발음을 강조한다. 해외시장에 진출하는 기업들은 시각적 방법보다 청각을 자극해 자사의 브랜드명을 알리려는 경향이 있다. 다음의 사례를 살펴보자.

> "중국에 진출한 코카콜라의 브랜드 이름은 처음에 발음이 비슷한 '케쿠켈라'(ke-kou-ke-la)였다. 그러나 엄청난 물량의 인쇄 광고가 집행된 다음에야 그것이 중국어 사투리로 '입질하는 올챙이' 또는 '교미하는 암말'이란 뜻으로 해석된다는 사실이 발견되었다. 그래서 코카콜라는 심혈을 기울여 4만자의 중국어를 조사한 다음 코카콜라의 브랜드 이름을 '코쿠콜레'(ko-kou-kole)로 다시 바꿨는데 '입 안의 즐거움'이라는 뜻이다."(Han & Shavitt, 1994; Zhang & Gelb, 1996).

이처럼 국제광고의 현실은 국내 광고와 비교할 때 엄청난 차이가 있다. 따라서 국제광고를 기획하려면 현지의 문화적 요인과 소비자 행동을 이해해야 한다. 〈그림 4.1〉은 국제광고의 기획 전략에 있어서 반드시 고려해야 할 문화적 구성요소와 소비자 행동의 기틀을 종합한 것이다. 개인의 속성(누가)이란 소비자가 어떻게 느끼고 배우며 무엇을 하는지 같은 사람의 속성과 기질을 말한다. 과정(어떻게)이란 무엇이 사람을 움직이는지에 대한 것이다. 국제광고 기획자가 물어야 할 핵심 질문은 글로벌 소비자들이 "나는 누구인가?"라는 스스로의 물음에 자신들의 개성과 기질 및 정체성을 어떤 단어로 나타내는지를 파악하는 것이다. 글로벌 소비자들이

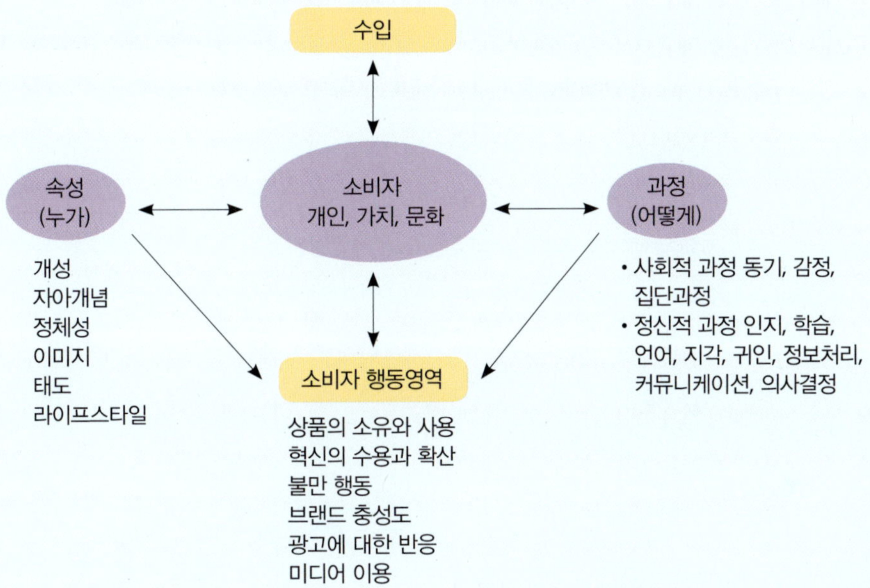

출처: de Mooij (2004). 김유경, 이상훈, 김병희 역 (2007). p.169.

그림 4.1 비교문화적 소비자 행동의 기틀

국제광고 브랜드를 어떻게 생각하고 학습하는지, 그리고 어떤 과정을 거쳐 그 브랜드를 수용하는지 면밀히 탐색해야 한다.

한편 고맥락과 저맥락 문화권의 커뮤니케이션 차이는 광고에 대한 반응에 영향을 미친다. 저맥락 커뮤니케이션에 대한 고맥락 문화권 구성원의 반응은 저맥락 커뮤니케이션 광고물의 창작자가 의도한 바와 다를 수 있다. 단순한 그림을 사용하는 것은 보다 복잡한 이미지를 사용하여 배워온 사람들에게는 무례하게 비칠 수 있다. 고맥락 문화권의 소비자는 너무 단순한 시각 이미지를 과장하여 읽을 것이며 그 메시지가 상대적으로 은유적 복합성이 부족하다는 이유를 부정적 평가를 내

릴 것이다. 이 문화권의 소비자는 메시지의 은유적 의미의 메시지를 읽도록 훈련받아, 단지 상품만을 보여주는 단순한 시각적 이미지에서는 어떤 영감도 받지 못할 것이다.

예를 들어, 집단내의 특징이 외모의 중요성을 설명하는 핵심적인 영향을 미치게 된다. (그림 4.2)와 같이 외모는 개인주의-집단주의와 불확실성의 회피로 설명되는 문화권의 특징에 따라 국가들을 나눌 수 있다. 개인주의 문화권에서 개인의 독립성은 '자기중심성'(me orientation)과 사회적 맥락으로부터 독립된 자아개념과 함께 나타난다. 개인주의 문화권에서는 구매한 상품이 자아 이미지에 어떤 영향을 미칠 것인지에 관심을 가진다. 이는 조화와 상호의존을 강조하며 상품을 살

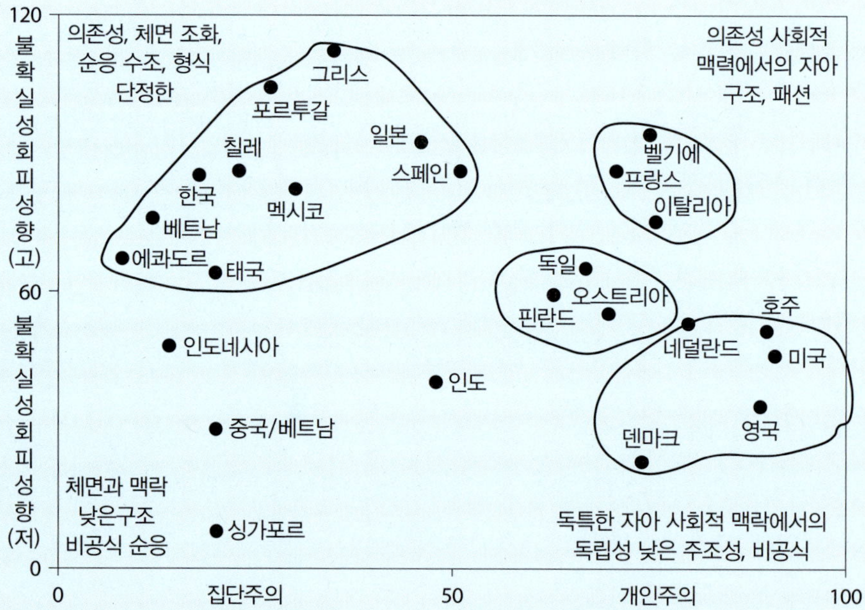

출처: de Mooij (2004). 김유경, 이상훈, 김병희 역 (2007). p.301.

그림 4.2 외모

때 자신이 속한 집단의 가치를 중시하는 집단주의 문화권의 습성과는 대조적이다. 의존성은 독립적 방식보다 주위 사람들을 따라 형성되므로 결국 개인의 주도적 행동은 억제된다. 독립성이란 보다 강한 자존감을 나타내므로 독립적 개인은 새로운

사물이나 현상에 열린 자세를 가지게 된다(Douglas & Urban, 1997).

글로벌 광고주들은 때때로 해당 문화권의 문화적 특성에 맞지 않게 광고를 하기도 한다. 그렇게 되면 문화적 특성에 맞출 때보다 광고에 대한 반응이 낮을 것이다. 예를 들어, 비교광고는 경쟁적(개인주의-남성성) 문화권에서 효과적인데, 개인주의와 남성성이 낮고 불확실성의 회피 성향이 높은 문화권에서는 효과가 떨어질 것이다. 집단주의 문화권에서는 경쟁사와 비교하는 것이 바람직하지만은 않다. 따라서 중국에서는 "맥주의 왕" 같은 최상급 표현의 카피를 거의 발견하기 어렵다. 따라서 집단주의 문화권에서는 비교광고를 할 때 보다 세심한 주의를 기울여야 한다.

4_2 광고에 나타난 문화적 가치

국제광고 전략의 핵심은 각 문화권의 문화적 가치를 이해하는데서부터 시작된다. 모든 문화에는 구성원들끼리 공유하는 가치가 존재하며, 광고는 문화적 가치를 반영하고 전수하는 사회문화적 커뮤니케이션의 기능을 수행한다(Mooij, 2004). 가치에 대한 초창기 연구자인 로키치(Rokeach)는 "특정 양식의 행동이나 특정 시점에서 최종적 존재상태가 다른 것보다 낫다고 생각하는 지속적인 신념"이 가치라고 정의했다. 그는 가치를 인간의 삶에 있어서 궁극적인 목표이자 존재의 바람직한 최종상태인 궁극적 가치(terminal value) 18가지와 궁극적인 목표 가치를 성취하기 위한 행동양식이자 행동의 바람직한 상태를 말하는 도구적 가치(instrumental value) 18가지로 구분해 모두 36가지의 가치 항목을 제시하였다.

광고는 문화적 가치를 담고 있으며 미래의 문화적 가치 창출에도 영향을 미친다. 홉스테드는 문화의 차원을 4가지 층을 가진 양파 형태로 제시했는데, 이때 가치는 문화 형성의 바탕이 되며 사고방식, 상징체계, 언어, 규범, 커뮤니케이션 습관과 더불어 문화 형성의 하부체계로 인식된다(Hofstede, 1980). 예컨대, 중국 광고에서 장년층이 선호하는 것은 높은 권력거리와 관련된다. 광고에 강력한 헤드라인과 무료 메시지가 있기를 바라는 영국 광고주의 기대는 영국인의 직접적인 커뮤니케이션 스타일에 관련된다. 광고 배경음악의 스타일, 말과 음악의 간격, 브랜드

네임의 반복 횟수는 모두 광고가 만들어진 국가의 문화를 반영한다. 일본 광고의 대부분은 소비자를 웃기는데 목적을 두기 때문에, 광고에서 광고주나 브랜드가 언급되기까지는 시간이 오래 걸린다. 일본인들은 자신이 느끼는 판매자와의 친밀감에 따라 구매하기 때문에 소비자 혜택이나 구매 이유가 없는 광고도 많다.

일본에서는 이런 과정이 생략되고 브랜드나 판매자는 광고의 끝 부분에서 나오는 반면, 미국에서는 광고의 시작 부분부터 브랜드나 판매자와 관련된 감정을 이끌어낸다. 한국과 일본 광고에서는 기업에 대한 신뢰가 무엇보다 중요하기 때문에 미국 광고에 비해 기업명이 더 자주 등장한다. 따라서 아시아 문화권의 광고에서는 광고의 끝 부분에 기업의 로고를 커다랗게 강조하며 마친다. 이에 비해 미국 광고주들은 주로 브랜드에 초점을 맞춰 광고를 하기 때문에 기업명은 포함시키지 않는 경우도 많다.

표 4.1 광고에 나타난 문화적 가치 목록

가치 유형	개념적 정의
모험(adventure)	용감, 용기, 전율을 표현한다. 예) 스카이다이빙, 험준한 산악행군.
아름다움(beauty)	상품의 아름다움이나 귀여움을 강조한다.
집단주의 (collectivism)	타인과의 관계나 관련성을 강조한다. 예) 사람을 개인이 아닌 집단이나 공동체의 일원으로 묘사하는 경우.
경쟁(competition)	자사 상품을 경쟁사 상품과 비교한다. 예) 특정 브랜드를 구체적으로 언급하지 않더라도 '업계 1등' '리더' 같은 표현도 해당.
편리함(convenience)	다루기 쉽다거나 쓰기 편리하다는 점을 제시한다.
예의(courtesy)	상냥한 말투나 행동으로 소비자에 대한 친밀감을 표현한다.
경제성(economy)	비싸지 않고 적정 가격이며 원가를 줄였다는 점을 부각시킨다.
효과성(effectiveness)	목표 달성에 효과적이고 강력하다는 점을 제시한다.
즐거움(enjoyment)	사용자에게 즐거움을 준다는 점을 제시한다. 예) 맥주나 음료를 마시며 환호하는 모습 등.
가족(family)	가족과의 생활이나 가족의 소중함을 강조한다. 예) 결혼 장면, 가족과 함께 지내는 모습, 집에서의 안락한 휴식 등.
건강(health)	상품을 쓰면 신체 건강에 좋고 활기차게 한다는 점을 강조한다.

표 4.1 광고에 나타난 문화적 가치 목록

가치 유형	개념적 정의
개인주의 (individualism)	개인의 자주성, 독립성, 자존심을 강조하거나, 다른 사람과의 차별성과 독특함을 강조한다.
여가(leisure)	상품을 쓰면 편안하고 안락해진다는 점을 강조한다.
경이로움(magic)	상품의 신비로운 효과나 마술 같은 효능을 강조한다.
현대성(modernity)	'새로운' '현대적인' '최신의' '시대를 앞서가는' 같은 표현이다.
자연(natural)	인간과 자연의 정신적인 조화를 제안한다.
산뜻함(neatness)	깨끗함이나 산뜻함을 강조한다.
보호(nurturance)	자선, 도움, 보호 및 장애자, 어린이, 노약자를 동정하는 표현이다.
애국심(patriotism)	국가에 대한 사랑이나 애국심 등을 강조한다.
대중성(popularity)	특정 상품이 소비자에게 보편적으로 인정받고 수용됨을 강조한다. 예) '베스트셀러' '전국 또는 세계적으로 유명한' 같은 표현.
품질(quality)	정부나 공인기관이 인정한 상품의 우수성이나 내구성을 강조한다.
어른 공경 (respect for the elderly)	나이 많은 사람이 모델로 나오거나 그들에게 자문을 구하는 것의 중요성을 강조한다.
안전(safety)	상품의 안전성을 강조한다.
성(sex)	성적 매력을 강조하거나 관능적인 모델을 출연시킨다. 예) 연인들이 손잡고 있거나 포옹하거나 키스하는 모습 제시.
사회적 지위 (social status)	상품을 사용하면 사회적 지위나 신분이 상승되며 자부심을 느낄 수 있다는 점을 강조한다.
기술(technology)	상품이 극도로 정교한 기술에 의해 만들어졌다는 점을 강조한다.
전통(tradition)	과거의 경험을 높이 평가하고 오랜 역사와 전설적인 품질을 강조한다. 예) '80년의 제조경험' '고대 중국처방 개조' 등.
독특함(uniqueness)	경쟁상대가 없으며 비교 불가능한 상품임을 강조한다.
풍요로움(wealth)	부를 장려하고 상품 사용자가 부자가 될 수 있음을 제시한다.
지혜(wisdom)	지식, 교육, 지성, 전문성, 경험 등에 대한 존경심을 표현한다.
장인정신(work)	근면성, 노동, 기술에 전념하는 장인정신에 대한 존경심을 표현한다. 예) 최선을 다한 치료로 불치병 환자를 소생시키는 의사 등.
젊음(youth)	젊은 모델을 써서 젊음을 강조한다. 예) '다시, 젊음을 느껴라' 등.

광고에 나타난 문화적 가치는 쳉과 슈바이쳐가 제시한 32가지 가치 목록이 대표적이다(Cheng & Schweitzer, 1996). (표 4.1)에 제시한 32가지 가치 목록은 여러 선행 연구에서 제시한 서양적 가치 기준에 동양적 가치를 추가함으로써 분석유목 간 상호배타성을 확보하는 동시에 동서양의 가치 목록을 망라하고 있어 동서양의 비교문화연구에 자주 사용되고 있다.

이상의 문화적 가치 목록은 동양권 국가끼리의 비교인 한국 광고와 중국 광고에 나타난 문화적 가치의 비교 연구(김병희, 2004), 홍콩 광고와 한국 광고에 나타난 문화적 가치의 비교 연구(문영숙, 2003), 그리고 동서양 국가끼리의 비교인 한국 광고와 미국 광고에 나타난 문화적 가치의 비교 연구(김병희, 2006)에 사용되어 그 타당성이 입증된 바 있다. 광고에 나타난 문화적 가치는 연구자에 따라서 세부 가치들을 보다 포괄적으로 범주화하였다. 그동안 광고와 관련된 비교문화연구들을 종합하면, 광고에 나타난 가치는 실용적 가치 대 상징적 가치, 서양적 가치 대 동양적 가치, 그리고 수평적 가치 대 수직적 가치로 구분할 수 있다. 상대적인 문화적 가치에 대한 보다 자세한 내용은 다음과 같다.

- 실용적–상징적 가치: 실용적(utilitarian) 가치는 상품을 사용함으로써 얻게 되는 실질적인 혜택과 상품 사용의 효과를 강조하는 가치를 의미하며 여기에는 Cheng & Schweitzer(1996)의 32가지 가치목록 중 아름다움, 편리함, 경제성, 효과성, 건강, 산뜻함, 품질, 안전, 기술, 독특함 등 10개가 포함된다. 상징적(symbolic) 가치는 상품 사용의 구체적인 효과보다는 상품 사용으로 인한 정서적 가치를 의미하며 나머지 22개가 여기에 해당된다.
- 서양적–동양적 가치: 서양적(western) 가치는 개인의 능력을 강조하고 자연을 정복대상으로 보는 것과 같은 도전적인 가치를 의미하며 여기에는 모험, 경쟁, 즐거움, 개인주의, 여가, 현대성, 성, 젊음 등 8개가 포함된다. 반면에 동양적(eastern) 가치는 개인과 집단의 조화를 강조하며 도전보다는 원만한 관계를 제고하는 가치인데 여기에는 집단주의, 가족, 경이로움, 자연, 애국심, 어른 공경, 전통, 풍요로움 등 8가지이다.
- 수평적–수직적 가치: 수평적(horizontal) 가치는 개인과 집단은 다르다고 보고 타인과 상호의존적이며 사회화를 강조하는 가치를 의미하며 여기에는 아름다움, 편리함, 경제성, 효과성, 즐거움, 가족, 개인주의, 여가, 현대성, 대중성, 젊음 등 11개가 포함된다. 이

에 비해 수직적(vertical) 가치는 개인의 목표와 집단의 목표가 같다고 보고 집단 내의 통합을 강조하며 때로는 개인을 희생하는 가치를 의미하며 여기에는 집단주의, 경쟁, 자연, 보호, 애국심, 품질, 어른 공경, 사회적 지위, 전통, 지혜, 장인정신 등 11가지다.

이밖에도 바람직한 가치와 바라는 가치를 생각해볼 수 있다. 생활 지침으로서의 가치와 다른 것보다 선호하는 행동양식으로서의 가치가 그것인데, 이런 차이는 바람직한 가치(the desirable)와 바라는 가치(the desired)로 설명할 수 있다. 즉, 사람들이 욕구의 대상이 되어야 한다고 생각하는 것과 실제로 그들이 갈망하는 대상과의 관계를 의미한다. 바람직한 가치는 어떤 사회의 일반적 규범으로 옳고 그름을 구분하는 절대성을 갖지만, 바라는 가치는 사람들이 실제로 원하는 중요성을 의미한다(김유경, 이상훈, 김병희 역, 2007; de Mooij, 2004).

그렇지만 바람직한 가치와 바라는 가치가 항상 일치하지는 않으며 때때로 대립하거나 모순 관계에 놓이기도 한다. 가치의 이러한 대립적 요소 때문에 특정 문화권에서는 가치 패러독스(value paradoxes)가 나타나기도 한다(de Mooij, 1998). 국제광고를 기획할 때 가치 패러독스(역설)를 고려해 바람직한 가치와 바라는 가치의 차이를 광고전략에 반영해야 한다. 예를 들어, 가족이 자아의 통합된 일부에 불과한 문화권의 광고에서는 가족의 중요성을 그다지 강조할 필요가 없다. 가족 가치관이 희박한 문화권의 광고에서는 바람직하고 행복한 가정생활을 하는데 필요한 상품의 기능에 더욱 초점을 맞춰야한다.

4_3 국제광고 기획 과정

그동안 광고 실무자들과 연구자들은 국제광고의 기획 과정에 대해 여러 가지 맥락에서 설명해왔다. 여러 연구결과를 종합하면 국제광고 기획 과정은 다음과 같은 4가지 세부 단계로 구분할 수 있다. 상황분석, 표적 소비자의 선정, 광고목표의 설정, 그리고 크리에이티브 전략의 수립이 그것이다.

4_3-1 상황분석

첫 번째 단계인 상황분석(circumstance analysis)은 상품과 시장 및 소비자에 관련된 이런 저런 기초 자료를 중심으로 분석하는 단계이다. 먼저 상품과 시장 및 경쟁상황, 그리고 소비자 특성에 대한 수많은 정보를 수집해야 한다. 이 단계는 관련된 자료를 수집하고 정리하는 국제광고 기획의 출발점인 셈이다. 복잡하고 방대한 정보를 처리하는 단계지만 이 단계를 건너뛰면 국제광고 기획이 불가능하다.

상품 분석에서는 광고 상품에 관한 다양한 정보를 충실히 수집하여, 상품의 물리적 심리적 특성과 브랜드 이미지 등을 알아볼 필요가 있다. 시장 분석에서는 자신이 맡은 광고 상품과 경쟁 상품을 비교하여 시장에서의 위치를 파악하는 단계이며, 상품의 시장 점유율, 전체 시장의 성장률, 유통 구조의 특성 같은 여러 경로를 통하여 수집한 자료를 분석해야 한다.

국제광고 기획의 상황분석 단계에서 제기되는 중요한 질문의 하나는 한 문화권의 광고가 다른 문화권에 제시될 때 그 문화를 경험해 보지 않은 사람들이 과연 광고주가 의도하는 의미를 이해할 수 있을 것인가 하는 점이다. 각 문화권의 소비자들이 어떤 브랜드를 어떻게 인식하고 받아들이는지는 문화적 특성에 따라 달라지며, 크게 국제광고의 표준화와 현지화의 문제로 귀결된다. 우리나라의 국제광고를 예로 들면 다음과 같다.

첫째, 표준화의 경우이다. 현대자동차는 소나타 하이브리드 텔레비전 광고를 수퍼볼(Super bowl) 기간에 집행했는데, 이는 표준화 전략을 적용한 경우이다. 광

그림 4.3 소나타 하이브리드 광고 (표준화)

고를 보면 구형 TV, 오래된 카메라, 자판기 같은 지금은 기억조차 가물가물한 구식의 사물들이 등장한다. 그런 사물들 속에서 현대의 소나타 하이브리드 자동차가 혁신적인 차량으로 등장하고 있다. 관중의 환호 소리에 섞여 전화벨이 울리면서 시작되는 광고의 카피는 다음과 같다.

"여보세요 (hello)

준비... 그리고 (ready and~)

만약 우리가 항상 늘 함께해온 첫 번째 것과 고정 되어있다면 (What if we always settled for the first thing that came along?)

그럼 우리는 절대 여기에 있지 않을 것입니다 (Then we never gotten··· here.)

안 그런가요? 현대에서 소나타 하이브리드를 소개합니다 (would u...? no... introducing The Sonata Hybrid. From Hyundai)"

둘째, 현지화의 경우이다. 베트남에서 방송된 롯데리아 텔레비전 광고는 철저히 베트남이라는 현지의 특성에 맞게 구성된 국제광고이다. "사랑이 시작되는 곳"이 롯데리아라는 컨셉트를 바탕으로 중고생은 물론 가족 단위의 소비자들을 겨냥하고 있다. 광고에서는 '즐거움'이라는 롯데리아의 핵심 가치를 롯데리아의 주력 메뉴를 즐기는 소비자들의 아카펠라 노래로 표현했다.

특히 롯데리아를 베트남의 특성에 알맞은 즐겁고 행복한 사랑이 충만한 장소로 표현

그림 4.4 롯데리아 아카펠라 광고 (현지화)

한 점은 현지화 광고전략이 반영된 결과이다. 이 광고와 연계하여 캠페인의 시너지 효과를 높이기 위해 페이스북(facebook)을 활용해 소셜 마케팅도 전개했다. 이 광고에서는 베트남 학생들의 사랑과 우정을 롯데리아의 브랜드 가치로 연결하고 있는 것이다.

4_3-2 표적 소비자의 선정

표적 소비자(target consumer)란 현재 광고 상품을 주로 사용하고 있거나 앞으로 사용하기를 기대하는 핵심 소비자를 의미한다. 이 단계에서는 인구통계적 기준에 따라서만 표적 소비자를 선정하면 낭패를 보기 쉽다. 글로벌 시장에서 브랜드를 구매하는 소비자들의 심리와 사회경제적 특성을 분석해 국제광고 기획에 적극적으로 반영할 필요가 있는 것이다.

글로벌 광고주도 자사 브랜드에 관련된 소비자 정보를 제공해 주겠지만, 국제광고 기획자는 주어진 정보를 책상에 앉아서 읽고 분석하는 것과는 별도로 매장이나 백화점에 나가 그들이 왜 어떤 브랜드를 선택하는지, 그들이 생각하는 가치는 무엇인지, 현장 소비자의 생생한 언어를 들을 필요가 있다. 국제광고 기획자는 표적 소비자의 라이프스타일과 그들의 심리적 특성을 이해할 수 있도록 자주 시장에 나가봐야 하며, 철저히 소비자 지향적 관점을 유지해야 한다. 국제광고 기획자는 표적 소비자의 프로필을 구체적으로 작성해야 한다. 즉, 표적 소비자가 미국인일 경우 그냥 막연하게 미국인이라고 하지 말고, 미국인 한 사람의 아침부터 저녁까지의 일상생활을 시시콜콜하게 담아 표준이 되는 라이프스타일을 묘사해야 한다.

예를 들어, 어떤 혁신적인 스마트폰이 있다고 가정해보자. 신상품의 확산 정도는 소비자의 특성에 따라 달라진다. 소비자의 혁신성이란 기존의 브랜드 선택과 소비 패턴을 고수하기보다 신상품과 브랜드를 선택하려는 성향이다. 에버렛 로저스(Rogers)는 신상품에 대한 수용도에 따라 소비자 집단을 5가지로 분류하였다(김영석 역, 2005). 즉, 혁신층(innovators), 초기 수용층(early adopters), 초기 다수층(early majority), 후기 다수층(late majority), 그리고 뒤쳐진 수용층(laggards)이 그것이다. 혁신층은 미국 사회의 2.5% 정도에 해당하며, 그들은 위험을 감수할 의지를 지닌 모험적 개인들이다. 초기 수용층(13.5%)은 그들에게 역할 모형으로 제시되는 혁신층이 선택한 아이디어를 받아들이는 사람이다. 초기 다수층(34%)은 위험을

표 4.2 문화와 혁신 및 모방의 상관계수

	권력거리	개인주의	남성성	불확실성의 회피	장기 지향성	예측변인	R^2
혁신의 상관계수							
가정용 컴퓨터 (12개국)	−0.42	0.07	−0.53*	−0.38	0.62*	없음	
휴대폰(8개국)	0.52	0.46	0.05	0.24	0.38	없음	
CD 플레이어 (9개국)	−0.54	0.20	−0.45	−0.60*	0.64*	없음	
모방의 상관계수							
가정용 컴퓨터 (12개국)	0.21	−0.82***	−0.02	0.42	−0.50*	개인주의 (−)	0.67
휴대폰(8개국)	0.64*	0.37	0.85***	0.62	−0.73*	남성성	0.72
CD 플레이어 (9개국)	0.05	0.19	−0.16	−0.38	−0.07	없음	

출처: de Mooij (2004). 김유경, 이상훈, 김병희 역 (2007). p.451.

회피하는 성향의 사람들이고, 후기 다수층(34%)은 새로운 아이디어에 대해 신중하고 의심 많은 사람들이며, 뒤쳐진 수용층(16%)은 전통에 집착하는 사람들이다.

5가지 상품 범주(비디오, 전자레인지, 컴퓨터, 핸드폰, CD플레이어)에 대해 유럽 12개국을 대상으로 혁신과 모방의 상관성을 알아본 연구 결과는 흥미롭다(Ganesh, 1998). 그 중 가장 일찍 도입된 비디오는 유럽에 1970−1982년 사이에 알려졌다. 서독에는 1970년에 처음 알려졌고 포르투갈에는 1982년 마지막으로 알려졌다. 다른 혁신 상품들은 1970년 중반부터 1980년대 말까지 소개되었다. 거네쉬(Ganesh)의 문화적 차원에 따른 혁신과 모방 계수에 대한 상관관계 분석에서는 혁신과 모방에 따라 문화와의 관련성이 나타났다. 비디오와 전자레인지에서는 문화와 어떠한 관련성도 나타나지 않았지만, 컴퓨터와 핸드폰 및 CD플레이어는 문화와 상관관계가 나타났다. (표 4.2)에서 문화와 혁신 및 모방의 상관관계를 확인할 수 있다.

이 표에서 혁신 계수는 모방 계수에 비해 여타의 문화적 차원과 더 많이 연계되며, 혁신과 문화의 관계도 상품 범주에 따라 달라진다는 것을 알 수 있다. 문화적으로 비슷한 국가들에서 유사한 확산의 패턴을 가진다는 점도 인상적이다. 어떤 상품에서는 몇몇 국가가 선도할 수 있지만 다른 상품에서는 지체될 수 있다. 선진국과 후진국 사이에 학습 효과도 있다. 후진국의 소비자들은 선진국의 초기 수용층의 경험을 통해 상품의 혜택을 알게 되며, 후발 시장에서 확산의 속도를 빠르게 한다.

미국에서 스캐너가 널리 확산되기까지 17년이 걸렸지만 후진국에서는 훨씬 빠른 속도로 보급되었다. 유럽의 벨기에와 독일에서는 스캐너가 1980년에 처음으로 소개된 이후 9년 만에 시장이 성숙되었지만, 덴마크에서는 1986년에 소개된 다음 4년 만에 보편화되었다(김유경, 이상훈, 김병희 역, 2007. p.450). 신상품의 학습효과는 이처럼 상상을 초월한다. 이상에서 살펴보았듯이 글로벌 시장에서 브랜드를 구매하는 소비자들의 심리와 사회경제적 특성을 분석함으로써 국제광고의 기획력을 높일 필요가 있다.

4_3-3 광고목표의 설정

광고목표(advertising objective)란 과제로 수행하고 있는 광고가 미디어에 일정 기간 노출된 다음에 얻게 되는 기대 효과이다. 광고목표가 설정되면 광고의 기획, 창작, 집행 과정에 통일된 원칙을 유지하며 광고 집행 후 광고효과를 과학적으로 검증할 수 있다는 장점이 있다. 광고 목표는 상품, 시장, 소비자 같은 여러 가지 상황분석 결과를 종합해서 설정해야 한다. 광고 목표를 기술한 예를 제시하면 다음과 같다.

- 3개월 이내에 유럽 시장의 목표고객 10%에게 신규 브랜드를 알린다. (O)
- 3개월 이내에 유럽 시장에서 신규 브랜드의 선호도를 1%이상 높인다. (O)
- 유럽 시장에서 브랜드의 판매 신장률을 이전보다 5% 이상 높인다. (X)

이상에서 제시한 광고 목표를 기술한 예를 보면, 위의 두 가지는 올바른 서술이고 맨 마지막 것은 잘못된 서술이다. 그 이유는 위의 두 가지가 커뮤니케이션 관점에서 서술한 것이라면 마지막 것은 마케팅 관점에서 서술한 마케팅 목표이기 때문이다. 광고목표는 상품 판매율의 신장이나 시장 점유율의 확대 같은 마케팅 목표와는 다르다. 광고의 효과과정에서 상품의 품질, 유통, 가격정책, 판촉 같은 마케팅 믹스 요소의 영향을 배제할 수 없기 때문에 어디까지가 순수한 광고 효과인지 늘

논란이 될 수밖에 없다. 따라서 브랜드 인지도의 향상이 선호도의 향상 같은 커뮤니케이션의 구체적이고 순수한 효과를 광고 목표로 기술해야 한다. 나아가 측정할 수 있는 커뮤니케이션 효과를 광고 목표로 제시할 필요가 있다.

4_3-4 크리에이티브 전략의 수립

크리에이티브 전략(creative strategy)이란 개별 광고 메시지의 일반적인 본질과 특성을 규정하는 지도 원리나 기법으로 광고 소구의 일종이다(Frazer, 1983). 국제광고 표현의 전반적인 스타일을 결정하는 단계이므로, 이때 상품에 대한 소비자 혜택을 바탕으로 메시지의 표현 컨셉트를 추출해야 한다. 국제광고의 크리에이티브 전략은 일반적으로 쓰이는 크리에이티브 전략과 같은 의미로 이해하면 되지만, 각 문화권에 따라 소비자들이 선호하는 메시지 스타일이 각각 다르기 때문에 국제광고 제작물을 만들 때는 반드시 문화적 맥락을 고려해야 한다. 보다 자세한 크리에이티브 전략 수립 방법에 대해서는 다음 장에서 설명할 것이다.

4_4 광고전략 모형

국제광고 기획자는 국제광고의 기획 전략의 여러 층위를 깊이 있게 이해함으로써 전략의 타당성을 평가할 수 있는 안목을 길러야 한다. 그동안 광고학계와 광고업계에 소개된 광고전략 모형은 여러 가지가 있다. 그러나 모든 기획 전략을 국제광고 기획자가 다 알아야 할 필요는 없다. 반드시 숙지해야 할 것은 광고업계에서 가장 많이 활용되고 있는 그리드 모형, 브리프, 그리고 ROI 모형 정도이다. 각 광고전략 모형이 나오게 된 배경은 각각 다르지만 세 가지 모두 국제광고 기획에 있어 유익한 방향을 제시해 준다. 세 가지 광고전략 모형에 대하여 간략히 살펴보면 다음과 같다.

4_4-1 그리드 모형

그리드(Grid) 모형은 광고회사 FCB(Foote, Cone, & Belding)의 부사장 출신인 보근(Vaughn)이 이전에 제시된 광고전략 개념들을 종합해 포괄적인 맥락에서 제시하였다. 이 모형에서는 관여도의 수준과 제품유형에 따라 소비자들은 다르게 정보처리를 하며, 구매행동을 통해 달성하고자 하는 궁극적 목표가 달라진다고 가정한다. 국제광고 기획자는 고관여-저관여 및 이성-감성이라는 두 축으로 구성된 그리드 모형에 광고할 글로벌 브랜드를 검토함으로써 보다 구체적인 전략을 수립할 수 있다.

소비자의 고관여와 저관여 상황 및 이성과 감성이라는 두 축을 기준으로 상품의 영역을 4가지 상한으로 구분한 이 모형을 (그림 4.5)에 제시했다. 즉, 상품 구매 시에 소비자들이 인지하는 중요도에 따라 상품이 위치하는 자리를 그리드에 4가지 상한으로 나타낸 것이다(Vaughn, 1980).

제1상한은 고관여-이성적 사고에 해당되며 정보적 광고 표현이 강조된다. 여기

관여도	이성 ← → 감성	
높은	1. 정보적 (이성적 성향) 자동차, 가구, 신상품 모델: 인지—느낌—구매 (경제학적 이론) 응용분야 조사: 기억도 진단 미디어: 긴 카피, 숙고가 가능한 미디어 제작: 특별한 정보제공, 실증형 표현	2. 정서적 (감성적 성향) 보석, 화장품, 유행의상, 오토바이 모델: 느낌—인지—구매 (심리학적 이론) 응용분야 조사: 태도변화, 감정변화 미디어: 큰 지면, 이미지 제고 위한 미디어 제작: 광고에서 강한 임팩트 유발
낮은	3. 습관형성적 (행동적 성향) 식품, 일상용품 모델: 구매—인지—느낌 (반응 이론) 응용분야 조사: 판매고 미디어: 작은 지면, 10초정도의 I.D. 광고, 라디오, POS 제작: 브랜드의 상기	4. 자아만족적 (모방적 성향) 담배, 음료, 캔디 모델: 구매—느낌—인지 (사회학적 이론) 응용분야 조사: 판매고 미디어: 빌보드, 신문, POS 제작: 주의 환기

그림 4.5 FCB 그리드 모형

에는 많은 정보를 필요로 하는 집, 자동차, 집, 가구 같은 상품이며, 특성, 성능, 가격, 용도에 대한 정보를 제공해야 하는 신상품도 해당된다. 구매의사 결정 과정은 위계적 효과모형으로 설명이 가능하며 '인지-느낌-구매(learn-feel-do)'의 단계를 거친다.

제2상한은 고관여-감성적 사고에 해당되며 구매의사 결정시 관여도는 높지만 구체적인 정보보다는 태도나 전체적인 느낌이 강조된다. 개인의 자존감(self-esteem)이 주요 요인으로 작용하며, 보석, 화장품, 의상 등이 여기에 해당된다. 느낌을 중시하는 소비자를 대상으로 하는 감성적 광고전략이 효과적이며, '느낌-인지-구매(feel-learn-do)'의 단계를 거친다.

제3상한은 저관여-이성적 사고이며 관여도는 낮지만 의사결정 과정에 있어서 구매가 편하고 습관적으로 이뤄지는 상품들이 여기에 해당된다. 대부분의 식품이 여기에 위치하며, 브랜드 충성도가 습관을 형성하지만 소비자들은 단일 상품만의 구매보다는 수용 가능한 브랜드를 교차하여 구매한다. 의사결정 과정은 '구매-인지-느낌(do-learn-feel)'의 단계를 거친다.

제4상한은 저관여-감성적 사고이며 개인적인 기호를 충족시키는 청량음료나 담배 같은 상품들이 여기에 해당된다. 소비자는 해당 상품에 즉각적으로 반응하기 때문에 논리적으로 설득하더라도 오래가지 못한다. 여기에 해당되는 상품은 사회적인 혹은 집단적인 영향을 받으며 사회학적 이론에 근거를 두고 있다. 의사결정 과정은 '구매-느낌-인지(do-feel-learn)'의 단계를 거친다.

각각의 상품은 이상에서 제시한 상한에 각각 위치하며 그에 따라 광고전략 목표를 설정할 수 있으며 크리에이티브 전략 수립의 출발점이 될 수 있으며 가장 효율적인 미디어의 선정에도 유용하다.

제1상한에 위치하는 상품 광고의 크리에이티브 전략은 소비자를 이성적으로 설득할 수 있는 정보제공적(informative) 성격을 지녀야 하고, 광고미디어는 긴 카피를 쓸 수 있고 많은 정보제공이 가능한 인쇄광고(특히 신문광고)가 적합하다.

제2상한에는 관여도가 높으면서도 감성적 판단이 지배하는 특성이 있으므로 감성적 호소력(affective)이 있는 광고 메시지가 효과적이며, 광고 미디어는 지면이 크고 광고 노출 시 감성적 공감대를 느낄 수 있는 잡지나 포스터가 어울린다.

제3상한에는 관여도가 낮으면서도 이성적 사고를 통해 상품구매를 결정하는 상품이 해당되므로 습관형성적(habit formation)인 특성을 지녀야 하며, 적합한 미디어는 반복 노출을 통해 브랜드 인지도를 형성할 수 있는 라디오나 텔레비전 ID 광고 등이다.

제4상한에는 관여도가 낮으면서도 감성적 판단에 따라 구매 결정을 하는 상품들이므로 자아만족감(self-satisfaction)을 환기할 수 있는 내용이어야 하며, 광고 미디어로는 거리의 옥외광고 등이 전형적인 형태이다.

4_4-2 브리프

브리프란 국제광고 기획과 창작에 참여하는 모든 사람들이 공유하는 광고 전략의 지침이라고 할 수 있다. 브리프는 어떤 광고회사의 고유한 광고전략 모형을 종합적으로 정리한 문서를 말하는데, 보통 영국의 다국적 광고회사 사치 앤 사치(Sattchi & Sattchi) 사에서 제시한 광고전략 모형인 '브리프(The Brief)'를 지칭하는 경우가 일반적이다. 브리프는 대체로 광고주와 광고회사 간에 광고전략 방향을 협의하기 위해서, 그리고 광고회사 내에서 광고 기획팀과 광고 크리에이티브팀 사이에 광고물 창작의 명확한 지침을 공유하기 위해서 작성한다.

사치 앤 사치의 브리프는 광고의 배경에 대한 브리프, 광고창작을 위한 크리에이티브 브리프, 미디어 브리프 같은 3가지가 있다. 국제광고 기획 전략 과정에서 가장 널리 쓰이는 것이 (그림 4.6)에 제시한 크리에이티브 브리프이다. 브리프를 작성하고 해석하는데 있어서 가장 중요한 것은 단일 집약적 제안(SMP: Single Minded Proposition)을 도출해 모두가 공유하는 것이다. 단일 집약적 제안이란 고유판매제안(USP: Unique Selling Proposition)을 국제광고의 목표를 달성할 수 있도록 표적 집단에게 동기를 유발하는 독특한 하나의 제안을 뜻한다.

고유판매제안(USP)이 상품에 내재하는 하나의 혜택을 찾아 제안하는 것이라면, 단일 집약적 제안(SMP)은 소비자의 머릿속에 그 혜택이 기억되도록 제안하는 것이다. 국제광고 기획자는 소비자가 상품이나 서비스에서 얻을 수 있는 여러 가지 혜택 중에서 하나의 제안을 선택해 이를 집약적으로 표현해야 한다. 사치 앤 사치의 브리프는 국제광고 전략의 방향성을 제시해준다. 국제광고 전략의 전체적인

광고주(Client)	브랜드(Brand)	작업번호(SWO No.)
		작업일자(Date)

캠페인 요청사항(Campaign Requirement) 캠페인, 단발성 광고, 광고번호
표적 소비자(The Target Audience) 인구통계적 특성, 라이프스타일, 상품 사용법/태도
광고 목표(What is this advertising intended to achieve?)
단일 집약적 제안(The Single Minded Proposition)
제안의 근거(Substantiation for the Proposition)
필수 삽입요소(Mandatory Inclusions) 상품 소유자, 로고, 전화번호 등
원하는 브랜드 이미지(Desired Brand Image) 친근한, 섬세한, 현대적인 등

작업일정(Timing of Creative Work) 기획팀에게: 광고주에게:	창작팀장 서명 기획팀장 서명

그림 4.6 크리에이티브 브리프

개념을 일목요연하게 제시하는 이 모형은 누구나 이해할 수 있도록 쉽게 작성되어야 한다.

4_4-3 ROI 모형

현대 사회에서 광고가 성공하려면 반드시 상관성(Relevance), 독창성(Originality) 충격성(Impact)의 세 가지 요소를 갖춰야 한다는 것이 ROI 모형의 핵심이다. 이 모형은 광고회사 디디비니드햄(DDB Needham) 시카고 지사의 수석 부사장을 역임한 윌리엄 웰스(William Wells)에 의해 체계화되었다. 이 모형에는 어떤 광고 메시지가 상품과 관련되지 않으면 공허한 예술적 표현이 되기 쉬우며, 상품과의 상관성이 높은 메시지라도 독창적이지 않으면 관심을 끌 수 없으며, 충격성이 없으면 공감할 수 없다는 뜻이 담겨 있다. 여기에서 충격성이란 엄청나게 쇼킹한 말이나 그림을 제시해야 한다는 의미가 아니라, 소비자들이 광고 메시지에

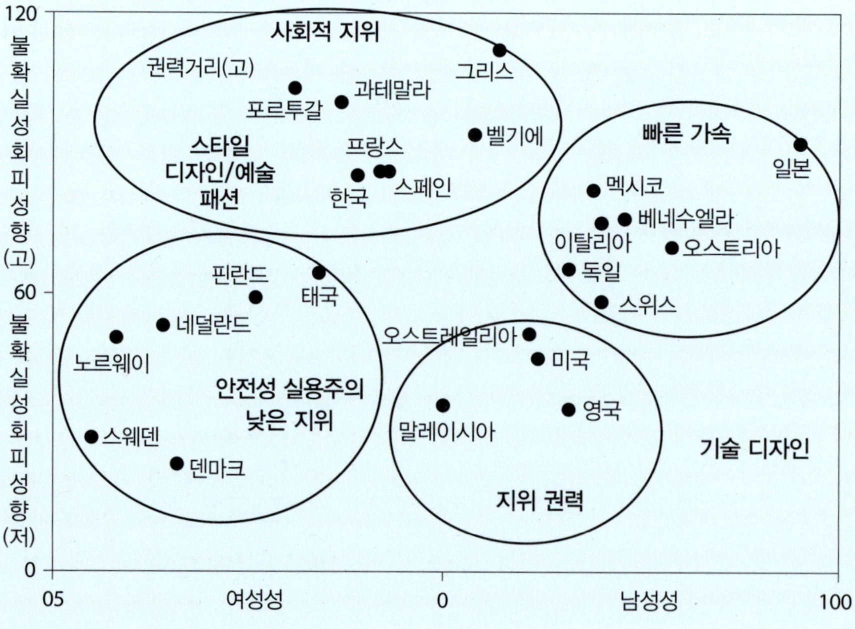

출처: de Mooij (2004). 김유경, 이상훈, 김병희 역 (2007). p.490.

그림 4.7 자동차 구매동기

공감하는 감동의 파장으로 이해해야 한다. ROI 모형은 다음과 같은 5가지 질문에 대한 해답을 구하는 과정을 거치면서 완성된다. 국제광고 기획자가 따져보아야 할 5가지 질문 내용은 다음과 같다.

- 광고 목표는 무엇인가?
- 누구에게 메시지를 전달할 것인가?
- 어떠한 혜택을 소비자에게 약속할 것인가? 그리고 어떻게 그 약속을 뒷받침할 것인가?
- 어떠한 브랜드 개성으로 차별화할 것인가?
- 어떤 미디어를 통해 광고 메시지를 전달할 것인가? 그리고 어떠한 틈새를 차지할 것인가?

예를 들어, 자동차의 구매동기는 문화권에 따라 상당한 차이가 있다. (그림 4.7)에 제시한 자동차 구매동기를 보자. 우측 상단 사분면은 남성성과 불확실성의 회피 성향이 높은 특성이 있는 문화권이다. 불확실성의 회피 성향이 낮은 문화권의 소비자들은 과속운전을 하고 속도가 빠른 자동차를 선호하는 경향이 강하다. 위험을 혐오하는 불확실성의 회피 성향이 높은 문화권에서는 안전을 추구하는 구매동기가 강하다. 남성성이 강한 소비자 역시 거칠게 운전을 하는 성향이 강하다.

남성성이 낮고 불확실성의 회피 성향이 낮은 통합 국가들은 사분면의 좌측 하단에 위치한다. 그 문화권에 사는 사람들은 가정의 안정을 추구하지만 엔진 크기, 기술적 특징, 자동차 브랜드의 지위를 나타내는 특징에는 별반 관심이 없다. 스웨덴의 브랜드 볼보(Volvo) 자동차는 '안전(safety)'을 강조한다. 스웨덴 문화의 핵심인 '돌봄(caring)' 개념은 자연스럽게 자동차의 안전에 반영되기 마련이다.

남성성이 높은 문화권인 이탈리아에서 집행한 볼보 광고는 은유적 방법으로 안전을 강조한다. 미국은 그림의 우측 하단에 위치하는데 남성성과 불확실성의 회피 성향이 낮은 문화권이다. 이런 문화권의 사람들은 물질적 성공을 과시하고 싶어 한다. 이들에게는 기술 역시 중요한 요소이므로 크기가 크고 강력한 엔진을 갖춘 차들이 관심을 끈다. 미국의 스포츠용 자동차(SUV)가 이런 선호에 전형적으로 부합하는 상품이다.

좌측 상단의 사분면은 남성성이 낮고 불확실성의 회피는 높게 나타나는 문화권이다. 사람들은 '스포티한(Sporty)' 운전과 속도를 즐기지만 꼭 거칠게 운전하는 것만은 아니다. 이 문화권의 소비자들은 예술과 패션처럼 만족할만한 디자인에 더 많은 관심을 나타낸다. 시트로엥(Citroen), 르노(Renault), 푸조(Peugeot) 같은 프랑스 자동차 브랜드가 대표적인 사례이다. 그렇다면 ROI 모형을 바탕으로 국제광고 전략을 수립할 때, 5가지 질문(광고 목표, 표적 소비자, 혜택의 약속, 브랜드의 차별화 포인트, 이용 미디어)에 대한 해답도 문화권에 따라 달라져야 한다.

이상에서 국제광고 기획자가 반드시 알아야 할 광고전략을 살펴보았다. 이 밖의 다른 광고전략은 몰라도 된다는 뜻이 아니라 여기에서 모두 소개하기는 어렵기 때문에 광고 현장의 필요에 따라 추가로 공부해야 한다. 어쨌든 광고전략과 크리에이티브 전략은 동전의 양면과 같다. 광고전략을 제대로 알지 못하는 광고 창작자는 타당한 크리에이티브 전략을 수립하는데 한계가 있고, 광고전략을 바탕으로 크리에이티브팀에게 통찰력을 제공해주지 못하는 국제광고 기획자는 전략을 위한 전략을 세우는데 머무를 가능성이 높다. 따라서 국제광고 기획자는 자기 영역에서 전문가적인 능력을 발휘할 수 있도록 광고전략의 전반적인 지식을 연마하는 동시에 크리에이티브 영역에 대해서도 깊은 관심을 기울여야 한다

생각해 볼 문제

1. 비교문화적 맥락에서 소비자 행동의 기틀에 대해 생각해 보자.
2. 광고에 나타난 문화적 가치 목록을 바탕으로 우리나라 광고물을 분석해보자.
3. 국제광고 브랜드 하나를 선정해 국제광고의 기획 과정에 대해 설명해보자.
4. 가장 자주 쓰이는 광고전략 모형 3가지에 대해 논의해보자.

참고문헌

김병희 (2004). 한국과 중국 광고에 나타난 가치 패턴 비교. 광고학연구, 15 (3), 181-205.

김병희 (2006). 가치관의 차이가 국제광고 표현에 미치는 영향: 한미 간 비교문화연구. 한국광고홍보학보, 8 (3), 179-209.

김영석 역 (2005). 『개혁의 확산』. 서울: 커뮤니케이션북스.; E. M. Rogers (1962). Diffusion of Innovations. New York: Free Press.

김유경, 이상훈, 김병희 역 (2007). 『소비자행동과 문화』. 파주: 나남출판.; Marieke de Mooij (2004). Consumer Behavior and Culture: Consequences for Global Marketing and Advertising. Thousand Oaks, CA: Sage.

문영숙 (2003). 텔레비전 광고의 가치소구에 대한 비교문화연구. 광고연구, 59, 49-67.

Cheng, Hong, & J. C. Schweitzer (1996). Cultural Values Reflected in Chinese and U.S. Television Commercials. Journal of Advertising Research, 36 (3), 27-45.

de Mooij, Marieke (1998). Global Marketing and Advertising: Understanding Cultural Paradoxes. Thousand Oaks, CA: Sage. 179-186.

de Mooij, Marieke (2004). Consumer Behavior and Culture: Consequences for Global Marketing and Advertising. Thousand Oaks, CA: Sage.

Douglas, Susan P., & Christine D. Urban (1997). Lifestyle Analysis to Profile Women in International Markets: Can the Same Segmentation Strategies be Used? Journal of Marketing, July, 46-54.

Frazer, Charles F. (1983). Creative Strategy: A Management Perspective. Journal of Advertising, 12 (4), 36-41.

Ganesh, Jaishankar (1998). Converging Trends within the European Union: Insights from an Analysis of Diffusion Patterns. Journal of International Marketing, 6, 32-48.

Han, Sang-Pil, & Sharon Shavitt (1994). Persuasion and Culture: Advertising Appeals in Individualism and Collectivism Societies. Journal of Experimental Social Psychology, 30, 326-350.

Hofstede, Geert (1980). Culture's Consequences: International Differences in Work-Related Values. Newbury Park, CA: Sage.

Vaughn, Richard (1980). How Advertising Works: A Planning Model. Journal of Advertising Research, 20 (5), 27-33.

Zhang, Yong, & Betsy D. Gelb (1996). Matching Advertising Appeals to Culture: The Influence of Products' Use Condition. Journal of Advertising, 25, 29-46.

INTERNATIONAL
ADVERTISING

Chapter 5

국제광고의 크리에이티브 전략

5_1 광고 창의성과 크리에이티브 전략
5_2 프레이저의 크리에이티브 전략
5_3 프렌전의 크리에이티브 전략
5_4 카피 플랫폼 작성 방법

5_1 광고 창의성과 크리에이티브 전략

스마트 미디어 시대에 접어들어 광고업무의 영역 간 경계도 무너지고, ATL 미디어와 BTL 미디어 같은 각종 미디어 간에 융합이 이루어지는 상황에서 통합적 관점은 무엇보다 중요해졌다. 올바른 크리에이티브 전략의 수립은 효과적인 국제광고 기획에 성공하는 지름길이다. 어설픈 크리에이티브 전략을 수립하면 돌이킬 수 없는 이상한 광고물이 만들어진다. 그렇다면 크리에이티브 전략은 무엇을 바탕으로 어떻게 수립해야 하는가? 국제광고 전략을 충분히 이해하고 이에 타당한 아이디어 발상을 하는데서 출발해야 한다.

국제광고의 크리에이티브 전략과 광고전략은 서로 분리되는 영역이 아니라 동전의 양면처럼 분리될 수 없다. 광고전략을 경시하고 설정한 크리에이티브 전략은 광고 목표와 유리되어 별도로 진행될 가능성이 높다. 국제광고 담당자가 광고전략과 크리에이티브 전략을 분리하여 생각한다면 '무엇을 말할 것인지(what to say)'는 잊고 '어떻게 말할 것인지(how to say)'에만 신경 쓸 가능성이 높다. 그렇게 되면 결과는 뻔하다. 글로벌 브랜드의 판매에는 기여하지 못하고 광고물만 멋있게 만드는 결과를 초래한다. 국제광고 관계자들이 반드시 알아야 할 크리에이티브 전략은 다음과 같다.

5_1-1 창의성과 광고 스타일

창의성(creativity)이란 어떤 집단에 의해 독특하고(novel) 적합한(appropriate) 것으로 인정받는 아이디어나 상품을 창출하는 개인의 능력이다. 광고 창의성의 구성 요인을 분석한 연구에서는 인쇄광고의 창의성 평가 준거가 독창성, 적합성, 명료성, 상관성이라는 4가지 차원의 15개 항목으로 구성되는 것으로 나타났고, 방송광고의 창의성은 독창성, 정교성, 상관성, 조화성, 적합성이라는 5가지 차원의 15개 항목으로 구성되는 것으로 나타났다(김병희, 한상필, 2006; Kim, Han, & Yoon,

2010). 아이디어 발상에 필요한 창의성의 구성요인을 종합하면 적합성, 공감성, 정교성, 독창성, 명료성, 상관성이라는 6가지 요인이 도출된다(김병희, 2014). 이를 보다 상세히 설명하면 다음과 같다.

적합성(appropriateness)은 어떤 광고 메시지가 어느 정도나 자연스럽고, 얼마나 잘 만들었는지 못 만들었는지의 여부와 브랜드(서비스)의 특성과 얼마나 어울리게 표현되었는지를 나타낸다. 광고 메시지가 알맞게 표현되었는지를 뜻하는 적합성은 광고 창의성의 필요조건이다. 공감성(empathy)은 어떤 광고 메시지에 얼마나 공감할 수 있는지를 나타내는 요인으로, 광고 표현에 대한 수용자의 동의 정도를 의미한다. 원천적인 광고 아이디어가 아무리 창의적이라 할지라도 광고 메시지가 소비자의 공감을 유발하지 못한다면 광고 효과는 반감될 수밖에 없다.

정교성(elaboration)은 어떤 광고물이 얼마나 고급스럽고 세련되게 표현되었는지를 나타내는 요인으로, 공들여 완성도를 높여 나가는 정교화 과정이다. 메시지 내용에 못지않게 광고물의 고급감과 세련미를 갖추는 것이 중요하다는 뜻으로, 작가들의 퇴고 과정도 여기에 해당된다. 독창성(originality)은 어떤 광고물의 내용이 얼마나 개성적이고 독특하며 재미있는 아이디어로 구성되었는지를 나타내는 요인으로, 이전에 보지 못한 독특한 발상이나 새로운 접근법이 필요하다. 독창성은 어떤 광고물의 창의성 수준을 결정하는 가장 중요한 요인으로 알려지고 있다.

명료성(clarity)은 어떤 광고 내용이 얼마나 이해하기 쉽고 분명하며 간결한지를 나타내는 요인으로, 광고 표현의 간단명료함을 뜻한다. 명료성은 표현의 간결함과 유사해보일 수 있지만 정확하고 분명한 메시지 전달력을 강조한다는 점에서 표현의 간결성보다 상위의 개념이다. 상관성(relevance)은 어떤 광고 내용에 제품과 관련되는 특성이나 소비자 혜택이 담겨 있는지를 나타내는 요인으로, 광고 메시지가 어떤 제품이나 브랜드에 관련되는 정도를 뜻한다. 제품과의 관련성을 의미하는 상관성은 일반적인 창의성과 광고 창의성을 구분하는 근거가 된다.

국가 간 비교문화의 맥락에서도 문화권에 따라 창의성이 계발되는 방식에는 상당한 차이가 있다. 불확실성의 회피 성향이 높은 나라에서는 조직의 규범, 규칙, 그리고 절차보다 창의적인 개인을 중시하고, 권력거리가 높은 나라에서는 행동을 하기 전에 권위자의 도움을 받기보다 개인의 창의성을 발휘하는 것이 더 중요하다. 불확실성의 회피 성향과 권력거리가 낮은 개인주의 문화권에서는(예를 들어 영국), 외부 조직의 제약이 없을 때 크리에이터들의 창의성이 향상된다고 한다(김유경, 이상훈, 김병희 역, 2007, p.340).

문화권이 다르더라도 광고의 궁극적 목표는 판매지만 문화권에 따라 광고의 역할은 다르다. 집단주의 문화권에서는 소비자를 설득하기보다 경성 판매의 활용이나 소비자에 대한 직접 판매가 우세하다. 고맥락 문화권의 커뮤니케이션은 암시적이며 간접적인 메시지를 전달함으로써 언어적 메시지의 내용을 최소화하는데 비해 저맥락 문화권의 커뮤니케이션은 직접적이고 간결하며 개방적이다. 저맥락 문화권에서는 광고 메시지의 핵심 내용이 분명하고 상관성이 있어야 하며 모호한 표현을 삼가야 한다. (그림 5.1)에서 문화권에 따라 광고 스타일과 창의성의 요소가 다양하게 나타나고 있음을 확인할 수 있다.

좌측 사분면에 있는 국가들은 권력거리가 낮은 개인주의 국가들이다. 이들 국가의 광고 스타일은 직접적이고 명시적인 동시에 개인적인 특성을 강조한다. 미국과 북서 유럽의 광고에서는 '강의'(lecture, 유명한 등장인물이 상품의 가치를 보증하는 광고) 스타일의 직접적이고 명시적인 형식을 자주 활용한다. 이에 비해 좌측 상단

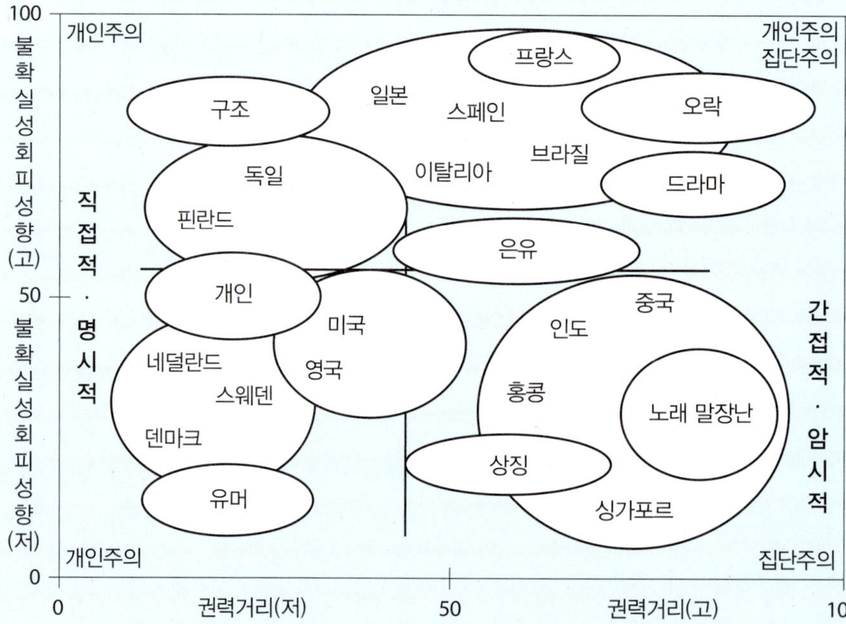

출처: de Mooij (2004). 김유경, 이상훈, 김병희 역 (2007). p.377.

그림 5.1 문화권별 광고 스타일

에 위치하며 불확실성의 회피 성향이 높은 문화권의 광고들은 더 진지한 메시지를 전달한다. 예를 들어, 독일 광고를 보면 불확실성의 회피 성향이 낮은 문화권에 비해 시각 이미지가 더 정확히 사용된다. 좌측 하단에 있는 불확실성의 회피 성향이 낮은 문화권에서는 모호함이 문제시되지 않으며 유머를 많이 활용한다. 남성적 문화권인 영국과 미국 광고에서 추천인들은 유명인사인데 비해, 스칸디나비아와 네덜란드 같은 여성적 문화권에서는 추천인의 인격이 무시되는 경우가 많다.

우측의 두 사분면은 독특함-암시적, 집단적-암시적, 그리고 집단적-명시적 같은 비교할 수 있는 스타일이 포함된다. 우측 상단의 사분면에는 높은 권력거리와 불확실성 회피 성향이 높은 집단주의와 결합된 문화권들이 제시되었는데 이 역시 독특한 암시적 비언어적 커뮤니케이션 스타일이 나타나는 영역이다. 이탈리아, 브라질, 일본 같은 나라는 집단적 암시적이며 간접적 커뮤니케이션에 더 익숙하다. 커뮤니케이션은 완곡하며 덜 공격적이며 체면을 중시한다. 이 문화권의 광고에서 '오락' 형태가 자주 등장하는 것은 이런 커뮤니케이션 스타일이 반영되었기 때문이다. 미국의 드라마 광고에서는 일상의 단면을 묘사하는데 집중하는 반면, 우측 사분면에 위치한 문화권에서의 드라마 광고는 오락의 목적에 봉사해야 한다.

우측 하단의 사분면을 살펴보자. 권력거리는 높은 수준이고 불확실성의 회피 성향은 중간 수준인 집단주의 문화권의 광고 스타일은 집단의 규범을 강화하는 동시에 체면 유지에 기여하는 성향을 중시한다. 홍콩, 싱가포르, 인도 같은 나라의 광고에서는 시각적 소재, 말장난, 노래, 상징물을 활용하는 메시지를 중시한다. 중국 광고에서도 시각을 활용한 직설적이고 생생한 표현이 자주 등장한다.

5_1-2 소구 방법과 크리에이티브 전략

국제광고 크리에이티브에서도 전략 수립이 가장 중요하다. 건축가에게는 집을 짓는데 필요한 설계도가 필요할 것이고, 화가에게는 그림에 대한 전반적인 구상이 필요할 것이다. 효과적인 국제광고 기획을 위해서는 반드시 광고 창작에 필요한 크리에이티브 전략과 전술을 이해할 필요가 있다. 광고의 소구 방법은 소비자의 가치와 문화를 반영하는 경향이 있는데(Cheng & Schweitzer, 1996), 여러 가지 소구방법 중 광고의 크리에이티브 전략은 크리에이티브 요소를 좌우하며 국제광고

스타일을 결정짓는데 결정적인 영향을 미친다.

그렇지만 어떤 문화권에서 효과적인 소구 방법이 다른 문화권에서는 다른 결과를 나타낼 수 있다. 폴란드인은 뽐내며 드러내는 광고를 좋아하지만 루마니아인은 지위를 강조하는 광고에 대해 부정적으로 반응하듯이, 어떤 문화권에서는 호의적인 반응을 얻은 광고가 다른 문화권에서 이해되지 못하는 경우도 많다. 따라서 광고의 소구 방법은 문화적 특성에 따라 달라져야 한다. 역사적으로 영국에서는 맥주 광고에서 유머 소구를 사용하고, 독일에서는 역대 자동차 광고에서 기술적 소구를 한다. 중국 광고에서도 '현대성'은 서비스 광고와 자동차 광고에, '가족 가치'는 가정용품 광고에, '전통'은 식음료 광고에 자주 나타난다. 그렇지만 홍콩에서는 '현대성'이 서비스 광고와 자동차 광고에 자주 나타나지만, '즐거움'은 식음료 광고에서 더 자주 나타난다(김유경, 이상훈, 김병희 역, 2007, p.465).

광고 크리에이티브 전략은 전환(transformation) 광고와 정보(information) 광고라는 두 가지로 분류하거나, 기분이나 분위기 창출 위주의 연성판매(soft-sell) 기법, 상품 특성에 초점을 맞춘 상품의 장점(product merit) 기법, 그리고 경쟁 상품과의 차별성에 중점을 둔 경성판매(hard-sell) 기법 같은 3가지로 분류한다(Mueller, 1992). 또한, 테일러는 광고 메시지 전략을 커뮤니케이션의 문화적 맥락과 광고 심리학의 맥락을 고려해 커뮤니케이션의 확산을 강조하는 전달의 관점(transmission view)과 소비자의 집단적 경험의 공유를 강조하는 의례의 관점(ritual view)으로 나누고 6분할 메시지 전략모형(six-segment message strategy wheel)을 제시하였다. 즉, 상투적(routine) 전략, 절실한 욕구(acute need) 전략, 할당(ration) 전략, 3가지를 전달의 관점으로, 자아(ego) 전략, 사회적(social) 전략, 감각적(sensory) 전략 3가지를 의례의 관점으로 분류한 것이다(Taylor, 1999).

사이몬은 광고 크리에이티브 전략을 소비자에게 메시지를 전달하기 위해 카피와 일러스트레이션을 이용하는 명시적 또는 암시적 표현의 틀로 규정한 다음, 그 전략을 다시 10가지 하위 기법으로 구분하였다. 즉, 정보(information) 전략, 논증(argument) 전략, 심리적 소구(psychological appeals) 전략, 반복주장(repeated assertion) 전략, 명령(command) 전략, 브랜드 친숙성(brand familiarization) 전략, 상징적 연상(symbolic association) 전략, 모방(imitation) 전략, 사은(obligation) 전략, 그리고 습관 시작(habit-starting) 전략이 그것이다(Simon, 1971).

여러 가지 광고 크리에이티브 전략 중에서 프레이저(Frazer, 1983)와 프렌전(Franzen, 1994)이 제시한 크리에이티브 전략 모형은 광고학계의 포괄적인 동의를 얻고 있다. 이 모형들은 그 타당성이 입증되어 국제간 광고 표현물을 비교하는 내용분석 연구에서도 유용한 광고물 분류 기준으로 자주 활용되고 있다. 다음에서 이 두 가지 크리에이티브 전략에 대해 보다 구체적으로 살펴보기로 하자.

5_2 프레이저의 크리에이티브 전략

일찍이 프레이저는 경쟁 상황을 고려한 여러 가지 광고전략을 종합하여, 본원적 전략, 선점 전략, 고유판매제안 전략, 브랜드 이미지 전략, 포지셔닝 전략, 공명 전략, 그리고 정서 전략 같은 7가지의 크리에이티브 전략을 제시하였다(Frazer, 1983). 이 모형은 여러 후속 연구에서 광고 메시지 전략의 주요 유형으로 지지를 받았으며 광고 크리에이티브 전략의 일반적 가이드라인으로 평가되었다. 그가 제시한 7가지의 크리에이티브 전략에 대하여 차례로 살펴보면 다음과 같다.

5_2-1 본원적 전략

같은 상품 범주에 있는 어떠한 브랜드라도 할 수 있는 일반적인 메시지를 구사하는 경우를 본원적(generic) 전략이라고 한다. 여기에서는 상품의 차별적인 특성을 강조하기보다 일반적인 속성을 전달하는 경향이 있으며, 광고주는 자사 브랜드를 경쟁사 브랜드와 차별화시키려고 하지 않으며 자사 브랜드가 더 우월하다는 주장도 하지 않는다.

이 전략은 주로 어떤 상품 군에서 선도하는 브랜드의 광고에서 자주 쓰이고 있으나 후발 브랜드의 광고라고 해서 쓰이지 않는 것은 아니다. 다만 후발 브랜드에서 이 전략을 사용할 경우에는 본원적 주장(generic claims)이 선발 브랜드의 메시지로 인식되어 오히려 선발 브랜드를 도와줄 가능성이 많기 때문에 메시지 구성에 있어서 세심한 주의를 기울일 필요가 있다.

5_2-2 선점 전략

어떤 상품 범주에서 경쟁 브랜드 간에 기능적 차이가 거의 없을 경우, 본원적인 주장을 하는 동시에 상품(서비스)의 우월성을 먼저 강조함으로써 이미지를 먼저 차지하려는 경우를 선점(preemptive) 전략이라고 한다. 이 전략을 활용하면 경쟁 브랜드에서 동일한 주장을 먼저 시도하려 할 때 사전에 그것을 효율적으로 차단할 수 있다.

이 전략은 기능적인 면에서 서로 대체할 수 있는 상품이나 서비스 광고에서 효율적으로 활용될 수 있으며, 상품이나 서비스의 혜택이 유사한 경우에는 광고 메시지를 먼저 노출시켜 이미지를 선점하는 쪽에게 유리한 방안이다. 그러나 광고의 노출량이 너무 미미하면 후발 브랜드에서 쉽게 모방할 수 있기 때문에(me too 전략), 선점 전략을 적용할 경우에는 핵심 광고 주장을 결정한 다음 일정 수준 이상의 광고 노출을 고려해야 한다.

예를 들어, 대한항공은 전 세계를 리드하는 항공사 브랜드 이미지를 선점하겠다는 크리에이티브 전략을 바탕으로, 브랜드 이미지 캠페인과 지역별 현지화 캠페인을 동시에 전개했다(그림 5.2 참조). 고객들이 자신만의 앞서가는 라이프스타일을 창조하는 동시에 항상 도전을 즐기며 열린 사고를 한다는 개인화 마케팅에 치중했다. 아시아 지역에 방영된 광고는 모델이 뉴욕의 상공이나 파리 에펠탑 상공에 있거나 비행기 위를 걸어가거나 창에 걸터앉은 모습을 보여준다. 상상할 수

그림 5.2 대한항공의 이미지 선점 광고

없는 체험이 기다리고 있다는 소비자 혜택을 강조하는 내용이다.

카피는 현지어와 영어를 병행하거나 영어만 써서 보여주었는데 영어 카피는 다음과 같다. “전혀 새로워진 스케일의 글로벌 네트워킹의 새로운 수준을 경험하세요(Experience a new level of global networking… for life on a whole new scale). 탁월한 비행– 대한항공(Excellence in flight, Korean Air).” 미국 문화권과 유럽 문화권의 텔레비전 광고에서 카피는 똑 같았지만 비주얼은 현지 사정에 맞게 바꿨다. 대한항공은 선점 전략을 활용해 글로벌 항공사의 이미지를 선점할 수 있었다.

5_2-3 고유판매제안 전략

고유판매제안(USP: Unique Selling Proposition) 전략은 리브스가 『광고의 실체(Reality in Advertising)』에서 체계화시킨 크리에이티브 전략이다(Reeves, 1961). 이 전략은 자사 상품과 경쟁 상품간의 물리적이고 기능적인 차이를 바탕으로 메시지 구성을 모색한다. 1960년대 미국 광고계를 풍미한 이 전략은 상품의 특성에서 출발하여 세 가지 원칙에 따라 상품의 고유한 특성을 강조하는 전형적인 경성 판매(hard selling) 전략인데, 여러 광고인들은 이를 ‘리브스’ 스타일이라고 하였다.

이 전략의 핵심은 상품의 고유한 특성을 광고에서 소비자 혜택으로 제시한 다음 지속적으로 반복하고 강조해야 한다는 점이다. 경쟁사의 상품이나 브랜드에서 제안하기 어려운 비교 우위 내용을 자사 상품의 핵심 메시지로 전달함으로써 장기적으로 메시지의 비교 우위를 확보하는 전략이다. 고유판매제안 전략은 소비자에게 광고 상품과 서비스를 구매해야할 차별화된 이유를 제공해주기 때문에 다양한 맥락의 국제광고 기획에 적용할 수 있다.

5_2-4 브랜드 이미지 전략

고유판매제안(USP) 전략이 자사 상품과 경쟁 상품간의 물리적이고 기능적인 차이를 기초로 하는데 비해 브랜드 이미지(brand image) 전략은 심리적 차별화를 강조한다는 점이 특징이다. 고유판매제안 전략이 경성 판매(hard selling) 전략이라면, 1960년대에 오길비(David Ogilvy)가 주창하고 나선 이미지 전략은 연성 판매(soft selling) 전략이다. 이 전략은 1960년대 이후 여러 상품들이 품질, 가격, 디자인, 포장 등에서 경쟁 상품과의 차별적 우위점이 거의 나타나지 않게 되면서부터 주목을 받았다. 특정 브랜드에 대하여 소비자가 느끼는 인상을 의미하는 브랜드 이미지는 광고란 장기간에 걸친 이미지의 투자라는 전제 하에 장기적인 이미지의 누적을 강조하며, 자사 상품과 경쟁사 상품의 차별점을 물리적 특성이 아닌 심리적인 특성에 두며 사실보다는 감정에 전략적 강조점을 두고 광고 창작을 시도한다.

국제광고 크리에이티브 전략에서도 브랜드 이미지는 가장 보편적이고 주목할 만한 전략이 되었다. 광고는 어떤 브랜드에 상징적 연상을 제공함으로써 브랜드에 의미를 스며들게 하는데 이때 소비자에게 익숙한 문화 구성물의 특성이 광고 브랜드의 생소한 특성에 전이되게 함으로써 브랜드 개성을 부여하게 된다. 현대 광고에서 브랜드 자산(brand equity)이 갈수록 중요해지는 상황에서 브랜드 이미지 전략 역시 더 중요해질 수밖에 없다. 이 전략은 물리적 특성에 있어 경쟁 상품과 차별화되기 어렵거나 차별점이 있다고 하더라도 경쟁사에서 쉽게 모방할 수 있는 상품 광고에 적합하지만, 본질적으로 우수한 상품력이 뒷받침되어야 긍정적인 이미지 형성이 가능하다.

5_2-5 포지셔닝 전략

자사의 브랜드를 경쟁 브랜드의 강약점과 비교한 다음 상대적으로 틈새가 보이는 위치에 자리매김하는 것이 포지셔닝(positioning) 전략이다. 포지셔닝 전략에 의하면 마케팅이란 현장의 실체적인 시장 구도가 아니며 실제 시장 점유율에 관계없이 소비자들이 어떤 브랜드에 대하여 머릿속으로 어떻게 느끼는가 하는 인식의 싸움이다(Ries & Trout, 1981). 소비자의 인식의 영역을 확장시키기 위한 포지셔닝 전략의 수립 방법은 여러 가지가 있다. 따라서 국제광고 상품에 가장 적합한 전략을 채택하여 그에 해당하는 광고를 창작해야 한다.

자주 활용되는 포지셔닝 방법은 다음과 같다. 즉, 상품 특성에 의한 포지셔닝, 전속 모델에 의한 포지셔닝, 가격과 품질 비교에 의한 포지셔닝, 용도 제시에 의한 포지셔닝, 상징을 활용하는 포지셔닝, 경쟁자의 위상을 이용하는 포지셔닝, 상품군 활용에 의한 포지셔닝, 사회적 쟁점 제시에 의한 포지셔닝 등이 있다. 예를 들어, 상징을 활용하는 포지셔닝의 사례는 앱설루트 보드카 캠페인을 들 수 있다. (그림 5.3)의 '마드리드' 편에서는 기타로 유명한 세고비아를 연상하도록 하며 기타 중앙에 앱설루트 병 모양으로 홈을 냈으며, (그림 5.4)의 '서울' 편에서는 태극무늬가 새겨진 한국의 방패연 중앙을 뚫어 병 모양을 형상화하였다. 이와 같은 도시 이미지 시리즈는 앱설루트 브랜드를 도시의 특성과 연결시켜 그 도시 사람들에게 특별한 무엇이 있다는 식으로 의미를 정박시키고 있다. 똑같은 형식과 내용을 한결같이 유지함으로써 독창적인 세계를 창조한 이 시리즈 광고는 각 도시의 대표적인 특성을 앱설루트의 상징으로 활용한 포지셔닝 방법이다.

그림 5.3 앱설루트 '마드리드' 편

그림 5.4 앱설루트 '서울' 편

글로벌 시장에서도 브랜드 포지셔닝 전략이 갈수록 중요해지고 있다. 광고에 사용되는 브랜드 포지셔닝 전략에는 글로벌 소비자 문화 포지셔닝(Global Consumer Culture Positioning: GCCP), 로컬 소비자 문화 포지셔닝(Local Consumer Culture Positioning: LCCP), 외국 소비자 문화 포지셔닝(Foreign Consumer Culture Positioning: FCCP) 같은 세 가지가 있다. 보다 구체적으로, GCCP는 브랜드에 글로벌 이미지를 심어주기 위해 브랜드를 글로벌 소비자 문화와 연계하여 나타내는 것을, LCCP는 브랜드에 로컬 이미지를 주기 위해 현지의 소비 문화와 문화적 배경과 연관시키는 전략을, FCCP는 브랜드를 특정한 외국 소비자 문화의 상징으로서 포지셔닝 하는 전략을 의미한다(Zhou, Teng, & Poon, 2008). 글로벌 소비자 문화 포지셔닝은 국제광고 전략에 매우 유용하다.

5_2–6 공명 전략

공명(울림)이란 물리학에서 주로 사용되는 용어로 대상에 부딪혀 되돌아오는 소리를 말한다. 광고에 있어서의 공명(resonance) 전략이란 상품 관련 메시지나 브랜드 이미지 제고에 초점을 맞추기보다 소비자가 모방할 수 있는 상황을 제시하여 소비자 스스로 그 상황을 경험하도록 하는 전략이다. 공명 전략을 활용할 경우에는 광고에서 묘사하는 내용과 소비자의 경험을 조화시키는데 초점을 맞춘다(Frazer, 1983, p.39).

일반적인 광고전략으로서의 공명은 소비자와 광고물 사이의 정서적 울림과 공감을 의미하며, 수사학적 광고 표현으로서의 공명은 카피와 비주얼 사이의 울림이자 상호유희(interplay)를 의미한다. 대체로 어떤 광고에서 카피와 비주얼이 절묘하게 만나 독특한 의미를 만들어낼 때 공명이 일어날 가능성이 높다. 이 방법을 적용할 때는 광고 창작자가 소비자의 마음속에 간직된 정보나 경험을 깊이 있게 이해하여 소비자들이 광고를 본 다음 기억 속에서 긍정적인 연상 작용을 일으키는 상황을 제시해야 효과적이다. 또한, 이 전략은 상품 간의 차별점이 거의 없을 때 광고를 본 소비자들이 광고 내용에 공감함으로써 광고 브랜드에 긍정적으로 반응하고 다른 브랜드와의 차이를 느끼게 하는데 유용한 방법이다.

5_2-7 정서 전략

정서 전략(affective strategy)은 다양한 인간 감정에 소구하는 전략이다. 인간의 감정은 사랑, 향수, 동정심, 우정, 흥분, 기쁨, 공포, 후회, 혐오 등 긍정적 정서에서 부정적 정서에 이르기까지 다양하게 전개되며 때때로 불규칙한 경향을 띠기도 한다. 따라서 이 전략에서는 복잡한 인간 감정을 두루 포괄하여 광고 메시지로 구성한다. 정서 전략은 조사 결과보다는 광고 창작자의 직감과 언어 감각이 전략 전개의 원동력이 되는 경우가 많다.

이 전략은 식음료, 패션, 보석, 화장품 등 인간의 감정에 호소하는 상품에 적용할 경우 유용한 전략이나, 상품(서비스)에 관계없이 두루 사용할 수 있다. 그러나 메시지의 전개에 있어서 막연히 정서적이고 서정적인 내용을 담는다고 해서 광고가 되는 것은 아니며 반드시 상품과의 상관성을 고려해야 한다.

5_3 프렌전의 크리에이티브 전략

여러 가지 광고 크리에이티브 전략 중 프렌전(Franzen, 1994)이 제시한 크리에이티브 전략 모형은 특수 문화권에만 적용되는 특별한 접근법이 아닌 여러 문화권에 공통적으로 적용할 수 있는 보편적인 접근법으로 평가받고 있다. 비교문화연구자 드 무이는 20개국 이상의 인쇄 광고와 13개국에서 만든 5,000여 편의 텔레비전 광고를 이 기준에 따라 분석한 다음 이 기준이 지역에 따라 달라져도 모든 문화에 여전히 존재하고 있음을 발견하였다(de Mooij, 1998).

국내에서도 김유경(1999)은 프렌전의 분석유목을 바탕으로 한국, 일본, 미국의 잡지 광고에 나타난 다국적 브랜드를 내용분석해, 이 기준이 광고의 크리에이티브 전략을 분류하는데 효과적이라는 연구 결과를 제시하였다. 이 기준을 적용하여 한국과 미국의 텔레비전 광고에 나타난 크리에이티브 전략을 비교한 연구에서는 한국 광고에서 공개기법, 드라마기법이 더 자주 나타난 반면에 미국 광고에서는 수업기법, 오락기법, 상상기법, 특수효과 기법이 더 자주 나타났음을 보고했으며, 이 기준이 국가 간 광고물 비교에 유의하다는 결과를 제시하였다(김병희, 2006).

나아가 드 무이는 이 분류기준을 적용하여 각각 문화적 특성이 상이한 11개국의 광고 표현 경향을 분석한 다음 이 모형이 세계 여러 문화권에서 공통적으로 통용될 수 있는 일반적 기준이 될 수 있다고 하였다(de Mooij, 1998). 즉, 프렌전이 제시한 광고의 크리에이티브 전략 분류기준은 특수 문화권에만 적용되는 특수문화적(emic) 접근법이 아닌 세계 여러 문화권에 공통적으로 적용할 수 있는 보편문화적(etic) 접근법이라고 하겠다.

프렌전이 제시한 광고의 크리에이티브 전략은 공개(announcement), 진열(display), 연상전이(association transfer), 수업(lesson), 드라마(drama), 오락(entertainment), 상상(imagination), 그리고 특수효과(special effect) 같은 8가지로 분류할 수 있으며, 각 전략에는 세부적인 여러 가지 보조기법이 있다. 광고의 크리에이티브 전략과 그에 따른 보조기법의 자세한 내용은 (표 5.1)에 제시하였으며, 각 크리에이티브 전략의 개념을 설명하면 다음과 같다(Franzen, 1994).

표 5.1 프렌전의 크리에이티브 전략과 보조기법

크리에이티브 전략	보조기법
공개기법(announcement)	순수 제시(pure presentation) 사실적 설명(factual explanation) 상품 메시지(product message) 기업설명/다큐멘터리(corporate presentation/documentary)
진열기법(display)	진열(display)
연상전이기법(association transfer)	생활유형제시(lifestyle) 은유법(metaphor) 환유법(metonymy) 유명인 전이(celebrity transfer)
수업기법(lesson)	추천인(presenter) 증언/보증(testimonial/endorsement) 실증(demonstration) 비교(comparison) 유추(analogy) 사용법 제시(how to) 극화된 수업(dramatized lesson)
드라마기법(drama)	일상의 단면(slice of life) 문제 해결(problem-solution) 비네트(vignettes) 연극(theater)
오락기법(entertainment)	유머(humor) 상품 중심의 연기(play or act around product)
상상기법(imagination)	만화(cartoons) 영화 동작 소도구(film properties in action) 기타 비현실적 연기(other, unrealistic)
특수효과기법(special effect)	상품의 움직임/애니메이션(product in action, animation) 영화 · 비디오 기법/예술적 자극(film, video techniques, artistic stimuli)

출처: Franzen (1994). 김유경, 전성률 역(1999)을 바탕으로 필자가 조정.

5_3-1 공개 기법

공개(announcement) 기법은 사람의 설명에 의지하지 않고 사실을 발표하여 사실이나 모양 그 자체가 상품을 대변하는 가장 기본적인 광고 기법으로 상품이용에 관한 정보를 제공한다. 이에 대한 보조기법에는, ① 순수하게 상품에 관련된 사실을 발표하는 순수제시, ② 상품의 실체를 사실적으로 설명하는 사실적 설명, ③ 할인, 위치, 구성요소, 효용 같은 상품에 대한 내용을 공개하는 상품 메시지, ④ 기업이나 상품에 대하여 시각적으로 표현하며 기업과 관련된 인물이나 상품의 기능에 대하여 상세히 안내하는 기업설명/다큐멘터리가 있다.

5_3-2 진열 기법

진열(display) 기법은 진열대에 상품을 진열하는 것처럼 상품의 주체나 사용법을 사실적으로 제시하는 방식이다. 즉, 광고 안에서 상품이나 상품을 사용하는 방법을 죽 나열함으로써 단순한 사실의 전달에 치중하는 기법이다. 광고 크리에이터 입장에서는 아이디어가 빈약한 일차원적인 표현으로 평가할 수 있으나, 뜻밖에도 이 기법을 선호하는 광고주들이 많다.

5_3-3 연상전이 기법

연상전이(association transfer) 기법은 상품의 주체, 대상, 행위를 다른 사물이나 사람 또는 상황 및 환경과 연결하여 브랜드로 전환하는 것을 의미한다. 이에 대한 보조기법에는, ① 이상적인 사람들의 생활을 제시함으로써 사람들의 라이프스타일의 전환을 유도하는 생활유형 제시, ② 비유를 통하여 상품이나 브랜드의 의미를 사물이나 사상으로 전이하는 은유법, ③ 원재료의 의미를 브랜드의 의미로 전이하는 환유법, ④ 유명인사의 단순 출연이나 추천 또는 증언은 하지 않더라도 타인들과의 연기를 통하여 브랜드의 의미를 전이하는 유명인 전이가 있다.

5_3-4 수업 기법

수업(lesson) 기법은 광고 메시지를 직접 전달하며 쟁점을 제시하거나 소비자를 교육시키는 방식이다. 이에 대한 보조기법에는, ① 광고 모델이 카메라 중앙에서 상품 특성을 설명하거나 소비자에게 한번 써보라고 권유하는 추천인, ② 광고 모델 스스로 해당 상품을 써보니까 좋다는 식으로 증언하거나 보증하는 증언/보증, ③ 상품의 효과를 직접 제시함으로써 상품의 특성과 장점을 소개하는 실증, ④ 특정 브랜드나 불특정 경쟁 브랜드와의 비교를 통하여 자사 브랜드의 우위를 제시하는 비교, ⑤ 어떤 물건이나 사건의 유사한 점을 이용하여 묘사하는 유추, ⑥ 상품을 쓰는 방법이나 결과를 설명하는 사용법 제시, ⑦ 사실적인 연기를 통하여 교훈적인 메시지를 드라마 형태로 전달하는 극화된 수업이 있다. 예를 들어, 프록터 앤 갬블(Proctor & Gamble)과 유니레버(Unilever)는 증언형(testimonial)을 활용해 자사 광고의 자산으로 만들었다.

5_3-5 드라마 기법

드라마(drama) 기법은 두 사람 이상의 상호작용 메시지를 통하여 행동의 연속성, 시작, 중간, 해피엔딩으로 구성되는 방식이다. 이에 대한 보조기법에는, ① 드라마 스타일의 대화를 통하여 일반인의 일상 속의 한 장면으로 구성되는 일상의 단면, ② 문제점의 제시와 해당 상품을 사용함으로서 그 문제를 해결하는 과정을 제시하는 문제 해결, ③ 행동의 연속성이 없는 각각의 독립적인 스케치나 상황을 제시하는 비네트, ④ 실제 생활이 아닌 이야기를 한 편의 연극처럼 제시하는 연극 기법이 있다.

예를 들어, 삼성전자의 갤럭시 탭 국제광고는 드라마 기법 중에서 일반인의 일상 속의 한 장면으로 구성되는 일상의 단면 형식(①)을 활용하고 있다. (그림 5.5)에서 알 수 있듯이, 갤럭시 탭이 커피 한 잔보다 가볍다는 점을 일상의 단면으로 표현함으로써 어떤 문화권의 소비자가 보아도 이해할 수 있도록 했다. 갤럭시 탭의 무게는 570그램으로 테이크아웃 커피 한 잔보다 가볍다는 휴대성을 강조한 내용이다. 한 남자가 갤럭시 탭으로 상사와 영상통화를 하고 있는 상황에서 광고가

그림 5.5 삼성전자 갤럭시탭 '커피 한잔보다' 편

시작된다.

지각한 이 남자는 직장상사로부터 꾸지람을 듣는데, 마음이 급했던 그 남자는 서둘렀고 맨 마지막으로 엘리베이터를 잡아탄다. 그런데 엘리베이터에 타자마자 "삐삐~" 하며 인원초과 신호가 울린다. 다음 엘리베이터를 타면 더 늦어지는 상황이라 급한 마음에서 갤럭시 탭을 밖의 남자에게 건네지만 계속 인원 초과 신호가 울린다. 그러자 갤럭시 탭 대신 들고 있던 커피를 밖으로 건네자 이제는 인원 초과 신호가 울리지 않는다. 안도하는 표정을 지으며 끝나는 이 광고를 보는 외국인들은 갤럭시 탭이 커피 한 잔보다 가볍다는 사실을 쉽게 알 수 있을 것이다.

5_3-6 오락 기법

오락(entertainment) 기법은 직접적인 상품 판매보다 소비자에게 즐거움을 제공하는데 중점을 두는 방식이다. 이에 대한 보조기법에는, ① 유머가 있는 장면을 제시하여 소비자의 웃음을 유발하는데 중점을 두는 유머, ② 유머는 없지만 재미있는 오락을 제시하는 상품 중심의 연기가 있다. 오락 기법 역시 최근 들어 갈수록 선호되는 크리에이티브 전략이다. 다만 여기에서는 유머의 제시 그 자체에만 지나치게 신경을 쓰면 상품의 판매 메시지가 실종될 수 있음을 명심해야 한다. 오락 기법을 활용하면 광고 내용 자체가 화제를 유발할 가능성이 높다는 점도 이 기법이 지닌 부가적 장점이다.

5_3-7 상상 기법

상상(imagination) 기법은 만화, 영화, 비디오 기법처럼 비현실적인 상상세계를 묘사하는 방식이다. 이에 대한 보조기법에는, ① 만화를 통하여 상품 메시지를 전달하는 만화, ② 영화적인 소재를 활용하여 초현실적인 상황을 제공하는 영화 동작 소도구, ③ 만화와 영화 이외의 소재를 활용하는 기타 비현실적 연기가 있다. 광고물 창작이 상상력의 산물이라는 속성이 많지만, 여기에서의 상상 기법이란 현실 세계를 넘어 환상적인 판타지의 세계를 제시하는 경우를 의미한다.

5_3-8 특수효과 기법

특수효과(special effect) 기법은 카메라 효과, 녹음 효과, 비디오 기법, 음악 효과 등을 활용하는 방식으로 소비자 심리를 자극하는 현대적인 테크닉을 활용한다. 이에 대한 보조기법에는, ① 특수효과로 상품 자체가 살아있는 것처럼 움직이게 하는 상품의 움직임/애니메이션, ② 영화나 비디오 촬영에서 사용되는 특수 효과들을 차용하는 영화 · 비디오 기법/예술적 자극이 있다.

이상에서 제시한 8가지 크리에이티브 전략은 앞으로 우리나라 기업에서 국제광고 전략을 전개할 때 반드시 참고할 필요가 있다. “지구적 차원에서 생각하고 현지에 맞게 행동하라(Think globally, act locally)!”는 슬로건이 국제광고의 금과옥조로 인용되어 왔다. 그렇지만 국가 간 자유무역협정(FTA)이 체결되고 있는 순간에도 표준화 전략이 효과적인지 현지화 전략이 효과적인지 학자들 사이에서는 아직도 논의가 분분하다. 그래서 나온 것이 ‘글로컬’이라는 애매한 표현일 것이다. 하지만 국제광고 크리에이티브에서 애매한 접근은 실패로 가는 지름길이라는 사실을 명심해야겠다. 표준화 전략을 적용할 것인지, 현지화 전략을 적용할 것인지, 사전에 치밀하게 검토한 다음 이상에서 제시한 광고 크리에이티브 전략의 하나를 적용하면 기대 이상의 성과가 나타날 것이다.

5_4 카피 플랫폼 작성 방법

5_4-1 카피 플랫폼의 개념

카피 플랫폼(copy platform)은 크리에이티브 전략에 대한 진술(creative strategy statement) 등 몇 가지 다른 이름으로 설명되기도 하지만 이 명칭을 가장 보편적으로 사용한다. 카피 플랫폼에 대하여 앨트스틸과 그라우는 "광고에서의 핵심적 진실, 고유판매제안, 빅 아이디어, 또는 포지셔닝에 대한 진술"이라고 설명하였다(Altstiel & Grow, 2006). 기차역에 플랫폼이 없다면 기차가 손님을 싣고 떠날 수 없듯이 국제광고 관계자(기차)가 반드시 싣고 떠나야하는 핵심 정보(승차권을 가진 손님)들의 집합이 카피 플랫폼이다. 카피 플랫폼에서는 상품의 특성, 소비자 혜택, 경쟁 구도에서의 강점과 약점, 표적 소비자에 대한 구체적인 정보, 메시지의 느낌을 종합해서, 상품을 나타내는 가장 중요한 한 마디(one thing)의 말로 표현되어야 한다. 상품이나 브랜드와 연결되는 가장 중요한 한 마디는 예를 들어 다음과 같은 문장 형태를 띠게 된다.

"이 상품(브랜드)에 대하여 한 마디로 말한다면 ____________________ 이다"

카피 플랫폼을 작성하려면 먼저 상품의 특성을 발견하여 이를 소비자 혜택으로 연결하는 분석 과정이 필요하다. 이때 고유판매제안 전략에서 포지셔닝 전략에 이르기까지 여러 광고전략을 검토한 다음 가장 타당한 것을 결정해야 한다. 이때 국제광고 기획자의 판단력을 바탕으로 문화권의 특성을 반영하여 소비자 혜택을 극대화시키는 구체적인 언어(카피나 핵심어)로 표현해야 한다.

문화권에 따라 소비자의 기억을 활성화시키는 가치표현적 언어를 사용하는 경향이 있다. 어떤 문화권에서 의미심장한 카피가 다른 언어로는 쉽게 번역되지 않는데, 하나의 언어는 오직 하나의 문화적 기틀을 나타내기 때문이다. 다른 문화권의 언어 사용자들은 단지 사물을 다르게 말하는 것이 아니라 사물을 다르게 경험한다. 결국 광고 카피가 의미심장할수록 점점 더 번역하기 어려워지는 것이다. 언어 스타일은 문화권에 따라 개인적 언어(verbal personal)와 맥락적 언어(verbal contextual)로 구분하기도 하고, 만연체(elaborate), 간결체(exacting), 압축체(succinct)로 구분하기도 한다.

개인적 언어는 개인 중심적 언어로 '나'라는 정체성을 중시하며 개인이 중심이 되는 언어구사 형식이지만(즉, 영어), 맥락적 언어는 역할이 중요하며 맥락과 관련된 역할을 중시한다(즉, 일어와 중국어). (그림 5.6)에서 알 수 있듯이, 개인적 언어 스타일은 낮은 권력거리(즉, 평등) 및 개인주의(즉, 저맥락)와 관련되며, 맥락적 언어 스타일은 높은 권력거리(즉, 위계적 인간관계) 및 집단주의(즉, 고맥락)와 상관성이 있다.

또한, 만연체가 풍부하고 다양한 어휘를 구사하는 카피 스타일이라면, 간결체는 꼭 필요한 어휘만 쓰는 스타일이다. 압축체는 완곡어법, 멈추기, 침묵처럼 함축해서 표현하는 스타일이다. 불확실성의 회피 성향이 중간 정도인 고맥락 문화권에서는 만연체가 자주 쓰이는데, 예컨대 아랍 문화권에서는 형용사를 활용한 화려한 표현, 은유나 속담을 포함하는 긴 문장을 사용하는 만연체가 두드러진다. 불확실성의 회피 성향이 낮은 저맥락 문화권인 영국과 미국에서는 간결체를 주로 쓴다.

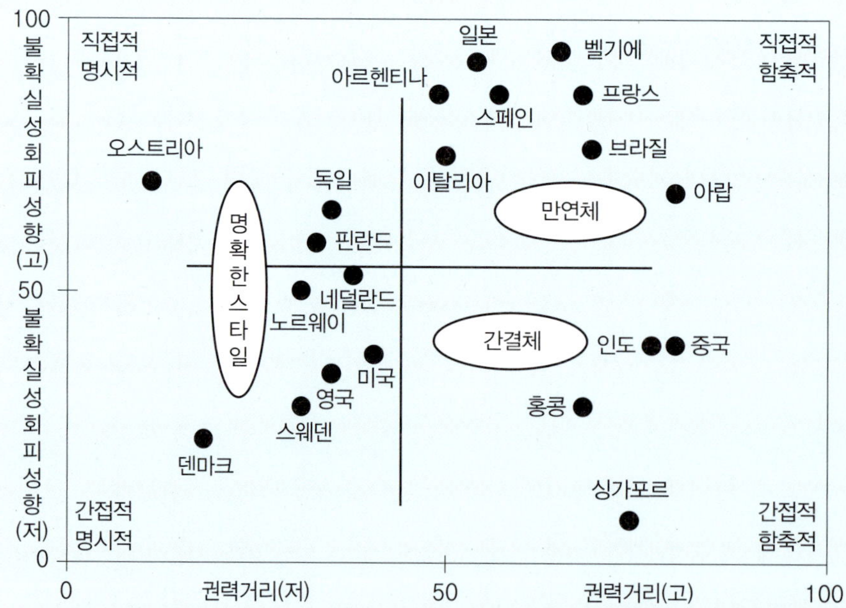

출처: de Mooij (2004). 김유경, 이상훈, 김병희 역 (2007). p.369.

그림 5.6 언어적 커뮤니케이션 스타일

불확실성의 회피 성향이 높고 고맥락 문화권인 일본에서는 압축체가 두드러진다.

이밖에도 상품의 물리적 특성과 감성적 특성을 분석한 다음 카피 플랫폼에 반영하는 것이 중요하다. 물리적 특성(physical characteristics)이란 상품의 크기, 모양, 색깔, 디자인 같은 가시적인 속성을 말하며, 감성적 특성(emotional characteristics)이란 상품 사용자가 느낄 수 있는 독특한 내면 심리를 의미한다. 상품의 특성에 대한 이해를 바탕으로 카피 플랫폼을 작성하면 크리에이티브 아이디어 발상 단계에서 놀라운 아이디어들이 쏟아지는 경우가 많다.

5_4-2 카피 플랫폼 작성 순서

카피 플랫폼은 상품(서비스), 시장, 소비자의 3가지 영역을 먼저 설명한 다음 마지막으로 크리에이티브 전략에 필요한 '한 마디 말'을 제시하는 것으로 마무리된다. 하지만 광고 창작에 통찰력을 제시하는 카피 플랫폼을 작성하는 것은 그렇게 간단하지 않다. 효과적인 카피 플랫폼을 작성하기 위해서는, 소비자 정보, 브랜드 메시지 및 상품 포지셔닝, 캠페인 주제, 스타일과 톤, 제약 요소, 평가 준거 등을 사전에 검토해야 하며, 여러 요소들이 종합적으로 조화를 이루게 해야 한다. 카피 플랫폼 작성 순서를 단계별로 제시하면 다음과 같다.

- 상품 영역: 상품(서비스) 영역에서는 특성이나 혜택을 중요한 순서대로 나열하며 이때 "그래서?"라는 질문을 반복함으로써 상품의 소비자 혜택을 추출하는데 주안점을 두어야 한다. 그 다음에 상품(서비스)의 고유한 속성을 찾아내고 그러한 상품 관련 주장을 입증할 수 있는지 알아본다. 이때 만약 기업명이 중요하다면 왜 그런가 하는 이유를 찾아내고 현재의 브랜드 가치를 추정해, 국제광고 크리에이티브를 기획할 때 고려해야 한다.
- 소비자 영역: 소비자 영역에서는 소비자의 인구통계적 특성, 심리적 특성(라이프스타일, 태도, 개성, 구매 행태 등), 상품(서비스)을 구매함으로써 충족되는 욕구 등을 차분하게 분석할 필요가 있다. 단순한 인구통계적 특성은 별다른 통찰력을 제공해주지 못하므로 소비자의 심리학적 특성(psychographics)을 보다 구체적으로 분석해야 하며, 소비자 중에서 가장 전형적인 특성을 지닌 사람의 라이프스타일을 생생하게 묘사해보아야 한다.

- 시장 영역: 시장 영역에서는 시장 및 시장 점유율에서의 주요 경쟁자, 상품(서비스)의 비교우위 및 비교열위 분석, 시장에서의 상품(서비스)의 위치, 경쟁 상품과 비교한 가격의 위치 등을 분석하여 기술한다. 이때 어떤 브랜드의 시장 점유율(market share)보다 포지셔닝 전략에서 말하는 브랜드에 대한 인식의 정도, 다시 말해서 소비자의 머릿속에서 그 국제광고 브랜드가 자리 잡고 있는 마음 점유율(mind share)도 생각해볼 필요가 있다.
- 크리에이티브 영역: 크리에이티브 전략 부분에서는 상품(서비스)에 대해 설명하는 한마디 말(key word)을 제시하는 것이 가장 중요하다. 즉, 어떤 상품(서비스)에 대하여 "한 마디로 말한다면 ...... 이다"라는 구체적이고 차별적인 내용을 기술해야 한다. 그런 다음에 상품과 시장과 소비자에 대한 사실적인 내용이나 각종 통계치를 제시하면 대체로 국제광고 크리에이태브의 카피 플랫폼이 완성된다.

이상에서 설명한 카피 플랫폼(크리에이티브 전략 진술)을 작성하는 표준 양식을 제시하면 다음과 같다(Altstiel & Grow, 2006, pp.365-366).

상품(서비스)________________________

- 상품(서비스)

1. 특성이나 혜택을 중요한 순서대로 나열하기 ("그래서?"라는 질문 반복)

특성	혜택
________________	________________
________________	________________
________________	________________
________________	________________

2. 상품(서비스)의 고유한 속성

____

3. 상품 관련 주장을 입증할 수 있는가?

____

4. 기업명이 중요한가? 만약 그렇다면 왜?

____

5. 브랜드 가치

높다__________ 낮다__________ 없음__________

• 소비자

1. 인구통계적 특성 (나이, 성별, 교육수준, 소득수준, 직업, 지리적 분포 등)

____

____

2. 심리적 특성 (라이프스타일, 태도, 개성, 구매 행태 등)

____

____

3. 상품(서비스)을 구매함으로써 충족되는 욕구

____

____

• 시장

1. 시장 및 시장 점유율에서의 주요 경쟁자

____________ ____________ ____________

____________ ____________ ____________

2. 상품(서비스)의 비교우위와 비교열위

경쟁사	우위점	불리점
____________	____________	____________
____________	____________	____________

3. 시장에서의 상품(서비스)의 위치

유사 상품 (지각된 비교우위 없음)

___

신상품 범주

___

유사 상품보다 현저한 향상

___

4. 경쟁 상품과 비교한 가격의 위치

높다 ___ 비슷하다 ___ 낮다 ___

• 크리에이티브 전략

1. 한 마디 말: "이 상품(서비스)에 대해 한 마디로 말한다면......"

___

2. 상품, 소비자, 시장에 대한 주요 사실이나 통계치

___

___

이상의 카피 플랫폼은 처음에는 작성하기가 번거로울 수 있다. 그렇지만 한번 작성하고 나면 국제광고 크리에이티브를 전개하는 전 과정에서 유용하게 활용할 수 있다. 사람은 망각의 동물이다. 국제광고 관계자 역시 동시다발적으로 여러 가지 광고 아이디어 발상을 해야 하는 경우가 많은데, 이때 카피 플랫폼은 망망대해를 항해할 때 길을 알려주는 항해도처럼 국제광고 크리에이티브의 방향을 알려주는 나침반이 되어줄 것이다.

광고물을 만드는 크리에이티브 과정에서 노출하려는 미디어와 표현 기법에 따라 메시지가 약간씩 달라질 수 있다. 그렇지만 국제광고 카피 플랫폼에 따라 작업

하면 전체 흐름이 바뀌지 않고 통일성을 유지할 수 있다. 이상의 카피 플랫폼을 잘 만 활용하면 국제광고의 크리에이티브 작업이 끝난 다음에 후속 광고의 크리에이티브 주제를 찾을 때도 유용한 지침으로 활용될 수 있다. 어떤 국제광고를 장기적인 글로벌 캠페인 광고로 발전시키고자 할 때도 카피 플랫폼은 중요한 가이드라인이 되어줄 것이다. 따라서 국제광고 관계자는 작성의 번거로움 때문에 회피하기보다 향후의 쓰임새를 생각하면서 아이디어 발상에 앞서 카피 플랫폼을 반드시 작성해야 한다.

생각해 볼 문제

1. 문화권에 따라 광고 스타일이 어떻게 달라지는지 생각해 보자.
2. 프레이저가 제시한 7가지 크리에이티브 전략 모형을 국제광고의 맥락에서 우리나라 광고물에 적용해 분석해보자.
3. 프렌전이 제시한 크리에이티브 전략 모형은 모든 문화권에 공통적으로 적용할 수 있는 보편적인 접근법이다. 이 전략 모형에 따라 국제광고 크리에이티브를 개발하면 어떠한 장점이 있는지 논의해보자.
4. 삼성전자의 새로운 스마트폰을 미국과 유럽 시장에 출시한다고 가정하고, 각 문화권에 적용할 수 있는 카피 플랫폼(크리에이티브 전략 진술)을 각각 작성해보자.

참고문헌

김병희 (2006). 가치관의 차이가 국제광고 표현에 미치는 영향: 한미 간 비교문화연구. 한국광고홍보학보, 8 (3), 179-209.

김병희 (2014). 에디슨 발상법: 창의주성 개념에 의한 광고 아이디어 발상법의 탐색. 광고PR실학연구, 7 (1), 7-31.

김병희, 한상필 (2006). 광고 창의성 측정을 위한 척도개발과 타당성 검증. 광고학연구, 17 (2), 7-41.

김유경 (1999). 호프스테드의 문화차원에 나타난 광고거리에 관한 연구: 크리에이티브 전략을 중심으로. 한국언론학보, 43 (4), 42-78.

김유경, 이상훈, 김병희 역 (2007). 『소비자행동과 문화』. 파주: 나남출판.; Marieke de Mooij (2004). Consumer Behavior and Culture: Consequences for Global Marketing and Advertising. Thousand Oaks, CA: Sage.

김유경 전성률 공역 (1999). 『글로벌시대의 국제광고론』. 서울: 나남출판.; Marieke de Mooij (1998). Global Marketing and Advertising: Understanding Cultural Paradoxes. Thousand Oaks, CA: Sage.

Altstiel, Tom, & Jean Grow (2006). Advertising Strategy: Creative Tactics From the Outside/In. Thousand Oaks, CA: Sage.

Cheng, Hong, & J. C. Schweitzer (1996). Cultural Values Reflected in Chinese and U.S. Television Commercials. Journal of Advertising Research, 36 (3), 27–45.

de Mooij, Marieke (1998). Global Marketing and Advertising: Understanding Cultural Paradoxes. Thousand Oaks, CA: Sage. 179–186.

de Mooij, Marieke (2004). Consumer Behavior and Culture: Consequences for Global Marketing and Advertising. Thousand Oaks, CA: Sage.

Franzen, G. (1994). Advertising Effectiveness. Henley–on–thames, Oxfordshire, UK: NTC Business Publication.

Frazer, Charles F. (1983). Creative Strategy: A Management Perspective. Journal of Advertising, 12 (4), 36–41.

Kim, Byoung Hee, Sangpil Han, & Sukki Yoon (2010). Advertising Creativity in Korea: Scale Development and Validation. Journal of Advertising, 39 (2), 93–108.

Mueller, Barbara (1992). Standardization vs. Specification: An Examination of Westernization in Japanese Advertising. Journal of Advertising Research, 32 (1), 15–24.

Reeves, Rosser (1961). Reality in Advertising. New York: Alfred Knopf. pp.46–69.

Ries, Al, & Jack Trout (1981). Positioning: The Battle for Your Mind. New York, NY: McGraw–Hill.

Simon, Julian L. (1971). The Management of Advertising. Englewood Cliffs, NJ: Prentice–Hall.

Taylor, Ronald E. (1999). A Six–Segment Message Strategy Wheel. Journal of Advertising Research, 39 (6), 7–17.

Zhou, L., L. Teng, & P. S. Poon (2008). Susceptibility to Global Consumer Culture: A Three–Dimensional Scale. Psychology & Marketing, 25 (4), 336–351.

INTERNATIONAL ADVERTISING

Chapter 6

국제광고의 매체기획

6_1 개요

6_2 세계 주요국의 미디어 하부 구조(Media Infrastructure)

6_3 매체기획과정(Media Planning Process)

6_4 사전기획단계

6_5 기획단계

6_1 개요

매체전략은 광고기획의 하부기획으로서 주어진 예산의 범위 내에서 적절한 시점에 최소의 비용으로 최대한 많은 수의 표적시장에게 광고메시지를 노출시켜 광고주가 기대하는 광고목표를 달성하는데 유리한 환경을 조성하게 한다.

구체적으로 어느 국가 및 지역에 거주하는, 누구에게, 언제, 얼마나 지속적으로, 얼마의 예산으로, 어떤 매체에, 얼마나 효율적으로 광고를 집행하여, 원하는 광고목표를 달성하였는가를 평가하는 일련의 매체 의사 결정 과정을 포함한다. 여기에서 누구에게는 매체전략의 표적시장을 말하며, 언제, 얼마나 지속적으로 광고를 집행할 것인가는 매체스케줄링전략을 말한다. 얼마의 예산(혹은 노출량)으로는 매체목표를 말하며, 어떤 매체에 광고를 집행할 것인가는 미디어믹스전략을 말한다.

국제광고의 매체계획은 세계 각국의 매체 환경과 소비자들의 매체접촉행태, 그리고 미디어 하부구조를 이해해야 하기 때문에 매우 복잡하다. 국제광고의 매체계획을 성공적으로 수행하기 위하여 해당 지역 매체 환경과 소비자들의 매체접촉행태에 대한 명확한 지식을 갖고 있어야 하며, 광고주가 통제할 수 없는 다양한 제약요소들을 이해하는 것이 필요하다.

국제광고는 해외 기업들이 국내 시장에 진출하여 국내 소비자들을 대상으로 영업활동을 전개하는 인바운드(inbound) 형태의 국제광고와 국내 기업들이 해외 시장에 진출하여 해외 소비자들을 대상으로 영업활동을 전개하는 아웃바운드(outbound) 형태의 국제광고로 구분할 수 있다. 따라서 국제광고의 매체전략도 인바운드와 아웃바운드 형태로 구분할 수 있다.

인바운드 형태의 국제광고의 매체대행은 다국적 기업들과 국내 시장에 동반 진출한 다국적 광고대행사들을 통하여 주로 이루어지고 있으며, 아웃바운드 형태의 국제광고의 매체대행은 현지에 진출한 국내 광고 대행사가 직접 핸들링하거나 현지의 매체 환경을 잘 이해하고 있는 매체대행사들과의 제휴를 통하여 주로 이루어지고 있다.

제니스미디어(ZenithMedia)가 매년 집계하는 전 세계 광고비 규모를 살펴본 결과 전 세계 광고시장 규모는 약 5조 원으로 나타났으며, 이 가운데 북미 지역의 광고시장의 규모가 전체 시장의 35.5%를 차지하고 있는 것으로 나타났으며, 그 다

표 6.1 전 세계 지역별 광고비 규모 및 점유율(2013년 기준 예측치)

(단위: 백만달러, %)

지역	전체	TV	라디오	신문	잡지	옥외	극장	인터넷
북미	178.882	37.9	10.5	13.9	10	4.7	0.42	22.2
서유럽	98.159	29.2	5.5	21.6	10.9	6.5	0.74	25.3
아시아/태평양	147.972	41.2	4	19.2	4.5	10.1	0.37	20.3
중, 동유럽	25.923	54.9	4.8	7.9	6.8	9.2	1.04	14.9
남미	37.977	59.2	5.5	16.6	5.2	3.8	0.53	4.8
중동/북아메리카	4.445	53.2	3.2	30.5	3.4	5.1	4.9	3.8
기타	10.261	–	–	–	–	–	–	–
합계	503.619	39	6.6	16.7	7.7	6.7	0.53	19.9

출처: ZenithOptimedia(2013). Advertising expenditure forecasts, June

음 아시아/태평양 지역이 29.4%, 서유럽이 19.5%, 남미가 7.5%, 중부와 동유럽이 5.1%, 그리고 중동과 북아프리카가 0.9%를 차지하고 있는 것으로 나타났다.

매체별로 살펴본 결과 글로벌 광고시장에서 TV가 차지하는 비중이 전체 광고비의 39%로 부동이 1위를 차지하고 있는 것으로 나타났으며, 그 다음 인터넷이 19.9%, 신문이 16.7%, 잡지가 7.7%, 옥외매체가 6.7%, 라디오가 6.6%, 그리고 극장광고가 0.053%의 순으로 광고비 규모가 큰 것으로 나타났다.

지역별로는 인터넷 인프라가 비교적 잘 갖추어진 북미, 서유럽, 그리고 아시아/태평양 지역의 인터넷 광고 시장의 비중이 다른 지역에 비해 상대적으로 높은 것으로 나타났다. 반면에 남미와 중동/북아프리카 지역은 인터넷 이용자의 수가 서유럽에 비해 적고 유무선 인터넷이 서유럽에 비해 발달이 늦은 지역으로서, 인터넷 광고의 비중이 다른 지역에 비해 매우 적은 것으로 나타났다.

6_2 세계 주요국의 미디어 하부구조(Media Infrastructure)

미디어 하부구조는 각국의 미디어 산업 하부구조와 미디어 산업을 떠받치는 각종 제도적인 요인들을 포함한다. 각 국가마다 미디어 하부구조는 상이하며, 이러한 차이는 글로벌 미디어 플래너가 글로벌 매체계획을 수립하는 데 있어서 제약요인으로 작용한다.

예를 들어, 어떤 지역에서는 이용 가능한 매체가 다른 지역에서는 이용 불가능할 수 있으며, 어떤 지역에서는 표적시장에게 도달하기 위하여 꼭 필요한 매체가, 다른 지역에서는 필요하지 않을 수도 있다. 이처럼 각국의 미디어 하부구조는 매체 전략에 영향을 미치기 때문에 이러한 미디어 하부구조에 대한 이해가 없이는 세계 각 지역의 특성에 맞는 효율적인 매체 전략을 수립 할 수 없다. 다음은 세계 각국의 미디어 하부구조이다.

미국과 캐나다를 포함한 북아메리카 지역은 전세계적으로 상업 매체가 가장 잘 발달된 지역으로서 광고매체로서 이용 가능한 상업 매체의 수만 해도 방송 매체의 경우 상업방송국이 1500여 개, 인쇄 매체의 경우 신문이 1600여 개, 잡지 900여 개에 달한다. 또한 광고비 규모도 1998년 전세계에서 사용된 전체 광고비 400 여 조원 가운데 100여 조원으로 전체 광고비의 25% 이상을 차지하고 있다. 매체별 광고비 점유율을 살펴본 결과 미국의 경우 4대 매체 가운데에는 인쇄 매체의 점유율이 53%로 가장 높으며 방송 매체는 점유율이 30%로 그 뒤를 잇고 있다.

북 아메리카 지역 다음으로 미디어 하부구조가 잘 갖추어진 지역은 유럽 지역이다. 유럽은 전체 광고비 규모에서 약 70조 원으로 북아메리카에 이어 2위를 차지하고 있다. 영국, 독일, 프랑스, 스웨덴을 포함한 서유럽 국가들은 공영방송제도가 잘 발달되어 있어서 상업방송 광고가 제한적이며, 따라서 인쇄 매체의 비중이 상대적으로 높다. 특히 영국, 독일, 프랑스, 그리고 스웨덴 같이 문자해독력 및 교육 수준이 높은 나라들은 인쇄 매체의 광고효과가 상대적으로 크다. 반면에 유럽 국가들 가운데 경제 수준이 비교적 낮은 터키, 그리스, 포르투갈과 동유럽 국가들에서는 인쇄 매체보다 텔레비전과 같은 방송 매체가 효과적이다.

아시아 지역 국가들은 타 지역에 비해 경제 발전 속도가 빠르며, 이러한 경제적인 요인으로 아시아 지역의 광고 산업은 다른 지역보다 빠르게 성장하고 있다. 전체 광고비 규모는 북아메리카와 유럽에 이어 50조 원으로 3위를 차지하고 있다. 이 가운데 일본의 광고비 점유율이 40조 원 이상으로 가장 높으며, 중국이 그 뒤를 이어 약 13조 원으로 2위를 차지하고 있으며, 한국이 약 5조 원으로 3위를 차지하고 있다. 특히 아시아 국가들 가운데 중국은 광고 시장 규모가 1997년 이후 계속 두자리 수 이상의 증가세를 유지하면서 전세계에서 광고 산업이 가장 빠르게 성장하고 있는 나라 중 하나이다. 반면에 중국의 주요 대중매체는 허가제로 모두 국가가 장악하고 있어서 정부의 통제 및 관리 정책에 따라 변화가 심하다.

아시아 각국의 미디어 하부구조는 또한 경제 수준의 차이에 따라 편차가 심하다. 예를 들어, 경제 수준이 비교적 높은 한국, 일본, 대만, 홍콩, 싱가포르와 같은 나라들은 정보통신 기술을 기반으로 지상파 방송뿐 아니라 케이블, 위성방송 서비스까지 제공한다. 반면에 경제 수준이 낮고 정보통신 기술의 인프라가 낙후된 인도, 필리핀, 파키스탄, 베트남 등과 같은 저개발 국가들은 광고 매체로서 이용 가능한 매체의 수가 적고 제한적이다. 또한 위성방송과 케이블 텔레비전 서비스가 제공되지 않고 있다. 그리고 한국과 일본과 같이 대도시가 밀집되어 있는 지역에서는 옥외 매체에 대한 의존도가 높으며 극장이 많고 여가로 영화 보는 것을 즐기는 문화를 가진 인도에서는 극장 매체가 광고 매체로서 중요한 비중을 차지한다.

남미 국가들은 지속적인 경제 위기 및 경기 침체로 인하여 미디어 하부구조가 잘 갖춰져 있지 않다. 이러한 열악한 매체환경 때문에 다른 개발국들과 달리 텔레비전과 같은 방송 매체에 대한 의존도가 상대적으로 높다. 남미 국가들 가운데 아

표 6.2 전 세계 광고시장 규모 Top10 (US$ million. current prices. Currency conversion at 2012 average rates)

2012		Adspend	2015		Adspend
1	USA	161,241	1	USA	182,433
2	Japan	51,742	2	Japan	55,005
3	China	37,202	3	China	50,241
4	Germany	23,433	4	Germany	23,698
5	UK	19,376	5	UK	21,299
6	Brazil	15,298	6	Brazil	17,740
7	Australia	12,813	7	Australia	13,753
8	France	12,490	8	France	13,022
9	Canada	11,624	9	Canada	12,917
10	South Korea	10,743	10	South Korea	12,492

출처: Zenith Optimedia(2013). Advertising expenditure forecasts, June

르헨티나는 여가로 영화를 즐기는 사람들이 많기 때문에 극장 매체가 광고 매체로서 각광을 받고 있다.

아프리카 국가들은 전세계적으로 문맹률이 가장 높으며 미디어 하부구조가 가장 취약한 지역이다. 이용 가능한 매체의 수는 이집트, 남아프리카공화국, 그리고 나이지리아를 제외하고 한 국가 당 소수에 불과하며, 따라서 아프리카 전체의 광고비 전체 규모도 1조 원에 못 미친다.

6_3 매체기획과정(Media Planning Process)

매체 기획은 우리는 어디에 있는가(환경분석 및 제약요소 분석), 어디에 가고 싶은가(매체목표), 그리고 어떻게 그곳에 도달할 것인가(매체 전략 및 전술)를 명확히 밝히는 일이다. 매체기획은 마케팅 기획 및 광고기획의 하위기획으로서 일차적으로 광고목표의 달성을 지원하고 이차적으로 마케팅 목표의 달성을 지원하는 역할을 한다.

매체기획은 사전기획단계(pre-planning stage), 기획단계(planning stage), 실행단계(execution stage), 그리고 평가 혹은 사후기획단계(post-planning stage)의 4단계 과정을 거친다. 사전기획단계(pre-planning stage)는 환경분석(situation analysis)과 제약요소(constraints) 분석을 포함하여 매체기획에 영향을 미치는 제반 요소들을 파악하는 단계이며, 기획단계(planning stage)는 매체목표의 설정(setting media objective), 표적수용자의 정의(defining target audience), 매체전략(media strategies) 및 매체전술(media tactics)을 기획하는 것을 포함하여 구체적인 매체플랜을 완성해 나가는 과정을 말한다. 실행단계(Media execution stage)는 매체 플랜에 포함된 매체를 구입(media buy)하고 집행(execution)하는 단계를 말한다. 그리고 마지막으로 평가 혹은 사후기획(Post-planning)단계는 최종적으로 완성된 매체 플랜을 사전평가하고 캠페인 종료 후 매체목표 당성여부와 효과를 사후평가(post-buy analysis)하는 단계를 말한다. (그림 6.1)은 매체기획 프로세서를 보여준다.

6_3-1 사전기획(Pre-planning) 단계

사전기획(Pre-planning)은 '우리는 지금 어디에 있는가'를 파악하여 플래닝의 방향을 결정하는 단계다. 이 단계에서는 제품을 둘러싼 소비자 환경, 제품 환경, 경쟁상황, 시장상황 등의 환경분석과 매체기획에 직, 간접적인 영향을 미치는 제약요인들을 찾아내어 요약, 정리한다. 사전기획(Pre-planning) 단계의 역할은 환경분석을 통하여 매체기획의 방향을 설정해줄 뿐 만 아니라 광고주와 어카운트 매니지먼트그룹에게 매체 관련 의사결정과정(Media Decision Making Process)이 어디에 기반을 두고 있는지를 알기 쉽게 해 준다.

사전기획(Pre-planning)은 크게 환경분석과 제약요소 분석의 단계로 나누어진다. 환경분석(혹은 상황분석)은 매체 기획의 수립시 사전에 고려되고 알아두어야 할 사항들을 말한다. 매체환경은 마케팅환경(소비자분석, 제품분석, 경쟁자분석, 시장분석), 제약요인(통제할 수 없는 요인들의 분석), 포지셔닝, 그리고 마케팅목표와 전략(4Ps)으로 나누어진다. 포지셔닝분석은 소비자의 마음속에 자리잡고 있는 브랜드의 포지셔닝을 분석하는 것을 말한다. 마케팅목표와 전략분석은 마케

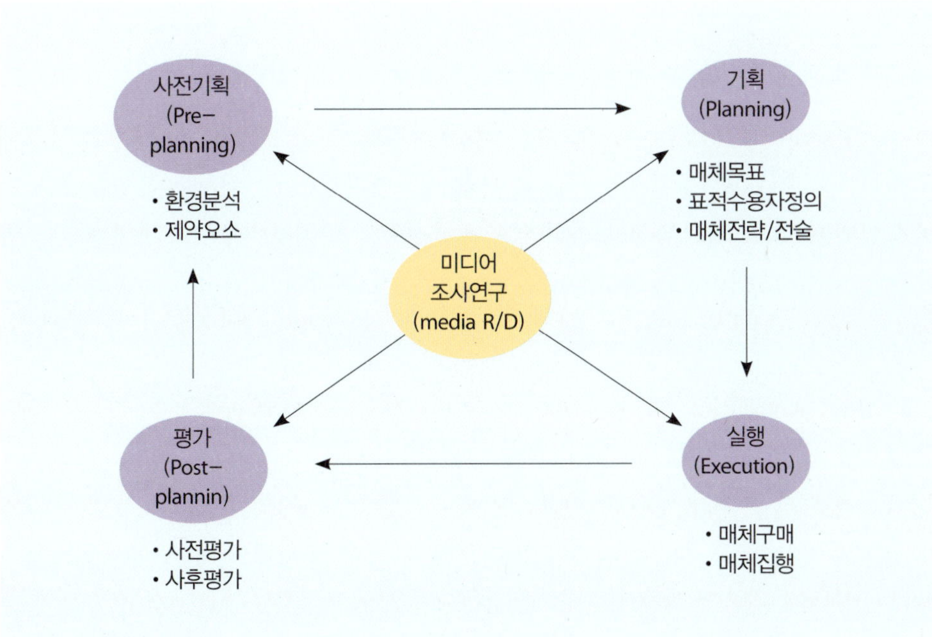

그림 6.1 매체기획과정

팅의 목표와 4P를 분석하는 것을 포함한다. 마케팅전략의 4요소들 중에서 제일 중요한 것은 우리 제품의 특성 및 장, 단점을 분석하는 것이다.

제약요소들은 매체계획(media plan)의 실행에 제약조건으로 작용할 수 있는 내, 외부적 요인들을 말한다. 내부 제약요소들은 마케팅 및 광고예산, 경영정책을 포함하며, 외부 제약요소들은 매체환경, 경쟁, 법적, 문화적 환경, 경제환경, 그리고 기상상태 등을 포함한다.

6_3-2 기획(Planning) 단계

기획단계에서는 '어디에 가고 싶은가와' 어떻게 그곳에 도달할 것인가? 에 관련된 의사결정과정을 포함한다. 즉, 기획단계에서는 매체목표를 설정하고 이러한 매체목표를 달성할 구체적인 매체전략과 전술을 결정하게 된다.

매체전략은 매체예산의 결정 및 배분, 표적수용자의 정의, 매체목표 설정, 매체선택전략(미디어믹스 포함), 그리고 매체스케줄링전략을 포함한다. 매체전략의 첫 번째 단계는 표적수용자의 정의이다. 표적수용자가 명확히 정의되면 될수록 적합한 매체 및 비이클을 선택할 기회가 커진다. 또한 매체기획에는 매체가 달성해야 할 매체목표가 반드시 기술되어야 한다. 매체목표의 기술에는 매체목표와 함께 매체목표의 바탕이 되는 마케팅목표와 광고목표도 기술되어야 한다.

매체전략이 결정되면 그 다음 단계는 매체전술 혹은 세부실천계획을 수립하여 최종적으로 예산요약표(budget recap) 및 플로우차트(flow chart) 작성을 포함한 매체계획(media plan)을 완성한다. 즉, 매체전술은 비이클 선택 및 광고횟수는 얼마나 집행하여야 하며 매체비용은 어떻게 계산하며 매체의 지면과 시간을 어떻게 구매하여야 하는지에 관한 구체적인 내용을 포함한다.

6_3-3 실행(Media execution)단계

실행단계는 매체기획의 결과 최종적으로 구성된 매체계획 혹은 매체스케줄을 구매하고 집행하는 과정을 말한다. 매체구매(media buy)는 매체기획의 결과 최종 결정된 광고스케줄을 구매하는 것을 말한다. 매체집행(media execution)은 구매한 매체를 실제로 집행하는 것을 말한다. 즉, 광고 메시지를 구매한 지면과 시간대에 내어 보내는 것을 말한다.

6_3-4 평가 혹은 사후기획(Post-Planning) 단계

평가 혹은 사후기획단계는 매체계획을 사전평가하고, 캠페인 종료 후 매체목표의 달성여부를 사후평가하는 단계를 포함한다. 사전평가는 매체기획이 끝난 후 매체 플랜을 집행하기 전에 매체기획의 결과 도출된 매체계획(media plan)이 매체목표를 달성할 수 있을 것인가의 여부를 평가하는 과정이다. 즉, 몇 개의 매체계획 대안들을 광고주에게 제시한 후 어떤 플랜이 광고목표의 달성에 가장 적합한가를 평가하는 작업이다. 이러한 사전평가는 광고주에게 매체목표 달성에 대한 예상과 함께 돈을 지불한 대가로 어떠한 효과를 달성하였는가를 확인시켜주는 역할을 한다.

사후평가(post-buy analysis)는 매체 플랜이 집행되고 난 후의 평가를 말한다. 사후기획(Post-Planning)은 '우리는 가고자 하는 곳에 도달하였는가를 평가하는 매체집행후의 효과 평가'를 말한다. 즉, 광고 캠페인이 끝난 후 매체 플랜이 매체목표를 달성하였는지의 여부를 평가하는 단계를 말한다. 사후 평가는 매체 집행 후 매체 집행이 계획된 대로 집행되었으며, 또한 정해진 매체목표를 달성하였는가를 평가하는 과정이다. 이러한 사후평가를 통하여 문제점을 찾아내어 차기 매체기획에서 보완하고, 사후평가의 결과를 차기 매체 기획에서 참고자료로서 활용한다.

다국적 매체대행사들은 각 브랜드마다 전담 미디어 플래너를 배치하여 사전 매체기획에서부터 사후효과분석에 이르기까지 매체 프로세서 전반을 관리해준다. 여기에는 매체가 예정된 스케줄대로 집행되었는지 일 단위로 체크하고, 광고 방영이 불발될 경우 그 원인은 무엇인지를 분석해주며, 적절한 사후 대책까지도 마련해준다. 그리고 장기적으로는 고객 데이터베이스를 바탕으로 한 전략모델 등을 활용하여 광고캠페인 기간 동안 정해진 매체목표가 달성될 때까지 매체 플래닝을 지속적으로 추적, 수정, 그리고 보완해주는 서비스를 제공해준다.

국내 시장에 진출한 해외 기업들이 국내 소비자들을 대상으로 전개하고 있는 인바운드(inbound)형태의 국제광고는 크게 국내 시장에 진출하여 영업활동을 하고 있는 시장에 진출한 다국적 기업을 중심으로 이루어지고 있다. 이밖에도 많은 해외관광청과 관광지 지자체와 같은 다수의 공공기관들이 국내 직접 진출하여 영업활동을 전개하고 있지는 않으나 국내 소비자들을 대상으로 광고활동을 전개하고 있다.

2011년 현재 우리나라에서 영업활동을 하고 있는 해외 다국적 기업의 수는 국내 100대 광고주를 기준으로 약 18여개에 이르고 있다. 2011년 기준 국내 100대 광고주 중 다국적 기업의 수는 18개로 이들의 광고매출액은 전체 방송광고매출의 약 13%를 차지하고 있다.

국내 시장에 진출한 인바운드 기업들의 국제광고에 대한 매체대행 서비스는 플래닝(planning)과 바잉(buying) 서비스로 나눌 수 있으며, 주로 다국적 기업의 광고주와 국내 시장에 동반진출한 다국적 광고회사와 이들의 계열사에 의해 이루어지고 있다.

다국적 매체대행사들은 플래닝과 바잉서비스를 동시에 제공하거나 플래닝과 바잉 서비스를 분리하여 부분대행 서비스를 제공하기도 한다. 일반적으로 대부분의 광고주들은 매체업무의 일관성과 시너지효과를 유지하기 위하여 플래닝과 바잉 서비스를 한 곳에서 받는 것을 선호하지만 플래닝과 바잉 서비스를 분리하여 부분대행을 선호하기도 한다.

1999년 우리나라에서 최초로 다국적 매체 전문대행사가 문을 연 이래 현재까

표 6.3 매체기획 업무 및 집행 프로세서

업무 절차	업무 내용	비고
광고 문의 및 제안	• 광고주 문의 사항 및 광고의 목적, 매체, 시기, 지역, 비용 등에 따른 제안 및 컨설팅	해외매체 DB 구축 광고 전략 컨설팅
광고 의뢰	• 광고주 의뢰 공문 및 의뢰서 접수	
광고 소재 제작 지원	• 광고주 요청 시 광고소재 제작 지원, 대행	광고물 기획 · 제작
매체 청약	• 해외 매체 광고 청약, 매체 구매 대행 • 기타(온라인, 옥외) 광고의 경우, 용역 업체 선정 및 계약	용역 업체 선정은 광고주와 협의
매체 집행	• 확정된 광고 집행 계획에 맞춰 집행	
집행결과보고	• 집행 증빙 자료 및 광고 효과 분석 결과 보고	
비용 청구	• 집행 내역에 따른 광고비 및 재단 수수료 청구	
매체비 지급	• 매체사에 매체비용 지급	

지 7개에 달하는 다국적 매체 전문대행사들이 활동하고 있다. 매체 전문대행사들은 스타컴, 톰슨미디어, 유니버셜 맥켄과 같이 다국적 종합 광고대행사의 자회사 성격을 띄고 있거나, PDS 미디어와 같이 몇 개의 대행사들이 지분을 출자하여 합작한 형태, 캐러트 코리아처럼 독자적으로 국내시장에 진출한 형태, 그리고 순수 국내 자본으로 탄생한 형태로 나누어진다.

스타컴(StarCom)은 BCOM3, 유니버셜 맥켄은 맥켄 에릭슨을 모 그룹으로 한 매체 전문대행사이고, 캐러트 코리아는 유럽의 가장 큰 다국적 매체 전문대행사인 캐러트(Carat)의 자회사이다. 이들 다국적 매체 전문대행사들은 오랜 기간 동안 풍부한 매체 대행 경험으로 축적된 노하우와 차별화된 서비스를 무기로 국내 시장의 문을 두드리고 있다.

반면에 해외 시장에 진출하여 현지 소비자들을 대상으로 영업할동을 전개하고 있는 국내 기업들의 아웃바운드 형태의 매체대행은 다국적 매체대행사와 제휴형태로 이루어지거나 국내 광고대행사들에 의해 현지에 설립된 지사, 사무소, 혹은 현지법인에서 직접 매체기획과 바잉을 핸들링하는 형태로 이루어진다.

해외 시장에 진출하여 현지 소비자들을 대상으로 영업할동을 전개하고 있는 국내 기업들은 얼마 전까지만 해도 해외에서 광고를 할 때 기존의 다국적 광고회사들을 이용할 수밖에 없었다. 예를 들어 제일기획과 이노션과 같은 인하우스 에이전시들은 이러한 해외전문 광고대행사와 전략적 파트너십을 통한 역할 분담 계획에 의해 매체전략 수립과 구매와 같은 전문적인 분야에서는 현지의 매체대행사를 통한 역할을 분담시키고, 총괄적 관리감독의 역할은 사내 글로벌 미디어팀을 콘트롤 타워로 두고 담당하고 있었다. 국내 광고회사 중에서 가장 글로벌화에 앞서 있다는 제일기획조차 삼성전자–제일월드와이드–레오버넷으로 연결되는 삼각 거래를 하고 있는 실정이며, LG그룹 또한 영앤루비컴과 BBH를 해외 광고 파트너로 이용하고 있다.

그러나 최근에 국내의 규모가 큰 광고대행사들을 이용하여 광고기획, 제작, 집행을 현지에서 직접 핸들링하는 경우가 늘어나고 있다. 따라서 매체대행 서비스도 국내 광고대행사들에 의해 현지에 설립된 지사, 사무소, 혹은 현지법인에서 직접 매체기획과 바잉을 핸들링하는 형태로 이루어진다. 현지 지사에서 직접 핸들링 할 경우에도 현지 소비자들의 매체접촉행태와 각국의 미디어하부구조를 잘 이해하고 있는 현지 사정에 밝은 매체플래닝 및 바잉회사를 활용하기도 한다.

6_4 사전기획단계

사전기획(Pre-planning)은 '우리는 지금 어디에 있는가'를 파악하여 매체기획의 방향을 결정하는 단계다. 사전기획(Pre-planning)의 역할은 환경분석을 통하여 매체기획의 방향을 설정해줄 뿐 만 아니라 광고주와 어카운트 매니지먼트그룹에게 매체의사결정과정(Media Decision Making Process)이 어디에 기반을 두고 있는지를 알기 쉽게 해 준다.

사전기획단계(pre-planning stage)는 환경분석(situation analysis)과 제약요소(constraints) 분석을 포함한다. 환경분석은 매체기획에 영향을 미치는 내외부 요인들을 찾아내어 요약정리하는 작업이다. 환경분석에는 크게, 제품 환경 분석, 소

표 6.4 국내의 외국계 광고회사의 계열 매체대행사 국내 진출현황

회사명	계열사명	진출형태 및 년도	광고비 비율(외국계: 국내 광고주)	주요 광고주
그룹엡(M) 코리아	Mediacom Mindshare MEC Maxus	지사(2005) 지사(2011) 지사(2011) 지사(2011)	89.5:10.5	아우디, 폭스바겐, UPI, 글락소 스미스 클라인, 알리안츠 생명, 스와치그룹 등 30여개
이지스(Aegis) 미디어그룹	Carat Korea Vizeum Dentz Media Korea (휘닉스홀딩스와 합작)	독립법인(2002) 단독투자(2013) 합작(2001)	72:28 100:0 72.4:27.6	Adidas, Coach외 40여개 LVMH, 에쓰오일 P&G, 토요타, 캐논 외 20여개
맥캔 에릭슨	Universal McCann	독립법인(1999)	80:20	코카콜라, 한국 GM 외 35개
레오버넷	Starcom Worldwide MediaVest ZenithOptimedia	단독투자(1998) 단독투자(2008) 단독투자(2011)	87:13	페레로, 오라클, 한국노비타스, 크라이슬러, 스와로브스키 외 30여개
퍼블리시 스그룹	웰콤퍼블리시스 월드와이드	단독투자(1999)	85:15	Longchamp 외 7여개

출처: 한국광고협회(201). 2014 광고회사 현황조사, 광고계 동향, 3월호

비자 환경 분석, 경쟁 환경 분석, 그리고 시장 환경 분석들이 포함된다.

제약요소들은 매체계획(media plan)의 실행에 제약조건으로 작용할 수 있는 내, 외부적 요인들을 말한다. 내부 제약요소들은 마케팅 및 광고예산, 경영정책을 포함하며, 외부 제약요소들은 매체 환경, 경쟁, 법적, 문화적 환경, 경제적 환경, 그리고 기상상태 등을 포함한다.

6_4-1 환경분석

6_4-1-1 제품 분석(product analysis)

제품은 마케팅믹스의 네 요소들 중 매체기획에 가장 직접적인 영향을 미치는 요인으로서 제품의 물리적 특성 및 속성, 제품수명주기(PLC), 제품 재 구입 주기, 브랜드 포지셔닝 등이 있다. 예를 들어 제품의 특성 및 속성은 매체 선택에 직접적인 영향을 미친다. 예를 들어 전자레인지에 데워 먹을 수 있는 피자와 같은 제품은 음식이 먹음직스럽게 보이게 하기 위하여 칼라재생력이 뛰어난 잡지 매체를 많이 사용한다.

제품수명주기(Product Life Cycle: PLC): 제품 요인 중에서 가장 영향을 많이 미치는 요인은 제품의 수명주기이다. 다시 말해 자사의 제품이 PLC의 어느 부분에 있느냐에 따라 매체기획은 달라진다. 예를 들어 도입기에 있는 신제품의 경우는 인지도를 올리는 것이 대단히 중요하다. 따라서 매체목표도 인지율을 높이는 방향, 예를 들어 도달률을 극대화시키는 전략을 세워야 할 것이다. 반면 콜라와 같이 성숙기에 있는 제품에서는 도달률의 극대화보다는 꾸준한 반복이 중요할 수 있다.

제품 재구매 주기(repurchase cycle): PLC 외에 제품의 재구매 주기도 영향을 미친다. 일반적으로 재구매 주기란 소비자가 제품을 구매한 후, 다음에 다시 구매할 때까지 걸리는 평균 기간을 말한다. 재구매 주기가 매체기획에 영향을 미치는 이유는, 광고 메시지가 전달되어야 할 적기가 바로 제품을 구매하고자 하는 시점이기 때문이다. 예를 들어 라면의 경우 재구매 주기가 상대적으로 짧기 때문에 지속적인 광고가 필요하지만, 에어컨과 같은 재구매 주기가 긴 제품의 경우는 구매가 발생하기 전 시점에서 집중적인 광고를 하는 것이 유리하다. 또한 제품의 특성 자체도 매체 기획에 영향을 미친다. 특히 제품의 특성은 미디어 믹스 전략과 비이클 선정에 있어 중요한 영향을 미친다. 만일 우리의 제품이 정보가 많이 필요한 제품이라면 인쇄매체가 적합하고, 많이 구매되는 포장재의 경우는 TV가 상대적으로 유리하다.

6_4-1-2 소비자 분석(consumer analysis)

매체전략을 수립하기 전 매체기획자는 표적시장이 누구인지를 제일 먼저 알아야 한다. 누가, 언제, 얼마나 많이 우리 제품을 구매하는가를 안다면 어떤 매체를 선택할 것인지 그리고 언제 광고를 집행할 것인지를 알 수 있다. 또한 소비자가 어느 곳에서 우리 제품을 많이 구매하는지를 알면 어떤 지역의 매체를 선택해야 될 것인지를 알게 된다. 그리고 소비자가 특별히 많이 구매하는 시기와 적게 구매하는 시기를 안다면 효율적인 스케줄링전략을 수립할 수 있으며, 제품을 언제 구매할 생각을 가지게 되는지를 안다면 광고 메시지를 언제 도달시켜야 될 것인가를 알 수 있게 된다. 따라서 소비자분석을 구체적이고 명확하게 하여야 매체의 선택과정에서 정확한 의사결정을 내릴 수 있다. 소비자 분석에는 다음과 같은 내용들이 포함된다.

환경분석에서 제일 중요한 것은 제품의 유형에 따라 소비자들이제품 선택 시 어떤 정보처리과정을 밝히는 일이다. 구체적으로 표적수용자가 제품을 구매하기 전 어떠한 정보처리과정을 거쳐 의사결정을 내리는가를 알게 되면 광고목표는 무엇이며, 이러한 광고목표를 달성하기 위해 매체목표와 더불어 어떤 매체를 선택해야 하는지를 알 수 있다.

1999년에 개발된 FCB그리드모형은 이러한 맥락에서 제품유형에 따른 소비자의 정보처리과정을 설명하는데 유용한 이론적 틀을 제공해 준다. FCB그리드모형은 제품관여도와 제품선택시 이성/정서의 지배정도에 따라 제품들을 네 개의 영역으로 나누고 소비자의 정보처리과정, 광고목표, 그리고 매체전략이 달라져야 한다는 것을 제시한다.

예를 들어 자동차, 전자제품, 보험상품 등과 같은 고관여, 이성적인 성격을 가진 제품의 경우 소비자의 정보처리과정은 사고(Learn), 느낌(Feel), 행동(Do)의 순으로 발생하며 이러한 제품들의 광고목표는 제품에 대한 차별화된 편익과 충실한 정보를 제공하여 제품을 알리는 것이다. 따라서 메시지전략은 특정 정보와 데몬스트레이션 중심으로 전개해야 하며 매체전략은 긴 카피를 쓸 수 있는 인쇄매체에 중점을 두어야 한다.

명품의류, 향수, 그리고 고급화장품과 같은 고관여, 정서적인 제품의 경우 상표이미지와 자아이미지를 연결함으로서 브랜드에 대한 긍정적 감정과 태도를 창출하는 것이 중요하다. 따라서 매체전략은 광고접촉 시 강한 임팩트를 유발할 수 있고 큰 지면과 이미지를 제고할 수 있는 잡지와 같은 매체를 선택하는 것이 바람직하다.

종이휴지, 살충제, 표백제, 그리고 가정용 청소용품과 같은 저관여, 이성적인 성격을 가진 제품은 소비자의 습관적인 구매를 유도하기 위하여 주로 브랜드에 대한 상기도를 높이는 전략이 중요하며 매체전략은 반복노출로 브랜드 상기도를 제고할 수 있는 신문의 작은 지면광고(돌출광고), 10초 정도의 자막광고, 라디오, 그리고 구매시점광고(point of sales) 등 주로 구매시점의 브랜드 회상도를 높일 수 있는 매체를 선택하는 것이 바람직하다.

그리고 마지막으로 청량음료, 스낵류, 담배 등의 기호품을 포함하는 저관여, 정서적인 제품의 경우 소비자의 구매 결정은 준거집단과의 사회적 관계 속에서 습관, 자기충족, 자기만족에 기초하는 경향이 강하다. 이러한 제품의 경우 빈번하게 발생하는 구매시점에 소비자의 주의를 지속적으로 환기시킬 수 있는 빌보드, 신문, 구매시점광고(POS), 그리고 인터넷 등이 효과적이다.

6_4-1-3 경쟁 환경 분석(competition analysis)

매체전략을 수립할 때 가장 중요한 고려사항들 가운데 하나는 경쟁자의 매체전략이다. 경쟁자들이 어떤 매체를 사용하는 지를 파악하면 어떤 표적시장을 목표로 하는지를 알 수 있으며 대응전략을 효율적으로 수립할 수 있다. 즉, 경쟁 환경 분석을 통하여 경쟁자 광고 및 매체전략을 분석함으로서 우리의 매체전략을 상대적으로 유리하게 전개해 나갈 수 있다. 예를 들어 경쟁자가 얼마의 광고비를 투입하였는가를 알 수 있으면, 우리의 적정 광고예산의 설정에 활용할 수 있다. 한 시장에 새로 진입하는 제품의 경우 경쟁자의 매체전략을 모방하여 벤치마킹할 수 있으며 경쟁자와 차별화된 매체전략을 원할 경우 그들과 다른 매체를 선택하거나 다른 스케줄링전략을 취할 수 있다. 구체적으로 경쟁자의 기선을 제압하기 위하여 경쟁자와 동일한 매체와 시간대에 광고를 집행할 것을 결정할 것인지 아니면 경쟁자와

표 6.5 FCB그리드모형의 제품유형별 소비자 정보처리과정과 매체전략

제품의 유형	정보처리과정	매체전략
고관여, 이성제품	Think-Feel-Do	긴 카피, 숙고가 가능한 매체
고관여, 정서제품	Feel-Think-Do	큰 지면, 이미지제고 위한 매체
저관여, 이성제품	Do-Think-Feel	작은 지면, 10초 정도의 자막광고, 라디오, POS
저관여, 정서제품	Do-Feel-Think	빌보드, 신문, POS, 인터넷

맞대결을 피하여 경쟁자와 다른 매체와 시간대에 광고를 집행할 것인지를 알 수 있게 된다. 매체기획자는 경쟁자 광고전략 및 매체전략의 약점과 강점을 분석하여 최대한으로 유리한 상대적 매체전략 포지셔닝을 확보할 수 있도록 노력하여야 한다. 경쟁자 분석에는 다음과 같은 요소들을 포함한다.

6_4-1-4 시장 분석(market analysis)

매체기획자는 일차적으로 브랜드를 둘러싼 시장상황을 잘 알아야 한다. 제품을 둘러싼 시장환경이 현재 어떠하며 앞으로 시장에 어떤 변화에 어떤 변화가 일어날 것인가 매체예산의 결정에 중요한 고려요인이 된다. 즉, 시장환경의 변동에 따라 광고전략 및 매체기획은 영향을 받게된다. 특히 시장의 잠재적 규모는 매체 예산 설정에 간접적으로 영향을 미치게 된다. 예를 들어 시장의 규모가 증가하고 지난 몇 년간 시장점유율이 지속적으로 증가되는 추세라면 매체 예산을 증액시킬 수 있다.

6_4-2 제약요소들(constraints)

국제광고의 매체전략의 수립에 영향을 미치는 요인들 중 광고주가 통제할 수

표 6.6 경쟁자 매체전략 분석 사례

가전회사명	매체예산	미디어믹스전략	스케줄링전략
A사 (1위)	300억	상반기 TV, 하반기 신문 매체에 집중	4-5월에 집중하는 Pulsing전략
B사 (2위)	270억	TV와 신문을 주 매체, 라디오를 보조 매체로 활용	광고예산을 1년 동안 일정하게 유지하는 연속형 스케줄링전략
C사 (3위)	40억	TV는 스폿 중심, 잡지를 보조 매체	7, 8월 성수기에 집중하는 집중형 스케줄링전략

없는 요인들(uncontrollable factors)을 제약요소라고 한다. 미디어 플래너들은 매체전략의 수립에 영향을 미치는 제약요소들에는 어떠한 것들이 있는지를 숙지하고 있어야 매체구매와 집행의 오류를 사전에 예방할 수 있다. 이러한 통제 불가능한 제약요인들로는 회사의 경영정책 및 광고예산과 같은 내부적 요인들과 경쟁, 매체환경, 자연환경, 경제적, 법적, 문화적 요인 등 외부적 요인들을 들 수 있다.

이들 가운데 국제광고의 매체전략에 가장 큰 영향을 미치는 제약요소는 법적 · 정치적 요인(legal, political factors)이다. 예를 들어 미국의 경우 TV에서 비교광고는 허용이 되지만 우리나라의 경우 허용이 되지 않는다. 그리고 담배와 술광고의 경우 나라별로 차이가 크다. 예를 들어 미국에서는 담배광고가 TV를 제외한 다른 매체에서는 허용이 되지만 우리나라에서는 허용이 되지 않는다. 그리고 우리나라의 경우 술광고는 TV에서 오후 11시 이전까지는 전면 금지되어 있으며, 11시 이후에도 17도 이하의 술만 광고가 가능하다. 따라서 맥주제품의 경우 매체전략에서 TV 광고를 할 수 없으며, 다른 대안 매체를 고려해야 한다. 또한 각 나라별로 광고 심의제도와 규정이 달라서 광고심의의 결과에 따라서 매체의 집행과 플랜은 영향을 받는다. 예를 들어 우리나라의 경우 "최상, 또는 가장 오래된, 또는 가장 가치 있는" 광고 문구에 대해 경쟁자가 소송을 건다면, 광고주는 예정된 광고스케줄을 취소해야만 한다.

국제광고의 매체전략은 또한 다양한 문화적 차이를 고려해야만 한다. 문화적 차이는 국가 간 뿐 만 아니라 한 국가에서도 다르게 나타날 수 있다. 예를 들어 누드가 포함되어 있는 성적소구 광고나, 어린이를 대상으로 하는 광고의 경우 문화권별로 그 허용범위가 다르게 나타난다. 스웨덴에서는 9세 미만의 어린이를 대상으로 한 광고는 금지되어 있지만 북미에서는 허용이 되고 있다. 문화가 다르면, 광고 메시지의 내용도 달라져야 하며 이러한 차이는 결국 광고매체의 선택에도 영향을 미친다. 예를 들어 특정 문화권에서는 여성용 속옷제품처럼 성적소구가 필요한 광고는 TV보다 잡지에서 더 관대하게 받아들일 지도 모른다.

자연 환경(natural environment) 또한 국제광고의 매체전략에 큰 영향을 미치는 제약요소이다. 예들 들어 아이스크림, 음료수, 여행상품, 에어컨, 냉장고, 스키장비와 같은 기후와 날씨의 영향을 많이 받는 제품들의 경우 특정 지역의 기후와 날씨가 광고스케줄링에 큰 영향을 미친다고 할 수 있다.

이밖에 매체 환경, 경쟁 환경, 그리고 경제적 환경 등도 국제광고의 매체전략에 큰 영향을 미치는 제약요소들이다. 예를 들어 매체 클러터(media clutter, 광고혼잡현상)가 심한 매체환경을 가진 국가의 경우 매체 클러터로 인한 광고효과의 감소현상을 극복하기 위하여 새로운 대안적인 매체를 사용하거나, 긴 커머셜을 사용하거나, 혹은 같은 프로그램에 두 개의 광고를 게재하여 광고에 대한 인지도를 높이는 더블 스폿팅(double-spotting) 전략을 사용할 수 있다. 또한 경쟁(competition)이 심한 시장의 경우에도 경쟁력을 증가시키기 위해 사용될 매체 시간과 지면의 양을 증가시키는 등 경쟁 환경에 대응할 수 있는 매체전략을 개발하여야 한다. 경기변동, 유기상승, 광고단가 상승과 같은 경제환경의 변화도 매체예산의 설정 등 매체전략 전반에 걸쳐 영향을 미친다.

6_5 기획단계

6_5-1 매체목표의 설정

매체목표란 광고캠페인의 목표를 달성하기 위하여 광고캠페인 기간 동안 얼마나 많은 표적수용자들에게, 얼마나 자주, 그리고 얼마나 지속적으로 광고메시지를 전달할 것인가를 말한다. 예를 들어 XX브랜드의 매체목표는 "2015년 광고캠페인 기간 동안 미국 뉴욕에 거주하고 있는 25세에서 49세 여성 80퍼센트에게 월 평균 5회 광고 메시지를 노출시킨"다라고 할 수 있다.

여기에서 광고메시지가 얼마나 많은 사람들에게 노출될 것인가를 나타내는 개념을 도달률(reach)이라고 하며, 광고메시지가 표적수용자에게 얼마나 자주 노출될 것인가를 나타내는 개념을 빈도(frequency)라고 한다. 그리고 광고메시지가 광고캠페인 기간 동안 언제, 얼마나 지속적으로 노출될 것인가를 나타내는 개념을 지속성(continuity)이라고 한다. 도달률, 빈도, 그리고 지속성을 매체목표의 3요소라고 하며, 매체목표이자 광고의 노출효과를 나타내는 지표로서 전 세계적으로 널리 사용되어지는 개념들이다. 도달률과 빈도를 곱한 값을 GRPs(Gross Rating Points, 총 노출률)라고 하며, 이는 광고캠페인에 포함된 광고매체들의 시청률과

열독률 등을 합한 산술적 합계치를 나타낸다.

매체목표의 설정에서 가장 중요한 것은 주어진 예산의 범위 내에세 광고주가 소비자로부터 얻기를 기대하는 최소한의 반응을 획득하기 위하여 필요한 노출량을 결정하는 것이다. 그러기 위해서는 일차적으로 표적수용자로부터 최소한의 반응을 기대할 수 있는 노출횟수, 즉 유효빈도(effective frequency)를 먼저 결정하여야 한다. 유효빈도란 커뮤니케이션효과를 노출횟수로 설명하려는 개념으로서 인지심리학적 관점에서 인식의 문턱 즉 역치(threshold)를 넘어서 서 표적수용자로부터 최소한의 반응을 기대할 수 있는 최소 노출횟수를 말한다.

표 6.7 매체목표의 3요소

도달률	빈도	지속성

크루거만(Krugman, 1078)의 3HIT이론에 의하면 인지적 학습이론을 바탕으로 역치(thredhold)를 넘기 위하여 최소한 3회의 노출이 필요하다고 한다. 역치란 표적수용자가 광고메시지에 반응을 보이기 시작하는 인식의 문턱으로서 이 3회의 노출을 최소 유효빈도(minimum effective frequency)라고 한다. 그러나 세계 각국의 마케팅 및 매체환경에 따라서 노출량목표와 매체전략은 다를 수 있다. 예를 들어 글로벌 시장에서 제품 간 경쟁이 심하거나 우리나라처럼 매체클러터(media clutter 광고혼잡현상)가 심한 국가의 경우에는 최소 유효빈도를 3회보다 더 높게 잡아야 한다.

유효빈도 범위의 결정에서 최소 노출횟수를 결정하는 것도 중요하지만 최대 노출횟수를 결정하는 것도 중요하다. 이것은 왜냐하면 일반적으로 광고메시지에 대한 노출이 부족할 경우도 문제가 되지만 지나친 노출 또한 광고비의 낭비를 초래할 수 있기 때문이다.

예를 들어 소비자의 광고에 대한 노출이 부족하여 역치(혹은 인식의 문턱)를 넘지 못하게 되면 광고메시지의 정보를 효율적으로 처리하지 못하게 되어, 광고메시지의 핵심내용을 인지 혹은 회상하지 못하게 되며, 반대로 지나친 노출은 심리적으로 광고메시지에 쉽게 적응(adaptation)하게 되어 주의집중을 감소시키고, 소비자로 하여금 오히려 광고메시지에 반응을 보이지 않거나, 광고메시지를 회피하거나, 광고메시지에 싫증을 내거나, 심지어 광고 및 제품에 대한 부정적인 태도나 감정을 불러일으킬 수도 있다. 과잉노출로 인한 광고효과의 감소현상을 감퇴효과(wearout effect)라고 한다. 따라서 유효빈도 범위는 역치(threshold)와 감퇴효과(wearout effect)사이에 결정되어야 한다.

주어진 광고예산 혹은 GRPs의 범위 내에서 유효빈도의 범위가 결정되면 그 다음에는 유효빈도의 범위 내에 포함된 표적수용자의 크기를 나타내는 유효도달률의 크기가 결정된다. 즉, 유효도달률은 유효빈도의 범위 내의 표적수용자 도달률을 의미하며, 이는 유효빈도 범위 내의 표적수용자의 크기를 나타낸다. 예를 들어 유효빈도의 범위가 3회에서 5회 사이라면 유효도달률은 광고메시지에 3회 이상 5회 이하 노출된 표적수영자의 크기를 나타낸다. 또한 유효도달률은 매체목표를 나타내는 지표로서도 사용되며, 예를 들어 매체목표가 유효도달률(3+)이라면, 이는 표적수용자의 70%에게 광고메시지를 3회 이상 노출시킨다는 것을 나타낸다.

요약하면 매체목표는 도달률과 빈도의 적절한 조합이 이루어져야 기대하는 광고효과를 얻을 수 있다고 할 수 있다. 즉 빈도가 최소와 최대 유효빈도의 범위를 벗어난다면 기대하는 소비자 반응을 획득할 수 없으며, 도달률이 너무 작아도 광고주가 기대하는 크기의 표적수용자들에게 광고메시지를 도달시킬 수 없다.

매체목표가 설정되면 그 다음 미디어믹스와 스케줄링전략, 그리고 매체전술(혹은 세부실행계획)을 수립하여 구체적으로 광고캠페인의 목표를 달성하는데 필요한 광고스케줄을 구성하게 된다.

6_5-2 미디어믹스전략

광고캠페인에서 광고매체의 역할은 주어진 예산의 범위 내에서 적절한 시점에 최소의 비용으로 최대한 많은 수의 표적시장에게 광고메시지를 노출시켜 광고주가 기대하는 광고목표를 달성하는데 유리한 환경을 조성하는 것이다.

미디어믹스(media mix)전략은 매체전략 중에서 매체목표설정에 이은 과정이다. 즉, 매체목표가 정해지면 그 다음 단계는 이러한 매체목표를 달성하기 위한 광고매체들을 선책하고 그 비중을 결정하게 된다. 즉, 미디어믹스는 매체목표를 달성하기 위하여 주어진 예산의 범위 내에서 광고주가 통제할 수 없는 제약요인들을 고려하여 어떤 매체를 사용할 것이며 또한 어떤 매체에 더 많은 비중을 둘 것인가를 결정하는 것을 포함한다.

미디어믹스가 중요한 이유는 전 세계적으로 뉴미디어의 수가 폭발적으로 증가하고, 이에 따라 소비자의 브랜드접촉점이 다양화됨으로서 한 가지 매체만으로 표적수용자에게 효율적으로 도달할 수 없기 때문이다.

미디어믹스전략은 미디어믹스, 비이클믹스, 그리고 유닛믹스의 순으로 이루어진다. 미디어믹스는 TV 라디오, 신문, 잡지, 그리고 인터넷 등의 매체유형을 선택하는 것을 말하고, 비이클믹스는 매체를 구성하는 동종 집합체를 나타내는 매체비이클을 선택하는 것을 말한다. 그리고 유닛믹스는 광고길이, 위치, 그리고 크기 등을 결정하는 것을 말한다.

예를 들어 신제품을 시장에 출시하기 위하여 광고캠페인을 계획할 경우 먼저 TV매체를 선택한 후 그 다음 시간대(예를 들어 SA타임 등) 및 프로그램(예를 들어 서동요 등)을 선택하게 된다. 일단 프로그램이 선택되면 그 다음 길이(예를 들어 20초 혹은 30초) 및 위치(예를 들어 전CM 혹은 후CM)를 결정하게 된다. 따라서 매체선택과정은 매체유형(계층)의 선택, 매체비이클의 선택, 그리고 매체유닛의 선택의 3단계 과정을 거친다. 매체선택과정의 3단계는 다음과 같다.

미디어믹스 전략에서 매체기획자가 결정해야 할 첫 번째 과정은 매체의 선택이다. 즉, 현지에서 활용할 수 있는 광고매체들 가운데 어떠한 유형의 매체를 선택하며, 선택된 매체에 어느 정도의 비중을 줄 것인가를 결정하는 것이다.

매체와 비이클 선택의 기본 원칙은 최소의 비용으로 최대한 많은 수의 표적시장에게 도달할 수 있는 매체를 선택하는 것이다. 따라서 매체의 비용 대비 도달 효율성이 중요한 기준이 된다. 이러한 매체의 비용 대비 도달 효율성을 측정하는 개념으로 일반적으로 CPM과 CPRP가 사용된다. CPM(Cost−Per−Thousand)은 표적 오디언스 천명 당 광고비를 나타내며 CPRP(Cost−Per− Rating−Point)는 시청률 혹은 열독률 1%당 광고 비용을 말한다.

매체의 선택은 또한 광고목표에 부합되게 이루어져야 한다. 예를 들어 고관여/이성제품(예를 들어 가전제품 등)의 경우 제품의 차별화된 특성과 편익과 같은 제품정보를 바탕으로 태도가 형성되기 때문에 제품정보를 효율적으로 전달할 수 있는 신문, 잡지매체, 그리고 DM과 같은 인쇄매체가 효과적이다. 반면에 방송시간의 제약으로 광고메시지에 대한 정보처리시간이 충분히 주어지지 않은 TV와 라디

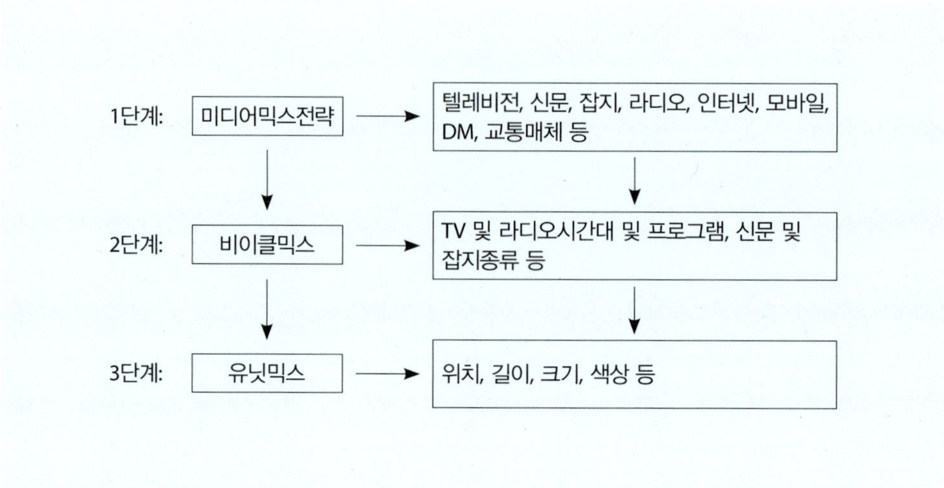

그림 6.2 매체선택의 3단계 과정

오 등의 매체는 덜 효율적이다.

고관여/감성제품(향수, 화장품 등)의 경우 브랜드이미지에 대한 소비자의 감정이입을 통하여 브랜드태도가 형성되기 때문에 이미지 및 색상표현의 한계가 있는 라디오와 신문을 제외한 모든 매체가 적합하다.

저관여/이성제품(가정용 청소용품 등)의 경우 주로 제품에 대한 습관적인 사용경험을 통하여 브랜드태도가 형성된다. 이러한 제품유형의 경우 저관여 상황에서 소비자의 광고정보처리가 비교적 짧은 시간 내에 이루어지기 때문에 제품의 판매소구점(sales point)을 비교적 간단하게 전달할 수 있는 모든 매체가 이용 가능하다.

저관여/감성제품(청량음료, 스낵 등 기호식품)의 경우 준거집단과의 사회적 관계 속에서 브랜드 사용으로 인한 자아만족과 사회적 승인에 의해 브랜드태도가 형성된다. 따라서 시각적인 표현을 통하여 또래집단의 유행, 규범, 그리고 가치관 등을 환기시킬 수 있는 TV와 인터넷매체가 적합하다. 그러나 이 제품유형은 구매주기가 비교적 짧은 경우가 많기 때문에 광고캠페인이 어느 정도 진행된 후에는 높은 빈도의 확보가 용이한 라디오도 효율적이다.

최근에 전 세계적으로 통합적 마케팅 커뮤니케이션(IMC)전략이 보편화됨으로서 확장된 미디어믹스전략에 대한 요구가 증가하고 있다. 특히 많은 다국적 기업들은 높은 비용이 필요한 매스 미디어 광고에만 의존하지 않고 PR, 브랜딩, 세일즈 프로모션, 이벤트, DM, 그리고 CRM활동 등을 통합적으로 수행할 수 있는

NMMC(Non Mass Media Communication)의 활용을 고려함으로서 과거 전통적 4대매체인 TV, 라디오, 신문, 잡지를 위주로 한 매체구성에서 진보된 형태인 전통적 매체와 뉴미디어를 결합한 크로스미디어(cross-media)와 같은 확장된 미디어 믹스를 활용한 전략이 활성화되고 있다.

이밖에 해외 현지의 로컬 미디어를 선택할 때 반드시 알아두어야 할 사항은 각 국가의 매체가용성(Media Availability)이다. 매체 가용성은 매체의 이용 가능성을 말한다. 만약 특정 국가에서 선택한 매체가 정부 통제 혹은 기타 규제로 인하여 상업 광고를 방영하거나 게재하지 못하게 된다면 매체 선택은 다시 원점에서 시작하게 된다. 따라서 각 국가별로 상업 광고를 방영하거나 게재할 시점에 어떤 매체가 광고 매체로서 이용가능한 지를 알아야 한다. 이러한 매체가용성은 특정 국가, 특정 요일, 특정 시간대뿐만 아니라 제품 유형에 따라서도 달라진다. 예를 들어, 사우디아라비아에서는 라디오 광고가 전혀 허용이 되지 않으며, 우리 나라에서는 맥주를 비롯한 술 광고가 저녁 11시 이후에 허용이 된다. 그리고 독일에서는 텔레비전 광고가 하루에 40분 정도밖에 허용이 되지 않으며, 일요일에는 텔레비전 광고가 일절 허용되지 않는다. 따라서 이러한 각 국의 매체가용성을 잘 이해하고 있어야 매체 선택 전략은 실패하지 않게 된다.

그러나 이러한 매체의 효율성 원칙과 매체가용성뿐 만 아니라 국제광고의 매체 믹스전략은 메시지의 지역화와 표준화 등의 전략적 요인의 영향을 많이 받는다. 예를 들어, 글로벌 기업이 지역적 특성에 관계없이 표준화된 상품과 광고로 표준화 전략을 구사한다면 전세계 소비자들에게 표준화된 메시지를 전달할 수 있는 광고 매체의 사용이 바람직하며, 반대로 글로벌 기업이 현지 소비자의 특성에 맞는 지역화 전략을 구사하여 각각의 지역적 특성에 맞는 차별화된 통합적 마케팅 커뮤니케이션 및 광고 활동을 전개한다면 이에 맞는 다양한 매체들을 선택하여야 할 것이다.

매체를 선택한 다음 선택된 매체유형들 내에 어떤 비이클(Vehicle)과 유닛(Unit)을 선택할 것인가를 결정해야 한다. 예를 들어 TV매체의 경우 어떤 프로그램에, 신문매체의 경우 어떤 신문에 광고를 방영 혹은 게재할 것인가에 관한 세부적인 전술을 결정하게 된다.

이러한 매체선택 과정이 끝나면 그 다음 단계는 선택된 각각의 매체에 어느 정도의 비중을 부여할 것인가를 결정하게 된다. 미디어믹스 과정에서 각 매체간 비중의 결정은 매체의 중요도에 따라 다르다. 일반적으로 인쇄매체의 비중이 타 매체들 보다 높으나 지역에 따라서 편차가 심하다. 예를 들어, 우리나라를 비롯하여 미국, 서유럽 국가들 등 대부분의 선진국들에서는 방송매체보다 인쇄매체의 점유율이 더 높다. 반면에 문맹률이 높은 일부 후진국가들이나 일부 개발도상국가들은 문자해독력이 낮기 때문에 인쇄매체보다 방송매체의 비중이 더 높다. 일단 매체간 미디어믹스 비중이 결정되면 이러한 미디어믹스 비중은 매체 스케줄링 전략에 따라서 반기별, 분기별, 그리고 월별로 더욱 세분화된다.

6_5-3 매체스케줄링전략

매체목표를 설정하고 미디어믹스가 끝나면 그 다음 단계는 집행시기를 결정하게 된다. 광고 캠페인은 일회성에 그치는 것이 아니고 보통 일 년이라는 기간을 기본 단위로 하여 일년내내 지속적으로 계획되고 실행된다. 매체스케줄링은 광고캠페인 기간동안 광고예산을 언제, 어떻게 배분하면 광고캠페인의 목표를 효과적이고 효율적으로 달성할 수 있을 것인가에 대해 답하는 과정이다. 구체적으로 매체스케줄링은 월별 광고예산의 배분량(media weight) 및 배분시점(timing)이 광고캠페인 기간동안 매월 혹은 매주 일정하지 않고 얼마나 변화하는가를 말한다. 따라서 매체스케줄링은 광고예산의 배분량(weight) 및 배분시점(timing)이 캠페인 기간동안 매월 일정하지 않고 얼마나 변화하는가를 나타낸다.

현실적으로 광고 예산의 제약 때문에 광고주가 원하는 만큼의 충분한 노출량을 광고캠페인 기간동안 지속적으로 유지하기는 어렵다. 제한된 예산으로 경쟁자들을 제압하고 광고목표를 성공적으로 달성하기 위하여 광고예산을 캠페인 기간동안 효율적으로 배분하는 것은 매우 중요하다. 따라서 광고예산을 광고캠페인 기간동안 얼마나 효율적으로 배분하는가에 따라 광고 캠페인이 성공은 많은 영향을 받는다. 매체스케줄링이 필요한 몇 가지 이유는 다음과 같다.

매체스케줄링전략은 글로벌 매체환경의 영향을 적게 받는다. 매체스케줄링의 결정 시 고려해야할 요인들은 판매의 계절성(seasonality)이다. 판매의 계절성은 봄, 여름, 가을, 겨울, 혹은 졸업, 입학 시즌과 같이 판매의 계절적 요인이 존재하는 것을 말한다. 대부분의 제품들은 성수기와 비수기 등 판매의 계절성이 있거나 성수기라도 특히 제품이 많이 팔리는 달이 있는 등 계절적 요인에 의해서 상품의 수요가 캠페인 기간동안 불규칙하게 나타난다.

예를 들어 청량음료와 같은 상품은 여름에 많이 팔리며, 의류 및 학용품은 졸업 및 입학시즌에 많이 팔린다. 따라서 특정 시기 혹은 계절에 따라 판매패턴이 다르다는 것은 스케줄링이 달라야 한다는 것을 말한다. 일반적으로 제품이 많이 팔리는 성수기에는 광고예산을 많이 배분하며, 그렇지 않은 비수기에는 광고예산을 적게 배분한다.

매체스케줄링에 영향을 미치는 두 번째 요인은 예산의 제약이다. 대부분의 국제광고 캠페인은 현실적으로 광고예산의 제약 때문에 광고주가 원하는 만큼의 충분한 노출량을 캠페인 기간동안 지속적으로 유지하기는 어렵다. 따라서 모든 광고주들이 공통적으로 가지고 있는 광고예산 제약의 문제를 극복하고 광고캠페인이 의도하는 목표를 효과적으로 달성하기 위하여 광고예산을 광고캠페인 기간동안 얼마나 효율적으로 배분하는가 하는 것은 매우 중요하다.

매체스케줄링에 영향을 미치는 또 하나의 요인은 소비자의 기억과 망각(remembering and forgetting)이다. 모든 광고는 시간이 지나면서 소비자의 기억에서 소멸된다. 문제는 언제쯤 그것이 사라지고 어느 정도 소비자의 기억 속에 남아있느냐이다. 따라서 추가적인 광고노출 없이 기억된 광고내용이 어느 정도의 기간동안 유지될 것인가에 대한 해답이 광고 스케줄링을 해결하는 열쇠이다.

광고에 따른 소비자반응은 광고를 증가시킬 때와 감소시킬 때의 효과가 대칭적이 아니다. 사실상 광고의 증가에 대한 소비자 반응은 기본적으로 학습 반응이며, 감소에 따른 반응은 망각 반응이라 할 수 있다. 보통 학습반응은 내용이 반복됨에 따라 증가되는 양이 시간에 따라 체감하는 형태를 가지며, 망각반응은 시간이 경과함에 따라 체증하는 형태를 갖는 것으로 받아들여지고 있다. 따라서 광고의 증감을 통해 학습과 망각의 행동을 조심스럽게 조절할 수 있다면 광고효과가 극대화될 수 있다는 것을 예상할 수 있다. 가령, 소비자들이 광고내용을 쉽게 잊어버리는 경우라면 계속적으로 광고에 노출될 수 있도록 하는 지속형 스케줄링이 효과적일 것이며, 반대로 한 번 기억한 광고내용이 오랫동안 기억된다면 소비자 기억률에 따른 플라잇형 스케줄링이 적당하다고 할 수 있다.

매체스케줄링의 유형은 광고예산의 배분량(weight)과 배분시점(timing)의 차이에 따라 크게 지속형(continuous), 펄싱형(pulsing), 플라잇형(flighting), 그리고 집중형(Blitzing)의 네 가지 기본적인 유형으로 구분된다. 〈표 6.8〉에서 보여지듯이 광고예산의 배분량이 클수록 Non-evenly 스케줄링, 작을수록 Evenly 스케줄링으로 분류할 수 있으며, 타이밍의 변동이 클수록 Flight 스케줄링, 작을수록 Non-flight 스케줄링으로 분류할 수 있다. 즉, 광고예산의 배분량(media weight)과 배분시점(timing)의 변동이 크면 클수록 플라잇형 스케줄링에 가까운 반면에 광고예산의 배분량과 배분시점의 변동이 작으면 작을수록 지속형 스케줄링에 가깝다. 따라서 이들을 조합하면 매체스케줄링의 유형은 크게 다음의 네 가지 유형으로 나타난다.

지속형 스케줄링(continuous scheduling)은 캠페인 기간동안 일정수준의 광고량을 지속적으로 유지하는 것을 말한다. 즉, 지속형 스케줄링은 매월 일정한 비율의 광고량을 계획된 광고캠페인 기간동안 지속적으로 투입하는 것을 말한다. 아래의 표에서 보여지듯이 두통약 브랜드 XX가 일년의 광고캠페인 기간 동안 총 1,200GRPs를 매월 100GRPs씩 12개월에 걸쳐 동일하게 배분한다면 지속형 스케줄링이라고 할 수 있다. 지속형 스케줄링은 일반적으로 매출이 광고캠페인 기간동안 일정비율로 꾸준하게 판매되는 경우에 바람직하다.

지속형 스케줄링의 장점은 소비자의 기억을 일정하게 유지하는 것이며, 광고의 판매 탄력성이 높은 성장기의 제품에 효과적이다. 그러나 지속형 스케줄링의 단점으로는 과다노출로 인한 감퇴효과(wearout effects)가 발생할 가능성이 크며 반복노출에 따른 주의집중감소와 높은 광고비용을 들 수 있다.

펄싱형 스케줄링(Pulsing scheduling)은 지속형 스케줄링과 플라잇형 스케줄링의 중간 형태로서 광고캠페인 기간 동안 광고는 지속적으로 유지하면서 광고예산의 배분을 시장 판매상황에 맞추어 탄력적(혹은 불규칙적)으로 집행하는 것

표 6.8 매체스케줄링의 유형

구분	광고예산의 배분량이 많음(Non-evenly)	광고예산의 배분량이 적음(Evenly)
타이밍의 변동이 높음(Flight)	Non-evenly 플라잇형(Flight)	Evenly 플라잇형(Flight)
타이밍의 변동이 낮음(Non-flight)	펄싱형(Pulsing)	지속형(Continuous)

을 말한다. 예를 들어 (표 6.10)에서 보여지듯이 일년 광고캠페인 기간동안 총 1,200GRPs의 광고량을 마케팅 상황에 따라 탄력적으로 배분한다면 펄싱형 스케줄링이라고 할 수 있다.

펄싱형 스케줄링이 플라잇형 스케줄링과 다른 점은 광고를 전혀 하지 않는 기간에도 최소한의 광고량은 유지해 나가는 패턴이다. 펄싱형 스케줄링은 제품판매량이 계절적 요인에 의하여 불규칙적으로 나타나는 경우나 경쟁자 광고에 적극적으로 대응하여야 하는 경우에 많이 사용한다.

펄싱형 스케줄링의 장점은 비용 효율성이 좋고, 표적시장의 구매주기와 일치시킬 수가 있으며, 경쟁자의 광고전략에 유연하게 대응이 가능하다는 점을 들 수 있다. 반면에 펄싱형 스케줄링의 단점은 경쟁자의 스케줄링전략에 큰 영향을 받으며, 매체와 광고시간 선정의 어려움을 들 수 있다.

플라잇형 스케줄링(Flighting scheduling)은 광고예산과 노력을 시차를 두고 집행하는 스케줄링전략이다. 즉, 펄싱형 스케줄링과 다른 점은 플라잇형 스케줄링은 광고캠페인 기간동안 매월 광고를 지속적으로 유지하지 않고 광고를 하지 않는 휴지기가 존재한다는 것이다. 예를 들어 아래의 표에서 나타나듯이 일년이 광고캠페인 기간동안 총 1,200GRPs를 짧게는 1개월, 길게는 3개월의 간격을 두고 광고를 집행한다면 플라잇형 스케줄링이라고 할 수 있다.

플라잇형 스케줄링은 광고예산의 제약 등으로 광고를 지속적으로 하지 못할 경우 많이 사용한다. 플라잇형 스케줄링의 장점은 비용 효율성이 가장 높고, 경쟁사에 유연한 대응이 가능하다는 점을 들 수 있다.

반면에 플라잇형 스케줄링을 선택할 경우 주의해야할 점은 광고를 하지 않는 동안 발생하는 광고효과의 소멸 및 경쟁자 간섭현상이다. 예를 들어 광고를 하지 않는 동안 표적수용자의 관심 및 기억에서 멀어지게 되고, 광고를 하지 않는 기간이 길어지게 되면 광고의 효과가 소멸될 뿐 만 아니라 경쟁자 광고가 표적수용자의 마음속에 침투하여 마음점유율(mind share)을 증대하게 된다. 이러한 이유로

표 6.9 두통약 브랜드 XX의 연속형 스케줄링(총 1,200GRP)

월별	1월	2월	3월	4월	5월	6월	7월	8월	9월	10월	11월	12월
GRP수준	100	100	100	100	100	100	100	100	100	100	100	100

표 6.10 두통약 브랜드 XX의 펄싱형 스케줄링(총 1,200GRP)

월별	1월	2월	3월	4월	5월	6월	7월	8월	9월	10월	11월	12월
GRP수준	200	200	150	50	50	50	50	50	50	50	150	150

표 6.11 두통약 브랜드 XX의 플라잇형 스케줄링(총 1,200GRP)

월별	1월	2월	3월	4월	5월	6월	7월	8월	9월	10월	11월	12월
GRP수준	300	--	300	--	--	--	300	--	--	--	300	--

표 6.12 두통약 브랜드 XX의 집중형 스케줄링(총 1,200GRP)

월별	1월	2월	3월	4월	5월	6월	7월	8월	9월	10월	11월	12월
GRP수준	--	--	--	--	--	--	600	600	--	--	--	--

플라잇형 스케줄링은 광고 예산이 매우 제한적일 경우, 시장에서의 브랜드 포지셔닝이 확고할 경우, 광고의 누적효과가 클 경우(표적시장의 인식수준이 높을 경우), 혹은 광고를 줄여도 매출에 큰 장애가 되지 않는 경우에 많이 활용한다.

집중형 스케줄링(blitzing scheduling)은 광고예산 및 노력을 특정 시점에 집중하는 것을 말한다. 이 전략은 계절적 요인의 영향을 많이 받는 제품, 예를 들어 에어컨 같이 특정 시기에만 판매되는 제품의 경우에 사용된다. 또한 신제품을 시장에 출시할 경우 소비자의 인식수준을 단기간에 끌어올릴 필요가 있을 때 초기에 집중형 전략을 채택할 수 있다. 아래의 표에서 보여지듯이 일년의 광고캠페인 기간동안 총 1,200GRPs를 제품 판매성수기인 7월과 8월에 집중해서 배분한다면 집중형 스케줄링전략이라고 할 수 있다.

생각해 볼 문제

1. 국제광고캠페인에서 매체기획의 역할은 무엇인가?
2. 국제광고의 매체기획은 어떤 매체의사결정과정들을 포함하는가?
3. 국제광고의 매체기획 업무 프로세서 및 매체대행사의 역할은 무엇인가?
4. 다국적 광고대행사 계열 매체대행사의 국내시장 진출현황은 어떠한가?
5. 국제광고의 매체기획에서 광고주가 통제할 수 없는 제약요소들에는 어떤 것들이 있는가?

참고문헌

Jain, Subhash C.(2001), International marketing management(6th ed), OH: South Western College Pub, p. 386.

한국광고단체연합회(2002). 2002 서울 국제광고세미나. 20쪽.

Mooij, Marieke De(1994), Advertising worldwide(2ed.), New York: Prentice Hall, p. 283.

INTERNATIONAL ADVERTISING

Chapter 7

국제광고와 뉴미디어

7_1 글로벌 매체환경의 변화
7_2 인터넷광고
7_3 모바일광고
7_4 소셜미디어광고

7_1 글로벌 매체환경의 변화

최근 몇 년 동안 TV는 케이블과 위성방송으로 분화되고, 디지털 기술을 기반으로 한 인터넷, 모바일, 그리고 소셜미디어와 같은 뉴미디어들이 폭발적으로 성장함에 따라서 글로벌 광고 시장의 매체환경은 급변하고 있다. 즉, 글로벌 광고시장에서 대중매체 중심의 광고시장의 규모는 지속적으로 감소하는 반면에 인터넷, 모바일, 그리고 소셜미디어와 같은 뉴미디어 기반의 광고시장이 지속적으로 성장하고 있다.

전 세계적으로 뉴미디어 광고시장이 지속적으로 성장하는 주된 이유는 인터넷, 모바일, 그리고 소셜미디어 이용자 수의 폭발적 증가와 이로 인한 소비자 매체접촉 행태가 변화하기 때문이다. 즉, 전 세계적으로 인터넷, 모바일, 그리고 소셜미디어의 대중화로 뉴미디어의 이용자 수가 급속도로 증가하고, 소비자들의 대중매체에서 뉴미디어로의 매체 간 이동이 심화됨으로서 소비자의 브랜드 접촉점이 다양화되고 이에 따라 대중매체만으로 효율적으로 소비자에게 도달하게 어렵게 되어가고 있다.

특히 디지털 기술을 기반으로 한 뉴미디어는 전통매체와 달리 정보의 송 · 수신이 쌍방향으로 흐르는 '상호작용성(interactivity)'의 특성을 지니게 됨에 따라 광고주가 소비자에게 일방적으로 광고메시지를 전달하는 것이 아니라 소비자가 요구하는 방식과 채널을 통하여 개별적인 메시지가 전달되고 공유되는 상호적인 관계를 가능하게 하고 있다.

이러한 뉴미디어의 상호작용적 특성으로 인한 커뮤니케이션 패러다임의 근본적인 변화는 소비자 정보처리과정의 변화와 맞물려 새로운 미디어믹스전략을 요구하고 있다. 즉, 뉴미디어에 익숙한 소비자들은 TV광고에 노출된 후 뉴미디어를 통하여 관련 정보를 검색하거나, 브랜드와의 접촉을 통하여 경험적 참여를 원하거나, 능동적으로 정보처리를 하려는 동기를 갖고 있다. 따라서 소비자 정보처리과정도 기존의 전통적 커뮤니케이션효과 위계모델인 AIDMA(Attention → Interest → Desire → Memory → Action)모델에서 AISAS (Attention → Interest → Search → Action → Share) 혹은 AIMSCAS(Attention → Interest → Memory → Search → Compare → Action → Share) 형태로 변화되고 있다.

예를 들어 전통적인 커뮤니케이션효과 모델인 AIDMA모델은 광고메시지에 노출된 후 관심과 욕망이 생기면 기억했다가 행동을 취하는 과정인데 비하여 AISAS 모델은 광고에 노출 후 관심이 생기면 인터넷검색을 통하여 정보를 수집하고 행동을 취하게 되는데 행동을 취한 후 혼자 만족하고 기억하는 것이 아니라 블로그나 미니홈피를 통해서 브랜드접촉 경험을 댓글과 트랙백을 통하여 공유하는 패턴으로 메시지에 반응한다는 것이다.

이러한 소비자 정보처리과정의 변화로 원하지 않은 정보에 수동적인 노출을 통하여 광고효과를 기대하는 대중매체만으로는 광고캠페인을 효과적으로 수행하기에 한계가 있다. 따라서 과거 전통적 4대매체인 TV, 라디오, 신문, 잡지를 위주로 한 매체구성에서 진보된 형태인 전통적 매체와 뉴미디어를 결합한 크로스미디어(cross-media)와 같은 확장된 미디어믹스를 활용한 전략이 도입, 실행되고 있다.

전통적인 매체기획과정은 얼마의 예산으로(how much), 누구에서(who), 언제(when), 얼마나 지속적으로(How long), 어디에(where), 어떤 매체에(which media), 얼마나 효율적으로 광고메시지를 노출시킬 것인가를 포함된다. 구체적으로 전체 광고비 중에 방송광고에 투입될 광고예산의 비중을 결정하고, 정해진 방송광고예산의 범위 내에서 광고가 방영될 프로그램과 시간대를 선택하고, 광고가 방영될 시점과 집행기간 등의 광고스케줄을 기획하는 것을 포함한다.

즉, 전통적인 대중매체는 광고 시간 및 지면의 제약, 혹은 커뮤니케이션의 일방향성 등으로 고객 개개인에게 맞춤형 광고메시지를 전달하거나, 쿠폰광고, 프로모션 광고, 그리고 이벤트성 광고 등 다양한 직접마케팅 수단들을 구사하여 고객으로부터 직접적인 반응을 촉구하는 데에는 한계가 있었다. 그러나 뉴미디어는 고객 데이터베이스에 기반하여 고객 데이터베이스에 저장된 고객의 프로파일을 분석하여 표적시장을 선별하여 고객 개개인에게 맞춤형 광고메시지를 전달할 수 있으며, 쿠폰광고, 프로모션 광고, 그리고 이벤트성 광고, 인터넷 PPL 등 다양한 통합적 마케팅 커뮤니케이션 수단들을 구사하여 고객으로부터 직접적인 반응을 촉구할 수 있다.

요약하면 뉴미디어는 송신자에서 수신자로 이어지는 단선적인 커뮤니케이션에서 벗어나 소비자와의 상호작용적 커뮤니케이션이 가능한 매체환경을 조성할 것으로 기대되며, 뉴미디어 매체환경에서는 광고매체는 단순한 노출 중심의 광고에서 벗어나서 통합적 마케팅 커뮤니케이션(Integrated Marketing Communication)을 구현하는 채널로 확장될 것으로 기대된다.

7_2 인터넷광고

7_2-1 글로벌 인터넷광고의 현황

제니스옵티미디어(ZenithOptimedia)가 매년 집계하는 전 세계 광고비 규모를 살펴본 결과 글로벌 광고시장에서 인터넷광고가 2013년 기준 전체 광고비의 23.4%를 점유하고 있는 것으로 나타났으며, 2015년까지 전 세계적으로 인터넷광고가 차지하는 비중이 25%로 높아질 것으로 전망된다. 반면에 2011년 이래 2015년까지 전체 광고비 규모가 정체된 가운데 전통적인 4대 매체가 차지하는 비중은 지속적으로 감소할 것으로 전망된다. 지역별로 살펴보면 인터넷 인프라가 잘 갖추어진 북미지역의 인터넷광고비의 점유율이 20%로 가장 높은 것으로 나타난 반면에 인터넷 인프라가 가장 낙후된 중동과 북아프리카 지역의 인터넷광고비 비중이 13%로 가장 적은 것으로 나타났다.

전 세계적으로 인터넷광고 시장이 지속적으로 성장하고 전통적인 4대 매체가 차지하는 광고비 비중이 지속적으로 감소하는 주된 이유는 인터넷 이용자의 수가 지속적으로 증가하고, 대중매체에서 인터넷 매체로의 수용자들의 매체 간 이동이 심화되기 때문이다.

인터넷광고의 포맷 혹은 유형별로 살펴본 결과 전체 인터넷광고비 중에서 검색광고가 차지하는 비중이 가장 큰 것으로 나타난 반면에 분류광고가 차지하는 비중은 가장 적은 것으로 나타났다.

인터넷광고의 장점은 대중매체에 비해 상대적으로 세분화된 타깃에게 저렴한 비용으로 맞춤형 메시지를 전달할 수 있기 때문이다. 또한 인터넷광고는 디스플레이광고, 검색광고, 이메일광고, PPL 등 종류가 다양하여 브랜드이미지 제고 뿐 만 아니라 세일즈 프로모션, 이벤트, 샘플링, MPR(Marketing PR), 쿠폰광고, PPL, 그리고 고객관계관리(customer relationship management) 등을 포함한 통합적 마케팅커뮤니케이션(integrated marketing communication)전략을 구사할 수 있게 해준다.

다국적 기업들이 글로벌 시장에서 활용할 수 있는 인터넷광고의 종류는 디스플레이광고, 검색광고, 분류광고, 그리고 이메일광고 등이 있다. 이 가운데 검색광고가 전체 인터넷광고비의 46.5%로 가장 많은 비중을 차지하고 있는 것으로 나타났으며, 그 다음 디스플레이광고 40.5%, 분류광고 13.1%의 순으로 많은 비중을 차지하고 있는 것으로 나타났다. 인터넷이 발달한 미국의 경우 2013년 기준 검색광고 시장이 13억 달러로 전체 온라인 광고시장의 45.8%를 차지하고 있는 것으로 나타났으며, 그 다음 배너광고(24.1%), 비디오(10.2%), 분류광고(8.9%), 리치미디어(4.2%), 리드 제너레이션(3.6%), 스폰서십(2.9%), 그리고 이메일광고(0.4%)의 순으로 나타났다.

표 7.1 인터넷광고 유형별 점유율 (단위: 백만 달러)

	2011	2012	2013	2014	2015
디스플레이광고	2933	34,581	41,064	47,693	57,043
분류광고	12,018	12,695	13,331	13,695	14,378
검색광고	35,935	41,333	47,011	54,674	61,120
전체	76,987	88,609	101,406	116,062	132,541

출처: ZenithOptimedia(2013). Advertising expenditure forecasts, June

7_2-2 인터넷광고의 유형 및 효과

7_2-2-1 디스플레이광고(display ad)

디스플레이광고는 이용자의 의도와는 상관없이 웹사이트 상 또는 페이지의 이동시에 자동적으로 돌출되는 광고를 말한다. 즉 수동적인 이용자를 능동적으로 변환시켜 광고메시지로 끌어들이기 위한 수단이라고 할 수 있다.

디스플레이광고에는 배너(banner), 리치미디어(rich media), 그리고 비디오광고(video ad) 등이 포함된다. 배너광고는 웹사이트 상에 흔히 배너 또는 띠라고 불리는 직사각형 모양으로 제공하는 광고를 말한다. 검색광고와 함께 현재 가장 많이 사용되는 인터넷광고의 형태로서 배너, 즉 사이트의 특정한 부분에 위치하는 일정한 규격의 사각형의 틀 안에 광고제품이나 기업에 대한 간략한 설명이나 특징, 또는 광고표현물을 담아서 사용자에게 노출하는 광고이다.

배너광고를 클릭하게 되면 광고주의 웹페이지로 연결될 수 있도록 링크되어 있다. 배너 클릭을 통하여 웹페이지에 접속하게 되면 보다 더 자세한 제품정보를 얻게 되거나, 이벤트나 프로모션에 참여하게 되어 보다 더 큰 광고효과를 기대할 수 있다. 따라서 수용자들이 푸쉬형 광고인 배너에 노출된 후 자발적으로 클릭을 통하여 풀형광고인 웹 사이트에 접속하지 않으면 기대한 만큼의 효과가 발생하지 않는다.

리치미디어란 단순한 텍스트나 그래픽을 넘어서 강렬한 색감으로 움직이는 애니메이션, 자극적이고 매력적인 사운드, 화려한 동영상 등 다양한 도구를 활용하여 상호작용을 가능하게 함으로써 메시지를 좀더 "풍부하게" 전달하는 매체를 일컫는다. 리치미디어는 인터랙티브 배너에 이미지, 그래픽, 사운드, 동화상 구현이 가능하도록 추가 기능을 사용하여 이용자와의 상호작용을 적극 유발하고자 개발된 광고형태이다. 리치미디어광고의 대표적인 형태로 플로팅광고(floating ad)를 들 수 있다. 플로팅광고는 리치미디어 기술을 활용한 광고의 일종으로 웹페이지 위를 떠다니는 광고를 말한다. 일반적으로 플로팅광고는 잠시 떠다니다가 이용자의 주목을 끈 뒤 사라져서 우측 상단에 작은 아이콘 형태로 남는다. 비디오광고는 웹 사이트 화면에 동영상 형태로 구현되는 광고로서 브랜드인지도를 제고하는 효과가 큰 것으로 알려져 있다.

인터넷광고의 효과는 크게 임프레션(impression), CTR(Click Through Rate, 클릭완성률), 리드제너레이션(lead generation, 잠재고객생성효과)으로 구분할 수 있다. 배너광고의 경우 CTR이 매우 중요한 광고효과의 지표로 사용되고 있으나, 최근에 CTR(click through rate)이 발생하지 않아도 배너 자체만으로도 주목효과가 발생한다는 연구결과가 보고되고 있어 배너광고의 효과에 대한 인식이 바뀌고 있다. 따라서 링크 교환과 마찬가지로 배너광고를 게재할 매체(사이트)의 선택이 중요하다고 할 수 있다.

7_2-2-2 검색광고(keyword ad)

흔히 키워드광고라고도 불리는 검색광고는 기업이나 제품 정보를 능동적으로 찾는 사용자를 위해 검색 엔진에 홈페이지 등록내용을 추가하여 이용자가 야후, 네이버와 같은 검색엔진을 통하여 요청한 검색결과에 따라 결과 페이지에 배너광고나 각종 링크형태의 광고를 자동노출하는 형태의 광고이다. 이용자가 검색창에 찾고자 하는 검색어를 입력했을 때 그와 관련된 광고를 보여주거나 해당 사이트를 보여주는 것이다.

검색엔진은 검색어의 키워드 및 디렉토리(카테고리) 내에서 관련 제품 및 서비스의 주소(링크)를 제공한다. 사용자는 검색엔진이 찾아낸 링크 중 검색필요가 있다고 판단되면 클릭하여 해당 홈페이지로 넘어갈 수 있다. 검색엔진에 등록하는 것은 거의가 무료인데 최적화를 위한 비용이 발생하기도 한다. 특정 제품이나 관심을 가진 사람에게만 광고가 노출된다는 점에서 불특정 다수를 상대하는 기존의 배너광고보다 타깃성이 뛰어난 장점이 있다.

검색광고는 전체 인터넷광고 시장에서 가장 큰 비중을 차지하고 있다. 검색광고는 제품을 구매할 준비가 되어 있는 잠재고객들에게 기존 매체를 통하여 기대하기 어려운 제품에 대한 능동적인 정보수집과 탐색의 기회를 제공하여 소비자의 구매결정을 도와주고 제품구매로까지 연결시키는 효과를 발휘한다.

검색광고의 광고비 측정방식은 크게 CPC와 CPM의 두 가지로 나눌 수 있다. CPC(Cost Per Click, 클릭당 과금) 광고방식은 이용자가 검색 후 클릭하여 광고주의 사이트를 방문해야만 광고비가 산출되는 것으로 국내에서는 오버추어코리아가 이 방식을 채택하고 있고, 최근에 네이버, 다음과 같은 포털사이트들도 CPC방식을 선호하고 있지만 CPM(Cost Per Mile, 정액제) 방식도 혼합하여 사용하고 있다.

CPM 방식은 일정 기간 동안에 진행하는 광고에 대해 고정금액을 정액제로 지정한 후에 그 금액만큼만 노출하고 클릭과는 상관없이 진행되는 광고방식이다.

7_2-2-3 이메일광고

이메일광고는 이름과 같이 이메일사용자를 대상으로 광고메시지를 이용자의 이메일 박스에 전달하는 광고이다. HTML문서, 이미지, 소리, 동영상 등 다양한 멀티미디어기술을 활용한 다양한 형태의 메시지를 개인의 이메일을 통하여 전달하는 광고이다. 이메일광고는 개인에게 DM(direct mail)의 형식으로 메시지를 보낼 수도 있고, 비개인화된 전체수용자를 대상으로 같은 메시지를 동시에 전달하는 방법도 있다.

이메일은 전 세계 대부분의 소비자가 사용하는 커뮤니케이션 도구로서 미국의 경우 이메일 사용자수가 전체 인터넷 이용자의 80%를 넘는 수준이며 특히 이용자의 거의 반수가 매일 이메일을 사용하고 있으며, 또한 미국소비자들은 일주일 평균 360개의 이메일을 받는 것으로 조사되었다.

기업들은 이메일을 이용하여 브랜드 및 기업 정보, 소비자의 필요에 맞는 구매 정보를 제공할 수 있으며 이벤트, 할인행사, 신제품 등에 관한 다양한 정보 등을 제공함으로서 소비자와의 친밀한 관계를 형성, 유지하고 나아가 브랜드충성도를 높일 수 있다.

이메일광고는 크게 스팸메일, 옵트인, 옵트아웃메일로 구분할 수 있다. 기본적으로 스팸메일은 수신자의 허락 없이 일방적으로 발송되는 메시지인 반면 스팸메일의 단점인 '정크메시지'의 이미지를 개선하기 위하여 이용자의 수신허가를 전제로 한 새로운 형태의 이메일광고가 등장하였다. 옵트인 메시지는 수신동의한 수신자들에게만 메일을 발송하는 형태이며 옵트아웃 메시지는 최초메일은 동의 없이 보내지만 수신거부 여부를 확인하여 재발송하는 광고형태를 말한다. 다양한 기술의 등장에 따라 고객의 허락을 받고 이메일을 보내는 옵트인 메일로 비중이 확대되고 있다. 또한 메시지도 문자 중심에서 그래픽과 동영상을 첨부한 멀티미디어 형태로 발전하고 있다.

이메일광고를 활용함으로써 얻을 수 있는 마케팅효과는 신규고객의 확보, 매출증대, 그리고 기존고객유지 및 관리를 들 수 있다. 이메일광고는 메일서비스, 뉴스그룹, 메일링리스트, 또는 타기업의 뉴스레터를 통하여 잠재고객 명단을 확보하여 메시지를 전달함으로써 새로운 고객을 확보할 수 있다. 둘째, 이메일을 통하여 카탈로그, 신상품소개서, 경품행사안내, 세일안내를 통하여 직접판매를 이끌어낼 수 있다. 이와 함께 기존 고객에 대한 서비스 및 관리에 이용할 수 있다. 거래과정에서 주문확인, 거래확인, 계좌확인, 배송확인 등에 이용함으로써 신뢰를 얻을 수 있고, 고객들에게 주기적으로 뉴스레터로 발송하여 재구매를 유도할 수 있으며, 고객의 문의사항을 접수하여 처리할 수 있다. 다양한 서비스를 제공함으로써 기업이나 제품브랜드에 대한 신뢰를 구축하여 장기적으로 브랜드자산의 축적에 도움을 줄 수 있다.

그러나 이러한 장점에도 불구하고 대부분의 광고성 이메일메시지는 흔히 스팸메시지로 인식되어 바로 삭제되는 경우가 많고 너무 많은 이메일 광고메시지가 전달되는 데에 따른 이용자의 거부감 등은 극복해야 할 문제이다.

좋은 이메일광고는 고객과의 양방향 커뮤니케이션을 달성할 수 있는 광고라고 할 수 있다. 고객데이터베이스와 과거 구매행태나 정보처리 행위에 대한 자료를 바탕으로 고객에게 특화된 이메일을 발송하는 것이 이메일광고 성공의 열쇠라고 할 수 있다(이시훈 외, 2007). 고객 개개인의 욕구에 맞춰진 특별한 인센티브 프로모션과 제품추천을 통하여 반복구매를 유발함으로서 궁극적으로 고객 충성도와 관계향상에 기여해야 할 것이다.

표 7.2 이메일광고의 유형별 장, 단점

	스팸메일	옵트아웃(opt-out)메일	옵트인(opt-in)메일
장점	대량발송가능 비용대비 효과 수신자의 거부기능 없음	묵시적 동의 수신거부의 어려움 고객유치 용이	명시적 동의 수신거부의 자유 충성도 높음
단점	사기성, 통제불가능 혼잡성 발신자 불명확	스팸과 유사한 효과 충성도 낮음	고객유치의 어려움

7_2-2-4 UCC광고

UCC(User Created Contents)는 사용자가(User) 직접 창작해낸(Created) 콘텐츠(Contents)를 의미한다. UCC는 인터넷 사업자나 콘텐츠 공급자가 아닌 일반 사용자들이 직접 만들어 유통하는 콘텐츠로서의 의미를 갖고 있으나, 점차 상업적 목적으로 사용되고 있다.

기업들은 네티즌들에게 인기 있는 UCC콘텐츠 앞뒤에 광고를 하는 방법 이외에 공모전 등을 통하여 소비자들을 직접 광고제작에 참여시키거나, PPL의 형태로 UCC를 직접 제작하기도 한다. 기업들이 상업적 목적으로 광고를 제작할 경우 소비자의 참여를 이끌어 내기 위하여 소비자가 직접 제작한 광고처럼 위장하거나 리얼리티, 유머, 익살, 해학 등 흥미를 불러일으킬 수 있는 요소들을 가미하여 유저들의 관심을 유도한다.

UCC 동영상광고는 주로 우리 자신과 주변의 이야기를 소재로 하기 때문에 이용자의 높은 공감대를 이끌어 낼 수 있으며, 이용자들의 자발적인 참여로 인하여 메시지에 대한 거부감이 적기 때문에 이용자들의 메시지 몰입도가 타 매체에 비해 높다고 할 수 있다. 광고주들은 UCC를 통해 단발성 이벤트 뿐 만 아니라 자사 홈페이지 내에 코너를 만들어 제작된 UCC콘텐츠를 노출시킴으로서 기존의 홈페이지 방문자에게도 볼거리를 제공하고 그로 인해 방문자를 늘릴 수 있다. 따라서 광고의 효과가 일반 인터넷 배너광고에 비해서 상대적으로 크다고 할 수 있다.

특히 UCC 동영상광고는 제품을 직접 광고소재로 사용하거나 UCC 동영상에 자사 제품을 PPL(Product Placement) 형태로 간접적으로 노출시킴으로써 브랜드에 대한 인지도증대 뿐 아니라 이미지 제고에 효과적이다. 또한 UCC 동영상광고를 보고난 후 화면을 클릭하면 광고주 홈페이지나 프로모션 페이지로 곧바로 이동하여 구매로 연결할 수도 있다. 이러한 UCC만의 장점으로 인하여 UCC 동영상광고는 기업들의 광고 수단으로 각광받고 있다.

7_2-2-5 온라인 네트워크광고

뉴스 사이트, 동영상 사이트, 그리고 이메일 사이트 등 유사한 광고 인벤토리를 패키지 형태로 묶어서 CPC 기준으로 저렴하게 판매하는 광고이다. 이 광고상품은 매체력이 약한 사이트들이 강력한 광고매체력을 자랑하는 네이버 등의 포털에 대항하기 위하여 만든 패키지 상품이며, 광고주들은 광고비를 한번 만 내면 모든 네트워크 사이트에 광고를 게재할 수 있기 때문에 미디어 커버리지를 높일 수 있는 장점이 있다.

7_2-2-6 인터넷 PPL

흔히 영화나 드라마 안에서 특정 제품이나 브랜드가 간접적으로 노출되는 것을 간접광고 또는 PPL(product placement)이라고 하는데 인터넷 PPL광고의 대표적 형태는 게임광고이다. 게임 속의 PPL이란 영화, 드라마의 PPL과 유사한 방식으로 게임 내의 벽, 전광판, 매장, 표지판, 그리고 각종 아이템 등 게임 속의 다양한 영역에 광고나 제품을 게재하는 것을 말한다.

인터넷 게임 속 PPL은 크게 세 가지 유형으로 분류할 수 있다. 첫째, 애드버게임(advergame)은 광고가 목적인 게임으로 자사의 제품, 브랜드, 캐릭터, 서비스를 소비자에게 알리기 위해 게임제작업체가 광고주만의 게임을 개발하는 형태이다. 게임을 하는 동안 브랜드를 반복노출하고 체험하게 함으로써 브랜드인지도 효과를 얻을 수 있고, 감성적 메시지 수용을 통한 설득효과를 기대할 수 있다. 예로 미육군의 'Americasarmy.com'이나 BMW의 'X3 Adventure'를 들 수 있다. 둘째,

PPG(Product Placement in Game)로서 게임 속의 옥외광고물 또는 배경영역에 특정 제품의 브랜드 및 로고를 간접적으로 노출하는 광고형태이다. 넥슨의 카트라이더에 PPG를 진행했던 코카콜라의 경우가 이에 해당된다. 셋째, 브랜드 가상체험용 PPL로서 제품이나 브랜드가 게임의 아이템으로 노출되어 이용자에게 인지도 상승효과를 기대할 수 있는 형태의 광고이다. 게임PPL은 인터넷 게임의 주이용층이라고 할 수 있는 10-20대를 목표수용자로 마케팅 활동을 진행하려는 광고주들에게 유용한 도구가 되고 있다.

게임광고의 광고매체로서의 활용가치는 우선 메시지의 반복 노출을 통한 임팩트 제고효과에 있다. 기존의 대중매체가 일회성 소비의 한계를 지니고 있는 반면 게임의 경우 참여자의 반복접촉률이 높고 광고노출 누적량이 크다는 장점을 갖고 있다는 것이다.

또한 게임광고의 높은 광고수용성도 장점 중의 하나이다. 게임 속에서 접촉할 수 있는 IGA 또는 프로모션은 제대로 배치될 경우 게임의 현실성을 높여주며 다른 매체와 같이 콘텐츠를 즐기는 과정을 방해하는 형식의 광고가 아니기 때문에 상대적으로 광고수용성이 높다고 할 수 있다.

게임의 테마에 적합한 브랜드, 광고 창작물을 적용한다면 거부감은 오히려 선호요소로 바뀔 수 있다는 것이다. 게임광고는 융통성 있는 캠페인 도구로서의 활용성이 높다. 전략에 따라 소재의 수정, 재배치가 유연하며 실시간 변경까지 가능하게 되었다.

또한 광고 크리에이티브 표현도 타 매체와 비교하여 현실적 제약이 적어 다양한 표현이 가능하다는 장점이 있다. 향후 게임광고의 시장규모에 대하여 Jupiter Research는 미국의 경우 2010년에 약 10억 달러 규모로 성장할 것으로 전망한 바 있다.

온라인 PPG의 대표적인 성공사례로 나이키플러스의 PPG 캠페인을 들 수 있다. 나이키플러스는 '러닝'에 필요한 조깅화, 조깅슈트, 측정컨버터 등의 제품으로 이루어져 있는 브랜드로서 PPG 전문대행사인 아이지에이웍스(http://www.igaworks.com/)의 기획으로 2007년 10월부터 2개월 동안 온라인게임인 '테일즈런너'에 나이키플러스 상품의 간접광고를 집행한 바 있다.

테일즈런너는 온라인게임 업체인 한게임에서 개발한 게임으로 최대 8명이 동

그림 7.1 테일즈런너 게임 속 나이키플러스 광고배치

시에 접속하여 키보드를 조작해 달리기로 순위를 결정하는 게임이다((그림 4.43) 참조). 게임의 성격과 제품과의 높은 연관성으로 인하여 소비자의 광고몰입도 측면에서 그 효과가 컸을 것으로 판단되는데 테일즈런너의 트랙이나 팬스, 바닥 등에 나이키플러스 상품을 광고로 노출시키고, 나이키플러스 상품의 속성과 동일한 전용 아이템(나이키플러스 로고가 들어가 있는 러닝화 및 러닝복 등)을 참가자들에게 제공하여 참여를 유도하였다.

두 달 간 집행된 PPG광고의 효과를 분석한 결과에 의하면 게임에 직접 참여한 참가자는 약 35만여 명으로 집계되었고, 약 1억2천만 개의 노출(Impression)이 발생하였다. 이를 숫자로 환산하면 157만 명이 나이키플러스 광고에 직접적으로 노출된 것과 동일한 결과인데 일주일 평균 약 1천 600만개의 노출이 발생한 것과 같은 결과이다.

이는 양적으로 국내 최대 포털사이트인 네이버의 메인 상단배너 4구좌가 일주일 동안 발생시키는 양과 같은 효과이다. 그러나 질적으로 보면 PPG의 노출은 약 3분의 STAGE 당 노출을 의미하기 때문에 기존 인터넷배너광고보다 이용자에게 주는 임팩트 면에서 월등하다고 할 수 있다. 이번 캠페인에서 나이키플러스의 전용아이템을 발급받은 참가자는 약 24만 명으로 이들은 이 전용 아이템을 발급받기 위해 최소 5회~20회 게임에 참여한 것으로 추정된다. 전체적으로 캠페인효과를 측정한 대행사 발표에 의하면 나이키플러스의 제품인지도는 26% 상승했고, 구매고려도는 25% 상승했으며 제품에 대한 추천의사는 21% 증가한 성공적인 PPG 캠페인으로 평가될 수 있다.

7_2-3 인터넷광고의 기획과정

인터넷광고의 기획과정은 기획, 제작, 집행, 그리고 효과평가의 4단계 과정을 거친다. 기획과정은 표적시장을 대상으로 목표를 설정하고, 전략과 전술을 개발하는 과정을 포함한다. 제작은 배너 등의 광고메시지를 제작하는 과정을 말하며, 집행은 매체를 구매하고 실행하는 과정을 말한다. 그리고 효과평가 단계에서는 집행된 광고캠페인의 효과를 평가하는 과정을 포함한다.

일반적으로 기획은 광고대행사, 제작은 콘텐츠제작업체, 그리고 매체기획, 구매, 그리고 집행은 매채대행사 혹은 미디어렙사에서 대행한다. 미디어렙사는 광고의뢰를 받으면 적절한 매체를 선택하고 구매를 대행하고, 그 반대 급부로 수수료를 받는다.

인터넷광고캠페인에서 매체의 선택과 구매, 그리고 집행, 효과평가는 주로 종합광고대행사의 경우 매체부서에서 전담하고, 다국적 기업들은 주로 매체전문대행사에서 전담한다. 최근에 캐러트 코리아(Carat korea)의 Isobar, iprospect와 같은 온라인광고 매체대행을 전담하는 다국적 매체전문대행사들이 국내 시장에 진출하여 영업할동을 전개하고 있다.

7_3 모바일광고

7_3-1 글로벌 시장에서의 모바일광고의 현황

전세계적으로 테블릿PC와 스마트폰의 이용자 수가 폭발적으로 증가하고 무선인터넷 속도가 개선되면서 이를 기반으로 하는 전 세계적으로 모바일광고 시장은 폭발적으로 성장하고 있다. eMarketer에 따르면 전 세계 모바일 광고 시장은 2013년에 전년 대비 105% 성장한 180억 달러(약 19조 원)에서 2014년 315억 달러(약 32조 원) 규모로 75% 이상 성장할 것으로 예상되고 있다.

모바일광고 시장의 규모를 권역별로 살펴보면, 2012년까지는 아시아태평양 지역이 전 세계 모바일 광고 시장을 선도하였으나, 2013년 이후부터 미국 시장의 급격한 확대로 북미지역의 모바일광고 시장이 전체의 43.7%로 아시아/패평양 지역을 추월하여 1위를 차지할 것으로 보인다.

국가별로는 미국이 1위를 점유하였으며, 그 다음 일본, 영국, 그리고 한국의 순으로 모바일광고 시장의 점유율이 큰 것으로 나타났다. 북미와 서유럽의 경우 애플리케이션을 통한 광고가 꾸준한 성장세를 보이고 있어 2013년 이후부터는 아시아/패평양지역 국가들의 모바일광고 시장을 추월할 것으로 예상되는 반면에 아시아/태평양지역은 이용자 수가 포화상태에 돌입하여 모바일광고의 성장이 정체될 것으로 예상된다.

모바일광고의 포맷 혹은 유형별로 살펴본 결과 전체 인터넷광고비 중에서 검색광고가 차지하는 비중이 가장 큰 것으로 나타났으며, 그 다음 배너, 리치미디어, 비디오, 그리고 메시지광고의 순으로 가장 많은 비중을 차지하고 있는 것으로 나타났다.

다국적 기업들이 가장 선호하는 모바일광고의 포맷은 검색광고이다. 다국적 기업들이 검색광고를 선호하는 이유는 제품정보를 탐색하는 소비자들에게 제품에 관련된 정보를 실시간으로 제공함으로서 소비자들을 잠재고객에서 적극적인 구매자로 유도할 수 있기 때문이다.

글로벌 시장에서 모바일 매체별로 광고시장 점유율을 살펴본 결과 구글이 전체 모바일광고 시장의 절반을 차지하고 있는 것으로, 나타났으며, 그 다음 페이스북, 트위터, 판도라, 애플, 그리고 밀레니엄 미디어의 순으로 점유율이 높은 것으로 나타났다. 구글 및 애플과 같은 글로벌 모바일 기업들은 기업합병 및 애드몹(AdMob)과 아이애드(iAD)와 같은 독자적인 앱 기반의 모바일광고 전용 플랫폼개발을 통하여 전 세계 모바일 광고시장을 선도하고 있다.

7_3-2 모바일광고의 유형과 효과

모바일광고란 무선 통신 매체(휴대폰, PDA 등)를 통해 이루어지는 광고 커뮤니케이션이다. 학계에서는 일반적으로 모바일광고를 '이동통신단말기 혹은 무선인터넷 단말기'를 이용하여 고객에게 광고메시지를 발송하는 행위로 정의하고 있다. 모바일광고는 시간과 장소의 구애를 받지 않고, 실시간으로 원하는 고객에게만 다

표 7.3 지역별 모바일 광고비 규모 및 점유율

(단위: 백만달러, 비중)

지역	2011	2012	2013	2014	2015	2016
북미	1,228.3	2,402.6	4,143.9	6,376.8	8,710.5	11,029.6
서유럽	775.5	1,305.2	2,083.3	3,195.0	4,760.6	6,679.1
아시아/태평양	1,883.0	2,560.9	3,190.9	3,937.5	4,528.2	5,094.2
중, 동유럽	62.6	121.1	201.2	278.9	362.6	449.6
남미	24.4	46.9	86.8	170.1	269.0	374.0
중동/북아메리카	1.8	3.1	4.7	7.6	10.5	13.8
합계	3,975.6	6,439.7	9,715.7	13,965.9	18.641.4	023,640.2

출처: www.eMarketer.com

표 7.4 미국 시장의 모바일광고 유형별 점유율

(단위: 백만달러)

유형	2012	2013	2014	2015	2016	2017
검색광고	2,241	3,954	6,002	8,360	10.993	13,712
디스플레이광고	1,848	3,379	5,371	7,786	10.402	13,035
배너광고	850	1,703	2,623	3,481	4,572	5,640
리치미디어	754	1,159	1,823	2,848	3,741	4,709
비디오(동영상)	244	518	925	1,456	2,089	2,685
메시징	223	216	201	190	188	180
기타(분류, 이메일, 리드제너레이션 등)	50	100	190	350	625	1,057
전체	4,363	7,649	11,764	16,686	22,209	7,27,983

출처: www.eMarketer.com

표 7.5 전세계 모바일광고 시장 점유율 예측치(2012–2014)

(단위: 백만달러, 비중)

모바일매체사	2012	2013	2014
Google	52.6	49.3	46.8
Facebook	5.4	17.5	21.7
Twitter	1.5	2.4	2.6
Pandora	2.6	2.1	1.7
YP	2.9	2.1	1.6
Millennial Media	0.8	0.8	0.7
Other	34.2	25.8	24.9
Total	8.76	17.96	31.45

출처: www.eMarketer.com

양한 형태의 음성, 문자, 동영상 등 멀티미디어 광고를 집행시킬 수 있기 때문에, 차세대 마케팅 커뮤니케이션 도구로 인식되고 있다.

모바일광고는 인터넷과 월드 와이드 웹(WWW)을 기반으로 상호작용할 수 있는 광고콘텐츠를 제공한다는 점에서는 인터넷광고와 별다른 차이점이 없지만, 개인화(personification), 즉각성(immediacy), 위치기반성(location based), 이동성(mobility), 그리고 실시간성(real time)이 추가된다는 점이 큰 특징이다. 즉, 모바일광고는 누구에게(anyone), 언제(anytime), 어디서나(anywhere), 실시간으로 사용자 개개인의 상황에 맞는 맞춤형 메시지를 제공하여 고객의 즉각적인 반응을 유도할 수 있으며, 광고집행 후 즉각적인 효과평가 및 확인이 가능하다는 장점이 있다.

모바일광고만의 차별화된 장점은 위치기반서비스(LBS)기술을 활용하여, 고객의 현 위치를 파악하여 고객이 원하는 정보를 적절한 시간에 장소에 구애받지 않고 실시간으로 제공하는 실시간 마케팅(real−time marketing)을 전개할 수 있다. 예를 들어 사용자가 특정 지역에 들어올 경우 휴대폰으로 그 지역의 상거래 정보나 이벤트를 고지할 수 있으며, 특정 쇼핑센터 주위의 해당 반경 안에 있는 고객들을 대상으로 문자 메시지를 전송하여 세일정보 혹은 쿠폰 등을 제공할 수 있다. 기타 모바일광고는 표적선별성, 즉시성, 상호작용성, 그리고 위치기반서비스와 같은 차별화된 기술적 특성들을 기반으로 단순한 이미지 광고 뿐 아니라 쿠폰 제공, 프로모션, 이벤트, 그리고 일대일 마케팅 등 통합적 마케팅 커뮤니케이션(Integrated Marketing Communication)의 도구로서 많이 활용되고 있다.

최근에 모바일광고는 증강현실 등의 신기술로 보다 더 다양한 크리에이티브를 구현할 수 있으며, QR 코드 기술을 활용하여 인터넷, 신문, 옥외매체 등의 다양한 매체와 모바일매체 간 크로스미디어캠페인을 진행하여 커뮤니케이션 시너지 효과를 높일 수 있게 해준다. 이러한 이유로 모바일광고는 단순한 이미지 이미지광고 뿐 아니라 프로모션, 이벤트, 그리고 일대일 마케팅 등 통합적 마케팅 커뮤니케이션(Integrated Marketing Communication)전략을 구사할 수 있게 해준다.

모바일광고는 전 세계적으로 공통적으로 통용되는 분류기준은 아직 마련되어 있지 않으나 전달방식에 따라 푸시(push)형과 풀(pull)형으로 구분할 수 있으며, 미디어플랫폼 유형에 따라 메시지광고, 모바일 웹광고, 그리고 앱광고, 그리고 전달형태에 따라 검색광고, 디스플레이광고(배너, 리치미디어, 비디오) 그리고 메시지광고로 구분할 수 있다.

푸시(push)형광고는 이용자의 의도와는 상관없이 강제적으로 노출되는 광고의 형태를 말하며, 풀(pull)형광고는 이용자의 자발적으로 노출되는 광고의 형태를 말한다. 메시지광고는 이동통신사의 SMS와 같은 메시징 서비스를 이용한 광고를 말한다. 모바일 웹광고는 무선인터넷 기반에서 구현되는 광고를 말하며, 앱광고는 애플리케이션에 삽입되는 형태의 광고를 말한다. 검색광고는 검색엔진의 키워드 검색을 이용한 광고이며, 디스플레이광고는 모바일 웹과 애플리케이션 화면에 텍스트, 이미지, 리치미디어, 혹은 동영상 형태로 구현되는 광고를 말한다.

표 7.6 모바일광고의 분류

전달방식	유형	특징 및 내용
Push형	디스플레이광고	배너광고, 리치미디어, 비디오광고, 음성/오디오광고 등
	메시지광고	SMS(단문메시지를 이용한 광고), EMS(텍스트 이외 벨소리, 그래픽, 이미지를 전송할 수 있는 광고), MMS(문자, 음성, 그래픽, 동영상의 멀티미디어 구현이 가능한 광고)
Pull형	검색광고	모바일웹에서 구현되는 검색광고
	브랜드앱광고	기업에서 자사의 브랜드나 제품의 홍보를 위하여 제작하여 배포하는 스마트폰용 소프트웨어
	QR코드광고	QR코드를 이용한 광고

7_3-2-1 검색광고

검색광고는 사용자들이 키워드 검색을 통하여 자발적으로 이용하는 광고로서 모바일 웹의 등장과 함께 활성화되기 시작하였으며, 스마트폰의 성장세와 더불어 동반 성장이 예상되는 부분이다. 모바일 검색광고 시장은 2008년 전체 모바일 광고 시장의 24%를 차지하고 있지만, 2013년경에는 전체의 74%의 점유율을 보이며 모바일 광고시장의 중심을 차지할 것으로 예측된다.

7_3-2-2 디스플레이광고

디스플레이 광고는 모바일 웹 페이지나 애플리케이션 내에 배너광고, 리치미디어, 그리고 비디오광고를 포함한다. 디스플레이광고는 노출에서 직접 링크에 접속하여 제품의 정보를 얻을 수 있는 양방향 광고가 가능하다. 특히 동영상 광고는 애플(Apple)의 IOS 기반의 모바일에서만 가능하였지만, 최근에 구글이 애드몹을 인수하면서 안드로이드 기반의 스마트폰에서도 양방향 동영상광고가 가능하게 되었다. 향후 이 부분은 애플과 구글에서 더욱 확장할 분야로 예측되며 디스플레이 광고와 함께 완만한 상승세가 예상되는 부분이다.

7_3-2-3 메시지광고

메시지(SMS/MMS) 광고는 SMS 및 MMS와 같은 이동통신사의 메시징 서비스를 이용한 광고이다. SMS/MMS 광고는 피처폰과 스마트폰을 포함하여 모든 휴대폰에 적용되며, 주로 이벤트를 통하여 즉각적인 흥미를 유발시키기 위한 단순 정보 제공에 목적이 있다.

2008년의 메시지 광고 시장은 전체 모바일 광고 시장의 63%를 차지하였지만, 2013년 9%로 급격한 감소세가 예측되며 메시지 광고시장의 대부분이 검색 광고 시장으로 대체될 것으로 예상된다.

7_3-3 글로벌 모바일광고 플랫폼

모바일광고의 업무프로세서는 광고대행사, 미디어렙(Media Rep)사, 콘텐츠제작업체(Contents Providers), 그리고 매체사 등의 모바일 광고산업의 플레이어들을 중심으로 이루어진다. 광고주는 영업 전략을 수립하고, 필요한 예산을 설정하여 광고대행사에 광고를 의뢰한다. 광고대행사는 광고주 영업, 기획업무, 필요예산, 그리고 상품을 제안한다. 구체적으로 광고대행사는 광고주 유치와 같은 광고영업과 마케팅전략을 수립하고 기획을 담당하는 역할을 수행한다. 콘텐츠 제작업체는 CP(Contents Providers)라고도 불리며, 모바일 상에서 구현되는 콘텐츠를 제작하는 일을 담당한다. 매체대행사는 구체적으로 SMS 발송건수, 발송시점, 그리고 발송지역 등을 결정하고 캠페인 종료 후 노출효과를 분석하는 일을 담당한다. 또한 미디어 렙사는 구글의 00와 같이 매체사를 대신하여 매체사가 보유한 광고인벤토리를 판매하고 광고주를 대신하여 광고인벤토리를 구매해 주는 역할을 담당한다.

모바일광고의 캠페인과정은 일반 광고캠페인 과정처럼 기획, 제작, 집행, 그리고 평가(효과분석)의 4단계 과정을 거치게 된다. 기획과정은 표적시장을 선정하고, 캠페인의 목표를 결정하며, 광고, 프로모션, 그리고 이벤트를 포함한 메시지를 개발하는 것을 포함한다. 제작과정에서는 모바일 상에서 구현되는 콘텐츠를 제작한다. 예를 들어 배너와 랜딩페이지의 화면을 구성하고 음원을 확보하여 벨소리를 제작하며, 그리고 모바일 광고에 사용되는 각종 게임을 제작한다. 집행과정에서는 표적시장에게 도달하는데 적합한 매체를 선정하고 매체를 구매한 후 광고메시지를 발송하는 업무를 포함한다. 그리고 평가단계에서는 모바일광고 캠페인의 효과를 분석하여 광고주에게 리포팅하는 일을 수행한다.

모바일광고의 기획과정에서 타깃팅, 메시지 발송, 그리고 효과분석과 같은 기본적인 업무는 모바일광고 플랫폼을 통하여 이루어진다. 모바일광고 플랫폼이란 간단히 모바일광고를 제공하기 위하여 모바일환경에 특화된 솔루션을 제공하는 것을 말한다. 모바일광고 플랫폼은 고객 데이터 분석에서부터 시작해서 타겟팅, 발송, 효과분석, 그리고 리포팅 까지 해주는 일종의 매체업무 프로세서 시스템을 말한다. 즉, 다시 말해 광고주의 욕구(Needs)가 반영된 캠페인 실행계획을 모바일 매체를 통해 고객들에게 전달하기 위한 인프라(Infra)라고 할 수 있다.

예를 들어 광고주로부터 광고의뢰를 받으면 데이터베이스에 저장된 고객 프로파일을 분석하여, 광고메시지를 받을 타깃을 선별하고, 선별된 타깃에게 맞춤형 메시지를 전송하고, 전송된 메시지에 대한 타깃의 반응을 분석하여 광고주에게 최종적으로 리포팅을 해준다. 글로벌 시장에서 적극적으로 영업을 전개하고 있는 대표적인 글로벌 모바일광고 플랫폼으로는 구글(Google)의 애드몹(AdMob)과 애플의 아이애드(I-AD)를 들 수 있다.

7_3-3-1 구글(Google)의 애드몹(AdMob)

AdMob은 2011년 아이폰을 이용한 애플리케이션 광고로 가장 유명한 회사로써 구글에 인수된 모바일 광고 플랫폼 회사로 SDK를 활용해 광고를 스마트폰 애플리케이션에 뿌려주는 플랫폼이다. 구글의 애드몹은 애플리케이션을 네트워킹해서 광고 인벤토리를 확보한 후 광고를 해달라는 광고주의 요청이 있으면 이를 제공해주고 그 대가로 광고비를 받는 광고 비즈니스 모델의 일종이다.

애드몹(Admob)은 애플리케이션 유저들의 특성을 파악하여 정확한 타깃팅을 할 수 있을 뿐만 아니라 애플리케이션 콘텐츠의 특성(예를 들어 게임)에 적합한 콘텐츠 매칭광고가 가능하여, 기존의 이동통신 기반의 푸시형 SMS 혹은 MMS광고보다 더 높은 효과를 기대할 수 있다.

AdMob의 특징은 광고주가 쉽게 광고를 올리고 그들의 광고 캠페인을 관리할 수 있는 간단한 툴을 제공하여, 광고주의 접근성을 높여주고 있다. AdMob의 중요한 두 가지 사업전략은 CPC(cost-per-click)과 CPM(cost-per-thousand-impressions)이라는 옵션이다. 이 중 텍스트 광고형태로만 제공되는 CPC는 AdMob의 광고 트래픽에서 가장 많은 부분을 차지한다.

2006년에 설립된 AdMob은 Ford, Coca-Cola, EA, P&G, CBS Mobile 등 대형광고를 160개 국 이상의 수천 개의 앱 사이트에 게재하는 '모바일 광고 네트워크(Mobile Advertising Network)'를 운영하고 있으며, 자사가 관리하는 트래픽을 통해 수집되는 모바일 트렌드 데이터를 분석해 공개하고 있다. 특히 타깃 광고, 광고배포 알고리즘 등을 구모바일 광고시장의 주요 사업자별 전략분석하게 하는 신기술 모바일 플랫폼에 대해 적극적으로 투자하고 있다.

자료: Admob Mobile Metrics Report(2011)

그림 7.2 AdMob의 모바일 앱 배너의 유형

7_3-3-2 애플의 아이애드(I-AD)

그동안 미국의 모바일 광고시장은 구글이 2009년 11월 최대 모바일 광고 네트워크 전문업체인 Admob을 7억 5천만 달러에 인수하면서 선점해왔다. 이러한 구글의 모바일광고 시장 선점에 대응하하기 위해 애플은 모바일 광고를 애플리케이션에 삽입해 애플리케이션 상에서 작동시킬 수 있는 모바일 광고 플랫폼인 아이애드(iAd)를 도입하였다.

아이애드(iAD)의 주요 특징으로는 첫째, 이용자와 상호작용이 가능하다는 인터넷광고의 장점과 일방적이지만, 움직이는 영상을 보여줄 수 있다는 TV광고의 장점이 조합되어 있다. 둘째, 특정 광고주 홈페이지 연결보다는 애플리케이션 안에서 광고가 주로 집행된다. 왜냐하면 스마트폰에서는 사용자들이 앱에서처럼 많은 검색을 하지 않고 모든 정보를 App에서 얻기 때문에 검색광고는 효과적이지 않다고 판단한다. 셋째, 아이폰OS 안에 구축되어 있어 개발자들이 쉽게 접근할 수 있고, 애플이 직접 광고를 중개하므로 품질을 보장한다. 넷째, 애플은 무료 앱이 벌어들일 수입을 자신의 시스템 체계 안으로 끌어들임으로써 안정적인 수익 추구가 가능하다. (무료 앱=앱 활성화=수익창출). 즉, 아이애드(iAd)는 아이폰 애플리케이션에 애플이 수주한 광고를 삽입할 수 있도록 하는 시스템으로 애플은 여기서 나오는 광고수익의 40%를 갖고 개발자가 60%를 가져가도록 하고 있다. 현재 아이폰의 경우 광고단가는 노출 당 5-8달러 수준으로서 인터넷 광고의 클릭 당 단가(CPC: Cost Per Click)인 100-500원 보다 더 비싸다.

애플의 경우 이미 스마트폰 시장에서는 아이폰을 통해 누구도 따라올 수 없을 정도의 입지를 확립하고 있는 만큼 자체 모바일 광고 네트워크와 플랫폼을 갖추게 됨으로써 구글과 효과적인 경쟁을 할 수 있을 것으로 기대된다.

7_4 소셜미디어광고

7_4-1 글로벌 소셜미디어 광고시장 현황

전세계 소셜 미디어 시장의 규모는 2013년 기준 88억 달러로 2011년 대비

43.1% 성장하였다. 시장의 규모 또한 총169억 달러로 높은 성장율을 나타내고 있으며, 이 가운데 미국 시장의 규모가 46억 달러로 가장 크다. 소셜 미디어 광고시장은 88억 달러로 가장 큰 수익을 가져다주고 있다. 소셜미디어 광고시장이 성장한 가장 큰 이유 중의 하나는 테블릿PC와 스마트폰과 같은 모바일기기의 보급 확대로 인한 소셜미디어 이용자 수의 폭발적인 증가 때문이다. 소셜미디어 이용자 수는 2013년 기준 16억 6천만 명으로 2014년에는 18억 5천만 명으로 증가할 것으로 예상된다.

소셜미디어 광고시장은 페이스북과 트위터가 주도하고 있다. 2013년 기준으로 페이스북의 광고비 규모는 42억 3천만 달러, 트위터의 광고비 규모는 2억 8천 8백만 달러이며 2015년까지 45% 성장할 것으로 예상된다. 소셜미디어 광고시장은 특히 모바일 부문에서의 성장이 두드러져 페이스북의 모바일 부문 광고매출액은 40억 달러로 웹광고 매출액에 근접하여 소셜미디어로서는 1위를 차지하고 있다. 반면에 트위터는 10억 달러로 모바일광고 부문에서 2위를 점유하고 있다. 소셜미디어 광고 시장에서 모바일 부문은 점차 규모가 커지고 있고 광고 규모역시 빠른 속도로 커지고 있다. 페이스북과 트위터는 2014년까지 전체 모바일 광고시장의 약 25% 정도를 차지할 것으로 전망된다.

2011년 글로벌 소셜미디어 체크업(The Global Social Media Check-up 2010)

표 7.7 글로벌 기업들이 사용하는 소셜미디어 도구

순위	2013년 조사결과(%)		순위	2011년 조사결과(%)	
1	페이스북	92	1	페이스북	92
2	트위터	80	2	트위터	84
3	링크드인	70	3	링크드인	68
4	블로그	58	4	블로그	68
5	유투브 & 비디오	56	5	유투브&비디오	56
6	구글 플러스	42	6	소셜북마크	26
7	프린터테스트	41	7	포럼	24
8	사진공유사이트 (예: instagram)	18	8	위치기반 서비스	17
9	포럼	16	9	그루폰	6
10	위치기반 서비스 (예: Foursquare)	11	10	마이스페이스	6

출처: Michaela A. Stelzner(2011, 2013). 2013 Social media marketing industry report.

보고서에 따르면 포천의 100대 글로벌 기업들 중 79%는 하나 이상의 소셜미디어를 보유하고 있으며, 20%는 주요 소셜 네트워크 서비스인 페이스북, 유투브, 트위터, 그리고 블로그를 모두 사용하고 있다. 또한 기업의 마케팅담당자들은 향후 소셜미디어의 사용을 늘릴 것이라고 답변한 반면 텔레비전 및 라디오광고와 지면광고를 확대하겠다고 응답한 사람은 각각 6%, 8%, 그리고 12%에 불과한 것으로 나타났다.

기업들이 광고매체의 수단으로 선호하는 소셜미디어는 페이스북, 트위터, 링크드인(Kinkedin), 블로그, 그리고 유투브 앤 비디오의 순으로 나타났으며, 특히 페이스북은 2009년부터 2013년 까지 순위변동없이 부동의 1위자리를 유지하고 있다.

7_4-2 소셜미디어의 유형과 효과

글로벌 기업들이 소셜미디어를 대 고객 커뮤니케이션의 중요한 수단으로 활용하는 이유는 소셜미디어가 인터넷 포털의 디스플레이광고, 카페, 기업 홈페이지의 기능과 일정 부분 유사함에도 불구하고 이로부터 생성된 콘텐츠에 개인의 생각, 관련 정보, 감성, 판단 등이 부가되어 다른 사람들에게 전달되고 확산되는 소셜 광고의 형태를 띄기 때문이다. 즉, 소셜미디어를 활용한 광고와 마케팅은 RSS, Comment, 리트윗, 팔로우(Follow), 그리고 like 등을 통해 광고에 관련 정보 뿐

표 7.8 글로벌 기업들이 소셜미디어 기반 마케팅에서 기대하는 효과(2013년)

효과	응답률(%)
비즈니스에 대한 노출 증대 효과	89
관련 트래픽 및 구독자 증가 효과	75
시장에 대한 통찰력 제공 효과	69
충성고객(fans) 개발효과	65
잠재고객 창출 효과	61
검색어 상위 랭크 효과	58
새로운 비즈니스 제휴(partnership) 창출 효과	54
마케팅 비용절감 효과	47
매출증대 효과	49

출처: Michaela A. Stelzner(2011, 2013). 2013 Social media marketing industry report.

만 아니라 개인들의 생각, 감성, 그리고 판단 등이 결합되어 빠르게 확산되는 특징을 지니고 있다. 따라서 이러한 점에서 소셜미디어를 활용한 광고와 마케팅은 기존의 텔레비전, 라디오, 그리고 신문 등과 같은 매스미디어 기반의 푸쉬형 광고 및 마케팅과 큰 차이가 있고, 자신과 관련 있는 사람들 간의 관계를 기반으로 소통이 이루어진다는 점에서 포털이나 기존 블로그의 전달방식과도 다르다.

기업들이 소셜미디어로부터 기대하는 효과는 비즈니스 혹은 브랜드노출과 같은 광고효과, 트래픽생성 및 구독자 증가효과, 시장에 대한 통찰력 제공효과, 충성고객 개발효과, 잠재고객팡출효과, 검색어 상위랭크 효과, 새로운 비즈니스 제휴효과, 마케팅 비용절감효과, 그리고 매출증대와 같은 마케팅효과를 포함한다.

7_4-3 페이스북(Facebook)

페이스북은 다국적 기업의 마케터들이 가장 선호하는 소셜미디어의 유형이다. 최근의 조사에 의하면 전세계 92%의 마케터들이 페이스북을 마케팅의 도루로서 사용하고 있다고 응답하였다.

페이스북은 소셜네트워킹 서비스(SNS)의 일종으로서 이용자들 간의 네트워킹 형성과 정보의 공유를 목적으로 한다. 페이스북에 텍스트나 사진 및 비디오의 기능을 이용하여 글을 올릴 수 있고, 이를 친구로 등록한 사람에게 전달된다. 이용자들 간에 네트워크를 형성하여 콘텐츠를 동유할 수 있다는 점에서는 긍정적이지만 이용자들의 입장에서는 자신들이 원하는 사람만 등록할 수 있다는 점은 제한적이다.

소셜미디어 통계전문 사이트인 소셜 베이커스에 따르면 2011년 5월 기준으로

표 7.9 페이스북 팬페이지를 운영하는 글로벌 및 국내업체 현황

	글로벌 업체순위	팬 수	국내 업체순위	팬 수
1위	Coca-Cola	2,479만 명	Samsung	169,630명
2위	Starbucks	2,049만 명	페이스북 길라잡이	7,607명
3위	Disney	1,983만 명	Korean Wave	3,075명
4위	Oreo	1,785만 명	10asia	2,113명
5위	Red Bull	1,707만 명	아시아경제신문	1,742명

출처: www.socialbakers.com/facebook-statistics

전 세계 페이스북 이용자 수는 6억 8천 600만 명을 조금 넘는 것으로 나타났다. 이 중 미국이 1억 4천 900만 명으로 페이스북 이용자 수 1위를 기록하였으나, 한국의 경우 2011년 5월말을 기준으로 페이스북 이용자 수는 348만 명으로 한국의 이용자 규모는 전 세계 34위 수준으로 나타났다. 페이스북은 전세계적으로 순방문자 규모가 지속적인 성장세를 보이고 있으나, '영어권 국가에서 절대적인 호응을 보인 것과 달리 국내에서 확산은 크게 이루어지지 않고 있다.

페이스북을 이용하여 기업이 광고를 할 수 있는 방법은 크게 페이스북닷컴에 전통적인 광고를 직접 노출시키는 전통적인 방식과 팬페이지나 홍보 동영상 등을 통해 특정 브랜드나 비즈니스에 관심을 가지는 팬을 확보해 나가는 두 가지 방식으로 구분된다.

첫 번째 방식은 페이스북닷컴에 타깃층에 적합한 배너광고 등을 노출시키는 광고플랫폼으로 활용하는 방식이다. 페이스북은 가입자 수와 머무르는 시간이 인터넷에 비해 몇 배에 이른다. 따라서 노출효과도 인터넷 배너광고에 비해 그만큼 더 크다고 할 수 있다. 참고로 2010년에 페이스북닷컴에 게시된 온라인 디스플레이광고 횟수는 1조 번을 넘어섰으며, 이는 2위 야후사이트의 약 2배에 이르는 것으로 나타났다.

두 번째로 기업에서 페이스북을 광고매체로 이용하는 대표적인 방법 중의 하나는 페이스북 내 팬페이지를 구축하여 이를 통해 팬을 확보하고 관리하는 것이다. 특정 기업의 팬페이지에 가입한 사람에게는 기업에서 제공하는 다양한 프로모션의 기회나 관련 정보가 제공되고, 팬페이지에는 기업 브랜드나 제품에 대한 많은 이야기가 모이게 되며, 내가 어느 팬페이지에 가입하여 활동하는지가 나의 친구들에게 자동으로 알려지게 된다. 현재 코카콜라(2,400만 명), 스타벅스(2,000만 명), 디즈니(1,900만 명) 등 글로벌 기업들은 페이스북 내 팬페이지를 만들어 브랜드 및 제품 이미지를 관리하고 있다.

또 하나의 형태는 페이스북 기반의 소셜 광고이다. 페이스북은 자사의 홈페이지에 디스플레이 광고를 게재하기도 하고, 페이스북 내 팬페이지를 구축하여 이를 통해 팬을 확보하고 관리해 나간다. 특정 기업의 팬페이지에 가입한 사람에게는 기업에서 제공하는 다양한 프로모션의 기회나 관련 정보가 제공되고 팬페이지에는 기업이나 제품에 관한 많은 이야기가 모이게 되며 이를 통해 브랜드와 관련된 스토리텔링이 만들어지며, 내가 어느 팬페이지에 가입하여 활동하는지가 나의 친구들에게 자동으로 알려진다. 현재 코카콜라(2,400만 명), 스타벅스(2,000만 명), 디즈니(1,900만 명) 등 글로벌 기업들은 페이스북 내 팬페이지를 만들어 브랜드 및 제품 이미지를 관리하고 있다. 전 세계적으로 100만 명 이상 팬을 확보하고 있는 기업 팬페이지는 2011년 현재 154개이고, 10만 명 이상의 팬을 확보하고 있는 팬페이지는 692개나 된다. 반면 우리나라 상위 5개의 팬페이지를 살펴보면 국내 기업들이 페이스북 팬페이지를 이용하는 비중은 아직 미미한 수준이다.

7_4-4 트위터(Twitter)

트위터는 사용자들이 '트위츠(Tweets)'라고 불리는 최대 140자의 단문 메시지를 보내고 읽을 수 있는 무료의 소셜 네트워킹 서비스(Social Networking Service) 혹은 마이크로 블로깅 서비스(Micro-blogging Service)이다. 트위터는 140자의 짧은 글로 지금의 생각, 사진을 팔로워들과 공유할 수 있는 반면에 페이스북은 소통을 기반으로 실시간으로 업데이트되는 정보를 받을 수 있다.

트위터는 2006년에 만들어진 소셜 네트워킹 및 마이크로 블로그 서비스로서 140 텍스트 이내의 글을 게시하는 단순한 기능을 가진 서비스이다. 하지만 트위터는 수많은 소셜미디어 중에서 광고매체로서 가장 큰 주목을 받고 있으며, 전세계적으로 80%의 마케터들이 사용하고 있다고 응답할 만큼 블로그와 페이스 북에 이어 가장 대표적인 3대 소셜미디어 중의 하나로서 자리매김하고 있다.

2010년 말을 기준으로 우리나라의 트위터 이용자 수는 228만 명으로 1년 동안 8.8배 증가하였으며, 트윗 수는 같은 해 1월보다 34배 늘어난 약 6500만 건으로, 2010년 전체 트윗 수를 합하면 2억6천여 개에 이르며, 특히, 월 1회 이상 트윗을 올린 이용자는 지난해 1월 8만 7천여 명에서 12월에는 78만 5천여 명으로 10배 가까이 늘었다. 2010년 국내 트위터 이용자는 하루 평균 약 73만 건 글을 올린 것으로 나타났으며, 한 달에 트위터 글(트윗)을 한 번 이상 올린 비율도 전 세계 평균치보다 2배 높았다. 전체 국내 이용자 가운데 40%가 한 달에 한 번 이상 글을 올리는 셈이며, 이는 전세계 평균치인 20%의 두 배에 해당한다. 그리고 연령별로 30대가 전체의 39%, 20대가 25.6%로 많이 이용하는 것으로 나타났다.

트위터가 마케팅의 도구로서 성공한 가장 큰 이유는 실시간성, 신속한 전달력, 정보의 공개성, 비대칭적 자유성, 그리고 친숙성 때문이다(이강호, 2011). 특히 트위터는 실시간 간단히 글을 올릴 수 있고, 이는 대중이 짧은 글에 부담을 덜 느끼며, 그것에 익숙한 소비자에게 적합한 서비스이다. 소셜미디어를 활용한 광고의 가장 일반적인 형태는 트위터 계정을 만들고 운영하여 광고마케팅의 장으로 활용하는 것이다. 기업들은 트위터를 통하여 기업이나 신제품 정보를 팔로우어들에게 제공하고, 각종 프로모션 정보나 기회를 제공한다.

첫 번째, 트위터는 이용자들이 자신이 투고하는 정보(예를 들어 자신이 처해 있는 상황)가 실시간 전달되고 타임라인 상에서 공유된다. 투고된 트윗은 즉석에서 데이터베이스에 보관되어 트위터의 오른쪽 메뉴에 있는 검색란에서 검색할 수 있게 되며 검색의 결과는 트위터의 타임라인과 같이 최신 결과부터 순서대로 나열된다. 따라서 트위터 검색기능은 신제품과 관련된 소비자의 가장 최신 반응(예를 들어 사용후기)을 실시간으로 파악할 수 있기 때문에 신제품 출시에 따른 소비자 반응 조사에 효과적으로 활용할 수 있다. 따라서 트위터의 검색기능은 구글(Google)의 검색기능보다 마케팅적 가치가 더 높다고 할 수 있다.

표 7.10 트위터의 기본용어 해설

용어	설명
팔로우(Follow)	다른 사람의 투고를 읽고 싶을 때에 그 사람을 '팔로우' 함으로, 그 사람이 투고한 메시지를 자신의 타임라인에 표시하며 구독하게 된다.
타임라인 (Time-Line)	트위터에서 자신이 팔로우하고 있는 사람들의 투고가 표시되는 페이지를 말한다.
트윗(Tweet)	트위터에 투고된 개별 메시지를 말한다.
@User-name	'@Username'으로 발신되면 지정된 사용자에게 트윗이 배달된다.
DM(Direct Message)	일대일로 개인적인 메시지를 보내는 기능이다. 이 메시지는 보낸 상대방 이외의 사람에게는 공개되지 않는다.
RT(ReTweet)	다른 사람이 트위터에 투고한 메시지를 재차 자신이 투고하여 정보를 확대하는 것이다.
Hashtag(#)	화제 및 이벤트 관련 키워드를 기호(#)뒤에 메시지로 부가함으로 검색하기 위한 것이다.
Mention	상대방에게 메시지를 '@상대방계정+메시지' 형태로 보내는 것이다.
List	관심있는 트윗을 따로 관리하는 기능이다.

출처: 이강호(2011). 기업의 트위터 활용유형에 따른 도입방안에 관한 연구. 한국기업경영학회, 18-1.

트위터의 두 번째 특성은 신속한 전달력이다. 트위터는 사람들이 실시간으로 정보를 발신하면서 화제로 삼고 싶어하는 가치있는 정보를 급속하게 확산하는 경향이 있다. 트위터의 신속한 전달력을 강력하게 보완한 것이 해시태그(#)와 리트윗 기능이다.

세 번째 특성은 정보의 공개성이다. 트위터에서 제공된 정보는 실시간으로 모든 이용자들에게 공개되며, 게시글을 포스팅한 사람이 누구인지도 공개된다. 이러한 특성으로 인하여 소비자들은 기업의 홈페이지보다 트위터의 정보를 더 신뢰한다. 또한 트위터는 사용자의 트윗이나, 답글(reply)을 표시하는 기능, 누가누구를 팔로우하고 있는가를 확인하는 기능 등 트위터를 사용할 때 필요한 기능들을 API(Application Programming Interface)라는 형태로 외부개발자들에게 공개하고 있다.

네 번째 특성은 비대칭적 자유성이다. 블로그 및 싸이월드의 일촌맺기와 같은 기존의 SNS는 반드시 상대방의 승인을 필요로 하는 대칭적 관계 하 에서 정보를 열람하게 한다. 즉, 실세계의 인간관계에 구속되어, 네트워크상에서 자유롭게 서로 연결하는 분위기를 저해하고 폐쇄적 분위기를 조장한다. 그러나 트위터의 팔로워 기능은 다른 사용자의 트윗을 자신의 타임라인에 자유롭게 표시하도록 하는 비대칭적 관계성을 기반으로 한다. 트위터는 기존의 SNS처럼 현실세계의 인간관계를 의식할 필요가 없으며, 자유롭게 정보를 수집하고 전달할 수 있다. 따라서 누구의 트윗을 자신의 타임라인에 표시하는 결정권은 오로지 자신의 자유로운 의사에 달려있다.

트위터의 다섯 번째 특성은 친숙성이다. 트위터는 친숙한 특성으로 인해 기존 고객과의 관계를 더 강화시키고 잠재 고객과의 관계를 구축할 수 있는 잠재력이 큰 채널이다. 기업이 고객과 진정한 대화를 나누고 진심으로 배려한다는 진정성(Authenticity)을 가지고 트위터를 활용한다면 고객이 먼저 다가올 것이고 이는 고객 관계를 공고히 할 수 있는 유용한 도구가 될 수 있을 것이다. 따라서 기업이 트위터를 활용한다면 그 동안 미진하였던 고객 관계를 구축하는 수단으로 활용하는 것이 가장 적절할 것이다.

최근의 조사에 의하면 트위터는 주로 고객관계관리에 활용되며, 이밖에 조사 및 마케팅, 브랜딩, 판매, 그리고 협업에도 활용된다. 일반적으로 고객관계관리를 위하여 많은 기업들은 콜센터를 운영하고 있다. 그러나 콜센터는 전화로 고객을 지원하거나 상담하는데 한계를 지니고 있다. 그러나 트위터에서는 다이렉트 메시지나 설정을 비공개 모드로 하지 않는 한 지원 및 상담이 같은 문제를 안고 있는 모든 고객에게 공유가 되어 고객의 불만을 효율적으로 해결해 준다.

또한 기업은 트위터를 브랜드홍보 혹은 브랜드이미지제고에 활용할 수 있다. 예를 들어 기업은 트위터를 통하여 팔로워를 늘림으로서 브랜드홍보효과를 극대화할 수 있다. 최근의 조사에 의하면 트위터의 관심글 이용자 중 약 9%가 기업/단체의 이벤트나 행사에 관한 글을 관심글로 수집해 놓고 있음을 알 수 있었다. 트위터 이용자들이 직접 관심글로 수집해 두었다는 것은 기업이 전달하는 메시지에 단순 노출되는 것을 넘어 기업이 트윗하는 메시지에 소비자의 적극적인 반응을 뜻한다.

여섯 번째, 기업은 트위터를 판매도구로 활용하여 판매효과를 극대화할 수 있다. 트위터를 통하여 상품을 소개하든지 타임세일을 실시하던지 쿠폰을 발행하여 매출을 발생시킬 수 있다. 최근 소셜 미디어에서의 소비자 브랜드에 대한 반응성을 조사한 연구에서는 트위터 사용자들의 44%가 소셜미디어에서만 볼 수 있는

표 7.11 트위터 활용전략 및 유형

유형	트위터 활용전략
조사 및 마케팅	• 트위터 검색, 해시태그 활용, 트랜드, 토픽 등을 활용하여 트윗 모니터링 • 내부 구성원의 활용능력 증진을 통한 정보의 입수 및 발신원의 다양화 • 소셜미디어의 입소문 마케팅(Viral Marketing)으로 발전 및 심화
고객 관계 관리	• 일원화된 대응체계 구축 • 기타 소셜미디어, 고객 전도사 등을 활용하여 고객의 확대 및 유지 • 팔로우, 가치있는 콘텐츠 공유, 트위터에서 시작한 오프라인 모임(Tweetups)지원에 의한 고객관계 강화 • Mention과 DM(Direct Message)을 활용한 고객과의 긴밀한 관계 구축
브랜딩	• 기업의 목표 이미지를 설정하고, 이를 실현하기 위해 노력 • 전문성 있는 매력적 콘텐츠, 신선한 이벤트, 캠페인을 통한 기업 및 브랜드 이미지를 개선하고 홍보효과 극대 • 광고, 기존 홈페이지, 블로그 등과 병행 활용을 통한 시너지 효과 극대화
판매	• 이벤트, 쿠폰제공, 타임세일 등 시의적절한 프로모션으로 고객의 주의 환기 • 고객이 관심을 갖고 있는 유용하고 신뢰 있는 정보제공 • 판매 보다는 브랜드 충성도 및 고객과의 신뢰관계 형성에 중점
협업	• 고객에게 프로슈머(Prosumer)로서 기업경영 활동에 참여할 수 있는 기회 제공 • 흥미와 관심을 유발할 수 있는 이벤트 기획 • 아이디어 제공 및 참여에 따른 적절한 보상

출처: 이강호(2011). 기업의 트위터 활용유형에 따른 도입방안에 관한 연구. 한국기업경영학회, 18−1.

특별한 상품 혜택(special offer)을 주요 가입 이유로 들고 있음을 보여주었다. 예를 들어 미국의 서브웨이(Subway) 샌드위치는 신제품 출시를 앞두고 팔로워들에게 신제품 소개 트윗과 함께 할인쿠폰을 제공하여 신제품 홍보 및 매출효과를 거두었다. 또한 미국의 델컴퓨터는 2007년 5월 트위터 공식계정을 개설하여 약 2년만에 아웃렛폼(리스가 끝난 후 회수품, 구모델, 수서된 반품 등) 200만 달러, 신제품 100만 달러어치를 트위터를 통하여 판매하였다.

기타 기업은 트위터를 소비자조사에 활용할 수 있다. 기업은 트위터의 검색기능을 이용하여 회사의 상품이나 서비스에 대한 고객들의 의견을 실시간으로 조사하고, 고객의 소리를 청취하고, 고객의 의견을 경영과 서비스 개선에 반영할 수 있다. Trendrr(www.trendrr.com)이나 TweetVolumn(www.tweetvolume.com) 같은 서비스를 이용하여 자기회사의 상품 및 서비스가 트위터에서 어느 정도 거론이 되는가를 그래프로 볼 수 있으며, 설문조사를 통하여 트위터 상의 고객의 소리를 직접 청취할 수 있다. 예를 들어 미국의 디저트 프랜차이즈 기업인 Tasti D-Lite(@tastidlite)은 트위터 모니터링을 통하여 고객의 소리를 청취하고 이를 서비스 개선에 반영하였으며, 특히 트위터 한정으로 쿠폰페이지를 URL과 함께 트윗하여 쿠폰교환률과 매출액의 추이를 관찰하여 효과를 측정하였다.

7_4-5 블로그(blog)

블로그(Blog 혹은 Web log)는 인터넷을 의미하는 웹(Web)과 일지 혹은 기록을 뜻하는 로그(Log)를 합친 낱말로, 스스로가 가진 느낌이나 품어오던 생각, 알리고 싶은 견해나 주장 같은 것을 웹을 이용하여 올리고 저장하여 다른 이용자들과 공유할 수 있는 공간으로 정의된다.

블로그는 2013년 소셜미디어 마케팅 산업 리포트(social medua marketing industry report)에 의하면 페이스북, 트위터, 그리고 링크드인에 이어 전세계 마케터들이 네 번째로 많이 사용하는 소셜미디어이다. 포춘(Fortune)이 선정한 세계 100대 기업들 중 33%의 기업이 블로그를 운영하고 있는 것으로 나타났으며, 전세계 마케터들의 58%가 블로그를 마케팅의 도구로 사용하고 있다고 응답하였다. 우리나라의 경우 2010년 기준으로 401개 상장기업들 중 16%만이 블로그와 같은 소셜미디어를 마케팅의 수단으로 활용하고 있는 것으로 나타나, 블로그와 같은 소셜미디어에 대한 국내 기업의 인식이 아직 낮은 것으로 나타났다.

블로그는 일반적으로 한 사람마다 하나씩(계정마다) 블로그를 가입 및 설정할 수 있으며, 한 사람이 자신의 글을 올리고, 관리하지만 많은 사람들이 볼 수 있고 의견을 나눌 수 있기 때문에 1인 미디어라고 불린다. 블로그는 일기나 감상의 기록, 자유로운 자아표출이 가능한 공간일 뿐 만 아니라 답글, 방명록, 쪽지, 이메일 등의 기능을 통해 블로거와 방문자 간의 원활한 의사소통과 친목도모가 가능하다. 방문자와 일대일 커뮤니케이션이 가능한 반면에 네트워크 확장성을 통해 다른 블로그와 연결되어 수없이 확산될 수 있다.

현재 국내의 경우 포털사이트 이용자들의 60%가 블로그를 소유하고 있고, 일주일에 1-2시간을 블로그를 사용 하는데 소비하고 있으며, 블로그 콘텐츠의 신뢰도도 85%가 신뢰하는 것으로 조사되었다.

블로그는 광고노출 뿐 만 아니라 신제품 런칭, 제품광고, 고객 정보수집, 입소문 마케팅, 브랜드커뮤니티형성, 기업의 고객과의 관계관리 및 이미지홍보를 위한 통합적 마케팅 커뮤니케이션 채널로서 활용되고 있다. 블로그들 간의 소비자들 간의 제품을 둘러싼 자발적 여론 형성, 다양한 네트워크 확장성과 기능들을 이용한 빠른 입소문, 그리고 정보에 대한 신뢰성과 친밀감 등의 특성으로 인하여 광고주의 입장만을 전달하는 기업의 홈페이지와 달리 자신의 블로그에 양질의 콘텐츠를 등록하여 정보를 제공하면서 홍보를 할 경우에 그 효과가 크다. 또한 블로그는 기업들에게는 제품에 대한 소비자들의 리뷰(review, 사용후기) 등을 통하여 소비자들의 관심이나, 욕구, 문제점, 그리고 취향 등을 파악할 수 있는 공간으로서 활용된다.

광고매체로서 블로그의 특성은 다음과 같이 몇 가지로 요약할 수 있다. 첫째, 정보의 투명성과 신뢰성이다. 블로그에서 제공되는 정보는 공개되며, 게시글을 포스팅한 사람이 누구인지도 공개된다. 또한 이용자가 필요로 하는 전문적 정보를 제공하기 때문에 이용자들의 메시지에 대한 관여도가 높고 인위적인 조작이 가해지지 않은 참여자의 생생한 목소리를 그대로 전달한다는 장점으로 인하여 신뢰성이 크다. 특히 파워블로거처럼 전문적이고 정보력있는 블로거들이 올리는 블로그는 여느 정보 못지않게 믿을 만 하다. 이러한 특성으로 인하여 소비자들은 기업의 홈페이지보다 블로그의 정보를 더 신뢰하며, 따라서 광고주의 입장만을 전달하는 기업의 홈페이지와 달리 자신의 블로그에 양질의 콘텐츠를 등록하여 정보를 제공하면서 홍보를 할 경우에 그 효과가 크다.

둘째, 네트워크의 확장성이다. 일반적으로 블로그는 트랙백(track back), 태그(tag), 퍼머링크(permanent link), 그리고 RSS(Really Simple Syn-diction)와 같은 이용자들이 이용하기 편리한 네트워크 인터페이스를 제공해 다른 블로그와 서로 네트워크를 형성할 수 있는 기능을 제공하고 있다. 이러한 네트워크 인터페이스를 이용하여 블로그들은 다른 블로그와 연결하여 커뮤니티를 형성할 수 있으며, 일대일, 일대다수, 다수대다수의 커뮤니케이션을 할 수 있다. 또한 우리나라의 주요 블로그 서비스 업체인 싸이월드(CyWorld), 네이버(Naver), 다음(Daum)에는 일촌, 이웃, 친구라고 불리는 기능을 설정해 자신과 비슷한 취미나 관심분야를 갖고 있는 사람들끼리 서로 네트워크를 형성할 수 있는 기능도 제공하고 있다. 블로그는 이러한 기능들을 이용하여 다른 블로그와 관계를 형성하게 되고 상대 블로그의 업데이트나 나의 글에 대한 상대방 블로거의 반응을 실시간으로 알 수 있게 되며, 블로거들은 이러한 블로그의 네트워크 기능을 통해 그들의 일상 속으로 들어가게 되고, 다양한 소식들을 주고받음으로서 관계의 넓이를 확장하고 기존에 형성되었던 친밀한 관계를 더욱 강화하게 된다.

셋째, 상호작용성(interaction)이다. 전세계적으로 주요 블로그에서 제공되는 서비스 중에 조회하기, 답글 나기기, 스크랩하기, 엮인글 달기, 그리고 공감하기와 같은 블로그는 내의 상호작용적 기능들을 이용하여 블로거와 방문자 혹은 방문자간에 사회적 관계 맺기나 사회적 연결망을 형성할 수 있다. 예를 들어 블로거가 자신의 블로그에 게시글을 작성하면 다른 이용자는 이 게시글에 대하여 조회를 하거나, 답글을 남기거나, 스크랩을 하거나, 역인 글 달기를 할 수 있다. 이러한 다양한 블로그의 상호작용적 특성으로 블로그는 사회적 연결망을 확립할 수 있으며, 이 과정에서 특정 블로그는 연결망 내에서 중심적인 노드(node)로 자리매김할 수 있고, 블로거 사이에 영향력을 행사할 수도 있다.

블로그의 광고 및 마케팅유형은 이용방법에 따라 광고플랫폼형, 체험마케팅형, 기업블로그형, 제품블로그형, 리뷰마케팅형, 그리고 위장블로그형의 6가지 유형으로 구분된다.

첫째, 광고플랫폼형으로서 블로그를 단순히 광고메시지를 노출시키는 광고플랫폼으로서 활용한다. 일반 블로그에 디스플레이광고(예를 들어 문맥광고)를 삽입하여 블로그 방문자들에게 노출시키는 광고플랫폼형이다. 이 형태는 기업이 블로거와 별도로 관계를 맺지않고 웹 광고대행사를 통해 디스플레이광고(예를 들어 배너광고), 문맥광고 등을 블로그에 게재하고 블로그 방문자의 클릭 비율에 짜라 블로거에게 대가를 지불하는 형태이다.

둘째, 체험마케팅형으로서 일반 블로거를 모집하여 기업이 제공한 블로그 혹은 블로거 본인의 블로그에 제품과 관련된 글을 게재하여 확산을 유도하는 방법이다. 이 방법은 기업이 새로 도입하는 신제품 혹은 서비스를 런칭단계에서 바이럴차원에서 체험하고 이용후기를 블로그를 통해 올려줄 소비자를 체험단 형태로 모집하여 활용하는 형태이다. 이 방법은 블로그를 마케팅 수단으로 활용하는 대부분의 기업들이 사용하는 방식으로 고객체험단을 기업이 직접 모집하는 경우도 있지만, 매타블로그와 블로그포털과 같은 블로그 체험단 에이전시를 통해 모집하는 경우도 있다.

일반적으로 콘텐츠와 광고메시지의 내용을 일치시키는 문맥광고 상품들로 구글(Google)의 애드센스, 네이버의 애드포스트, 다음의 애드클릭스들이 있다. 이 광고상품은 광고를 보여주는 것에 동의한 블로거들에게도 수익을 나눠줌으로서 블로거의 적극적인 참여를 유도할 수 있으며 또한 블로거 입장에서도 수익을 올릴 수 있는 수단이 된다. 그러나 너무 지나친 광고노출은 방문자들의 광고에 대한 거부감을 자극하여 블로그에 대하 신뢰성을 떨어뜨릴 수 있다.

셋째, 기업블로그형으로서 블로그를 기업 이름으로 블로그를 오픈하여 기업이 각종 마케팅 활동을 직접 수행하는 경우이다. 이 방법은 기업이 직접 블로그를 운영함으로 관리가 쉽다는 장점이 있는 반면에 이용자들의 방문을 유도하기가 쉽지 않다는 단점이 있다.

넷째, 제품블로그형으로서 기업이 제품 혹은 서비스유형별로 다수의 블로그를 운영하는 형태이다. 이 방법은 기업블로그형과 마찬가지로 기업이 직접 제품관련 들을 작성하여 관리한다는 점에서 적극적인 마케팅이 가능하나, 기업이 올린 게시글에 대해서 소비자가 의문을 제기할 수 있으며, 방문자를 끌어들이는 것도 쉽지 않다. 이러한 단점을 극복하기 위하여 분야별로 잘 알려지고, 활동이 활발한 블로거를 선정하여 건당 원고료를 지급하여 해당 브랜드에 대한 글을 올리게 함으로서 조회수와 방문자 수를 높이고 있다. 예를 들어 삼성전자는 2008년 4월 이후 햅틱,

소울, 햅틱2 등 주요전략제품의 캠페인에 블로그를 활용하고 있는데 잘 알려진 블로거 1인당 보통 4~6개의 글을 올려, 5개월 동안 모두 147건의 콘텐츠가 만들어져 70만 회 이상이 조회되었다고 한다.

다섯째, 리뷰마케팅형으로 파워블로거를 섭외하여 일정한 대가를 지불하고 제품의 리뷰(혹은 사용후기)를 작성, 해당블로그에 올려 홍보를 유도하는 방법이다. 파워블로거들로 하여금 자신의 블로그에 다른 블로거들의 글을 묶음 형식으로 제공한다든지 자사의 제품/서비스에 대해 언급하고 있는 블로거들의 글을 기업블로그에 올리는 방식을 활용하기도 한다. 이 방법은 파워블로거의 전문성과 신뢰성을 활용하여 제품의 특징을 빠르게 전달할 수 있으며, 투자비용 대비 높은 효과를 기대할 수 있는 등 마케팅의 효과를 배가시킬 수 있다. 특히 파워블로거가 오피니언리더로서 역할을 수행하면서 블로거 간의 의사소통을 통해 광고에 대한 거부감을 줄이고, 입소문효과를 기대할 수 있다. 다만 파워블로거를 이용하여 블로그 콘텐츠를 생성할 때 기업의 제품홍보에 대한 소비자의 거부감을 줄이기 위하여 자연스럽게 소비자의 감성을 자극하면서 공감을 이끌어낼 수 있는 방안이 필요하다. 예를 들어 한국 HP은 신제품 런칭 행사에 파워블로거들을 기자와 동등한 대우로 초청하여 행사후기 및 제품리뷰를 공개하고, 이슈거리를 만들어 많은 블로그 방문과 검색효과를 거두었고 제품에 대한 호감은 물론 매출상승의 효과로 이어졌다.

표 7.12 블로그를 활용한 마케팅 유형과 특징

유형	세부유형	특징
간접 활용	체험 마케팅형	일반 블로거를 모집하여 기업이 제공한 블로그 또는 블로거 본인의 블로그에 게시하여 확산을 시도
	리뷰 마케팅형	파워블로거를 섭외하여 일정한 대가를 지불하고 제품의 사용후기를 작성, 해당 블로그에 올려 홍보를 유도
	광고 플랫폼형	일반 블로그를 문맥 광고(애드센스, 애드포스트, 애드클릭스 등) 또는 배너 광고를 게시하는 플랫폼으로 활용
직접 활용	기업 블로그형	기업 이름으로 블로그를 오픈하여 각종 마케팅 활동 직접 수행하며, 홈페이지와 병행 또는 홈페이지 없이 블로그만으로 운영
	제품 블로그형	기업이 제품 또는 서비스 유형별로 다수의 블로그를 운영
	위장 블로그형	기업이 다수의 블로그를 만든 뒤 제품 리뷰를 모아 이 블로그에 올려 확산시키는 유형이며, 주로 포털 검색엔진의 상위에 랭크될 가능성을 높이기 위해 인위적으로 위장 블로그를 만들어 활용

출처: 김위근 · 이강형 · 이동훈(2010). 한국의 파워블로거. 한국언론진흥재단, 2010.

여섯째, 위장블로그형으로서 기업이 일반인을 가장해 다수의 블로그를 만든 뒤 제품 리뷰를 모아 이 블로그에 올려 확산시키는 유형이다. 이 방법은 소비자가 포털의 검색엔진을 통해 해당 서비스나 제품군을 검색할 때 포털 검색엔진의 상위에 랭크될 가능성을 높이기 위해 인위적으로 위장 블로그를 만들어 활용하는 방법이다. 이 방법은 검색랭킹을 인위적으로 조작한다는 점에서 정보의 자율성을 왜곡시키는 가장 바람직하지 않은 방법이다.

생각해 볼 문제

1. 뉴미디어의 등장으로 글로벌 매체환경은 어떻게 변화하는가?
2. 국제광고캠페인에서 뉴미디어의 역할은 전통매체와 어떻게 다른가?
3. 글로벌 광고플랫폼으로서 인터넷광고, 모바일광고, 그리고 소셜미디어광고의 유형, 특징, 그리고 장단점은 무엇인가?
4. 국제광고캠페인에서 인터넷광고, 모바일광고, 그리고 소셜미디어광고의 매체전략 및 기획과정은 어떠한가?

참고문헌

ZenithOptimedia(2013). Advertising expenditure forecasts, June
www.eMarketer.com
Michaela A. Stelzner(2011, 2013). 2013 Social media marketing industry report.
www.socialbakers.com/facebook-statistics
이강호(2011). 기업의 트위터 활용유형에 따른 도입방안에 관한 연구. 한국기업경영학회, 18-1.
김위근 · 이강형 · 이동훈(2010). 한국의 파워블로거. 한국언론진흥재단, 2010.

INTERNATIONAL ADVERTISING

Chapter 8

국제광고의 소비자행동 전략

8_1 소비자 의사결정과정

8_2 개인적, 심리적 요인

8_3 문화적, 사회적, 대인간 요인

국제광고 캠페인을 기획하는데 있어서 해당 국가의 독특한 소비자 행동을 이해하는 것은 성공적인 효과를 거두기 위한 전제조건이라 할 수 있다. 소비자 행동이란 소비자의 욕구와 기호를 만족하기위한 구매결정을 하는데 있어서 문제인식, 정보탐색, 대안평가, 구매, 구매 후 행동으로 이어지는 일련의 의사결정과정에 연루된 소비자의 정신적 과정과 물리적 행동을 포함한다(그림 8.1참조). 이러한 과정 속에 소비자의 개인적 특성이나, 다른 사람으로 인한 사회적 요인, 날씨, 음향 등 비인적 요인 등 다양한 영향요인들이 존재하는데, 특히, 국제광고에서는 소비자가 속해있는 문화, 추구하는 개인적 가치 등이 중요한 영향요인으로 작용하게 된다.

8_1 소비자 의사결정과정

소비자는 제품구매결정을 할 때 문제인식, 정보탐색, 대안평가, 구매결정, 구매 후 행동에 이르는 의사결정과정을 따르게 된다. 모든 소비자가 똑같이 제품유형에 상관없이 모든 경우에 이러한 과정을 따라서 구매결정에 이른다고 볼 수는 없지만, 의식적이고 합리적으로 사고하고 평가하는 합리적 소비자를 상정한다는 점에서 이 과정은 정보처리적 학습이론에 토대를 두고 있다.

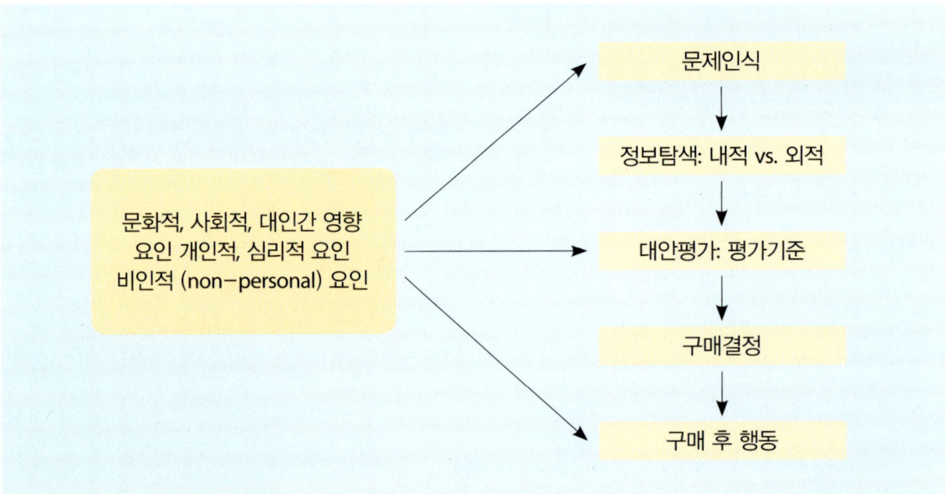

그림 8.1 소비자 의사 결정과정

8_1-1 문제인식

구매의사결정의 첫 단계는 문제인식 단계로 소비자가 이상적 상태와 현재상태간의 괴리를 발견하면서 이를 충족하기 위한 제품에 대한 욕구를 느끼는 단계를 말한다. 국제광고 관점에서 보면, 소비자가 위치한 지역에 따라 소비자의 제품에 대한 필요나 욕구가 달라질 수 있으므로 국가의 문화적 특성과 소비자 가치관과 라이프스타일, 제품 선호도 등에 대한 면밀한 분석이 필요하다. 또한 소비자의 필요를 인식시키는데 있어서 소비자에게 어떤 정보를 어떻게 전달할 지에 대해서도 전략적 사고가 필요하다. 예를 들면, 더운 지방에서는 아이스크림에 대한 필요를 소비자에게 어필하고, 춥고 건조한 지역에는 가습기를 판매한다고 했을 때, 이러한 제품에 대한 소비자들의 욕구를 어떤 비주얼과 카피를 가지고 자극할 것인지에 대한 전략적 판단이 필요하다.

정보처리관점에서 보면, 고맥락 집단주의 (High-context, collectivistic) 문화에서는 상징과 표식, 간접적 커뮤니케이션을 주로 사용하는 반면에, 저맥락 개인주의 문화에서는 회화적 표현보다는 말로하는 설명이나, 설득적 카피, 수사학적 표현 등이 자주 쓰인다. 이러한 문화적 커뮤니케이션 방식의 차이를 근거로 국가별로 차별화된 광고전략을 구사하는 것이 가능할 것이다.

8_1-2 정보탐색

소비자가 어떤 욕구를 만족시켜야할 필요를 느끼게 되면, 곧바로 이를 어떻게 만족시킬 것인가에 대해 정보를 탐색하게 된다. 정보탐색은 소비자의 머릿속에 이미 있는 정보(예를 들면, 기존의 제품경험, 환기셋트로 떠오르는 브랜드 등)를 이용하는 내적탐색이 있고, 내적탐색으로 원하는 정보가 충족되지 않으면, 신문, 인터넷, 친구나 전문가에게 문의하는 등 외부적 자원을 동원하여 필요한 정보를 획득하기 위한 외적탐색 단계로 들어가게 된다. 일반적으로 익숙하지 않거나 리스크가 큰 고관여 제품, 제품속성이 복잡한 경우에 정보에 대한 필요가 증대됨에 따라 외적탐색단계로 접어들 가능성이 더욱 크다. 내적탐색에서 외적탐색으로 이동함에 따라 정보탐색시간도 더욱 길어지게 된다.

개인주의적이고, 권력거리가 적고, 불확실성 회피경향이 낮은 문화권에서 사람들은 문자위주로 소통하므로, 책과 신문을 더 많이 읽는 경향이 있다. 따라서 미국 같은 나라에서는 외부탐색 시 필요한 정보를 활자매체를 이용하여 제공하는 것이 유효한 전략이 될 것이다. 반면에 집단주의적이고, 권력거리가 큰 문화에서는 사람들이 정보를 암묵적이고, 대인간 의사소통을 통해 정보를 획득하고, 회사에 대한 느낌과 신뢰를 토대로 구매결정을 할 것이다. 따라서 우리나라나 중국 같은 집단주의 문화권에서는 감성적 어필과 입소문 전략을 통해 소비자를 설득하는 것이 효과적인 접근 방법이 될 수 있다.

8_1-3 대안평가

소비자가 정보탐색을 마치게 되면, 떠오르는 대안들 몇 개를 놓고 이를 평가하여 최적의 대안을 선택하게 된다. 이때 평가기준에 따라 선택이 달라질 수 있기 때문에, 어떠한 기준으로 대안을 평가할지가 매우 중요하다. 예를 들면, 휴대폰을 선택하게 되는 경우, 통화품질, 디자인, 가격, 브랜드 선호도 등 다양한 평가기준을 갖게 되는데 이중 무엇을 평가기준으로 삼을지에 따라 선택하는 제품을 달라질 것이다. 이때, 문화적 또는 경제적 요인으로 인해 동일한 제품일지라도 국가별로 소비자들이 가장 우선시하는 제품속성이 다를 수 있다. 예를 들면, 어떤 나라는 디자인을 가장 우선시하는 반면, 또 다른 나라는 가격에 가장 민감하다고 했을 때, 마케터는 국가별로 출시하는 제품 구성 및 마케팅 전략을 달리하면서, 소비자의 평가기준을 만족시키도록 노력을 기울여야 할 것이다.

단지 기준이 무엇이냐의 문제뿐만 아니라 이러한 평가기준을 어떠한 방식으로 적용할지가 또한 선택에 영향을 미치는 관건이 된다. 예를 들면, 본인이 가장 중요하게 생각하는 제품속성을 평가기준으로 적용하여 이를 만족하는 제품을 선택하고 만족하는 제품이 없을 때는 그 다음 중요한 속성을 만족하는 제품을 찾는 식으로 속성의 중요도에 따라 기준을 만족하는 제품을 순차적으로 찾아가는 사전편집식 평가방식을 적용할 수 있다. 이와는 반대로 가장 중요한 속성에 대해서 기준을 만족시키지 못하는 제품을 제일 먼저 탈락시키고, 그다음 중요한 속성을 불만족하는 제품을 탈락시키는 식으로 선택하는 순차제거식 평가방식도 있다. 이와는 달리,

각 속성에 대해 중요도에 따라 일정한 가중치를 적용한 후 이를 모두 합산하여 가장 높은 점수를 얻은 것을 선택하는 보상적 평가방식도 적용할 수 있다.

다국가를 중심으로 비즈니스를 하는 마케터라면 국가별로 이러한 평가기준 적용방식에 있어서 차이는 없는지를 면밀히 검토한 후 그 나라 특성에 맞게 평가기준을 만족시킬 수 있도록 제품별로 다양한 속성별 장단점을 관리할 필요가 있다.

8_1-4 제품 구매결정

소비자가 선택대안을 결정하게 되면 제품 구매단계로 들어가는데 이때 또 다른 요인들이 영향을 미치게 된다. 가족이나 동료 등 주위의 사람에 의한 사회적 요인이 제품구매에 영향을 미칠 수 도 있고, 제품구매 시 날씨, 판매점까지의 거리 등 비인적인 요소도 영향을 미치게 된다. 이때 집단주의 문화에서 가족이나 동료 등 사회적 요인이 구매결정에 미치는 영향력이 개인주의 문화에서 보다 더 크게 나타날 것이라는 것은 쉽게 예측할 수 있는 일이다.

특히, 집단주의 문화의 아시아권 국가에서는 체면을 중시하고 대립을 피하려는 경향이 높으므로, 구매결정이 충성심이나 의무감에 좌우되곤 한다. 예를 들면, 중국인들은 치약, 칫솔 등 개인적으로 사용할 제품에 대해서는 가격에 민감한 반면, 자동차나 휴대폰 등 남들이 보는 앞에서, 공개적으로 사용되는 제품에 대해서는 고가품을 선호한다. 이는 제품의 높은 품질이 체면을 잃을 위험성을 줄여준다고 생각하기 때문이다.

8_1-5 구매 후 행동

8_1-5-1 만족 vs. 불만족

제품 구매가 일어난 후에 소비자는 만족, 또는 불만족 두 가지 상황을 맞이하게 된다. 구매에 대해 만족하는 것은 소비자의 제품경험이 구매 전 기대치를 충족하거나 그 이상인 경우이고 불만족하는 상황은 소비자의 구매 전 기대치를 제품경험이 충족시키지 못함으로 인하여 제품에 실망하는 상황이라고 할 수 있다.

문화적 특성을 고려할 때 개인주의 문화보다, 집단주의 문화에서 구매에 대한 만족도는 같은 그룹에 속한 구성원들의 반응에 더 크게 좌우된다고 볼 수 있다.

소비자가 만족하든 불만족 하든, 그 결과는 다시 소비자 의사결정과정으로 돌아가 향후 비슷한 제품군에 대해 동일한 필요를 느낄 경우 의사결정 전 단계에 걸쳐 피드백으로 영향을 미치게 된다. 예를 들어, 만족하지 못했다면, 정보의 내적탐색단계에서 부정적 정보로 기록될 것이고, 대안평가단계에서 최대한 그 제품을 배제하려 하고 결국 구매결정단계에서 다른 제품을 선택하는 결과로 나타나게 될 것이다.

8_1-5-2 인지적 부조화

특히 구매 후 평가단계에서 소비자가 제품구매에 대해 심리적으로 내적 갈등상태에 빠지는 현상을 인지적 부조화(cognitive dissonance)라 한다. 이는 특히 구매단계에서 선택대안들이 비슷비슷하고, 리스크가 큰 고관여 제품에서 더욱 경험하기 쉽다. 자동차를 예로 들면, 빨강색 자동차를 구입하고 집에 돌아온 후, 매장에 세워져있던 노란색 모델이 머릿속에 자꾸 어른거리게 되는 경우, 구매는 종료되었지만, 두 가지 선택대안이 머릿속에 공존하면서 소비자가 감정적으로 불안한 상태에 빠지게 되는 것이다. 이때 소비자는 불안한 상태로부터 속히 벗어나고자 하는데 두 방법 중 하나는, 최대한 본인의 선택을 지지해줄 정보를 찾아나섬으로써 구매결정을 합리화하고 정당화하려 노력하는 것이다. 예를 들면, 인터넷에서 구입한 제품에 대해 호의적인 정보를 찾거나, 구매하지 않은 제품에 대한 부정적 정보를 찾는 것, 친구에게 본인이 선택한 제품을 자랑하고 동의를 구하는 경우 등을 이러한 노력의 일환으로 볼 수 있다. 마케터가 TV 광고에서 인기 있는 연예인을 통해 제품에 대한 호의적 메시지를 내보내는 것도 이러한 노력을 촉진하는데 도움을 줄 수 있다. 특히, 집단주의 문화에 속한 소비자에게는 소셜미디어에서 친구 맺은 사람들을 통해 제품관련에 대해 호의적인 메시지를 노출시키는 것도 인지적 부조화를 해소시키는 효과적인 전략이 될 수 있을 것이다.

하지만 소비자의 노력에도 불구하고 본인의 선택을 정당화 할 수 없다면, 남은 선택은 단 한 가지, 제품을 환불하거나 교환함으로써 소비자의 상태를 제품구매 전단계로 원 위치시켜 불안감의 근원을 제거하는 방법밖에는 없을 것이다.

8_2 개인적, 심리적 요인

8_2-1 자아개념 (self concept)

자아개념이란 소비자가 자기 자신을 어떻게 보는가? 또는 남이 자기 자신을 어떻게 바라보고 있는가에 대한 스스로의 생각이다.

자아개념은 문화권에 따라 상이한 차이를 보이는데, 개인주의 문화에서 자아를 자율적인 주체로 보고 남과 다른 독특한 속성이나 특질로 개인을 바라보는데 비해서 집단주의 문화에서의 자아는 개인은 타인과 분리할 수 없으며, 개인이 속해있는 상황이나 사회적 맥락 등 다른 사람과의 관계 속에서 개인의 존재를 확인하게 된다. 상호의존적 자아는 아시아, 남아메리카, 러시아, 중동, 아프리카, 남유럽 등 광범위하게 퍼져있다.

개인주의 문화에서는 독립적 자아(independent self)를 상정하는 반면에 집단주의 문화에서는 상호의존적 자아(interdependent self)를 투영 한다 [마쿠스와 기타야마((Markus and Kitayama), 1991]. 예를 들어, 집단주의 문화인 일본에서 기분이 좋다는 말은 친근하고 우호적인 느낌과 같은 개인 간 유대, 관계적 상황을 연상하는데 비해서, 개인주의 문화권인 미국에서 기분 좋음은 우월감, 자랑스러움 등 개인 간 거리를 두는 독립적 상황을 보다 자주 연상하곤 한다. 마찬가지로 영국에서 행복감은 독립감과 긍정적으로 연관되는데 비해서 그리스에서는 부정적으로 연관되는 것과 같다 [네즐레크, 케펫시오, 스미스((Nezlek, Kafetsios, and Smith), 2008].

독립적 자아와 상호의존적 자아의 차이는 광고에도 영향을 미치게 되는데, 한국, 중국 등 집단주의 문화 국가에서는 자기가 속한 그룹의 이익, 조화, 가족을 중심으로 어필하는 게 더 효과적인 반면, 미국 같은 개인주의 문화에서는 개인의 이익이나 선호도, 개인적 성공, 독립성 등에 호소하는 것이 더 효과적이다.

따라서 개인주의 문화에서는 개인의 자유, 성취 등 독립적 자아개념을 자극하는 광고 메시지를 지향하는데 비해서, 집단주의 문화에서의 광고캠페인은 가족의 화목, 그룹 내 조화, 협력 등 사회적 관계를 강조하여 상호의존적 자아개념에 어필하는 것이 소비자로부터 더 큰 호응을 얻을 수 있을 것이다.

8_2-2 개성 (personality)과 Big 5 모델

개성은 자율성과 사회성 등, 개인이 어떤 환경에 상관없이 보여주는 독특하고 일관된 특색으로 정의된다. 이는 개인의 행동을 예측하기 위한 유용한 단서로 쓰인다.

개인주의 문화에서는 이러한 특색이 개인의 일부로 고정된 것이라고 보는 반면, 집단주의 문화에서는 개인의 특성은 사회적 역할에 따라 변화되고, 행동도 상황적, 맥락적 요소의 영향을 받는다고 본다 [처치(Church) 등, 2006]. 예를 들면, 개인주의 문화에서 자신이나 남을 묘사할 때 맥락에서 벗어나 객관적이고 추상화된 형태로 하는데 비해서 (예: 나는 친절하다, 그녀는 훌륭하다), 집단주의 문화에서는 사람을 집단화된 자아의 형태로 묘사하거나, 상황과 연관시켜 행동을 묘사한다 (예: 나의 가족은 내가 친절하다고 생각한다, 그녀는 내 가족에게 케이크를 가져왔다) [카쉬마(Kashima) 등, 2005].

개성의 특색에 따라 성격을 분리하는데 가장 자주 쓰이는 것이 빅 파이브(Big 5)모델이다. Big 5를 구성하는 다섯 가지 성격요인은 신경증성(neuroticism), 외향성(extraversion), 개방성(openness), 친화성(agreeableness), 성실성(conscientiousness) 등으로 분류 된다 (Ehrenberg et al., 2008). 이러한 분류들은 사교성, 말의 많고 적음 등 인간의 특징적이고 다양한 면을 반영한다. 신경증성은 분노 슬픔 공포 등 불쾌하고 혼란스러운 정서를 경험하는 경향성을 뜻하고, 외향성은 타인과의 사교성, 자기주장성의 강도를 나타내며, 개방성은 새로운 생각과 경험에 대한 접근이나 수용의 정도, 친화성은 타인에 대한 신뢰와 관심 혹은 배려의 정도를, 성실성은 규범이나 규칙을 잘 지키고 자기관리와 통제력이 높은 경향성을 의미한다 [맥크레와 코스타((McCrae & Costa), 1997].

이 다섯 가지 요인은 문화가 서로 다른 나라들에서도 공통적으로 발견되지만, 그 요인별 비중에 있어서는 문화 간 차이가 나타나고 그 차이는 홉스테드의 문화적 차원과도 관계가 있다 [홉스테드와 맥크레(Hofstede and McCrae), 2004]. 연구 결과, 신경증성은 불확실성 회피성향, 남성성과 긍정적 관계에 있었고, 외향성은 개인주의 성향과 긍정적으로 남성성과는 부정적 관계에 있었다. 개방성은 남성성과 긍정적으로, 권력거리와는 부정적, 불확실성 회피와는 긍정적 관계가 발견되었고, 친화성은 불확실성 회피와 부정적 관계를, 성실성은 권력거리와 긍정적 관계를 보여주었다 [홉스테드와 맥크레(Hofstede and McCrae), 2004]. 특히 홉스테드는 동양문화권에서는 "타인에 대한 의존성"을 추가하여 Big 5를 Big 6로 확장할 것을 제안하기도 하였다 [홉스테드(Hofstede), 2007].

개인적 특색과 문화적 경향성 간에 나타난 상관성을 보여주는 이러한 결과들은, 복수의 국가를 대상으로 한 글로벌 캠페인을 기획할 때도, 각 국가가 속한 문화적 특성과 함께, 소비자의 개인적 특성을 반영한 메시지 전략이 필요함을 암시하고 있다. 예를 들면, 개인주의적 문화권에 속한 국가를 타깃으로 하여 광고를 제작할 때, 소비자의 외향적 특색을 함께 고려한 스토리와 메시지전략으로 구성하는 것이 보다 효과적일 수 있다.

8_2-3 광고의 지각 및 기억

외부자극은 인간의 다섯 가지 감각을 통해 주목(attention)을 받고 개인의 태도, 신념, 흥미, 자아개념, 라이프스타일 등 심리적 요소에 따라 입력된 정보를 어떻게 처리할지 결정하게 된다. 개인의 관심사에 맞지 않으면, 정보는 추가적인 처리를 거치지 못하여 인지되지 못하고 버려진다. 개인의 관심사에 맞으면 그 정보는 인지적 처리과정을 거쳐 소비자의 머릿속에 있는 기존 지식과 경험을 근거로 비로소 이해하게 된다. 이러한 인지과정을 거쳐 새로운 정보를 지각하는데, 사람의 뇌의 용량의 한계로 인해 필요한 정보만 처리해서 이해하고 그렇지 않은 것은 처리하지 않는 것을 선택적 지각(selective perception)이라 한다. 이 때문에, 개인에게 관심 있는 정보는 눈에 더 잘 띄고, 관심 없는 정보는 무시되어 인지단계까지 가지 못하고 도중에 버려지게 된다.

선택적 지각은 인류공통의 현상이지만, 문화적인 요소가 영향을 미치기도 한다. 개인주의 문화에 비해 맥락의 중요성이 더 높은 집단주의 문화에서는 어떤 사건이 일어나는 상황이 사실을 인지하는데 있어서 보고 듣는 것에 더 큰 영향을 끼친다. 개인주의 문화에서 언어는 모든 이에게 공통된 의미를 갖고 전달되는 것으로 간주되는 반면, 집단주의 문화에서는 같은 말이라도 상황에 따라 서로 다른 의미를 갖는 것으로 해석되고 이해된다. 같은 말도 어떻게 생긴 사람이 어떤 상황에서 말하느냐에 따라 그 뜻이 다르게 인식될 가능성이 더 커지는 것이다.

지각된 정보는 메시지를 반복하는 시연과정(rehearsal)을 통해 단기기억에 저장되고 스키마(schema)라 불리는 개인의 머릿속에 축적된 정보의 다발들과 그물망 구조로 연결되는 부호화과정을 거친다(그림 8.2 참조). 기존의 정보로 새로이 입력된 정보를 이해하는 상태를 인지(cognition)라 하는데 부호화를 통해 이에 의미를 부여하면서 단기기억에 저장되었던 정보는 장기기억으로 전환되어 필요할 때 이 정보는 기억으로부터 인출(retrieval)되어 꺼내 쓸 수 있게 된다. 결국 기억이 장기기억으로 이동되어야 새로운 정보가 학습된 상태라고 할 수 있다.

단기기억에서 정보를 부호화할 때는 주로 청각정보가 주요한 역할을 한다. 입으로 직접 외우면서 기억할 때 눈으로만 볼 때 보다 더 잘 기억되는 것은 언어적 소리를 통해 정보가 부호화되고 기억을 촉진시켜주기 때문이다.

이러한 기억과 학습은 문화적으로도 영향을 받는 것으로 알려져 있다. 예를 들면, 개인주의 문화권에서 독립적 자아는 주위 맥락과 독립적인 스키마를 형성하게 되는 반면, 집단주의 문화에서 상호의존적 자아는 맥락에 의존적인 스키마를 형성한다. 따라서 아시아권에서는 정보를 그것이 주어지는 맥락과 함께 기억하는 반면, 서구권에서는 다양한 구성요인들을 개별적으로 기억하는 경향을 보인다.

언어의 구조 또한 지각과 기억에 영향을 미친다. 예를 들면, 중국인들은 회화적 표현에 더 의존하는 반면, 미국인들은 언어적 소리에 주로 의존한다.

이러한 현상은 특히 영어권에서 두드러지는데, 서구의 회사들은 회화적 정보보다 언어적 소리를 통해 브랜드를 기억시키려는 경향을 보인다. 반면에, 중국의 소비자들은 시각적 기억이 활성화될 때 정보를 더 잘 기억하므로, 브랜드를 쓰면서 외울 때 브랜드명을 더 잘 기억한다.

따라서, 중국 소비자들에서는 독특한 필체나 로고를 통해 시각적으로 눈에 띄게 브랜드를 지각시키는 것이 더 주효한 반면, 영어권의 소비자들은 징글이나 의성어 사용 등을 통해 브랜드관련 소리나 발음을 강조하면서 청각적으로 접근하는 것이 보다 유리할 것이다.

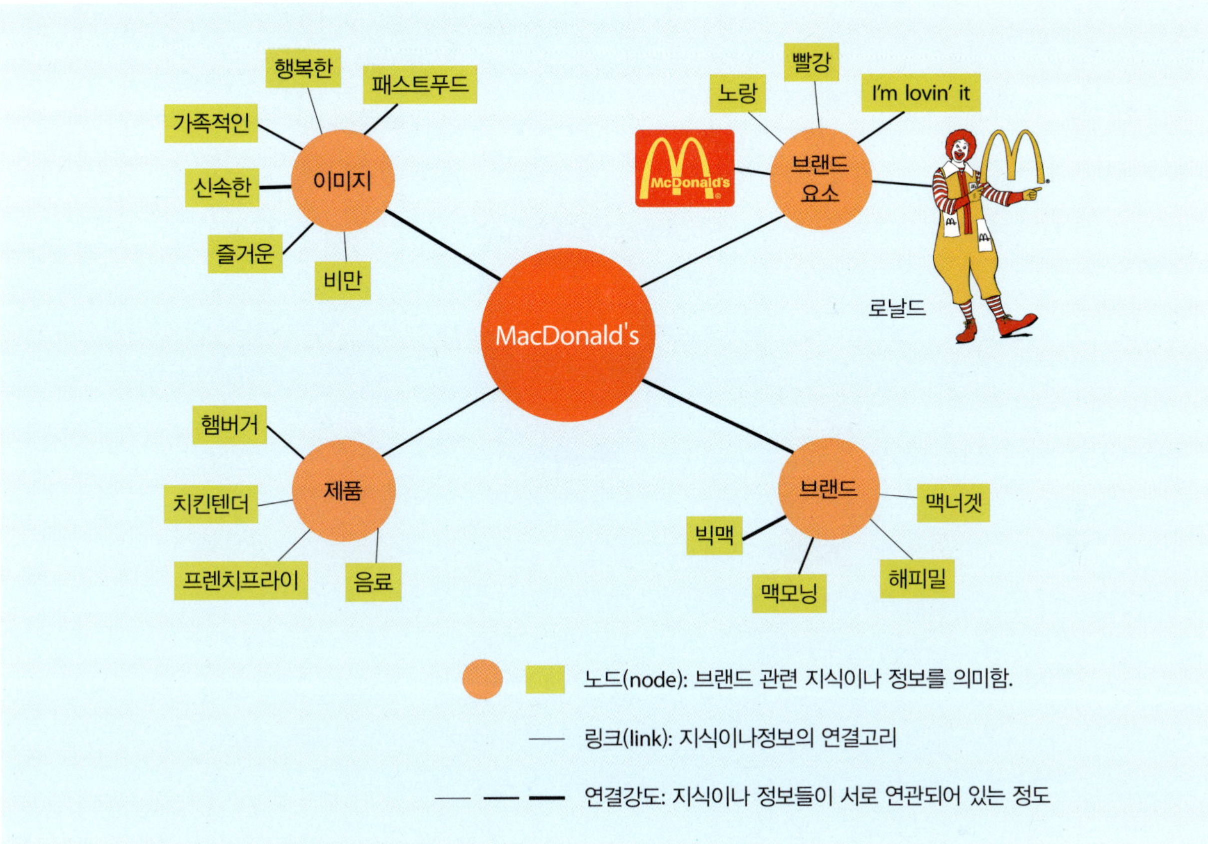

그림 8.2 맥도날드의 스키마 구조 (출처: 동아비즈, 2011)

8_2-4 동기부여

동기부여(motivation)란 개인의 필요가 욕구가 복합된 형태로 소비자에게 어떤 행동을 촉발하는 원동력으로서 정의된다.

매슬로우(Maslow)는 인간의 욕구는 (그림 8.3)과 같이 다섯 가지의 욕구를 가지며, 하위의 욕구가 충족됨에 따라 상위의 욕구로 순차적으로 이행되는 것으로 보았다. 하지만 제품에 따라서 중간 단계가 생략될 수도 있고, 동시에 여러 가지 욕구를 느낄 수도 있으므로 이러한 가능성을 함께 고려하는 것이 보다 현실적인 시각이라고 할 수 있겠다.

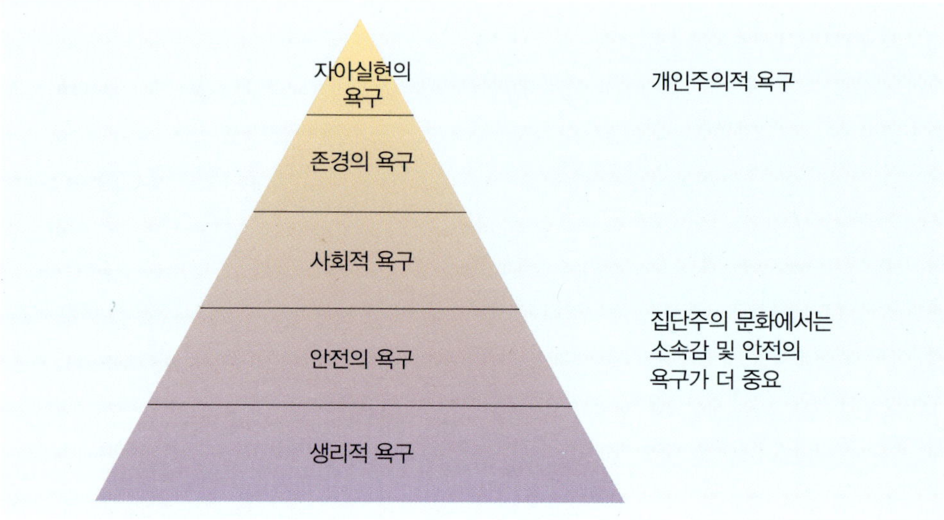

그림 8.3 매슬로우의 5단계 욕구

이러한 욕구는 대체로 인간에게 보편타당한 것으로 받아들여지지만 학자에 따라서는 문화가 이들 욕구를 규정한다고 보기도 한다. 예를 들면, 생리적 욕구는 인간이 공통으로 느끼는 욕구로 보지만 자아실현의 욕구와 같은 상위의 욕구는 개인주의 문화에서 가장 눈에 띄는 욕구로 주로 자율성, 프라이버시에 대한 욕구, 공감, 창의성, 유머감각 등으로 특징지어진다. 반면에, 집단주의 문화에서 말하는 자아실현이란 개인적인 성취보다는 그룹 내에서 주어지는 관심이나 명예 등에 더욱 초점이 맞춰지는 경향을 보인다. 또한 집단주의 문화에서는 소속감과 안전성이 중요하여, 그룹에서 개인이 배제되는 것을 매우 불안전한 상태로 본다.

8_2-5 태도 (attitude)

태도란 어떤 대상에 대해 후천적으로 느끼며, 방향성을 갖는 좋거나 나쁜 정도를 뜻하며 여기서 대상이란 사람, 동물, 무생물, 이슈나 아이디어 등 세상의 거의 모든 것을 포함한다. 태도는 비교적 지속적인 평가나 감정, 행동경향성을 포함한다.

서구문화권에서 태도는 개인의 환경을 조직하고 구조화하며 개인의 평가기준

체계에 일관성을 부여한다. 개인주의문화에서 사람들은 자신의 태도와 감정, 행동 간에 일관성을 갖고자한다. 그 결과, 어떤 상황아래서 소비자의 행동은 제품이나 서비스, 브랜드에 대한 태도로 예측이 가능하고 긍정적 태도로 구매를 예견할 수 있다.

반면에, 태도가 사회적 정체성을 충족시키는 기능도 갖는, 집단주의 문화에서는 태도와 미래행동 간의 관계에 있어서 일관성이 떨어진다. 예를 들면, 행동 (제품사용)이 먼저 나타나고 태도가 나중에 형성되는 역방향의 관계도 나타나게 되는데[창과 치엥(Chang and Chieng), 2006], 이는 광고효과를 측정하기 위한 광고에 대한 태도 측정이 개인주의 문화와 집단주의 문화에서 문화적 차이만으로도 서로 다른 결과를 유발할 수도 있음을 암시하는 것이다 [드 무이와 홉스테드(de Mooij and Hofstede), 2011].

그림 8.4 개인주의 문화에서 자아실현욕구를 자극하는 광고의 예

그림 8.5 집단주의 문화에서 자아실현욕구를 자극하는 광고의 예

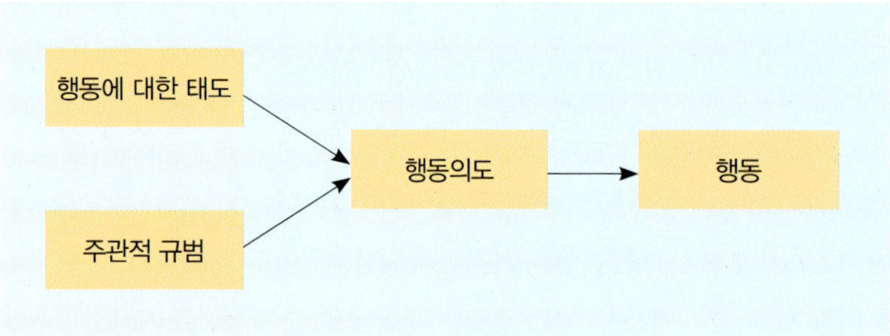

그림 8.6 피시바인(Fishbein)의 행동적 의도모델

이러한 차이는, 태도와 행동 간의 관계를 측정하는 피시바인(Fishbein)의 행동적 의도 모델(behavioral intention model)로도 설명이 된다(그림 8.6 참조). 이 모델에 따르면 사람의 행동의지는 태도의 요소와 규범적 요소에 따라 결정된다. 태도적 요소란 개인이 어떤 행위에 대해 갖는 태도를 말하고, 규범적 요소는 그 행동을 하면 다른 사람이 어떻게 볼 것인가? 에 관련한 사회적 압력을 뜻한다.

개인주의 문화에서는 개인의 구매행동에 대한 규범적 요소의 영향이 상대적으로 약하고 그 행동이 대부분 개인의 태도요소로 설명되는데 비해, 집단주의 문화에서는 규범적 요소의 비중이 훨씬 더 크게 작용한다. 그 이유는 집단주의 문화에서는 체면(face)이 사회적 위치에 따라 기대되는 개인의 행동을 정하게 되고 이를 벗어날 때 도덕성에 타격을 입을 정도로 개인의 행동을 관장하기 때문에 주관적 규범의 (subjecitve norm)의 영향력이 상대적으로 더 크게 나타나는 것으로 해석된다.

따라서, 집단주의 문화에서는 개인의 구매행동에 대해서도 이러한 규범적 요소에 영향을 줄 수 있는 마케팅 툴을 (예: 입소문, 입증자로서의 광고모델, PR활동 등) 어떻게 관리하고 제품에 대해 호의적인 행동의지로 발전시킬 것인가가 마케팅에 있어서 더욱 중요한 결정요인으로 작용할 것이다.

8_3 문화적, 사회적, 대인간 요인

8_3-1 문화

문화는 학문분야에 따라 다양한 방식으로 정의되어왔다. 트리안디스(Triandis)는 문화를 가치, 태도, 의견, 신념, 규범 등 심리학적 개념들의 집합체로 보고 있다.

홉스테드(Hofstede)는 문화를 "한 집단의 구성원을 다른 집단의 구성원과 구분하는 집단적 정신적 프로그래밍이다"라고 정의하였다.

홉스테드(Hofstede, 1980, 1994)가 제안한 불확실성회피(불확실한 것을 피하고자 하는 경향성 및 이에 대한 대응도), 개인주의 vs. 집단주의(개인적 가치나 집단적 가치를 중시하는 경향), 남성성 vs. 여성성(남녀의 성역할이 명확히 구분되는 정도의 높고 낮음), 권력거리(수직적 위계 및 상하관계의 중요성 인지정도) 등 네 가지 문화적 차원은 국제마케팅 조사에서 가장 자주 쓰이는 분류 중 하나이다.

이와 같은 문화에 대한 정의들은 문화를 개인적 특성이 아니라 집단 내 구성원들이 공유하고 대대로 전승하는 공동체적 특성으로 바라보고 있다.

스트러브(Straub)의 모형에 따르면, 개인의 문화적 성향은 국가, 민족, 회사, 지역, 가족, 기타 소집단 등과 같이 서로 상호작용하는 다양한 집단들의 하위문화에 영향을 받아 형성되는 산물이다. 따라서 한 국가 안에 속해있는 사용자들이라 하더라도, 각 개인은 그 국가 안의 다른 집단에 소속되어 있기 때문에 서로 다른 문화적 성향을 나타낼 수 있다. 미국시장을 예로 들면, 히스패닉 시장과 흑인 시장은 같은 나라에 속해 있지만, 인종적 차이로 인해서 선호하는 제품유형이나 브랜드 등에 있어서 차별화된 소비패턴을 보여주고 있다.

루나와 굽타(Luna & Gupta, 2001)는 문화의 개념이 사회에서 공유되는 가치, 관습, 상징 등으로 이루어져있고 이것이 인지, 감정, 행동 등 소비자 행동 전반에 영향을 미치는 것으로 보았다. 따라서, 국가별 문화적 차이에 대한 고려는 국제광고 캠페인을 계획하고 진행하는데 있어서 하나의 출발점이요, 대전제가 된다고 할 수 있다.

8_3-2 사회계층

대부분 사회는 상, 중, 하로 계층화되고 각 계층에 속한 사람들은 유사한 가치관과 행동규범, 생활양식, 교육, 소득 수준 등을 공유하고 다른 계층에 속한 사람들과 차별화되면서 계층 안에서는 태도, 지위, 상징 및 유행 등에 있어서 서로 비슷한 소비패턴을 보이는 경향성을 갖는다.

동일한 사회계층 안에 속한 사람들은 재산, 소득, 직업, 교육 등을 바탕으로 비슷한 지위를 형성하면서 소비행동에 있어서도 공통적인 면이 많기 때문에 계층구조 및 분포에 대한 파악은 해외시장 진입 시에 마케터들에게도 매우 중요한 고려요소이다.

사회계층의 구조는 국가별로 다양하게 구성되고 각 계층의 크기 또한 국가별 경제상황에 따라 다양하게 분포한다. 대부분 집단주의 문화권에 속한 개발도상국들의 경우 소득불균형의 문제는 사회적 지위의 불균형과 함께 일어나는 경향을 보인다.

개인주의 문화에서는 개인단위로 사회적 계층으로 분류되는데 반해, 집단주의 문화에서는 개인뿐 아니라, 가족, 친척 등 관련된 그룹까지 같은 계층 속에 편입되는 경향을 보인다.

중산층이 커지고 구매력이 증가할수록 마케터들에게는 시장에 새로운 기회를 제공하게 될 것이다. 하지만, 최근 경기불황의 여파로 소득 불균형 문제가 국제적인 문제로 대두되고 중산층이 축소되고 시장이 가진 자와 못가진자로 양분되면서 소비자의 구매력이 전반적으로 감소된 점은 마케터들에게 사회계층을 나누어 시장을 접근하는데 새로운 도전요인으로 부각된다.

8_3-3 공적 vs. 사적 공간 (Public vs. Private Space)

제품 유형에 따라서 어떤 제품은 (예: 치약, 휴지 등) 주로 남들 안보는 데서 사용되는 반면에, 어떤 제품들은 (예: 반지, 시계 등 럭셔리 제품, 옷, 음료 등) 주로 남들 앞에서 사용되는 경향성을 보인다. 제품에 대한 공적이거나 사적인 사용 경향성은 문화적인 요인과 함께 광고에도 영향을 미친다.

사적 공간과 공적 공간에서 하는 사람의 행동은 다를 수 있다. 특히, 개인주의 문화에 속한 사람들은 집단주의 문화에서 보다 더 높은 프라이버시에 대한 욕구를 느끼기 마련인데, 이는 소비자의 제품사용 및 미디어 소비행태에도 영향을 미친다. 집단주의 문화에서는 동호회나 동문회 등 공적 공간에서 주로 사교가 이뤄지는 반면에 개인주의 문화에서는 사적 공간을 선호한다.

광고에 대한 영향을 살펴보면, 일반적으로 개인주의 문화에서의 광고는 자기의 존성, 개인적 보상 등 개인주의적 가치를 통해 어필하고자 하는 반면, 집단주의 문화에서의 광고는 가족의 행복이나 화목, 자신이 속한 집단의 목표, 사람간의 상호의존성 등 집단주의적 가치를 통해 소비자에게 어필하려는 경향성을 보인다. 하지만 이러한 문화적 차이는 제품 유형에 따라 그 효과가 달라진다. 예를 들어, 사적 공간에서 사용되는 제품보다는 주로 공적 공간에서 사용되는 제품에서 그 문화적 차이가 더 두드러진다. 한과 셰빗(Han & Shavitt)의 연구에 따르면, 공적 공간에서 사용되는 제품의 경우 개인주의적 어필은 미국에서 더 효과적이고, 집단주의적 어필은 한국에서 더 효과적인 반면, 사적 공간에서 사용되는 제품에 대해서는 문화에 상관없이 양국가에서 개인주의적 어필을 더 선호하는 것을 알 수 있었다. 사적 공간에서 사용되는 제품은 문화적 영향을 덜 받는 반면, 공적 공간에서 사용되는 제품에서 그 영향력이 더 크게 나타난 결과는 광고 캠페인을 기획하는데 있어서 사적 사용제품에 대해서는 표준화 전략을 공적 사용제품에 대해서는 현지화 전략이 더 효과적일 수 있음을 시사한다.

8_3-4 준거집단

준거집단이란 소비자가 어떤 제품에 대한 태도를 형성하거나 구매행동으로 옮길 때 의견을 구하고자 하는 사람들을 지칭한다. 예를 들면, 구매행동을 하기에 앞서 내가 이 옷을 구입하면 그 친구가 내 행동을 어떻게 생각할까? 잘했다고 할까? 못했다고 할까? 이러한 생각을 했다면, 내적으로 스스로 의견을 참고하고자 한 그 친구가 준거집단에 포함된다. 따라서 제품유형에 따라 그때그때 참고하고자 하는 준거집단이 달라질 수도 있다.

준거집단의 영향은 정보적, 실용적, 가치표현적인 면에서 크게 세 가지로 나눌 수 있다. 정보적 영향은 전문가나, 친구, 이웃 등으로부터 오고, 실용적 영향은 가족이나 사회적으로 유대가 있는 다른 사람들로부터 온다. 가치표현적 영향은 소비자가 특정제품이나 브랜드를 구입하거나 사용할 때 그것이 다른 사람들에게 자신의 이미지를 고양시켜준다고 느낄 때, 그러한 이미지로부터 동기화된 영향을 뜻한다.

준거집단은 문화적으로도 차이를 보이는데 개인주의와 불확실성 회피성향이 높은 문화에서는 전문가가 준거집단으로서 가장 높은 영향을 미친다. 권력거리가 높은 문화에서는 소비자 단체가 권위자로서 높은 영향을 미치는 반면, 권력거리가 낮은 문화에서는 기업이 정보원으로서 선호된다.

불확실성 회피성향이 높은 문화에서 전문기술과 전문성을 존중하기 때문에 공식적이고 직업적인 전문가로서 준거집단의 영향력은 불확실성 회피성이 낮은 문화보다 높은 문화에서 더 큰 영향력을 발휘할 것이다. 한편, 연장자와 가족에 대한 의존성은 개인주의 문화권에서 보다는 집단주의 문화에서 더 높게 나타날 것이다.

구매결정에 미치는 타인의 영향력은 제품별로도 차이를 보이는데, 생필품처럼 개인적으로 사용되는 제품에서는 사치품처럼 공개적으로 사용되는 제품에서 보다 타인의 의견이 덜 중요하다고 여겨진다. 중국에서는 화장품 구매에 있어서 친구나 동료의 의견이 특히 중요한데, 친구나 형제자매의 영향이 부모나 배우자의 영향보다 더 큰 영향을 미친다 [드 무이(de Mooij, 2011].

8_3-5 의견선도자

의견선도자란 정치인, 스포츠맨, 가수나 영화배우, 법률가 등 어떤 분야의 전문가나 프로페셔널로서 사회적으로 많은 주목을 받는 사람들을 뜻한다. 따라서 이들의 의견이 여론을 이끌면서 소비자의 의사결정에 중요한 영향요소로 작용하기도 한다. 제품정보와 관련하여 의견선도자는 비공식적이지만 강력한 정보원이라고 할 수 있다.

의견선도자의 역할은 준거집단에서의 경우와 같이 문화 간 차이를 보인다. 예를 들면, 기술적 지식이나 능력이 많은 전문가들은 불확실성 회피성향이 강한 문화에서 더 호의적인 대우를 받는다. 남성성이 강한 문화에서는 성공한 사람이 크게 대우받는 경향을 보이고, 권력거리가 큰 문화에서는 정치적, 경제적 권력자들이 의견선도자로서 더 큰 영향력을 발휘하게 된다.

문화적 차이는 의견선도자가 정보를 얻는 방식에서도 차이를 보이는데, 개인주의 문화에서는 의견선도자가 미디어를 통해 정보를 얻는 반면, 집단주의 문화에서는 사회적 연결망에 속한 사람들을 통해 정보를 얻곤 한다 [드 무이(de Mooij, 2011].

8개국을 대상으로 한, 의견선도자의 역할에 대한 비교연구에서도 문화 간 차이가 발견되었는데, 그중 3개 국가에서 마케터는 고연령층에서 의견선도자를 선택하는 경향을 보였고, 그 세 나라는 모두 아시아 국가였다 [마샬과 기토수다모(Marshall and Gitosudarmo), 1995].

생각해 볼 문제

1. 소비자의 의사결정과정에 있어서 문화적 차이가 가장 두드러지는 부분은 어느 단계인가?
2. 매슬로우의 5단계 욕구에서 문화적 차이는 욕구를 느끼고 충족하는데 있어서 어떠한 영향을 미치는가?
3. 개인의 태도 형성에 사회적 요소는 어떻게 영향을 미치는가? 피시바인모델을 주제로 하여 규범적 요인과 그 영향력에 대해 생각해보자.
4. 준거집단과 의견선도자의 영향력에 있어서 문화가 다른 국가별 차이점을 논의해보자.

참고문헌

동아비즈 (2011). 맥도날드의 연상네트워크 http://m.dongabiz.com/Business/Marketing/content.php?atno=1202038701&chap_no=1

Chang, P., Chieng, M. (2006). Building consumer−brand relationship: a cross−cultural experiential view, Psychology and Marketing, 23(11), 927−959.

de Mooij, M. (2011). Consumer Behavior and Culture, 2nd ed., CA: Sage Publications.

de Mooij, M., Hofstede, G. (2011). Cross−cultural consumer behavior: a review of research findings, Journal of International Consumer Marketing, 23, 181−192.

Ehrenberg, A., Juckes, S., White, K.M. Walsh, S.P., (2008). Personality and self−esteem as predictors of young people's technology use. Cyberpsychology & Behavior, 11 (6), pp. 739 – 741

Han, S., Shavitt, S.(1994). Persuasion and culture: advertising appeals in individualistic and collectivistic societies, Journal of Experimental Social Psychology, 30, 326−350.

Marshall, R., Gitosudarmo, I. (1995). Variation in the characteristics of opinion leaders across cultural borders, Journal of International Consumer Marketing, 8, 5−22.

McCrae, R.R. Costa Jr, P.T., (1997). Personality trait structure as a human universal. American Psychologist, 52, pp. 509 – 516

Hofstede, G.(1980). Cultural consequences: international differences in work related values, CA: Sage Publications.

Hofstede, G. (1994). Cultures and organizations: intercultural cooperation and its importance for survival, London: Harper Collins.

Hofstede, G., McCrae R.R. (2004). Personality and culture revisited: linking traits and dimensions of culture, Cross−Cultural Research, 38(1), 52−88.

INTERNATIONAL ADVERTISING

Chapter 9

국제광고의 효과조사 전략

9_1 국제광고조사의 정의 및 목적
9_2 국제광고조사 과정
9_3 국제광고조사의 유형별 분류
9_4 양적조사(Quantitative Research)의 유형별 분류
9_5 질적조사((Qualitative Research)의 유형별 분류

9_1 국제광고조사의 정의 및 목적

광고에서 조사란 광고 캠페인 기획단계에서부터 효과측정에 이르기까지 광고주 혹은 광고제작자의 의사결정을 돕기 위해 데이터 수집부터, 문헌조사, 자료분석, 결과의 해석 등을 포괄하는 체계적이고 과학적인 일련의 과정이라 정의할 수 있다.

국제광고(international advertising)가 어떤 나라에서 만든 상품을 다른 나라에 판매할 목적으로 제작하는 광고라 할 때, 국제광고조사는 이러한 광고캠페인 전략을 수립하고 광고메시지를 개발하는데 필요한 정보를 수집, 분석, 해석, 평가하는 과정이라 정의할 수 있다.

기본적으로는 소비자의 필요와 욕구를 파악하여 타깃에게 어필할 수 있는 광고 컨셉트 및 메시지를 개발하는데 조사가 필요하다. 예를 들면, 제품을 위한 광고소구가 유머 등 감성적 어필이 적절한지, 제품 특성을 충실히 알리는 이성적 어필이 더 나을지 등에 대한 의사결정을 하는데 조사가 필요하다.

다음으로, 소비자가 즐겨보는 매체에 노출하여 소비자에 대한 노출을 최대화할 수 있도록 캠페인을 기획하는데 필요한 의사결정과정에 개입하여 광고기획자 및 광고주가 올바른 선택을 할 수 있도록 돕는다. 또한 광고캠페인 종료 후 브랜드 인지도, 브랜드 태도 등 광고효과 측면에서 캠페인이 의도한 목표가 성취되었는지 평가하는 것도 조사자의 몫이다.

9_2 국제광고조사 과정

조사의 첫 번째 단계는 조사의 대상과 범위, 그리고 조사목적을 정하는 것이다. 이에는 조사목적을 위해 필요한 정보가 무엇이고, 목적이 성취되었을 때 그 결과가 광고전략을 위해 어떤 도움을 주고 어떻게 활용될 것인지에 대한 고려가 뒤따른다.

조사목적이 정해지면 그 목적을 위한 자료를 수집하는 단계로 접어든다. 자료의 성격에 따라 1차자료와 2차자료로 나뉘는데 2차자료는 조사자의 목적과 다른 목적을 갖는 다른 조사자에 의해 이미 수집된 자료를 뜻한다. 외국시장에서 브랜드의 시장점유율이나 매출액 등 각종 간행물이나 전자DB에 포함된 자료들이 이에 해당된다.

1차자료는 조사자의 목적을 위해 조사자가 직접 수집하는 자료를 뜻한다. 1차자료는 1차조사 (primary research) 를 통해 얻어진 자료를 뜻하고 1차조사는 조사성격에 따라 다시 양적조사와 질적조사로 나뉜다. 서베이, 실험, 포커스그룹 인터뷰 등을 그 예로 들 수 있다.

구체적인 조사과정을 요약하면 다음과 같다.

1. 연구주제에 있어서 문제점 파악 (defining research problem): 예) 해외 소비자들의 가치와 라이프스타일은 무엇이고 이를 광고 메시지에 어떻게 반영할 것인가?
2. 문제해결을 위한 연구목적 설정 (setting research purpose): 예) 본 조사는 해외시장에서 타겟에 맞는 광고메시지를 개발하고 광고효과를 검증하는 것을 목적으로 한다.
3. 문헌조사: 2차조사로서 문제점에 관련된 이론이나 기존의 리서치결과를 분석함
4. 연구문제나 연구가설 설정:

   연구목적을 위해 알아야만 될 내용을 연구문제나(예: 해외소비자들의 가치와 라이프스타일은 무엇인가?) 가설형태로 (예: 해외소비자의 가치는 광고태도에 긍정적인 영향을 줄 것이다) 정리한다. 여기서 가설이란, 예에서 보는 바와 같이, 영향요인(예: 소비자의 가치)과 결과변수(예: 광고태도)간의 관계를 테스트할 목적으로 설정한 임시적인 진술문이라 할 수 있다. 가설은 변수(variable)간의 관계로 정의할 수 있는데 변수란 변하는 값을 갖는 모든 대상물을 뜻한다. 특히 영향을 주는 변수를 독립변수(independent variable)라 하고 독립변수로부터 영향을 받는 변수를 종속변수(dependent variable)이라 한다. 따라서 위의 가설의 예에서 독립변수는 소비자의 가치유형이고 종속변수는 광고 태도이다.
5. 조사방법 결정:

   이것은 1차자료를 모으기 위한 구체적인 계획을 뜻한다. 즉, 연구목적에 부응하고 연구문제나 가설에 대한 답을 구하기 위해 양적조사를 할지, 질적조사를 할 것인지, 양적 조사를 한다면, 서베이를 할지, 실험을 할지, 응답자는 어떻게 선정하고 몇 명으로 샘플을 구성할지 질문지에 들어가는 질문이나 응답항목들은 어떻게 구성할지 등에 대

한 모든 과정과 내용을 포함한다.

6. 데이터 분석 및 결과 도출:

   수집된 데이터를 분석하고 국제광고캠페인 전략 수립을 위한 시사점을 도출한다.

9_3 국제광고조사의 유형별 분류

9_3-1 국제광고에서 2차조사의 특징과 문제점

2차 조사는 1차 조사에 비해 보다 빠르게 적은 비용으로 수행할 수 있는 장점이 있는 반면에 타 연구자나 연구기관의 목적에 의해 얻어진 자료이므로 자료자체의 존재여부, 그리고 조사를 수행하는 연구자의 목적과의 관련성과 자료의 정확성, 시의성 등에서 문제점을 갖는다. 예를 들면, 대개의 선진국의 경우 소비자의 인구통계학적 분포나 경제상황 등에 관한 정보를 보유한 반면, 개발도상국가들 에서는 원하는 자료를 얻을 수 없는 경우가 많다. 자료가 있더라도 대부분 정부당국에서 작성한 자료가 많고 통계가 정부목적에 따라 다소 부풀려졌을 가능성이 많으므로 자료의 정확도에 대해 보다 세심한 검증과정이 필요하다.

시장에서 얻을 수 있는 자료들은 정확성, 비교가능성, 최신성 등 여러 면에서 평가한 후 자료의 사용여부를 결정하는 것이 바람직하다. 특히 정확한 자료가 존재한다 하더라도 국가 간에 용어의 정의나 통계단위가 상이한 경우가 많으므로 국가 간 통계자료를 비교하는데 있어서 보다 면밀한 주의가 요구된다.

2차자료를 이용하는데 있어, 다음과 같은 방식으로 자료의 신뢰성을 판단할 수 있다.

- 자료의 주체가 누구인가? 통계가 의도적으로 왜곡되었을 가능성은 없는가?
- 자료는 어떤 목적으로 수집된 자료인가?
- (방법론적 측면에서) 자료는 어떠한 방식으로 수집되었는가?
- 자료는 알려진 자료출처나 시장요인들에 비추어 내부적으로 일관성 있고 논리적인가?

[출처: 뮬러(Mueller, 2011)].

따라서, 일반적으로 2차조사는 1차 조사를 위한 사전조사 성격을 갖는다고 할 수 있다. 광고기획서를 작성하기위해 수행하는 상황분석은 시장과 브랜드에 관련하여 이미 나와 있는 자료에 근거하여 진행되므로 2차조사의 한 유형으로 볼 수 있다. 2차조사를 위해 필요한 자료들은 인터넷에 공개된 자료나 해당국가의 도서관의 책과 온라인 DB, 신문, 잡지 등 각종 매체의 정기간행물, 기업의 연차보고서, 각종 협회자료, 정부기관과 무역협회의 자료, 대학, 학회 등 학술기관에서 발간되는 전문 학술자료 등 다양한 소스로부터 얻어진다. 이는 특히 일반에게 공개되지 않고 상업적 조사회사로부터 유료로 제공되는 자료들도 포함한다.

특히, UN (United Nations), 세계은행, IMF (International Monetary Fund), OECD(Organization for Economic Cooperation and Development) 등 공인된 국제기구들은 전 세계 국가들을 대상으로 신뢰성 있는 자료들을 발간하고 있다.

9_3-2 1차조사의 방법

1차조사는 크게 실험, 서베이 등, 양적조사와 포커스그룹, 심층인터뷰 등, 질적조사로 나뉜다. 조사 성격에 따라서 보면, 양적조사는 어떤 상황을 있는 그대로 나타내주는 기술적 조사 (descriptive research)와 어떤 현상에 대한 원인과 결과 관계를 조사하는 인과관계조사 (causal research) 목적으로 주로 사용되는 반면, 질적조사는 알려진 바가 거의 없는 분야에서 양적조사를 위한 기초단계로 탐험적 조사 (exploratory research) 성격으로 많이 쓰인다.

개개의 방법들이 장단점을 갖고 있기 때문에, 해외시장에서 국제광고주와 광고회사들은 이들을 상호보완적으로 사용하는 추세가 늘고 있다. 즉, 둘 이상의 상이한 방법들이 하나의 연구문제를 위해 쓰이고 이러한 방법을 통해 동일한 결론에 도달했을 때, 조사자는 그 결과의 신뢰성과 타당성에 대해 좀 더 확신할 수 있을 것이다.

표 9.1 상위 글로벌 시장조사기관

Rank		Organisation	Headquarters	Parent Country
2012	2011			
1	1	Nielsen Holdings N.V.	New York, N.Y.	USA
2	2	Kantar*	London & Fairfield, Conn.	UK
3	3	Ipsos SA	Paris	France
4	4	Gfk SE	Nuremberg	Germany
5	6	IMS Health Inc.	Parsippany, N.J.	USA
6	5	Information Resources Inc.	Chicago, I.L.	USA
7	8	INTAGE Inc.**	Tokyo	Japan
8	7	Westat Inc.	Rockville, Md.	USA
9	9	Arbitron Inc.	Columbia, Va.	USA
10	10	The NPD Group Inc.	Port Washington, N.Y.	USA
11	13	comScore Inc.	Reston, Va.	USA
12	11	Video Research Ltd.**	Tokyo	Japan
13	12	IBOPE Group	São Paulo	Brazil
14	15	ICF International Inc.	Fairfax, Va.	USA
15	14	J.D. Power and Associates*	Westlake Village, Calif.	USA
16	18	Macromill Inc.	Tokyo	Japan
17	16	Maritz Research	Fenton,Mo	USA
18	19	Abt SRBI Inc.	Cambridge. Mass.	USA
19	–	Symphony Health Souiutions	Horsham,Penn.	USA
20	17	Harris Interactive Inc.	New York.NY.	USA
21	23	Lieberman Research Worldwide	Los Angeles.N.Y.	USA
22	20	Mediametrch	Paris	France
23	–	Nikkei Research	Tokyo	Japan
24	21	ORC International	Princeton.N.J.	USA
25	22	YouGov Plc.	London	UK
				Total

출처: Honomichl, 2012.

Full-time Employees	Global Research Revenues US$ millions	% Change	Revenues from outside Home Country	
			US$ in millions	%
34,000	5,429.0	4.0	2,778.0	51.2
22,000	3,338.6	0.8	2,409.2	72.2
15,927	2,301.1	−1.0	2,144.1	93.2
12,678	1,947.8	3.1	1,363.5	70.0
2,580	775.0	NC	503.7	65.0
763.8	2.4	285.1	37.3	
2,465	500.3	8.7	13.2	2.6
2,019	495.9	−2.2	4.8	1.0
1,292	449.9	1.7	5.8	1.3
1,230	272.0	2.5	80.2	29.5
1,139	255.2	8.9	71.8	28.1
389	250.2	4.0		
3,024	246.8	19.4	57.1	23.1
239.7	9.5	48.5	20.2	
738	234.4	8.5	78.3	33.4
594	197.8	15.5	15.6	7.9
818	188.4	1.5	34.4	18.3
1532	175.6	−4.7	18.2	10.4
500	153.5	2.7		
500	140.7	−9.8	55.4	39.4
101.8	12.9	28.9	28.5	
561	100.4	−3.0	12.0	12.0
185	97.5	43.7		
507	95.9	−5.6	39.5	41.2
477	91.9	2.0	67.1	73.0
110870	18843.2	2.6%	10114.4	53.7%

9_4 양적조사(Quantitative Research)의 유형별 분류

9_4-1 서베이 (Survey)

서베이는 설문조사와 같은 말로, 양적 데이터를 얻기 위해 가장 자주 쓰이는 조사방식이라고 할 수 있다. 서베이는 표본으로 선정된 일정한 수 (양적 조사이므로 상당수의 응답자가 샘플로 확보되어야 한다)의 응답자들에게 설문지를 전달하고 응답자가 이에 답하는 방식으로 진행하여 필요한 정보를 얻는다. 따라서 설문지가 필요한 정보를 얼마나 충실하게 담을 수 있는지가 가장 중요하며 설문지를 통해 연구목적에 맞는 정형화되고, 표준화된 질문들과 응답형식을 응답자에게 제시하고 이에 대한 반응을 분석함으로써 그 결과물을 조사목적을 위해 활용하게 된다.

해외시장에서 서베이를 실행할 때는 데이터의 비교가능성, 측정척도의 사용, 샘플링, 데이터 수집 등 여러 면에서 국내시장에선 볼 수 없는 문제들과 마주치게 된다.

따라서 조사를 위해 다음과 같은 몇 가지 동일성이 지켜져야 한다.

9_4-1-1 샘플의 동질성 (sample equivalence)

국가 간 혹은 문화 간 비교조사에 있어서 샘플의 선정은 각 국가의 특성을 대표하면서도 국적의 차이나 문화적 차이(예: 집단주의 vs. 개인주의 문화)를 제외한 나머지 변인들은 (예: 나이, 성별, 직업, 소득수준 등) 모두 동등한 상태로 샘플을 구성하여야 국가 (혹은 문화적 차이) 이외의 나머지 변인들을 효과적으로 통제할 수 있다.

예를 들면, 우리나라의 10대와 유럽국가의 30대 미국의 60대를 샘플로 사용하여 비교한다 했을 때, 발생하는 그룹 간 차이는 국가(혹은 문화) 간 차이가 있다하더라도, 연령에 따른 차이가 혼합되어 있는 상태로 국적(혹은 문화)에 따른 차이와 연령에 의한 차이를 구별할 수 없게 된다. 이러한 문제점은 비교대상변수인 국가나 문화적 차이를 제외하고 성별, 직업, 수입, 연령 등 모든 나라의 샘플 특성을 동일하게 맞춰줌으로써 해결할 수 있다.

9_4-1-2 언어적, 개념적 동질성

글로벌 시장을 대상으로 한 조사에서 설문지는 먼저 자국에서 작성되고 이를 각 해당 국가의 언어로 번역한 후 사용하게 된다.

조사결과의 정확성은 질문에 대한 응답자의 이해도에 달려있으므로, 질문을 다른 언어로 옮길 때 면밀한 주의가 필요하다. 국가 간 비교를 위한 조사에서 언어적 동질성을 위해 번역과 역번역 방법 (translation and back-translation method)이 가장 자주 쓰인다. 이는 두 언어에 능통한 첫 번째 번역자가 원어를 다른 언어로 번역한 뒤, 두 번째 번역자가 번역된 언어를 다시 원어로 번역하는 과정을 밟는다. 그 결과를 놓고 언어의 의미적 차이가 발견되면 그 차이가 최소화될 때 까지 위 과정을 다시 반복함으로써 번역된 언어와 원어 간의 의미적 일치성을 지향한다. 예를 들면, 우리말을 영어로 옮긴다 할 때 우리말과 영어에 능통한 두 번역자가 있고, 첫 번째 번역자가 국문을 영어로 옮기면, 두 번째 번역자는 이를 다시 국문으로 번역한다. 그 결과를 번역 전 국문과 비교하여 의미상의 차이를 검토하고 차이가 발견되면 그 차이가 최소화 될 때 까지 번역과 역번역의 과정을 반복하게 된다.

하지만 이러한 과정을 밟는다 해도 국가별로 사용하는 용어에 대한 개념이나 의미상의 차이에 따른 문제점이 발생할 수 있다. 예를 들면, argument (논쟁)란 용어는 문화권 A에서는 눈살을 찌푸릴 정도의 논쟁을 의미하는 반면, 문화권 B에서는 고성이 오가는 수준의 말다툼을 의미한다고 했을 때, 논쟁의 횟수에 대한 문화간 비교를 한다면, 문화권 A에서 논쟁이 훨씬 많이 발생한다는 잘못된 결론에 도달할 수 있다. 이 결과는 논쟁의 발생횟수에 의한 차이라기보다는 논쟁의 개념에 대한 정의가 문화권 별로 상이한 때문에 발생한 오류로 봐야할 것이다.

9_4-1-3 측정척도의 동질성

척도에서, 측정항목, 응답방식, 단어선정은 핵심적인 문제이고, 제대로 된 질문을 올바른 방식으로 묻는 것은 시장조사에서, 외국이든 자국에서건, 쉽지 않은 일이다. 다수의 국가를 대상으로 조사를 할 때 조사자는 국가별로 동일한 것을 묻고 있는지 항상 확인할 필요가 있다. 특히, 태도나 라이프스타일 관련 조사에서는 더욱 그러하다.

문화 간 연구에 있어서 가장 쟁점이 되는 것은 척도 항목에 대한 극단적 반응(ERS: Extreme response categories of a scale)에 관한 것이다 [사미와 정(Samiee & Jeong), 1994]. 척도에 대한 극단적 반응(ERS)이란 질문내용에 상관없이 척도의 응답 항목에 대해 가장 극단적인 반응으로 답하는 것을 뜻한다 [존슨(Johnson), 2003].

예를 들면, 극단반응 경향성이 높은 응답자는 7점짜리 리커트척도에 대해 질문내용에 상관없이 1 (매우 동의한다) 이나 7 (전혀 동의하지 않는다)을 선택하는 반면, 극단반응 경향이 낮은 응답자는 동일한 질문에 대해 중간점이 4 (중립) 에 가깝게 답하는 경향을 보일 것이다. 이와 그린(Lee & Green, 1991)의 연구에 따르면 한국인들은 극단치를 피하고 중간점을 선호하는 경향을 보이는데 이는 겸손해보이고 싶은 욕망 때문이며 극단반응 경향이 높은 문화권에서는 개인의 독립성, 자신감, 확신을 드러내고자하는 욕망이 극단치를 선택하게 한다고 보았다.

더들라스와 크래익(Douglas & Craig, 1983)에 따르면 일반적으로 응답방식에 있어서 미국인이 아시아인 보다 질문에 반응할 때 더 극단적인 경향성을 보인다는 것을 발견하였다. 이는 아시아 문화권에서는 겸손과 온화함이 강조되는 유교적 영향으로 인해 사회적 관계를 의식하고 관계를 해치지 않기 위해 극단적 감정을 드러내는 것을 피하기 때문으로 이해된다 [마쿠스와 기타야마(Markus & Kitayama), 1994].

리커트 척도 (Likert type)

개발자 리커트 (1932)의 이름을 따서 불리는 이 척도는 응답자가 측정변인에 관한 일련의 진술문들에 대해 동의나 비동의의 정도를 나타내도록 요구하는 방식으로 가장 많이 쓰이는 척도 중 하나이다. 대개의 경우 각 척도는 "전혀 동의하지 않는다"에서 "매우 동의하다" 에 이르는 5개 또는 7개의 응답항목을 갖고 각 눈금간 거리는 동일하다고 가정 한다 (등간수준). 이 척도는 두 가지의 정보를 포함하는데 첫째는 방향성(direction)이고 (예: 동의 또는 비동의) 둘째는 정도의 강도(intensity)이다 (예: 매우동의 또는 매우 비동의). 그리고 그 사이에 중간점 (예: 보통임)을 선택할 수 있다. 동의-비동의 형태가 리커트 척도에서 가장 많이 쓰이는 형태이긴 하지만 양 극단에 (예: 평균이하–평균이상, 전혀 동기화되지 않은–매우 동기화된, 등) 다른 유형의 응답형태도 가능하다. 따라서 응답자는 먼저 주어진 진술문에 대한 동의 여부를 결정하고, 그 결정에 대해 얼마나 강하게 느끼는지를 나타내야한다(예: 강하게 동의–강하게 비동의). 스마트폰 앱에 관한 조사에서 리커트척도를 참조하면 다음과 같다:

리커트 척도의 예:

나는 스마트폰 앱에 나오는 광고를 좋아한다.

매우 비동의	비동의	보통	동의	매우 동의
1	2	3	4	5

의미분별 척도 (Semantic Differential)

마케팅조사에서 자주 쓰이는 다른 형태의 척도(scale)는 오스굳, 메이와 미론(Osgood, May, & Miron, 1975)에 의해 개발된 의미분별 척도이다. 이 척도는 추상적 개념에 대한 내포된 의미를 반영하는 방식으로 응답자가 주어진 단어에 대해 반응할 때 양극단에 상반되는 형용사 쌍을 놓고 그 사이에서 본인의 느낌에 가까운 곳에 표시하도록 한다.

마케팅 조사에서 이 척도는 기업이미지, 광고, 브랜드 이미지 등 다양한 마케팅 변인에 관련된 응답자의 인식의 방향성과 강도를 측정하게 해준다. 제품관여도에 대한 조사에서 의미분별 척도의 예를 들면 다음과 같다.

의미분별 척도의 예

나에게, 스마트폰 앱은 ____________________

중요한 ________________________________ 중요하지 않은

지루한 ________________________________ 흥미로운

관련있는 ______________________________ 관련없는

9_4-1-4 척도에 대한 극단적 반응의 차이

리커트 척도는 의미분별척도에 비해서 척도에 대한 극단적 반응수준이 증가하는 경향을 더 높이 보이는데[클라크(Clark III, 2001)], 이는 리커트 척도가 진술문에 단순히 동의여부를 나타내면 되기 때문에, 두 형용사 쌍 사이에서 위치를 표시해야하는 의미분별척도에 비해 상대적으로 인지적인 노력이 적게 들기 때문으로 해석된다 [로세토(Rocerto) 등, 2011].

이러한 경향성에는 또한 문화적 요인이 개입할 여지도 있다. 예를 들면, 독립성이 중요하고 그룹에서 튀는 것에 부담을 덜 느끼는 개인주의문화와 겸손과 그룹에서 튀는 것을 싫어하는 집단주의 문화[충과 렌스볼드(Cheung & Rensvold), 2000]를 비교하면 리커트 척도는 우리나라 같은 집단주의 문화에서 보다 미국 같은 개인주의 문화에서 극단적 응답경향성이 더 크게 나타날 것으로 보인다. 많은 연구들이 한국을 포함한 아시아권 문화에서 사람들은 서구문화권에 비해 척도에 대한 반응에서 극단치를 피하고 중간점을 선호하는 것으로 나타난다(예: Cheung & Rensvold, 2000 등). 이러한 경향은 아시아권 문화가 조화와 개인간 상호의존성을 중시하는 성향과 관련된 것으로 보인다[마쿠스와 기타야마(Markus & Kitayama), 1991]. 실제로 로세토(Roerto, 2011) 등은 미국과 한국 간 비교연구에서 리커트 척도에 대한 극단치 응답경향이 한국보다 미국인들에게서 더 높게 나타난 반면, 의미분별척도에 대해서는 양국 간에 차이가 없음을 실증적으로 입증하였다.

따라서, 문화가 다른 다 국가 비교에 있어서 어떤 차이가 발견되었다고 한다면, 각 문화권에 따른 척도에 대한 극단적 응답 경향에 따른 결과일 가능성은 없는지를 염두에 두면서 조사결과를 해석하는데 좀 더 주의를 기울일 필요가 있다.

9_4-2 실험 (Experiment)

실험조사는 어떤 현상에 대한 인과관계를 조사하는데 가장 적합한 방법이다. 통제의 용이성이 실험연구의 가장 큰 장점이라 할 수 있지만, 국가 간 문화 간 조사에서는 피험자에게 실험자극물의 동질성을 유지해야하고 다른 외생변인들을 동일하게 통제해야 하는 등 보다 세심한 주의가 필요하다.

실험조사는 질문지를 사용하여 응답자의 자료를 모은다는 점에서는 서베이와 유사하나 중요한 차이점은 질문 전에 자극물(stimulus)을 응답자에게 노출하고 이에 대한 반응으로 질문에 답하게 한다. 보통 자극물의 유무나 자극물의 강도를 달리하여 실험 처치(treatment)를 하며 자극물을 노출한 조건을 실험집단 (혹은 처치집단)이라 하고 자극물을 노출하지 않은 조건을 통제집단이라 한다. 예를 들면, 유머광고에 대한 실험연구에서 유머 있는 광고 (혹은 유머가 강한 광고와 약한 광고로 처치함)와 유머 없는 광고(다른 요소는 동일하다는 전제하에)를 응답자에게 노출하고 그 반응의 차이를 비교함으로써 유머광고의 효과를 분석하는 식으로 진행된다. 이 때 응답자에게 노출된 광고가 실험에 사용된 자극물이다.

문화 간 비교조사에서 특히 주의가 필요한 부분이 이 자극물의 제작 및 노출이다. 유머광고를 예로 든다면 미국과 멕시코 간에 유머의 표현이 많은 차이가 있었다. 미국의 유머는 좀 더 공격적이고 자멸적(self-defeating) 성격이 강한 반면, 멕시코 광고에서는 자아를 높이는 (self-enhancing) 유머가 가장 많은 부분을 차지하였다 [클러써드(Cruthirds) 등, 2012]. 따라서 실험용 자극물의 선택은 변인 간 관계를 테스트하기에 앞서서, 그 자극물이 서로 다른 문화권에서 동일한 처치효과를 유발할 수 있는지를 사전에 검증한 후 본 실험에 사용하는 것이 보다 안전한 접근 방법이라 할 수 있다.

이처럼 자극물을 이용하여 실험조건을 달리하여 그 차이를 알 수 있도록 노출하는 것을 실험조건의 조작(manipulation)이라 한다. 이때, 연구자가 본 실험에서 피험자에게 자극물을 노출하기 전에 실제로 자극물이 의도한대로 만들어 졌는지 사전조사 (pretest)를 통해 자극물에 대한 반응을 측정함으로써 (예: 유머소구의 강약 또는 유무) 수치적으로 확인하는 작업을 조작점검(manipulation check)이라 한다.

9_5 질적조사(Qualitative research)의 유형별 분류

9_5-1 포커스그룹 인터뷰/심층 인터뷰

포커스그룹 인터뷰(FGI)는 광고조사에서 특히 많이 쓰이는 대표적인 질적 조사방법 중 하나이다. 일반적으로 7~10명 내외인 소수의 응답자를 한자리에 모아놓고 사회자(moderator)가 질문을 던지면 이에 대해 참석한 응답자들이 주어진 이슈나 질문을 놓고 서로 대화하는 분위기로 진행된다. 때문에, 사회자는 적극적인 질의응답에 참여한다기 보다는, 응답자들 간의 토론을 활성화 시키는 역할에 주력한다. 사회자는 사전에 토론에 사용할 질문들을 정리한 사회자 토론가이드(moderating guide)를 준비하여 사용하는데 토론은 보통 2시간에서 2시간 반 정도 이어진다.

FGI는 참여자들간에 융통성 있고 자유로운 대화형식으로 진행되는 만큼, 브랜드나 광고, 신제품 관련 컨셉을 도출하거나 소비자의 동기나 태도를 파악하는데 유용한 툴로 사용될 수 있다. 여러 명이 편안한 분위기에서 대화를 나누기 때문에 응답자의 반응이 새로운 반응을 유발하면서 그만큼, 신선한 아이디어가 추출될 가능성이 더욱 높아지는 장점이 있다. 반면에, 사회자에 대한 의존도가 높고 그룹에서 말을 많이 하는 응답자와 침묵하는 응답자가 있을 경우 고르게 데이터를 모을 가능성을 저해하는 것은 약점으로 볼 수 있다.

그림 9.1 포커스 그룹 인터뷰 모습

이에 비해 심층인터뷰(in-depth interview)는 응답자가 한명이기 때문에 사회자와 응답자간의 일대일 대화로 진행된다. 인터뷰동안 나온 모든 대화내용은 녹음 또는 녹화되어 추후에 데이터 분석 과정을 거쳐 보고서로 나오게 된다.

국가 간 비교연구에서 국가별로 FGI를 진

행하고 그 결과를 비교한다고 했을 때, 먼저 조사자는 질적연구의 특성을 숙지한 후 조사를 진행할 필요가 있다. 즉, 동일한 연구목적과 연구문제를 위한 사회자 가이드를 준비하되, 각 그룹의 특성에 따라 인터뷰 중에, 예기치 않은 주제나 질문이 나왔을 경우, 이를 가이드에 즉각 반영하면서 인터뷰를 신축성 있게 운영해야 한다는 점이다. 분석단계에서는 FGI가 질적조사인 만큼, 질문에 대해 어떤 응답이 나왔는지 뿐만 아니라 그 대답이 어떤 맥락에서 왜 나왔는지에 각별한 주의를 기울여야 하는데, 이때 인터뷰 결과를 각 국가나 문화권의 특성을 반영하면서 해석하려는 접근방식이 특히 중요하다.

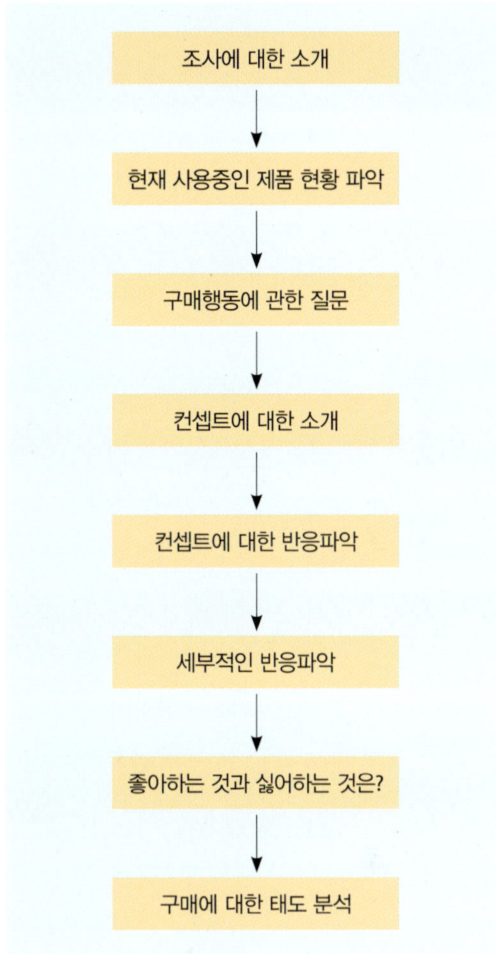

그림 9.2 포커스 그룹을 위한 사회자 토론 가이드의 예

9_5-2 투사법 (Projective technique)

투사법은 기존의 임상심리학에서 유래한 것으로 사람이 의도적으로 감추거나 혹은 스스로도 알 수 없는 생각이나 마음을, 의도적으로 설정된 어떤 애매한 대상물에 투여하게 함으로써 응답자 자신의 솔직한 생각이 드러나게 해주는 방법이다. 3자 투사법을 예로 들면 "당신의 친구가 최근 제네시스 자동차를 구입했습니다." "당신은 친구가 그 브랜드를 구입한 이유가 무엇이라 생각하십니까?" 라고 물었을 때, 응답자를 대상으로 직접 물었을 때 (예: 당신이 제네시스 자동차를 구입한다면 그 이유가 무엇이라 생각하십니까?) 보다 더 진솔한 대답을 들을 수 있다는 것이다.

그 이유는 투사법이 제품에 대한 생각이나 구매 이유를 제 3자 또는 애매한 어떤 대상물(예: 그림이나 만화 형식)에 투영하여 물음으로써 응답자의 부담을 덜어주고 방어기제를 낮춰줌으로 써 태도나 동기, 생각, 본인도 모르는 무의식적인 감정 등을 더 쉽게 드러내도록 해주기 때문이다. 마케팅조사에서 자주 쓰이는 것으로 단어연상법, 문장완성법, 3자 테크닉, 모호한 그림을 보여주고 스토리를 유추하게 하는 주제통각검사 (Thematic Apperception Test) 등이 있다.

〈투사법의 예〉

단어연상법: 응답자에게 회사나, 제품, 서비스, 브랜드 등의 단어를 주고 떠오르는 단어가 무엇인지 빠르게 대답하도록 한다. 이를 통해 떠오른 단어와 브랜드 간의 연계성을 파악하면서 이러한 관계가 어디서 연유하는지 통찰력을 얻는다.

단어연상법의 예:
"몽블랑"을 들었을 때 당신 마음속에 가장 먼저 떠오르는 단어는?

문장완성법: 응답자에게 일부가 비어있는 불완전한 문장을 주고 문장을 완성함으로써 주어진 제품이나 서비스, 브랜드 등에 대한 느낌이나 생각을 표현하도록 한다. 이를 통해 소비자가 특정제품을 선택에 대한 이유가 무엇인지 등에 대한 통찰력을 얻을 수 있다.

문장완성법의 예:
독일산 맥주를 마시는 사람들은 ______________________.
칠레산 와인을 마시는 사람들은 ______________________.

오페라를 보러가는 사람들은 ______________________.
야구경기를 보러가는 사람들은 ______________________.

아시아 문화권에서는 특히, 사회적으로 바람직한 방향으로 응답하려는 편향성(Social Desirability Bias)이 두드러지면서, 민감한 질문에 솔직한 대답을 이끌어내는데 어려움을 겪을 수 있는데, 투사법은 질문을 탈개인화(de-personalize)함으로써 좀 더 자유롭고 부담을 덜 느끼는 방향으로 응답자로부터 내면의 답을 이끌어내는 효과적인 대안이 될 수 있다.

보디(Boddy, 2007)는 아시아 시장에서 투사법 적용에 있어서 다음과 같은 문화적 특성을 고려할 것을 제안하고 있다.

- 개인주의 보다 집단주의적 특성
- 그룹의 사회적 역할의 강조
- 보다 순종적인 그룹내 행동
- 개인 간 불화의 회피
- 이견이나 논쟁의 회피
- 권위에 대한 존경
- 다수 쪽으로의 이동
- 그룹의 목표는 개인의 목표에 우선함
- 불확실성의 회피

그림 9.3 그림을 이용한 주제통각검사의 예(질문: 다음 그림이 어떤 상황을 나타내는지 설명하여 보시오)

생각해 볼 문제

1. 국제광고조사에서 어떤 순서로 진행되는가
2. 다 국가를 대상으로 한 서베이에서 언어적, 개념적 동질성은 어떻게 성취할 수 있는가?
3. 문화 간 비교조사에서 실험을 진행할 때 특히 유의할 점은 무엇인가?
4. 포커스 그룹, 투사법 등 질적조사를 시행하는데 있어서, 문화가 다른 사람들이 혼재되어 있을 경우, 조사 및 조사결과의 해석 단계에서 주의할 점은 무엇인가?

참고문헌

Boddy, C. (2007). Projective techniques in Taiwan and Asia–Pacific market research, Qualitative Market Research: an International Journal, 10(1), 48–62.

Cheung. G., Rensvold. R. (2000). Assessing extreme and acquiescence response sets in cross–cultural research using structural equations modeling, Journal of Cross–Cultural Psychology, 31(2), 187–212.

Clarke. I., III. (2001). Extreme response style in cross–cultural research, International Marketing Review, 18(3), 301–324

Cruthirds, K., Wang, V., Wang, Y., and Wei, J. (2012). A comparison of humor styles in US and Mexican television commercials, Marketing Intelligence and Planning, 30(4), 384–401.

Douglas. S., Andrews. C. (1983). International Marketing Research with S.P. Douglas, Engleweed Cliffs, NJ: Prentice Hall.

Honomichl (2012). The 2013 Honomichl Global top 25 report.

[http://www.ipsos.com/sites/ipsos.com/files/2013_GlobalHonomichl25.pdf]

Johnson. T. (2003). On the use of heterogeneous thresholds ordinal regression models to account for individual differences in extreme response style, Psychometrika, 68(4), 563−583.

Lee. C., Green. T. (1991). Cross−cultural examination of the Fishbein behavioral intentions model, Journal of International Business Studies, 22, 289−305.

Markus. H., Kitayama. S. (1991). Culture and the self: Implications for cognition, emotion, and motivation, Psychological Bulletin, 98(2), 224−253.

Markus. H., Kitayama. S. (1994). The cultural construction of self and emotion: Implications for social behavior, In: Markus. H. (Ed.), Emotion and Culture: Empirical Studies of Mutual Influence (pp. 89−130). DC: American Psychological Association.

Osgood. C., May. W., Miron. M (1975). Cross−Cultural Universals of Affective Meaning, Urbana, IL: University of Illinois Press.

Rocereto. J., Puzakova. M., Anderson. R., Hokjin. K. (2001). The role of response formats on extreme response style: A case of likert−type vs. semantic differential scales, In: Sarstedt. M., Schwaiger. M., Taylor. C. (Ed.), Measurement and Research Methods in International Marketing (pp. 53−71). UK: Emerald Group Publishing Limited.

Samiee. S., Jeong. I. (1994). Cross−cultural research in advertising: An assessment of methodologies, Journal of the Academy of Marketing Science, 22(3), 205−217.

INTERNATIONAL ADVERTISING

Chapter 10

국제광고의 스폰서십 전략

10_1 해외기업
10_2 국내 글로벌 기업

스폰서십은 스포츠 단체, 대회는 계약을 통해 스폰서로 부터 재정이나 각종 물품을 제공받으며 스폰서에 스포츠 단체, 대회에 연관된 일체의 마케팅 권한을 제공하는 것이다. 현재 글로벌 기업들은 스폰서십을 기업의 효과적인 마케팅 및 판촉 수단으로 생각하고 있다. 특히 스포츠는 가장 인기 있는 스폰서 매개체로 사용되고 있다. 세계 3대 스포츠는 올림픽, 월드컵, F1그랑프리로 스폰서십의 규모가 더욱 커지고 있다. 이러한 스포츠 스폰서십의 특징에는 크게 6가지가 있다(6P). 첫째, Platform으로써 스포츠 스폰서십은 기업에게 소비자와 커뮤니케이션 할 수 있는 발판을 제공해 준다는 것이다. 둘째, Partnership으로 기업은 스폰서십을 통해 스포츠와 상호의존 관계를 구축함으로 써 서로의 이익을 극대화할 수 있다는 특징이 있다. 셋째, Presence로 스포츠 스폰서십은 기업에게 브랜드나 상품을 소비자에게 보여줌으로써 브랜드나 상품의 인지도를 높이는 효과가 있다. 넷째, Preference로 기업은 스포츠 스폰서십을 통해 브랜드나 상품의 선호도를 증가시킬 수 있다. 다섯째, Purchase로 기업은 스폰서십을 통해 증가된 인지도와 선호도를 바탕으로 실제 상품의 구매를 유도할 수 있다. 여섯째, Protection으로 스포츠 스폰서십은 기업에게 독점적인 마케팅 권리를 제공하고 보호함으로써 기업의 경영 활동 목적을 달성할 수 있도록 한다.

현재 글로벌 기업들은 올림픽 마케팅을 활성화 하고 있다. 세계 3대 스포츠 대회 중 하나인 올림픽은 1984년 LA올림픽을 시작으로 마케팅 플랫폼으로 자리잡았다. 1970년대까지 200만~4,000만 달러 정도의 재정을 유지하던 IOC는 LA 올림픽에서 기업 스폰서십을 도입하며 상업화를 시작했다. 1985년 IOC는 TOP(The Olympic Partners) 프로그램을 도입, 11개 사업분야별로 대표 기업을 선정해 재정적. 기술적 지원을 받는 조건으로 스폰서 기업은 독점적으로 올림픽 엠블럼과 휘장을 내걸고 마케팅을 할 수 있도록 허용하였다.

2012년 런던 올림픽에서도 글로벌 기업들은 자사의 경쟁력 있는 제품과 서비스의 제공 및 홍보를 통해 브랜드 인지도를 높였다. 예를 들어, Acer, Atos, 삼성, 파나소닉 등 IT기업들은 대회 운영에 필요한 제품, 시스템 지원을 통해 자사의 역량과 제품, 서비스의 우수성 홍보했으며 코카콜라, 맥도널드, P&G 등 식품 · 생활용품 기업들은 올림픽을 지원한다는 긍정적인 이미지로 제품에 대한 친근감과 충성도 제고하였다. B2B기업 중에도 GE, Dow가 TOP으로 A-Mittal, Rio Tinto 회사는 LP로 참여하여 기업 이미지를 제고하였다.

2010년 남아공 월드컵의 경우, 총 300억 명의 시청자가 경기를 시청하였고 결승전은 전 세계에서 7억 명이 시청한 것으로 추정되고 있다. 이는 스포츠 스폰서십은 스폰서에게 한 번의 투자를 통하여 전 세계적으로 동시적인 마케팅 기회를 제공한다는 것을 보여준다. 또한 스포츠가 국제화되고 있는 점도 스포츠 스폰서십을 활성화하는 계기가 되고 있다. 이렇듯 스포츠 스폰서십은 더욱 더 규모가 커지면서 기업이미지 제고, 브랜드 이미지 구축에 많이 활용되고 있다.

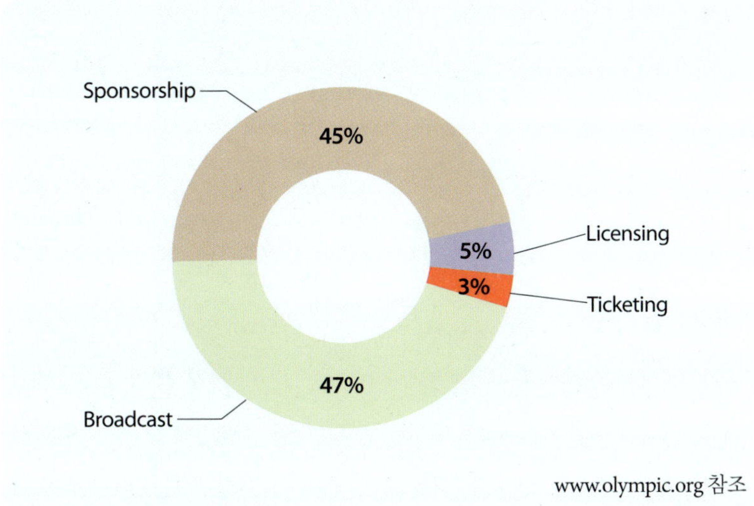

그림 10.1 올림픽 수익구조

따라서 각각의 글로벌 기업의 스폰서십의 현황을 보면 다음과 같다. 먼저, 해외 기업들을 살펴보겠다.

10_1 해외기업

10_1-1 Coca Cola

코카콜라는 브랜드 가치 792억 달러(인터브랜드 평가、2013년 기준)로 전 세계에서 하루 19억 병을 음용하고 있으며 세계 200여 개국에서 생산、판매된다. 지난 128년 간 세계 최대 음료회사 코카콜라는 스포츠 마케팅에 주력했다. 1928년 암스테르담 올림픽부터 스포츠 행사를 후원하기 시작해 1930년 우루과이에서 열린 제1회 월드컵에서 경기 관람객들에게 음료수를 제공하였다. 1952년부터는 모든 월드컵 경기에 경기장 옥외 광고를 게시했고 1974년부터 국제축구연맹(FIFA)

그림 10.2 코카콜라 2014 브라질 월드컵 후원

과 공식 계약을 맺어 1978년부터 FIFA 월드컵의 공식 후원사였다. 코카콜라사는 공식 후원사 계약을 통해 스포츠 마케팅(sports marketing)을 전개하고 있다. 이로써 코카콜라사는 대내외적으로 '공식적인' 입장에서 체계적인 스포츠 스폰서십 활동을 하고 있다. 코카콜라는 기업 이미지 고양 및, 제품 패키징, 디자인, 광고, 소비자 프로모션, 판촉 등 일련의 마케팅/홍보 전 과정을 통해 스포츠를 주제로한 시너지 효과를 창출한다. 특히 전 세계인의 대표적인 스포츠 축제라고 할 수 있는 올림픽과 월드컵은 코카콜라사가 꾸준히 지원하고 있는 활동이다. 2012년 런던 올림픽에서는 전 세계 젊은이들에게 올림픽에 좀 더 친근해 질 수 있도록 음악과 음료가 어우러진 캠페인을 벌이고 8주 동안 2천 3백만 개의 음료를 제공하는 캠페인을 펼쳤다.

코카콜라는 `전 세계인이 함께 즐길 수 있는 브랜드`라는 이미지를 제고하고 있으며 월드컵에서 `즐겁고 짜릿한 경험`을 한 소비자들은 곧 코카콜라의 브랜드 자산 강화로 연결돼 마케팅 성과를 높이고 있다. 코카콜라는 2014년 브라질 월드컵에서도 전 세계적으로 대규모 마케팅을 진행했다. 이번 월드컵에서는 목표로 `모두의 월드컵(The World`s Cup)` 글로벌 캠페인을 진행하고 있다. 브라질 월드컵에서는 세계 각지에서 모인 소비자들의 응원 사진을 대형 모자이크 플래그로 만들어 개막식에서 공개하는 `해피니스 플래그` 행사를 진행했다. 현재도 코카콜라는 FIFA의 가장 오랜 협찬사로 2018년 러시아 월드컵과 2022년 카타르 월드컵까지 엘리트 스폰서십을 후원하고 있다.

10_1-2 맥도날드의 올림픽 스폰서십

2008년 베이징 올림픽에 이어 2012년 런던 올림픽에서도 "챔피언 크러" 프로그램을 진행하였다. 전 세계 맥도날드에서 선발 된 2,000명의 "Best of the Best"

직원들을 올림픽 경기장 레스토랑에 파견하여 선수, 코치 등 관계자와 관객들에게 전담 서비스를 제공하는 캠페인을 펼쳤다. 아울러, "챔피언 오브 플레이" 캠페인을 통해 전 세계 200명의 어린이들을 선발, 런던올림픽을 관람하고 선수들과 함께 운동할 수 있는 기회를 제공하였다.

10_1-3 레드불

레드불은 오스트리아의 에너지 음료로써 카페인이 고함량으로 각성효과를 발생시켜 젊은 층에서 특히 많은 사랑을 받는 브랜드이다. 특히나 레드불(Red Bull)은 미국 에너지 드링크 시장의 65% 이상을 점유하고 있는것으로 알려지고 있는데, 전통적인 광고보다는 각종 익스트림 스포츠팀을 직접 운영하거나 후원하는 등의 스폰서십 마케팅과 대형이벤트 마케팅에 주력하기로 유명한 브랜드이다.

그림 10.3 레드불 브랜드 로고

이러한 레드불은 국내 시장에 진출하고 나서도 역시나 스폰서십마케팅에 주력하고 있다. 특히나, 최근에는 2011년 게이머 최지성과의 후원을 시작으로 〈스타크래프트2〉와 〈리그오브레전드〉 프로게임단을 운영 중인 스타테일을 공식 후원함으로써 후원금 및 해외 대회 경기지원, 레드불 음료제공 등 e스포츠에 적극지원을 나서고 있다.

그림 10.4 레드불에서 후원한 웨이크보더 '최재승' (레드불 홈페이지)

뿐만 아니라, 레드불은 각종 스포츠 후원 뿐 아니라 2012년부터 국제대회인 레드불 스케이트 아케이드 세계 대회를 추진하고 있는데, 2013년도에는 한국 대표 선발전을 개최하기도 하였다. 또한 스트리트 스케이트보드 선수 최재승을 후원하여 해외 대회 참가 및 훈련 장비 및 선수 활동에 대해 지원을 하였다.

10_1-4 아디다스

그림 10.5 아디다스 브랜드 로고

아디다스는 독일의 스포츠용품 브랜드로 나이키와 함께 쌍벽을 이루고 있는 대표적 스포츠 용품 브랜드이다. 특히, 나이키와 아디다스와 같은 브랜드의 경우 제품성격과도 연관성이 높기 때문에 스포츠 스폰서십 활동을 가장 활발히 하는 브랜드라고 할 수 있다. 그러나 보통 해외 프리미어리그 혹은 올림픽과 같은 큰 국제경기에 대한 후원에 그치는 경우가 많은데 아디다스의 경우에는 국내 스포츠 활동에 대한 후원을 활발히 하고 있는 브랜드이다.

그림 10.6 아디다스가 후원하고 있는 K리그 3팀 (아디다스 공식블로그)

특히 아디다스는 2013년도 K리그 공식후원사로 지정되었으며 울산 현대, 부산 아이파크, 수원 블루윙즈 3팀을 후원을 하고 있으며, 해외에서 활약하고 있는 구자철과 손흥민에게 개인 후원을 하는 등 적극적인 스폰서십 활동을 하고 있는 상황이다.

또한, 농구의 경우에는 NBA와 꾸준히 파트너십을 하고 있으며, 국내에서 또한 2005년부터 부산 KTF, 삼성 썬더스, KT, 고양 오리온스등 팀을 후원하고 다양한 이벤트 및 프로모션을 함께 진행하면서 적극적인 마케팅활동을 펼쳤다. 이밖에도 클라이밍, 테니스 등 다양한 스포츠 종목에 대한 후원을 아끼지 않고 있는 상황이며, 이는 국내 스포츠산업의 발전에 기여하고 있다는 긍정적 이미지로 이어지면서 브랜드이미지에 큰 효과를 얻고 있는 실정이다.

10_1-5 쉐보레

그림 10.7 쉐보레 브랜드 로고

쉐보레는 미국 제너럴 모터스(GM)의 자동차 브랜드로 중저가 수입차로 많은 사랑을 받고 있는 브랜드이다. 자동차브랜드는 다이나믹하고 활동적은 이미지를 강조하는 경우가 많아 앞의 스포츠 용품과 음료시장과 같이 스포츠 스폰서십을 많이 하는 제품군이다.

쉐보레의 국내 스폰서십 현황을 살펴보면, 2011년 부터 프로야구팀을 후원해 오고 있으며, 2013년에는 SK 와이번스, LG 트윈스, 두산 베어스, 롯데 자이언츠, NC 다이노스 등 5개 팀을 후원하고 그와 연계된 SNS를 활용한 프로모션 및 선수단과 함께 하는 이벤트 활동을 펼치기도 하면서 브랜드를 알렸다.

한편, 쉐보레는 쉐보레 레이싱팀을 구성하여 각종 레이싱 경기 출전에 대한 지원을 해오고 있다. 또한, 국내 스포츠팀은 아니지만 쉐보레는 2012년 유럽 프로축구팀인 맨체스터 유나이티드와 파트너십을 체결하였으며 쉐보레의 로고를 유니폼에 부착하여 브랜드를 홍보하고 있다. 덧붙여 루니와 같은 유명선수들에게 차량을 지원하는 등 다양한 지원 활동을 펼치고 있는데, 맨체스터 유나이티드는 유럽뿐 아니라 국내에서도 많은 사랑을 받고 팬을 보유하고 있는 팀으로 마케팅 효과가 클 것으로 기대하고 있다.

그림 10.8 쉐보레 프로야구 후원 연계 SNS프로모션 (한국지엠 공식블로그)

그림 10.9 쉐보레 맨체스터 유나이티드 자동차 후원 (한국지엠 공식블로그)

그림 10.10 쉐보레 프로야구 후원 연계 SNS프로모션 (한국지엠 공식블로그)

10_1-6 캐논

캐논은 일본의 카메라 브랜드로 현재는 세계적인 카메라 메이커로서 인정받고 있는 브랜드이다. 캐논의 경우에는 스포츠 스폰서십도 하고 있지만, 문화예술 분야에 대한 스폰서십 또한 활발히 하고 있는 브랜드이다. 특히, 사진 관련 공모전이나 인재육성과 함께

Canon

그림 10.11 캐논 브랜드 로고

관련 전시회를 후원하기도 하면서 제품의 우수성을 강조하고 창조적이라는 브랜드이미지를 구축하였다고 평가받고 있는데 〈세계보도사진 콘테스트〉, 〈캐논디지털크리에이티브 콘테스트〉, 〈SSF세계스포츠사진 콘테스트〉 등의 다양한 문화지원을 하였다.

최근에는 한국-터키 대표작가 사진전 〈Blooming Silk Road〉를 후원하기도 하였는데 이는 2012년 배우 박상원의 두 번째 사진전 〈A SHADOW〉에 대한 후원과 마찬가지로 작품을 자사의 프린트로 출력하여 제품의 우수성을 자연스럽게 강조하면서 문화적 콘텐츠를 제공하였다.

또한 제5회 서울국제초단편영화제(SESIFF 2013)의 'EOS MOVIE Project : E-CUT 감독을 위하여' 행사에 촬영장비 및 제작비를 후원하였으며, 제37회 몬트리올 국제 영화제에서 지난해 같은 행사후원을 통해 제작된 '사랑의 묘약'이라는 작품이 초청되기도 하였다.

그림 10.12 EOS MOVIE Project : E-CUT 감독을 위하여 후원 활동 (캐논 공식블로그)

한편, 캐논은 국내 뿐 아니라 런던 패션위크와 런던 패션 위켄드 공식 후원사로 활동하면서 런던 패션위크 기간 동안 촬영장비 및 무료셔틀버스를 사진가들에게 지원하고 패션쇼 콘텐츠를 상영하는등 다양한 후원활동을 펼쳤는데, 이러한 국제적으로 주목받는 행사에 대한 스폰서십 활동은 국내스폰서십 활동과 같은 효과를 불러일으키고 있다.

10_1-7 루이까또즈

루이까또즈(Louis Quartorze)는 프랑스의 패션 브랜드로, 1990년에 국내에 런칭된 이후 2006년에는 국내기업인 태진인터내셔널이 본사를 인수하였다. 한편, 루이까또즈는 문화스폰서십 활동을 적극적으로 펼치고 있는 대표적 브랜드중 하나이다.

특히, 최근 루이까또즈는 2013년에 아시아 최대 규모의 영화 시상식인 부산 국제 영화제의 공식 후원사로 지정되어 다양한 후원과 이벤트를 개최하였는데 이벤트 부스를 세워 간단하게 참여할 수 있는 이벤트를 통해 루이까또즈 제품을 제공하였으며, 영화 불법다운로드 근절 캠페인 〈굿 다운로더〉의 5주년 기념식을 진행하였다.

그림 10.13 루이까또즈 브랜드 로고

뿐만 아니라 루이까또즈는 지난 2011년부터 2006년 주한 프랑스 문화원의 주최로 시작된 문화행사로 다양한 프랑스 영화들을 상영하면서 문화체험을 제공하고 있는 시네프랑스라는 행사를 프랑스문화원과 함께 지속적으로 후원하면서, 문화스폰서십 활동을 펼치고 있다.

한편 팝업아트전, 시네프랑스를 시작으로 프랑스와 독일의 우호 조약인 '엘리제 조약' 체결 50주년을 맞이하여 개최 된 아트 행사인 '디지털 피스 2013', 뮤지컬 '태양왕' 등 다양한 문화 스폰서십 활동을 통해 '이지적이고 우아한' 브랜드 이미지를 구축해오고 있다.

10_1-8 B2B 기업 스폰서십

10_1-8-1 GE

GE는 친환경적, 혁신적인 제품과 서비스 지원으로 올림픽의 성공적인 개최 및 운영에 기여하여 기업 이미지 제고에 노력을 많이 했다. B2B 기업 최초로 2006년 토리노 겨울올림픽부터 TOP 파트너십을 체결하고 전력, 조명, 수처리, 운송, 보안, 헬스케어 부분 스폰서십 활동을 전개하였다. 예를 들어, 컨벤션센터, 올림픽 경기장 등의 인프라 구축부터 오수 재활용, 폐수 처리 시스템, 정수관리, 선수촌 내 고효율 가전제품 등을 공급하였다. 아울러, 최첨단 의료기기를 갖추고 응급 치료와 수술이 가능한 12병상의 이동식 응급 의료실(Mobile Medical Unit)을 운영하여 신속한 의료 서비스를 지원하였다. 2008년 베이징 올림픽에서 GE는 첨단 솔루션을 제공함으로써 경기장과 관련 시설 인프라 구축에 핵심적인 역할을 하였다. 베이징의 37개 올림픽 경기장에 전력을 공급하는 변전소 73개를 설치하고 장베이 풍력발전단지에 120대의 풍력터빈을 공급함으로써 연간 40만 가구가 사용할 수 있는 180메가와트 규모의 안정적인 전

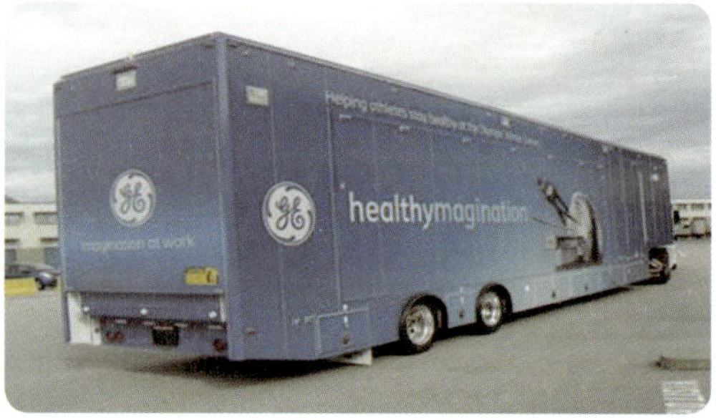

그림 10.14 응급 의료실 차량

력 에너지망을 지원하였으며 도시인프라 개선을 위해 6만여 명이 거주하는 동관시에 GE의 첨단 수처리 시스템을 기증하여 깨끗한 식수를 마실 수 있도록 지원하였다. 이는 중국시민에게 긍정적 효과를 미쳤다.

10_1-8-2 Dow Chemical

Dow Chemical은 친환경적, 혁신적인 제품과 서비스 지원으로 친환경 기업으로서의 이미지 제고를 시도하였다. 2012년 런던올림픽에서 처음으로 올림픽 파트너(TOP)가 되었으며 메인 스타디움 외벽 자재로 친환경 화학소재를 지원하였다. 다우는 2084년 30톤이 넘는 유독가스 누출사고로 2만 5천 명이 죽고, 20만 명 이상의 피해자가 발생한 인도 보팔시의 공장을 2001년 인수했는데 그 여파로 반환경기업으로 몰리며 TOP프로그램 가입에 국제적 논란을 일으키기도 했지만 다우가 적극적인 TOP 활동을 통해 반환경기업 이미지를 환경기업으로 바꾸려고 노력하고 있다.

10_1-8-3 Arcelor Mittal

그림 10.15 Orbit 타워

Arcelor Mittal은 철을 소재로 한 런던의 아이콘 오빗(Orbit)타워 건설을 지원하여 세계 최대 철강기업 이미지를 제고하였다. 115m 높이의 Orbit Tower는 1,400톤의 철재가 사용되었고 그 중 60%이상을 재활용 철재로 공급하여 올림픽 테마에 부합하는 '친환경' 이미지를 부각하도록 노력하였다. 런던올림픽 조직위원회는 오빗타워에 기업의 이름을 따 Arcelor Mittal Orbit Tower라고 공식 명칭을 부여하는 효과를 낳았으며 CNN 등 글로벌 주요 미디어를 통해 특집으로 방영되며 세계적인 기업 홍보효과를 가져왔다.

10_1-8-4 Rio Tinto

Rio Tinto는 세계 최대 금동광산인 오유 톨고이 광산개발에 투자하고 있으며 간접적으로 지분 보유한 회사로 몽골 올림픽 국가대표팀을 공식 후원하여, 대규모 광산 프로젝트가 진행 중인 몽골 정부 및 국민과의 친화력를 제고하였다. 또한, 자사 광산의 금, 은, 동 8t을 올림픽 메달 제작에 지원하여 광산 기업으로서의 이미지도 제고하였다.

10_2 국내 글로벌 기업

10_2-1 삼성

삼성전자는 2014년 소치올림픽에서 무선통신 공식 후원사로써 갤럭시 올림픽 파크 스튜디오를 개관하였다. 러시아 내 소치시등 총 4곳의 갤럭시 스튜디오, 삼성 모바일러스 프로그램 운영 등 스마트 올림픽 현장 마케팅을 진행하였다. 갤럭시 올림픽 파크 스튜디오는 올림픽 공식 폰인 '갤럭시 노트 3'를 활용한 동계 스포츠 체험, 챗온과 와우(WOW) 애플리케이션을 통한 삼성 갤럭시팀 선수 응원, 방문객 대상 스마트폰 대여 등 고객과의 소통을 극대화한 서비스로, 소치 올림픽 현장 마케팅이다. 삼성전자는 전 세계 대학생들에게 올림픽 현장의 경험을 제공하고 스마트 기술로 나누는 삼성 모바일러스 프로그램 등 다양한 프로그램을 함께 운영하여, 전 세계인이 소치 올림픽을 함께 즐기고 가깝게 경험하는 스마트 올림픽을 추진하였다.

삼성전자는 2005년 5월 시작으로, 현재까지 첼시 스폰서십을 활용하여 삼성전자는 체계적이고, 대중의 감성에 적극 어필하는 마케팅 활동을 전개하여 브랜드 프리미엄 인지도 및 호감도 상승의 가시적 성과를 거두고 있다. 2007년 새로 개축된 잉글랜드 축구의 전당(Home of English Football) 웜블리 (Wembley)에서 지난 19일 벌어진 전통과 명성을 지닌 잉글랜드 FA컵 (잉글랜드 축구 협회컵) 결승에서 첼시가 맨유를 누르고 우승을 차지함으로써 삼성의 스폰서십의 성과는 컸었다.

그림 10.16 삼성 소치 '갤럭시 올림픽 파크 스튜디오' 개관식 장면

그림 10.17 삼성 스폰서인 첼시 2007년 우승

첼시 클럽의 스폰서인 삼성전자는 첼시의 프로필이 아직 성장단계에 있던 2005년 초창기에 공식 클럽 스폰서로 계약을 체결한 이후, 05/06년 리그 우승, 칼링컵 2회, FA컵, 커뮤니티 쉴드컵등 5개의 트로피를 거머쥔 첼시 성공에 힘입어 스폰서십 효과를 크게 보고 있다. 예를 들어, 자체조사에서 삼성 첼시 스폰서십 성과는 다음과 같다. 비즈니스 측면에서는 유럽에서 삼성의 총 매출은 2005년 대비 2006년에 111% 상승하였다. 휴대폰 판매는 112% 상승하였다. LCD TV 판매는 277% 상승하였다. 브랜드 측면에서는 2005년 4월 이후 삼성 기업 비보조 인지도 (Corporate)는 68% 상승하였고 삼성 휴대폰 비보조 인지도 (Mobile)는 70% 상승, 휴대폰에 대한 딜러 호감도 는 23% 상승, LCD TV에 대한 딜러 호감도는 433% 상승한 것으로 나타났다.

10_2-2 LG전자

LG전자는 글로벌 파워브랜드가 되기 위해 월드컵 마케팅전략(marketing strategies)을 광범위하게 펼치고 있다. LG전자는 HS애드와 함께 1998프랑스월드컵 스폰서를 활용하여 월드컵 이미지와 LG전자의 우수한 기술과 제품을 연계한 동일한 컨셉트의 TV-CM과 인쇄광고, 홍보, 매장 디스플레이, 판촉물, 옥외광고, 경품 및 이벤트 등을 개발해냈고, 이를 월드컵 마케팅 패키지로 매뉴얼과 CD 롬을 제작, 전 세계에 배포했다. 1998년의 인쇄광고는, 월드컵의 강렬한 이미지를 전달하기 위해 프랑스월드컵의 특징과 LG전자 스폰서 제품의 장점이 함께 소구되는 메시지를 축구공에 넣었으며 바디카피를 통해 제품 기술력을 설명함으로써 제품광고이면서 동시에 월드컵을 활용한 브랜드 이미지 제고에도 기여토록 하였다. TV-CM은 월드컵 경기가 연상되는 경기에서 LG전자 에어컨과 냉장고가 선수들의 니즈(Needs)인 시원함과 갈증 해소를 가장 잘 해결해 준다는 내용을 유머러스하게 보여주었다.

그림 10.18 LG전자 영국체조협회 후원

LG전자는 2005년 영국 체조협회를 후원하며 런던 올림픽마케팅을 시작했었다. 영국 런던 코벤트가든에서 'LG전자-영국 체조협회 스폰서 체결' 행사를 개최했다. LG전자는 2012년 올림픽 개최지로서의 분위기를 조성하기 위해 영국 정부에서 전략적으로 육성하는 영국공식체육기구인 체조협회와 협회의 리듬체조팀을 후원하였다. 이때, LG전자는 2005년 9월부터 2012년 8월까지 8년간 영국 체조협회와 리듬 체조팀에 연간 각각 2만 파운드, 1만 파운드를 후원했다. 이번 후원을 계기로 LG전자는 TV, 인쇄, 온라인 등 매체에 LG와 체조협회의 스폰서십 파트너로서의 홍보 · 광고를 했고 리듬 체조 선수 유니폼에 로고 노출 등을 통해 브랜드 인지도를 제고하였다.

2010년에는 LG전자가 미국 인디애나주 인디애나폴리스에서 막을 내린 미대학스포츠협회(NCAA) 농구 토너먼트에서 3D TV를 내세운 스포츠 마케팅을 펼쳐 5천만 달러 이상의 후원효과를 거둔 것으로 나타났다. NCAA 농구 토너먼트는 미국 시장에서 슈퍼볼과 하계올림픽의 뒤를 이어 세 번째의 경제적 가치를 가진 것으로 알려진 초대형 스포츠 이벤트로 LG전자는 3D TV를 많이 노출시켰다. 결과적으로 인디애나폴리스에서 열린 최종 4강전에만 20만 명이 넘는 관중이 운집해 LG전자의 3D TV 런칭에 성공을 거두었다.

10_2-3 현대자동차

그림 10.19 현대자동차 월드컵 후원

2006년 현대자동차는 독일 월드컵을 공식 후원했다. 월드컵 광고효과가 16강전까지 7조 원에 달하는 것으로 추정됐다. 현대차는 독일 월드컵을 통해 총 9조 원이 넘는 홍보효과를 거둘 것으로 기대했었다. FIFA의 리서치 대행사인 영국의 '스폰서십 인텔리전스'의 조사에서 월드컵 16강전까지 경기장광고(A보드)의 TV 노출 빈도를 중간 집계한 결과, 브랜드 노출 효과가 약

7조 원에 달한 것으로 추산됐다.

이 조사의 집계방법은 8개의 조별 리그 48경기와 16강전 8경기 등 총 56경기의 A보드 TV 노출 시간을 집계해 그 시간만큼 광고했을 때 소요되는 비용을 계산한 결과였다. 16강까지 현대차의 A보드는 경기당 평균 12분 34초, 총 11시간 45분이 노출됐다. 2002년 한일 월드컵 당시 현대차의 브랜드 노출시간은 경기당 평균 11분 35초, 총 12시간 21분 46초였다. 독일 월드컵에서의 노출시간이 한일 월드컵보다 약 8.5% 증가한 것으로 스포츠 스폰서십의 효과를 말해주고 있다.

생각해 볼 문제

1. 삼성전자의 스폰서십의 성공사례에 대해 생각해 보자.
2. 코카콜라의 스포츠 스폰서십의 역사에 대해 생각해 보자.
3. 맥도널드와 버거킹의 스폰서십을 비교해 보자.
4. 해외기업과 국내기업의 스폰서십에 대해 비교해 보자.

참고문헌

뉴스천지 (2012). 레드불, 스케이트 보드 선수 최재승과 후원 계약 '한국인 최초', , http://r.newscj.com/news/articleView.html?idxno=164458 (2012.12.24.).

뉴시스, (2013). 패스트푸드 연도별 매장수 현황, http://www.newsis.com/pict_detail/view.html?pict_id=NISI20131002_0008753419 (2013.10.2).

닉 우스터 (2012. 11. 29), 네이버카페 예술공원 게시글 & SCENE PLAYBILL, 2012년 12월호 http://cafe.naver.com/theartpark/1897

디스이즈게임닷컴 (2012). [ThisTalk]레드불 후원 이끈 스타테일 원종욱 감독 "스타2 게임단 후원 작업, 멀리 보고 신선한 그림 그려야", 디스이즈게임닷컴, http://www.thisisgame.com/esports/nboard/163/?n=34717 (2012.7.6.)

루이까또즈 공식블로그 http://louisien.com/326

레드불 홈페이지, http://www.redbull.com/kr/ko

레드불 블로그, http://blog.redbull.kr/

맥도날드 공식홈페이지 www.mcdonalds.co.kr

매일경제 (2014). 아디다스, KT소닉샵 매장 리뉴얼 오픈, MK스포츠, http://sports.mk.co.kr/view.php?no=126354&year=2014 (2014.1.24.).

매일경제 (2013). 유니클로, 연매출 1조엔 돌파..해외사업 덕분, 뉴스토마토, http://www.newstomato.com/readNews.aspx?no=407923 (2013. 10.11).

매일경제 (2014) 스포츠 마케팅의 교과서…`코카콜라와 월드컵` 2014.04.30.

박준홍, 이상현, 우정헌 (2012). 올림픽은 세계 최대의 마케팅 플랫폼, POSRI 보고서.

비주얼 다이브 (2014). 애플 올 1분기 실적, 작년동기 대비성장, 비주얼다이브, http://www.visualdive.co.kr/ (2014. 4. 25).

삼성전자 홈페이지 http://about.samsung.co.kr/about/newsView.do?seq=116049

스포츠 한국 (2013). '레드불 익스트림 스케이트보드' 한국 대표 선발전 개최, 스포츠한국, http://sports.hankooki.com/lpage/moresports/201308/sp2013080711343995990.htm (2013.8.7.).

아디다스 블로그, www.alladidas.com

아시아경제 (2013) 유니클로, '2013 평창 동계 스페셜 올림픽' 한국 선수단 후원, http://www.asiae.co.kr/news/view.htm?idxno=2013011110102275507 (2013.1.11.).

얼음공룡 (2014). 애플 Product RED 후원 7천만 달러 달성, 루리웹 게시글, http://bbs2.ruliweb.daum.net/gaia/do/ruliweb/56/read?articleId=1357220&objCate1=&bbsId=G003&itemGroupId=&itemId=8&platformId= & https://twitter.com/RED/status/452113450588979200 (2014. 4.5).

연합뉴스 (2010. 1.13), 〈AsiaNet〉맥도날드, 전 세계 소비자들에게 올림픽 맛을 선사, 연합뉴스, http://news.naver.com/main/read.nhn?mode=LSD&mid=sec&sid1=104&oid=001&aid=0003071216

이투데이 (2013). 애플, 국내서 1조원 매출 올리고도 세금 한푼도 안냈다, 이투데이,http://www.etoday.co.kr/news/section/newsview.php?idxno=808510 (2013.10.22.).

연합뉴스, LG전자 "美대학농구서 5천만弗 후원효과" 2010.4.6

유니클로 공식홈페이지 http://www.uniqlo.com/kr/corp/

유니클로 공식블로그 http://blog.naver.com/uniqlog/

유현재, 엄남현 (2007). World News U.S.A., 코바코, 광고정보 2007,11월호

위키백과 http://ko.wikipedia.org/

애플스토리 (2014). 2012년 스마트폰 시장 전략을 제안한다 4대 제조사 SWOT 분석, appstory, http://monthly.appstory.co.kr/plan2385

이데일리 (2006). 현대차 "獨월드컵 홍보효과 7조원" 2006.07.06.

이수민, 이시재, 서영진 (20088),예술단체의 기업비즈니스 포인트, 문화예술 기획경영 아카데미"스폰서십 전략기획

정연균 (2009). 기업의 스포츠 스폰서십 활동실태와 성공사례 및 홍보효과. Seri사이트.

코카콜라 공식 블로그 http://cocacolakoreablog.co.kr/959

케이벤치 (2014). 캐논 코리아 비즈니스 솔루션, 사진전 후원, 케이벤치, http://www.kbench.com/life/?no=131906 (2014.3.25.).

케이벤치 (2013). 캐논, 런던 패션 위크의 공식 스폰서로 참여.. 캐논 imagePRESS C7010VP로 룩북 제작, 케이벤치, http://www.kbench.com/common/clip.jsp?no=116205 (2013.3.18.),

케이벤치 (2013). 캐논이 후원한 단편영화 '사랑의 묘약' 몬트리올 국제영화제 초청, 케이벤치, http://www.kbench.com/life/?no=119848&sc=1 (2013.6.12.).

컨슈머타임 (2013). 맥도날드 3천억 투자, 햄버거 1위 롯데리아 넘어라, 컨슈머타임, http://m.cstimes.com/articleView.html?idxno=106066 (2013. 6.25).

패션비즈 (2013). 우리는「유니클로」왜 못 이기나? 부실한 시스템, 불투명한 거래, 불공평한 유통의 지원, 2013년 12월호, https://www.fashionbiz.co.kr/RE/?cate=2&idx=137097 (2013. 12. 30).

패션 201 (2014). [기획 특집] 한국 패션 브랜드 글로벌 진출 전략, 패션201, http://www.fashion201.com (2014. 3. 11).

한국SR전략연구소 (2012), 2012년. 지속가능성으로 본 애플의 두 얼굴, SRWire, http://www.srwire.co.kr/bbs/board.php?bo_table=sr_csr&wr_id=23 (2012.12.21.).

한국 지엠 블로그, http://blog.gm-korea.co.kr/

한국콘텐츠미디어 블로그 http://blog.naver.com/PostView.nhn?blogId=e_mnb&logNo=90158420625

홍석표 (2012). 스포츠 스폰서십의 오늘과 내일, 브랜드저널 (59), 오리콤.

Alex Han (2012), 효과적인 브랜드 강화를 위한 브랜드 프로포지션 수립 전략, 인터브랜드, 인터브랜드 브랜드레터 2012년 3월호

LG CNS 공식 블로그 (2013). 김환진 LG CNS 대학생 기자단 SPA브랜드 로고에 숨겨진 메시지 찾기, 'Creative N Smart'. http://blog.lgcns.com/1(2013.11.25.).

INTERNATIONAL ADVERTISING

Chapter 11

국제광고 사례분석(I)

11_1 코카콜라

11_2 유니클로(Uniqlo)

11_3 맥도날드(McDonald)

11_4 애플(Apple)

11_1 코카콜라

11_1-1 회사 및 브랜드 소개

코카콜라는 남북전쟁 참전용사이자 아틀랜타의 약사였던 존 펨버턴에 의해 만들어지게 되었다. 그는 여러 가지 약제들을 조합하는 것을 무척이나 즐기는 사람이었는데 어느 날 오후 두통을 경감시킬 응급제를 찾던 중 그의 냄비 안에서 캐러멜 색의 향기로운 액체를 섞어내게 되었고 이 액체가 완성되자 이웃의 자콥 약국으로 가지고 갔다. 그곳에서 혼합액에 탄산수를 더한 후 약국의 손님들에게 시범으로 맛을 보게 했다. 이렇게 코카콜라는 탄생하게 되었고 펨버턴의 회계 담당자였던 프랭크 로빈슨은 이 혼합물에 코카-콜라라는 이름을 붙여 오늘날까지 코카-콜라는 그가 썼던 그대로 전세계에 판매되고 있다. 1888년에서 1891년 사이에 펨버턴은 자신의 사업을 모두 합쳐 약 2,300달러에 아사 캔들러라는 아틀랜타 사업가에게 넘겨주었고 캔들러는 코카-콜라 첫번째 사장이자 코카-콜라와 브랜드에 실제적인 비전을 부여한 최초의 사람이 되었다. 브랜드로 보자면, C자를 절묘하게 매치한 이 글씨체는 코카-콜라의 상징으로 1893년에 상표 등록되었다. 오늘날, 이 상표는 코카-콜라의 독특한 상쾌함, 맛, 그리고 정통성을 상징할 뿐 아니라 모든 소비자 커뮤니케이션의 바탕이 되고 있다. 프랭크 로빈슨(Frank Robinson)은 친구가 새로 개발한 음료에 Coca-Cola라는 이름을 흐르는 듯한 스펜서체로 표기하여 코카-콜라의 이미지를 부각시켰다.

11_1-2 시장 상황

그림 11.1

코카콜라는 펩시콜라와 함께 세계 콜라시장의 두 축을 이루며, 강력한 브랜드 파워를 가졌다. 코카콜라의 코카콜라 컴퍼니(Coca-Cola Company)(뉴욕증권거래소: KO)는 세계 최대 음료회사로 500여 종의 발포성 음료와 비발포성 음료 브랜드로 소비자에게 활기를 선사하고 있다. 코카콜라 컴퍼니는 세계 최고의 브랜드 가치와 브랜드 인지도를 자랑하는 코카콜라 브랜드를 필두로 다이어트 코크(Diet Coke), 환타(Fanta), 스프라이트(Sprite), 코카콜라 제로(Coca-Cola Zero), 비타민워터(vitaminwater), 파워에이드(Powerade), 미닛메이드(Minute Maid), 심플리(Simply), 조지아(Georgia), 델발(Del Valle) 등 총 170억 달러 가치의 브랜드를 거느리고 있다. 코카콜라 컴퍼니는 탄산음료, RTD(ready-to-drink, 즉석에서 마실 수 있는 형태) 커피, 쥬스, 쥬스희석 음료 분야의 세계 1위 기업이다. 코카콜라가 보유한 세계 최대 음료 유통 시스템을 통해 세계 200여 개국 소비자들은 하루 19억 병의 코카콜라 음료를 즐기고 있다. 코카콜라 컴퍼니는 지속 가능한 커뮤니티를 구축하기 위한 지속적인 노력으로 환경에 미치는 영향을 줄이고, 건강하고 활동적인 삶을 지원하고, 동료를 위해 안전하고 포용적인 직장 문화를 창출하며, 회사가 사업을 영위하고 있는 지역 공동체의 경제개발을 촉진하기 위한 전략을 추구하고 있다.

11_1-2-1 SWOT분석

코카콜라의 시장 상황을 (표 11.1)의 SWOT분석을 통해 살펴보자.

표 11.1 코카콜라의 SWOT 분석

Strengths	Weaknesses	Opportunities	Threats
• 높은 브랜드 가치 • 성공적인 현지화 • 합작을 통한 경쟁력 강화 • 높은 브랜드 인지도	• 주력제품중심 전략의 한계 • 표준화 전략의 한계 • 조직의 문제점 • 다단계 결제시스템	• 유통경로의 다양화 • 편의점 체인의 확산 • 대형 할인매장의 증가 • 지리적 및 기상변화로 인한 시장 확대 • 각종행사의 후원활동	• 경쟁업체 펩시의 급부상 • 소비자의 건강지향적 소비성향 • 음료시장의 카테고리의 확대

11_1-2-2 STP 분석

콜라의 구매와 사용행태를 살펴보면 나이와 성별에 관계없이 누구나 즐기는 음료이다. 특히 10대, 20대가 가장 즐기는 음료이다. 코카콜라는 긍정적인 감정과 느낌, 행복한 순간 등 미국의 낙천주의에 관한 모든 것을 의미하는 브랜드이며 믿음의 상징이다. 코카콜라의 세계적인 아이덴티티는 '언제나 코카콜라(Always Coca Cola)'라는 슬로건으로 집약된다. 모든 연령층이 즐길 수 있는 음료임을 알리고 있다. 최근에는 건강에 대한 관심이 높아지면서 코카콜라의 시장지배력은 떨어지고 있다. 또한, 콜라 매출의 큰 비중을 차지했던 패스트푸드가 건강에 악영향을 준다는 인식이 확산되면서 패스트푸드업계의 매출 감소가 콜라업계에도 영향을 미치고 있다. 따라서 이를 극복하기 위한 건강프로그램 캠페인을 펼치고 있다.

11_1-3 국제광고 전략

11_1-3-1 현지화 전략

코카콜라는 슬로건, 컨셉트 등 기본적으로 동일한 제품과 마케팅활동을 펼지면서 표준화 전략을 사용하고 있는 브랜드다. 특히, 산타, 북극곰 등 광고캠페인에 동일한 컨셉트를 유지하여 사용하고 있다. 다만 각 현지에 유명인들을 기용하여 스타마케팅을 실시하는 부분적으로 현지화 전략을 사용하고 있는데, 국내에서는 최근 무한도전 팀을 모델로 기용하였다.

그림 11.2 2014년 방영된 무한도전팀의 코카콜라 광고

11_1-3-2 표준화 전략

그림 11.3

코카콜라는 세계적으로 인지도가 높기 때문에 표준화전략을 많이 활용하고 있다. 마케팅 전략의 핵심인 광고는 특히 주력제품인 경우 모두 본사에서 제작하여 전세계에 배포하고 있다. 현지에서는 이를 현지 언어와 모델로 바꾸는 차원에서만 수정하여 사용하고 있다. 이러한 글로벌 전략은 규모의 경제를 누릴 수 있는 효과가 있다.

11_1-3-3 프로모션

2006년 월드컵을 맞이하여 CokePLAY를 중심으로 "100명의 붉은 원정대"를 선정하는 프로모션을 진행하였다. 이 시점부터 본격적인 "Branded entertainment"사이트를 시작했다. 현재 CokePLAY는 10대, 20대 소비자의 니즈를 반영한 콘텐츠를 계속 제공하고 있고 코카콜라, 코카콜라제로, 코카콜라 라이트 등 코카콜라 브랜드의 메시지를 주요 타깃에게 전달하고 있다. 환타 프로모션으로는 2007년에 자메이카 그린 애플맛과 브라질 포도맛 2가지의 환타를 출시하면서 100명을 모집해 일본과 자메이카로 여행을 보내는 해외문화 체험프로그램인 "환타 월드 리포터" 프로모션을 진행하였다. 현지의 맛, 라이프, 문화 등을 체험한 내용을 UCC로 제작하는 프로그램이었다.

그림 11.4

환타 학교 프로그램 (Fun at School)은 "친구들과 함께 즐기는" 환타의 이미지를 학교를 중심으로 현장에서 직접 전달하기 위해 진행된 행사이다. 주로 전교생, 한 학년이 참여하는 학교 행사에 환타 샘플링 팀이 가서 디지털 카메라 촬영, 스티커 사진 촬영 등을 제공하는 프로모션이다.

11_1-3-4 스폰서십

코카콜라의 대표적 스폰서십 활동을 꼽자면 단연 월드컵을 들 수가 있다. 코카콜라는 1978년 이후 지금까지 FIFA공식후원사로써 매 월드컵때마다 스폰서십활동을 활발히 펼치고 있다. 이에 국내에서도 100명의 코카-콜라 원정 응원단을 뽑아 함께 월드컵을 즐기도록 하고 FIFA 월드컵 트로피' 언론 공개 행사를 진행하기도 하였다. 또한 응원 플래그와 같은 단기적 프로모션이벤트도 진행중이다.

그림 11.5 2014년 브라질 월드컵 스폰서십 활동

11_1-4 요약

코카콜라의 성공요인은 오랜된 역사와 마케팅 자체에 있다. 표준화된 광고 집행과 글로벌 스폰서십 역시 코카콜라의 이미지를 높이고 구매로 이어지도록 한 요인이다. 코카콜라는 높은 브랜드 충성도를 가지고 있는데, 끊임없이 마케팅으로 콜라를 즐기게 한다. 각국 지역 프로모션과 글로벌 스폰서십은 끊임없는 장애물에도 불구하고 판매에 기여했다. 세계적으로 동일한 컨셉트를 지닌 국제광고는 소비자로 하여금 콜라에 대한 일정한 이미지를 가지게 해줬으며 따뜻한 감성이 더해져 브랜드에 대한 긍정적 이미지를 형성하게 했다.

코카콜라의 표준화 광고전략은 앞으로도 계속 진행될 것 같다. 표준화전략은 기업의 영향력을 나타내고 광고 제작비 절감 측면에서 유리하다. 코카콜라는 이러한 전략을 지금까지 꾸준히 실행하고 있다. 아울러, 적절한 현지화 전략을 통해 그 나라의 유명인을 활용한 광고는 그 나라의 소비자에게 긍정적인 이미지를 만드는데 있어 큰 역할을 하였다.

향후의 코카콜라는 어떠한 전략을 통해 현재의 탄산음료에 대한 부정적 인식을 극복하고 성장할 수 있을지 궁금하다. 지금의 전략을 고수할 것인지 아니면 새로운 전략을 통해 소비자에 다가갈지 계속 지켜봐야 할 것 같다.

11_2 유니클로 (Uniqlo)

11_2-1브랜드 &로고

유니클로는 일본의 중저가 의류브랜드로 "Made for all"이라는 브랜드 철학으로 심플하고 보편적인 디자인과 좋은 품질의 옷을 추구하고 있는 유니클로는 "옷을 바꾸고, 상식을 바꾸고, 세계를 바꿔나간다" 는 브랜드 비전을 갖고 있다.

한편, 유니클로의 로고는 색채를 빨간색과 하얀색만으로 구성하여 전체적으로 따뜻하면서 대담하고 화려한 느낌을 주고, 정사각형의 로고 디자인과 단순한 돋움체 사용은 현대적인 느낌을 나타내고 있다.

11_2-2 시장상황

2013년 연매출 1조 1,430억 엔을 기록하고있는 유니클로는 해외매출의 경우 2,511억 엔(전년대비 64% 증가)으로 오늘날 세계적인 글로벌 SPA브랜드로 자리잡았다. 국내에서는 2005년 서울과 인천 매장을 시작으로, 12월에 진출하였는데 현재, 2013년을 기준으로 약120개의 매장을 보유하면서 국내에서 많은 사랑을 받고 있는 브랜드이다. 더욱이, 2013년 국내 SPA 시장 규모는 3조 원 수준으로 국내 전체 패션시장에서 8.4%를 차지하면서 지속적인 성장세를 보이고 있는 가운데, 시장 내에서 유니클로는 현재 국내시장에서 압도적인 1위를 차지하고 있다. 특히, Fashionbiz(2013)에 따르면 2013년 유니클로의 매출을 7,000억 원 가량으로 예상하고 있으며 이는 2006년과 비교하였을 때 20배 이상의 성장세를 보인 것이라고 밝혔다.

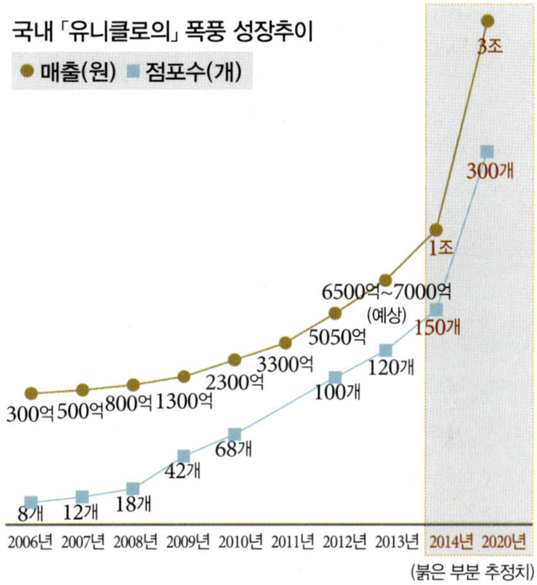

그림 11.6 유니클로 국내시장 성장추이 (패션비즈,2013 12월호)

11_2-2-1 SWOT

우선, 유니클로의 강점으로는 높은 품질 수준에 비한 저렴한 가격이라는 점을 들수 있겠다. 특히, 유니클로는 마케팅의 전 과정에 대해 본사가 관리하도록 하여 마케팅 비용을 절감하였다. 또한 베이직한 디자인을 추구함으로써 유행에 민감하게 반응하지 않고 폭넓은 수용층을 가지고 있어 다양한 시장 공략이 가능하다. 하지만, 다른브랜드에 비해 심플한 디자인이 오히려 유니클로가 가지는 약점이 될 수도 있으며, 저가브랜드라는 이미지 역시 소비자들의 거부감을 불러일으킬수 있는 요소가 되기도 한다. 한편 국내에서는 일본과의 국제적 관계라는 특수성이 작용되기도 하는데 일본과의 정치적 문제로 인한 부정적인식이 한국소비자들의 불매운동 혹은 더 나아가 브랜드이미지로까지 전이될 위험성이 있다. 뿐만 아니라 유니클로는 SPA브랜드에 대한 환경단체의 부정적시선, 다양한 SPA브랜드의 공격적 마케팅활동으로 인한 치열한 시장상황 등 시장의 외부적 위협요인까지도 안고 있는 상황이다. 하지만 경제침체로 인한 SPA브랜드에 대한 소비자들의 니즈는 꾸준히 증가하고 있는 상황이며, 글로벌 브랜드에 대한 소비자들의 긍정적이고 개방적인 인식변화 등의 기회요인도 가지고 있어, 유니클로의 향후 성장세는 계속될 전망이다.

표 11.2 유니클로의 SWOT 분석

Strengths	Weaknesses	Opportunities	Threats
• 가격 저렴 • 베이직한 디자인	• 심플이미지 • 저가 브랜드	• 경제침체로 인한 소비자 니즈 • 글로벌 브랜드에 대한 소비자의 인식변화	• 일본 정치상황이 한국에 전이(소비자 불매운동) • 환경단체의 부정적 시선 • 치열한 시장상황

11_2-3 국제광고 전략

11_2-3-1 표준화 & 현지화 전략

유니클로의 글로벌 마케팅 전략은 저렴한 가격과 유통, 디자인 등 기본적으로 모두 표준화를 추구하고 있다. 특히, 광고의 모델도 간혹 국내유명인을 사용하는 경우가 있지만 카피나 크리에이티브 등 모두 동일하게 사용하고 있다.

그림 11.7 유니클로 2013년, 2010년 집행된 일본/한국 광고 비교

그림 11.8 2012 유니클로 악스 전경과 공연장 (네이버 카페 '예술공원')

11_2-3-2 스폰서 십

한편, 유니클로는 광고뿐만 아니라 사회공헌, 예술경영, 스포츠 등 다양한 분야에 걸쳐 스폰서십을 통한 마케팅 커뮤니케이션 활동을 활발히 펼치고 있다. 특히, 2012년에는 국내 최초로 대규모 대중음악을 전문으로 하는 공연장인 악스코리아와 네이밍스폰서

십 계약을 체결하여, '유니클로 악스'라는 이름으로 공연활동을 지원하고 있다

또한 '2013 평창 동계 스페셜올림픽 세계대회'의 한국대표선수단에게 유니클로의 제품을 공식 활동복으로 지원하고, 스페셜올림픽 발전기금을 모으는 소셜기부 이벤트도 진행하였다.

그림 11.9 2013 평창 동계스페셜 올림픽 스폰서십 활동 (유니클로 공식블로그)

11_2-4 요약

유니클로는 현재 계속 성장하고 있는 글로벌 브랜드로 한국을 중심으로 마케팅을 할 것으로 보인다.

11_3 맥도날드 (McDonald)

11_3-1 브랜드 &로고

1955년에 설립되어 지금까지 세계적으로 사랑받고 있는 미국의 패스트푸드 브랜드로, 성공적인 브랜드 경영과 세계화 전략을 통해 현재 119개 국에 33,500개의 매장을 운영하고 있는 글로벌 브랜드이다

i'm lovin' it®

한편, 맥도날드는 'Simple. Easy. Enjoyment'라는 브랜드 프로포지션을 가지고 있다. 이에 브랜드 로고 역시 긍정적이고 밝은 느낌을 주는 노란색의 컬러와 알파벳 M을 곡선으로 표현하여 단순하면서도 재미있는 느낌을 강조하였으며, 2003년부터는 'I'm lovin' it' 브랜드슬로건을 함께 표기하고 있다. 해외시장 성공요인은 각국의 문화적 특성을 인정하며 신축성 있는 경영을 하고 있다. 국가별 마케팅팀이 국가와 문화를 고려한 마케팅을 하고 있다. 프로모션 전략 컨셉트는 "인간적인 따뜻한 느낌"이나 "가족"이며 광고에서 따뜻한 가족의 모습이 자주 나타난다. 그리고 어린이 및 가족을 위한 자선사업을 많이 하고 있다. 그리고 동일한 컨셉트를 바탕으로 지역과 문화에 따라 탄력적으로 운

영하고 있다. 예를 들어, 이슬람권에서는 로날드모형을 설치하지 않아 우상숭배라는 점을 나타내지 않고 있으며, 프랑스에 진출할 때는 아스테릭스(만화캐릭터)와 제휴하여 친근감을 높였고 일본에서는 맥도날드를 '마꾸도날도'로 등록하여 일본 국민들이 편하게 발음하도록 했다. 지역적 메뉴도 개발하여 각 나라의 기호를 존중하고 있다.

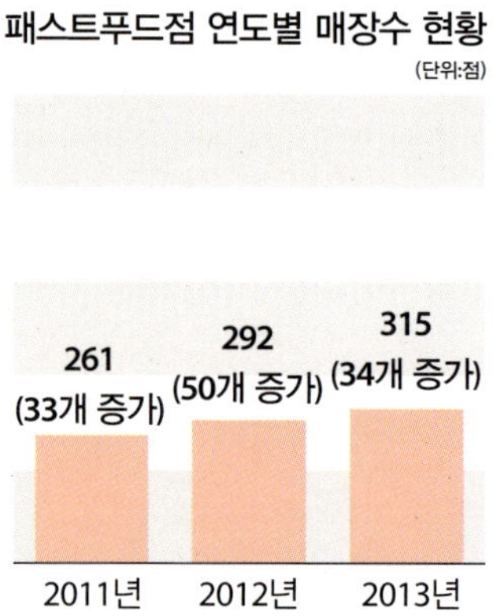

그림 11.10 맥도날드 매장수 현황 추이 (뉴시스,2013)

11_3-2 시장상황

맥도날드는 인터브랜드가 매년 발표하는 'Best Global Brands 100'에 12년 연속 10위권 안에 속하는 브랜드로 2012년에는 6위를 차지한 바 있으며, 2013년에는 약 50억 8,000만 달러의 매출을 기록하면서 세계적 브랜드로써의 그 가치를 입증하고 있다. 한편, 맥도날드는 1988년 한국시장에 진출한 이래로 현재 315개의 매장을 보유하고 있으며, 2013년 기준 약 5,000억 원의 매출을 올리고 있으며, 향후 15년까지 한국의 매장수를 500개로 증설하겠다는 맥도날드의 투자계획에 따라 앞으로도 지속적인 성장세를 보일것으로 기대된다.

11_3-2-1 SWOT

맥도날드의 가장 큰 강점은 1955년부터 2014년까지 이어져온 장수브랜드로써 갖는 세계적 인지도와 브랜드가치이다. 인터브랜드를 비롯하여 다양한 기관에서 맥도날드를 세계적인 브랜드로서 가치를 높게 평가하고 있다. 한편, 표준화된 체계적 운영시스템으로 전세계 어느 매장에서건 동일한 맛과 서비스를 체험할 수 있다. 그러나, 국내 맥도날드의 매장수가 경쟁업체의 매장수보다 상대적으로 적어 시장점유율의 우위를 선점하지 못하고 있으며, 저렴한 가격을 고수하면서 재료선택의 한계성을 가지고 있는 약점이 있다. 더욱이 웰빙에 대한 소비자들의 관심이 높아지면서 패스트푸드의 위험성을 문제제기 하며, 부정적인 인식을 갖는 사람들이 늘어가

그림 11.11 맥도날드에 대한 부정적 광고

고 있다. 심지어 맥도날드의 비판광고가 방송되거나 맥도날드를 비롯한 패스트푸드를 비판하는 영화가 만들어지기도 하였다. 그러나, 패스트푸드의 시장은 지속적으로 이어져오고 있는 것이 현실이며 맥도날드가 2013년 한국에 3,000억 원의 투자계획을 밝히면서 국내시장의 매출성장이 예상되었다.

표 11.3 맥도날드의 SWOT 분석

Strengths	Weaknesses	Opportunities	Threats
• 높은 브랜드 가치 • 체계적 운영시스템 • 높은 브랜드 인지도 • 메뉴의 현지화	• 저렴한 가격 고수 • 표준화 전략의 한계	• 매장의 대형화 • Drive thru 이용서비스 확대 각종행사의 후원활동	• 웰빙에 대한 소비자 관심 • 패스트푸드에 대한 부정적 인식

11_3-3 국제광고전략

11_3-3-1 표준화 & 현지화

맥도날드의 경우 표준화와 현지화를 적절히 조합하여 성공적 글로벌마케팅전략을 세웠다고 평가받고 있다. 우선, 맥도날드는 전체적인 포장지 및 용기 등을 표준화하고 있으며 고유의 품질을 보장하기 위해 매뉴얼을 만들어 맛과 서비스의 표준화도 실시하고 있다. 덧붙여 '해피밀' 이란 아이를 대상으로 하는 장난감프로모션을 동일하게 실시하고 있으며 매장별로 Bar, 놀이터 등의 설계를 하고 있다.

그림 11.12 맥도날드 고객만족 매뉴얼(맥도날드 공식 블로그)

한편, 맥도날드는 각 나라의 음식문화를 고려한 각각의 현지화된 신메뉴를 개발하여 출시하는 현지화전략도 활용하고 있다. 국내에서도 이에 따라 '불고기버거', '김치버거'등을 출시하여 판매하기도 하였다. 광고 역시 기본적인 컨셉트의 동일성만을 주고 철저히 국내문화를 이해하고 상황에 맞는 광고전략을 펼친다. 실제로 2012년 방영된 맥도날드 광고의 '군인'편도 이 같은 사례라고 볼 수 있겠다. 프로모션 전략 컨셉트로는 "인간적인 따뜻한 느낌" 과 "가족"이 중심이며 어린이 및 가족을 위한 자선사업과 광고로는 따뜻한 가족의 모습을 많이 보여주고 있다.

그림 11.13 2012년 방영된 국내 맥도날드 광고

그림 11.14 로날드 맥도날드하우스 로고

11_3-3-2 스폰서 십

맥도날드는 2007년 국내에 재단법인 로날드맥도날드하우스를 설립하고 신촌 세브란스 병원과 양산 부산대 병원 내 소아암 환우들을 위한 '어린이 병원학교'를 운영하고 있으며, 아이들의 건강과 복지를 증진시키기 위한 다양한 프로그램을 지원하고 있다.

뿐만 아니라 맥도날드는 2005년부터 2020년까지 올림픽 Top프로그램 스폰서십에 참여하고 있다. 특히, 2010년 뱅쿠버 올림픽 후원활동시에는 캐나다에 있는 올림픽선수촌에 두 개의 레스토랑을 짓고 각국의 운동선수와 코치들에게 음식을 제공하였으며, 전세계에서 아이들을 선출하여 올림픽을 직접 체험할수 있게 하는 맥도날드 챔피언 키즈(McDonald's Champion Kids) 프로그램을 실시하기도 하였다. 이밖에도 맥도날드 올림픽 챔피언 크루(McDonald's Olympic Champion Crew), 로날드 맥도날드 하우스 채러티(Ronald McDonald House Charities) 등 다양한 스폰서십활동을 펼쳤으며 2020년까지 맥도날드의 올림픽 스폰서십 활동을 계속할 예정이다.

11_3-4 요약

맥도날드는 매년 세계브랜드로써의 그 가치를 입증하고 있다. 한편, 맥도날드는 1988년 한국시장에 진출한 이래로 지금 300개가 넘는 매장을 보유하고 있으며, 2013년 기준 약 5,000억 원의 매출과 더불어 전 세계적으로 성장할 것으로 보인다.

11_4. 애플(Apple)

11_4-1 브랜드 &로고

애플은 1976년 스티브잡스가 설립한 컴퓨터 회사로 아이폰, 맥컴퓨터, 아이패드 등의 제품을 판매하면서 현재는 창조적이고 혁신적인 IT브랜드로써 세계적인 브랜드로 손꼽히고 있다. 애플의 사과 로고는 다양한 설들이 존재할 만큼 전세계적으로 관심이 많은데 컴퓨터의 이론을 확립한 앨런 튜링의

추모설, 성경에 나온 아담설 등 많은 설들이 있으나 정확한 유래는 밝혀지지 않고 있으나, 롭 야노프가 처음 애플의 로고 제작을 의뢰받고 만든 도안이 토마토인지 사과인지 구분할 수 없어 한 입 베어문 사과 로고가 탄생되었다는 얘기가 있다.

11_4-2 시장상황

VISUAL DIVE(2014)는 애플이 2014년 1분기 총 매출액이 456억 달러에 달했다고 발표하였으며, 아이폰의 판매량은 4천3백70대에 이른다고 전했다. 특히 국내의 경우 2012년 애플의 국내 매출이 약 2조 원에 달했으며 국내 아이폰 점유율이 2013년 7.4%에 불과한 것으로 나타났지만, 이후 아이폰의 새로운 모델출시와 태플릿PC의 성장으로 애플의 국내에서의 성장은 지속될 것으로 보인다.

11_4-2-1 SWOT 분석

월간 APPSTORY(2012)는 스마트폰의 4대제조사의 SWOT분석을 실시하고 마케팅전략을 제안하였는데 애플의 강점은 첫째로, 앱스토어라는 새로운 플랫폼을 선보인 것을 시작으로 구축된 강력한 콘텐츠이며, 전세계적으로 마니아층을 형성하면서 소비자들의 브랜드 충성도가 높다. 반면 IOS의 폐쇄성은 이러한 마니아층을 형성하게 된 요인이기도 하지만 현재는 소비자들의 원성을 듣고있는 약점이기도 하다. 또한, 스티브잡스의 CEO이미지가 브랜드에 상당한 영향을 미치는 상황에서 스티브잡스의 부재로 인해 애플의 강력한 브랜드아이덴티티가 다소 약해진 것이 사실이다. 그러나 월간 APPSTORY(2012)는 애플이 독점하고있는 태블릿PC 시장의 지속적 성장에 대해 기회요인으로 꼽고 있다. 하지만 이내 안드로이드 태

표 11.4 애플의 SWOT 분석

Strengths	Weaknesses	Opportunities	Threats
• 앱스토어라는 새로운 플랫폼을 선보인 것을 시작으로 구축된 강력한 콘텐츠 • 소비자들의 브랜드 충성도가 높다	• IOS의 폐쇄성 • 스티브잡스의 부재로 인해 애플의 강력한 브랜드아이덴티티가 다소 약해진 것	• 태블릿PC 시장의 지속적 성장	• 안드로이드 태블릿PC가 시장에 진입 • 윈도우폰의 공세 본격화

블릿PC가 시장에 진입하였으며 윈도우폰의 공세가 본격화 되었다는 시장의 위협 요인에 대해서도 지적하고 있다.

11_4-3 국제광고

11_4-3-1 표준화 & 현지화 전략

애플의 경우, 브랜드의 일관성과 정체성을 중요시 여기기 때문에 대부분 완전한 표준화를 추구하고 있다. 특히, 광고 전략에서도 아이폰4의 경우에는 동일한 컨셉트와 구성내에 카메라시점과 상황만을 국내문화에 맞게 연출되는 부분현지화전략을 사용하였지만, 이후 출시된 아이폰5의 광고에서는 배경음악부터 카피, 연출 모두 동일하게 하고 마지막 내레이션만 한국어버전으로 삽입되어 방영하면서 완전한 표준화전략을 준수하고 있다.

그림 11.15 실제 집행된 아이폰 광고 시리즈 미국/한국 비교

11_4-3-2 스폰서 십

애플의 경우는, 국내에서의 스폰서십 활동은 거의 전무하다고 볼 수 있으며 해외에서도 단기적인 프로그램에 그치는 경우가 많다. 실제로 가장 애플에서 성공한

스폰서십 활동은 레드캠페인으로 레드색상의 아이폰 판매수익이 에이즈 퇴치 활동에 쓰였다.

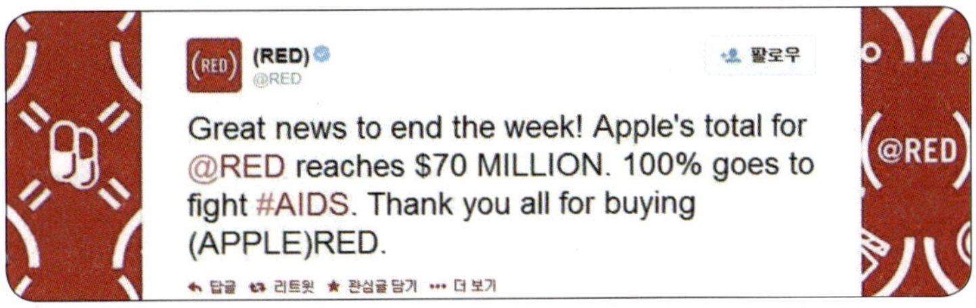

그림 11.16 레드캠페인 관련 트위터
(http://twitter.com/RED/status/452113450588979200)

한국SR전략연구소(2012)에 따르면 하버드 대학 교수 Gregory Unruh는 애플이 회사에 대한 부정적 이미지가 나타났을 경우에만 CSR 커뮤니케이션에 대해 신경을 쓰는 것으로 나타났다고 말했다.

11_4-4 요약

애플은 1976년 스티브잡스가 설립한 컴퓨터 회사로 아이폰, 맥컴퓨터, 아이패드 등의 제품을 판매하면서 현재는 창조적이고 혁신적인 IT브랜드로써 세계적으로 유명하지만 삼성 등 글로벌 IT기업과 더욱 경쟁적인 관계를 가질것으로 예상된다.

생각해 볼 문제

1. 맥도널드의 경쟁브랜드인 버거킹의 국제광고에 사용된 표준화전략과 현지화전략에 대해 생각해 보자.
2. 코카콜라의 국제광고전략 및 장수브랜드가 된 이유에 대해 생각해 보자.
3. 유니클로의 국제광고와 국내광고를 비교해 보자.
4. 애플의 국제광고와 국내광고를 비교해 보자.

참고문헌

코카콜라 홈페이지
뉴스와이어 (2014). http://www.newswire.co.kr/newsRead.php?no=744898
출처: LG CNS 공식 블로그 'Creative N Smart', 유니클로 공식홈페이지
유니클로 국내시장 성장추이 (패션비즈,2013 12월호)
SCENE PLAYBILL, 2012년 12월호.

아시아경제 2013
한국콘텐츠미디어,2013.
컨슈머타임스,2013.
맥도널드 홈페이지
연합뉴스, 2010.
위키미디어
월간 APPSTORY, 2012
한국SR전략연구소 보고서(2012)

INTERNATIONAL ADVERTISING

Chapter 12

국제광고 사례분석(II)

12_1 삼성 갤럭시

12_2 현대 쏘나타

12_3 LG 3D TV

12_4 오리온 초코파이

12_1 삼성 갤럭시

12_1-1 회사 및 브랜드 소개

삼성전자는 1969년 설립되어 가전제품, 컴퓨터, 모바일, 디스플레이, 반도체 등을 주요품목으로 생산하고 있다. 현재 휴대폰, 스마트폰, TV 등 13개 제품 세계 1위이며, 세계 휴대폰 판매량 신기록도 보유하고 있다. 우리나라 대기업 중 매출 및 순이익, 자산 1위를 기록하고 있는 글로벌 기업이다. 삼성 갤럭시(Galaxy)는 스마트폰의 세계적 브랜드로서, 2009년 4월 첫 제품을 출시하고 지금까지 해외에서는 약 30개의 기종, 국내에서는 약 20개의 기종을 시리즈로 출시했다. 전 세계 소비자들은 갤럭시의 신제품에 많은 관심을 보이며, 출시일이 다가올수록 제품의 형태와 기능에 대한 기대와 호기심을 보인다.

12_1-2 시장 상황

삼성 갤럭시는 애플 아이폰과 함께 세계 스마트폰 시장의 두 축을 이루며, 강력한 브랜드 파워를 가졌다. 갤럭시는 S2출시 때부터 아이폰과 비교 광고를 실행했다. 광고는 새로운 아이폰 기종이 출시되었을 때, 이를 사기 위해 사람들이 오랜 시간동안 줄서서 기다리는 모습을 보여주면서 시작된다. 이때 갤럭시S2를 사용하는 사람이 등장해서 S2가 가진 기능을 보여주는데, 아이폰을 사기 위해 기다리던 사람들이 그 기능을 보고 감탄하는 모습을 담았다.

그림 12.1 갤럭시와 아이폰의 비교 광고

갤럭시S3가 나왔을 때도 아이폰5와 갤럭시S3의 기능을 나열하는 비교광고를 실시했다(그림 12.1). 갤럭시S3는 민들레 홀씨 첫 화면을 통해 전체적으로 밝고 자연스러운 디자인을 강조한 반면 아이폰5는 어둡고 검게 연출했다. 갤럭시S3의 스펙을 아이폰5보다 더 많이 열거해 갤럭시가 아이폰보다 한수 위라는 것을 보여준다. 광고 하단에는 '다음에 나올 혁신도 이미 갤럭시S3에 들어있다'라고 하면서 갤럭시S3가 혁신적인 면에서 아이폰을 추월하고 있음을 강조했다.

갤럭시S4 TV광고는 아이폰을 떠올리게 하는 사과를 등장시켰다. 이 광고에서 남자는 사과 한 개를 손에 쥔 채 통화를 시도하지만 실패한다. 이어 갤럭시S4를 발견해 통화에 성공하며, 사과를 한 입 베어 물고 만족스러운 표정을 짓는다. 아이폰의 상징을 광고에 활용하여 갤럭시의 성능이 우월하다는 것을 암시했다. 2014년 갤럭시S5가 세계 125개국에 동시에 출시되어 호평을 받고 있다.

12_1-2-1 SWOT분석

삼성 갤럭시의 시장 상황을 (표 12.1)의 SWOT분석을 통해 살펴보자.

표 12.1 삼성 갤럭시의 SWOT 분석

Strengths	Weaknesses	Opportunities	Threats
• 브랜드 가치 계속 상승 • 삼성의 뛰어난 AS제도 • 높은 기술력과 뛰어난 디자인 • 높은 브랜드 인지도 • 자체부품 공급 능력, 크기에 비해 가벼운 무게감 • 계열사 간의 협력으로 시너지 창출	• 핵심부품의 많은 로열티 지급 • 상대적으로 비싼 가격 • 경쟁업체(애플 아이폰)에 비해 적은 애플리케이션 • 삼성의 전략상 후속모델이 나오면 바로 구형모델이 되어버리는 점 • 소프트웨어 부분의 취약, 디자인의 획일성	• 스마트폰의 세계적 대중화추세 • 무선네트워크 개방 및 확대, SNS 발전 • 한류로 한국 브랜드 인지도의 상승 • 아이폰 고객서비스에 대한 소비자들의 불만상승 • 구글과 갤럭시의 전략적 제휴 체결과 다양한 신기술 개발 • 미래 성장동력을 위한 투자와 혁신 • 제품 교체주기 짧아짐	• 포화된 스마트폰 시장 속 경쟁 심화 • 아이폰의 다양한 애플리케이션 • 후발주자들의 저가 브랜드 추격 • 애플의 모토롤라 인수 • LG전자와 소니 등 경쟁사의 공격적 마케팅 • 최대경쟁업체 애플의 새 모델 출시 • 경쟁사와 특허권 소송 • 세습 경영 지배 구조의 문제점

12_1-2-2 STP 분석

스마트폰의 구매와 사용행태를 살펴보면 나이와 성별에 따라 상이한 반응을 보인다. 가격과 유행에 민감한 10대, 외부 디자인을 중시하는 20대 여성, 기능의 편의성과 실용성을 중시하는 20 · 30대 남성, 스마트폰 활용도가 제한적인 40 · 50대 등으로 나눌 수 있다. 삼성 갤럭시는 10대에게는 청소년 요금제, 20대 여성들에게는 기존의 흑백 모델색상 외에 핑크 색상 모델, 40 · 50대 고객에게는 큰 화면과 키패드, 확대기능 등 다양하게 소구하고 있다. 갤럭시 제품의 주 타깃으로 생각하는 고객층은 휴대폰 사용이 활발하고 휴대폰을 바꾸는 주기가 빠른 20 · 30대 고객들이다. 이들을 고려한 많은 앱이 개발되고 있으며, 통화를 많이하는 직장인들에게 기본 무료통화를 많이 제공해주는 요금제가 있다. 연락이 잦은 연인이나 가족, 친구 등이 함께 구매하도록 권유해 강한 설득요인으로 작용한다. 스마트폰 광고는 기존 휴대폰과 많이 다르며, 그에 따라 생활 방식도 변한다는 이미지를 강조한다. 최근 갤럭시는 'Designed for human'이라는 메시지로 IT기계의 차가운 이미지 대신 인간지향적인 이미지로 친근하게 포지셔닝하고 있다.

12_1-3 국제광고 전략

12_1-3-1 현지화 전략

갤럭시는 세계시장에 출시하면서 다양한 국제광고를 실시하고, 각 나라의 문화와 정서에 맞춰 광고를 집행했다. 프랑스에서는 'Unlease your fingers(손가락을 자유롭게 하라.)'라는 영상광고를 실시했다(그림 12.2). 이 광고는 단조로운 배경

그림 12.2 프랑스의 갤럭시 TV광고

그림 12.3 갤럭시 Hello광고

에 한 남자가 손가락으로 음악에 맞춰 춤을 추듯 여러 가지 동작을 하면서 호기심을 자극한다. 손가락을 자유자재로 움직이며 춤을 추는 핑거터팅(finger tutting)하는 남성을 등장시켜 단조롭지만 임팩트 있는 영상을 만들었다. 마지막 부분에 갤럭시S2를 보여주며 소비자들의 호기심을 해결해주었다.

옆의 (그림 12.3)은 갤럭시의 인쇄광고 상단에 'hello'라는 문자를 변형하여 안테나 수신상태를 연상시키며 '잘 터지는 휴대폰'임을 어필했다. 이는 당시 수신불량 문제로 논란이던 아이폰4를 겨냥한 것으로 보인다.

일본에서는 일본인의 정서에 맞게 감성적 소구를 사용했는데, 갤럭시 탭

그림 12.4 갤럭시Tab 일본 광고

광고는 드라마 형식으로 마지막에 반전을 준다. 남녀가 마치 신혼부부처럼 아침 출근길을 준비하는데 마지막에 남자가 청혼을 하면서 그들이 갤럭시 탭으로 영상통화 중이었음을 보여준다(그림 12.4). 갤럭시 탭이 실제로 대화를 하는 것처럼 생생하다는 장점을 재치있고 감성적으로 보여주었다.

중국의 인쇄광고는 사막이나 극지방 등 오지에서 사람이 탐험하고 있는 모습을 배경으로, 오른쪽 하단에 갤럭시의 GPS기능을 보여주는 휴대폰을 배치했다. 어느 곳에 있든지 GPS로 목적지를 알려준다는 메시지를 담았는데, 땅이 넓고 다양한 기후와 환경을 가진 중국의 지역적 특성을 고려했다(그림 12.5).

그림 12.5 갤럭시 GPS기능 중국 인쇄광고

12_1-3-2 표준화 전략

삼성 갤럭시의 세계적 인지도가 높아짐에 따라 현지화전략에서 표준화전략으로 전환하고 있다. 갤럭시S3부터 세계적으로 동일한 광고 컨셉트인 'Designed for human'이라는 TV광고를 실시하는데, 사람들의 행복한 일상과 갤럭시를 함께 보여준다. 자연 속에서 나무 그네를 즐기는 모습, 산의 정상에서 기타를 연주하는 모습 등 인간과 자연이 어우러진 아름다운 영상을 제시하며 감성에 어필했다(그림

그림 12.6 갤럭시의 표준화 광고

12.6). 이를 통해 갤럭시는 '첨단에 자연의 감성을 더한다.'라는 주제를 유지하고 있다. 광고 초반에는 제품에 대한 설명없이 자연스럽고 아름다운 영상을 보여주고, 후반에 우수한 카메라 기능을 짧게 언급한다. 아이폰과 라이벌 관계로 해외에서 많은 비교광고를 벌였던 때와는 달리 갤럭시 노트3 출시 이후 비교광고를 지양하고 자사의 제품력을 보여준다.

12_1-3-3 프로모션

삼성 갤럭시의 초기 프로모션은 브랜드 이미지를 세계 소비자들에게 알리는 데 주력했으며, 갤럭시가 지닌 우주 미래적인 이미지를 이용해 감성적인 소구를 했다. 영국에서 2013년 집행된 'Get your brit on' 에서 한 사람은 전면 카메라를 통해, 또 한 사람은 후면 카메라를 사용하여 동시에 사진을 찍는 듀얼샷 기능을 보여주었다. 사진을 찍은 후 몇 초만 기다리면 본인 사진이 큰 전광판에 보인다. 이름과 이메일 주소, 전화번호를 입력하면 이메일 주소로 링크가 보내지는데 이 링크를 통해 삼성 모바일 UK 페이스북에서 실시하고 있는 이벤트에 참여할 수 있다. 영국뿐만 아니라, 홍콩, 네덜란드, 싱가폴, 중국 등 세계 주요 도시의 랜드마크에서 옥외광고와 갤럭시S4의 기능을 체험할 수 있는 이벤트를 진행했다.

이탈리아의 옥외광고는 2013년 밀라노의 두오모 광장에 대형 LED 화면을 설치하여 갤럭시S4와 함께하는 밀라노 여행모습을 담은 영상을 보여주었다. 스위스에서 진행된 'all eyes on the S4' 프로모션은 취리히의 기차역에서 게릴라 형식으로 진행했는데, 60분 동안 시선을 피하지 않고 설치된 광고판을 응시하는데 성공하면 갤럭시S4 휴대폰을 선물하는 이벤트였다. 미얀마에서는 휴대폰 사용자가 매우 적음에도 불구하고 갤럭시의 옥외광고를 실시하여, 2011년 시작한 미얀마의 '휴대폰 3000만 대 보급 5년계획'에 대비하였다.

일본에서는 'Galaxy X-mas hugs' 프로모션을 실시했는데, 갤럭시S2와 갤럭시 탭을 알리기 위해 진행했다. 갤럭시S2와 갤럭시 탭을 이용해 '허그짱'이라는 이름의 로봇을 만들어 그 제작과정을 공개했으며, 허그짱 로봇과 프리 허그를 하는 이벤트를 벌여 참가한 사람들의 동영상과 사진을 홈페이지에 올렸다. 소녀와 로봇의 포옹이라는 미래적 영상과 감성적 이미지를 통해 브랜드 이미지를 구축했다(그림 12.7).

그림 12.7 갤럭시 X-MAS HUGS 프로모션

최근 진행된 프로모션은 목표 타깃을 세분화하고 개최 방식도 대형 박람회나 패션쇼를 후원하며 전문인들을 대상으로 했다. 불특정 다수를 대상으로 했을 때보다 기업의 위상이 더 올라갔으며, 언론 보도를 통해 큰 홍보효과가 있었다. 갤럭시 노트3와 갤럭시 기어 출시에 맞춰 독일에서 열린 가전제품 박람회인 IFA에 독립부스를 만들어 제품을 홍보하는 프로모션을 진행했다. 규모가 크고, 전문인들이 많이 참여하는 행사로 매체 보도와 후기들이 이어졌다. 최근 뉴욕 및 파리 패션위크 행사장에 갤럭시 스튜디오를 설치해 갤럭시S5와 기어2가 웨어러블 디바이스라는 점을 홍보했다. 유명 디자이너와 패션모델이 갤럭시 기어를 착용한 모습을 보여 줌으로써 패션에 종사하는 사람들과 소비자들에게 홍보하는 기회가 되었다.

12_1-3-4 스폰서십

삼성은 1988년 서울 올림픽을 시작으로 현재까지 올림픽을 후원하는데, 1998 나가노, 2000 시드니, 2002 솔트레이크 시티, 2004 아테네, 2006 토리노, 2008 북경 올림픽 대회에 참여했다. 2007년 국제올림픽위원회(IOC)와 장기후원계약을 맺고 2010 벤쿠버, 2012 런던, 2014 소치 올림픽도 공식 후원했다. 특히 2012 런던 올림픽에서 갤럭시S3와 갤럭시 노트가 개막식에 등장했다(그림 12.8). 개막식 행사중 인터넷의 발명과 인간의 연결 및 소통을 강조하는 공연에서 세계인을 연결해

그림 12.8 2012 런던 올림픽 개막식

주는 중요한 역할을 하는 스마트기기로 나왔다. 지구촌 수십억의 인구가 주목하는 가운데 삼성 갤럭시는 인간과 인간의 소통을 상징하는 대표적인 기기로 어필했으며, 경기 임원들에게 올림픽폰 갤럭시S3 350여 대를 지급했다.

삼성전자는 잉글랜드 프리미어리그 축구팀 첼시를 2005년부터 후원하고, 세계 정상급 선수들이 'SAMSUNG'이라는 문구가 새겨진 유니폼을 입고 뛴다(그림 12.9). 프리미엄을 추구하는 삼성 갤럭시와 첼시는 조화를 잘 이룬다. 첼시는 영국의 고급소비층의 주거지인데다 세계 스타 플레이어들이 모인 다국적 군단이라는 점에서 자연스럽게 글로벌 이미지가 부각되었다.

그림 12.9 프리미어리그 첼시 후원

이 밖에도 삼성 갤럭시는 다양한 문화행사와 자원봉사활동을 후원한다. 미국 뉴욕에서 '희망의 4계절(Samsung's Four Seasons of Hope)'이라는 자선행사를 저명인사들과 함께 개최했다. 삼성전자가 주최하고 야구, 농구, 골프, 미식축구 등 스포츠 스타와 가수, 정치인 등 주요 인사 700여 명이 참석한 이 행사를 통해 지난 5년 동안 불우 어린이와 가정에 약 700만 달러를 지원했다. 중국에서는 '중국국민에게 사랑 받는 기업, 중국사회에 기여하는 기업'을 슬로건으로 정하고 교육지원, 사회복지, 농촌지원, 환경보호 등 다양한 사회공헌 활동을 전개한다. 장애인올림픽 공식 파트너로서 빈곤국가 아동들의 체육과 건강 프로그램도 지원하고 있다.

12_1-4 요약

삼성 갤럭시 시리즈의 성공요인은 제품과 브랜드 자체에 있다. 표준화된 광고 집행과 글로벌 스폰서십 역시 갤럭시의 이미지를 높이고 구매로 이어지도록 한 요인이다. 갤럭시는 높은 브랜드 충성도를 가지고 있는데, 끊임없이 제품 혁신성을 보여준 것이 큰 원인으로 평가된다. 애플의 방대한 앱 마켓에 대항하여, 구글의 강력한 안드로이드 운영체제를 중심으로 한 멀티미디어와 엔터테인먼트 기능을 주도하는 전략도 성공에 기여했다. 최근 세계적으로 동일한 컨셉트를 지닌 국제광고는 소비자로 하여금 갤럭시에 대한 인식을 높였다. 이미 인정받은 제품의 기술력 위에 따뜻한 감성이 더해져 브랜드에 대한 긍정적 이미지를 형성하는데 시너지 효과를 냈다.

갤럭시의 표준화 광고전략은 앞으로도 계속 효과적일까? 표준화전략은 기업의 영향력을 나타내고 광고 제작비 절감 측면에서 유리하지만, 절충전략을 통해 보완해야 할 부분도 있다. 갤럭시의 광고 모델이 모두 외국인 모델로 바뀐 것에 대해 부정적으로 보는 국내 소비자들도 있다. 갤럭시라는 이름에 어울리는 미래와 우주 통합의 이미지를 기술력과 결합해 새로운 이미지로 만들어야 할 것이다.

삼성 갤럭시가 몇 년내에 자체 시스템의 한계와 기존 시장 시스템의 성장 한계에 동시에 직면할 수 있다는 경고에 대해서도 대처해야 한다. 삼성이 선두 자리를 지키기 위해서는 IT업계의 빠른 변화에 적절히 대응하고 혁신적인 제품을 부단히 개발해야 할 것이다. 그렇지 못하면 후발 주자의 맹렬한 추격, 1등 기업의 자만심이 겹쳐서 시스템적 성장의 한계라는 어려운 상황을 맞을 수도 있다.

12_2 현대 쏘나타

12_2-1 회사 및 브랜드 소개

현대자동차는 국내 자동차 산업부문에서 1위이며, 기아자동차의 생산량까지 합하면 세계 자동차 업계 5위인 글로벌 기업이다. 해외수출과 글로벌화를 통해 공격적인 경영을 하고 있으며, 최근 인터브랜드 선정 세계 10대 자동차기업에서 8위를 차지하고, 2013년 브랜드가치는 약 90억 달러로 추산된다. 한국을 대표하는 글로벌 기업으로서, 해외 시장에서 우수한 성능과 가격 전략을 토대로 미국 시장에서 '10년 10만 마일 보증'을 내걸 수 있었다. 현대자동차는 1967년 설립, 1976년 국내 최초로 독자모델 '포니'를 개발했으며, 그 후 코티나, 스텔라 등을 생산하면서 국내 자동차 업계의 기반을 잡아갔다. 1983년 캐나다, 1985년 미국 현지법인을 설립하고, 1990년에는 미국 수출 100만대 실적을 보였다. 현대자동차의 대표차종인 쏘나타(Sonata)는 1988년 출시되었으며, 1993년 쏘나타2와 쏘나타3, 1998년 EF쏘나타, 2004년 NF쏘나타, 2009년 YF쏘나타, 2014년 LF쏘나타 모델을 내놓은 장수 브랜드이다. 브랜드명인 쏘나타는 해외 딜러와 소비자들이 선호해서 계속 사용하고 있다.

12_2-2 시장상황

최근 현대자동차는 미국, 중국, 인도 등에서 좋은 판매실적을 보이고 있다. 그러나 많은 수입차종의 유입과 경쟁심화, 후발주자의 추격, 미국 및 일본자동차의 역습 등 위협 요소들이 상존하고 있다.

12_2-2-1 SWOT 분석

현대 쏘나타의 시장상황을 (표 12.2) SWOT분석을 통해 살펴보자.

표 12.2 현대 쏘나타의 SWOT 분석

Strengths	Weaknesses	Opportunities	Threats
• 가격대비 우수한 품질과 성능 • 탄탄한 자동차 부품 인프라 • 고객가치 프로그램 • 기술력 높고 R&D측면에서 우위 • 지역본부에서 현지 완성형 생산 체제 구축 • 높은 브랜드 인지도 • 해외 시장에서 품질 개선 노력 인정 • 하이브리드카 기술력 인정받음	• 가격이 싼 중저가 브랜드 이미지 • 선두업체와의 기술격차 • 해외 시장용 전략 차종의 부재 • 규모의 경제에 따른 부작용 (재고 부담) • 지배구조 리스크 • 생산 현지화 고전 • 중 · 소형차 중심의 브랜드 포트폴리오 • 경쟁사에 비해 유통망이 적음	• 미국 자동차 회사 BIG3의 침체 • 해외 생산 체제 구축, 글로벌 점유율 확대 • 아시아권 차량의 인지도 상승 • IT 기술과 연계 가능성 • 친환경차의 개발로 기술 우위 • 중국, 인도, 러시아 등 신흥시장 개척 • 친환경 차량에 대한 국내 세제 혜택 • 유가상승으로 연비우수 성능 차량 선호 • 리콜 사태 후 도요타의 약세	• 도요타 제품에 대한 소비자의 충성도 • 미국의 금융위기로 인한 판매량 감소 • 경쟁사의 과열된 판촉행사 • 한국-유럽 FTA로 유럽 차량의 국내진출 • 고유가의 지속 • 중국 자동차 사업 성장 • 자동차 시장의 불황 • 수입차 시장의 확대로 가격 경쟁력 저하 • 환율하락

12_2-2-2 STP 분석

미국은 자동차 보유수가 많고 어려서부터 자동차 문화가 생활에 깊숙하게 자리한 나라이다. 한 가정에서 여러 대를 보유하는 등 자동차에 대한 선호도가 개인이나 가족 여건에 따라 다양하기 때문에 많은 차종이 판매되고 있다. 미국은 자동차 제조업체들에게 매력적인 시장인 동시에 가장 치열한 경쟁시장이다. 미국 소비자들의 자동차 구매 집단을 구분해 보면 럭셔리 대형세단을 선호하는 그룹과 실용적인 중소형차를 좋아하는 그룹으로 나눌 수 있다. 가족들이 함께 타는 차와 두 번째 차(second car)로 나누기도 한다. 현대자동차는 미국 소비자의 선호를 세분화하여 대형세단 제네시스와 중소형 쏘나타를 대표주자로 내세웠다.

중국에서는 소비자의 시장을 소득 수준으로 세분화하여 가격차별화에 따른 모델 다양화를 추구했다. 현지고객들의 기호가 점차 고급화하는 추세에 맞춰 중고급 승용차인 NF 쏘나타를 출시했으며, 이로써 현대자동차는 EF 쏘나타, 아반떼, 베르나, 투싼 등과 함께 선택의 폭을 넓혔다. 초기 판매증대를 위해 지역별 신차발표회를 개최하고, 판매확대를 위해 딜러망을 300개 이상으로 늘렸다.

유럽에서 현대자동차의 마케팅 전략은 크게 두 가지로 나눌 수 있다. 하나는 스포츠를 좋아하는 집단과 큰 관심이 없는 집단, 또 하나는 상품 자체뿐만 아니라 그와 관련된 규제와 서비스에 민감한 집단과 그렇지 않은 집단이다.

현대자동차는 많은 인구를 보유한 인도시장을 중시하면서 진출 초기에는 소형차 상트로(아토즈의 인도모델)에 집중했다. 기존의 단종 모델을 투입하는 경쟁업체와 달리 최신형 모델을 바탕으로 인도 도로사정에 적합한 현지모델을 개발했다.

12_2-3 국제광고 전략

12_2-3-1 현지화전략

현대자동차는 수출 초기에는 현지화전략을 채택했으며, 현지 광고대행사를 적절히 활용했다. 현대자동차의 제품전략은 지역적으로 시장의 특성에 맞도록 제품의 차별화전략을 사용한다. 최근 대단위 지역화가 진행되면서 현지화의 범위가 확대되는 추세인데, 지역본부를 중심으로 광역의 현지화전략을 구사한다. 현대자동차는 현지생산을 점차 확대하고, 미국 앨라바마, 중국 베이징, 터키 이스탄불, 브라질, 체코, 인도, 러시아에 생산법인을 운영하고, 미국, 유럽, 일본, 인도에는 자동차 기술연구소가 있으며, 미국, 유럽에는 디자인센터를 가지고 있다.

미국에서는 '현대 어슈어런스 프로그램(Hyundai Assurance Program)'이라는 획기적인 프로모션을 실시했다. 즉 2008년 금융대란으로 미국경제가 침체되면서 많은 사람들이 실직의 위험에 처했을 때, 차량 구매 1년 이내에 구매자가 실직을 할 경우 현대자동차가 고객의 별다른 비용 부담 없이 회수하겠다는 약속이었다. 이 프로그램은 미국 소비자들의 폭발적인 호응과 신뢰를 얻었고, 구매 후 '10년 10만마일 보증'과 함께 시장점유율을 높이는데 결정적인 계기가 되었다. 이처럼 글로벌 경제위기 상황에서 공격적 마케팅 전략을 구사하여 기존의 저가브랜드라는 이미지에서 탈피하고, 합리적인 가격과 동시에 호의적 이미지를 구축했다. 아래 (그림 12.10)은2014년 미국에서 집행된 쏘나타 'Brain & Heart'편으로서, 머리는 더 스마트하고, 더 안전하고, 더 편안한 것을 말하고, 가슴은 그것을 내게 달라는 내용을 담았다.

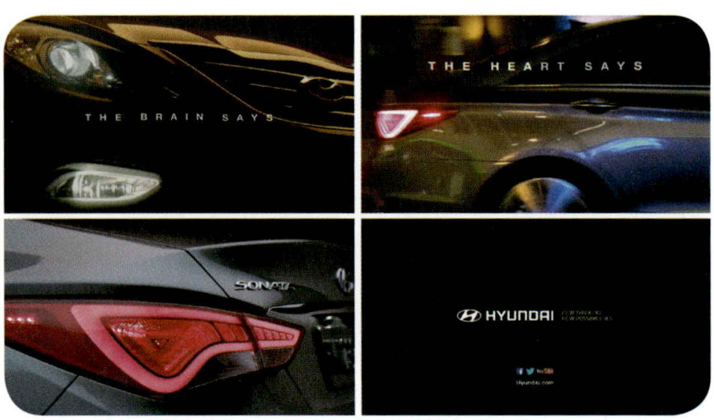

그림 12.10 2014 쏘나타의 미국광고 'Brain & Heart'편

현대차의 인쇄광고는 TV광고에 비해 차의 객관적인 정보를 많이 전달하나 여전히 감성적 요소를 사용한다. 최근 쏘나타 광고는 사람들의 다양한 표정들을 담아, 보는 사람에게 호기심을 자극하고, 기능에 대한 짧은 멘트를 통해 차에 대한 정보를 사진으로 보여준다(그림 12.11).

그림 12.11 쏘나타의 미국 인쇄광고

중국 진출 초기에는 소형차인 베르나, 아반떼를 주로 판매했는데, 경쟁사의 동종 모델에 비해 낮은 가격으로 경쟁우위를 점했다. 2005년 상하이 모터쇼를 통해 EF쏘나타를 선보인 후, 대표차종인 쏘나타를 구매력이 큰 중산층 고객에게 적극 어필했다. 또한 브랜드를 'NF 위이샹'으로 정하여 기존 EF 쏘나타보다 한 단계 업그레이드된 제품으로 혼다 어코드, 도요타 캠리, GM의 뷰익 리갈 등과 경쟁하고 있다. 아래 (그림 12.12)는 최근 중국에서 집행한 쏘나타 광고로 첨단 기능을 제시하고 있다.

그림 12.12 쏘나타의 중국 TV광고

유럽에서는 스포츠마케팅을 통해 접근했는데, 축구에 중점을 두고 공식후원사로 자리 잡았다. 또한 엄격해진 환경규제에 따라 중소형차량과 이산화탄소를 적게 배출하는 차량의 판매에 주력하고, 빠르고 정확한 정비 시스템과 불량률의 최소화로 고객들의 상황에 맞춘 적절한 제품과 뛰어난 서비스를 제공한다는 점을 강조했다(그림 12.13).

인도에서는 소비자들의 고유한 디자인 취향을 감안했으며, 고온다습한 기후에

그림 12.13 현대자동차의 독일 인쇄광고

맞게 에어컨 성능을 강화하여 전기배선의 내수성을 보완했다. 평균 6명 이상이 탑승하는 가족중심의 이용행태를 감안하여 서스펜션을 보강하고 지상고를 높였다. 인도의 국민배우 사루칸을 광고모델로 등장시킨 TV광고는 커다란 호응을 얻었다. 경쟁차종보다 좋은 품질의 자동차를 저렴한 가격으로 판매한 결과, 2000년 6월부터 소형차부문 시장점유율 1위를 차지했으며, 상트로에 이어 액센트, 쏘나타를 출시했다.

아프리카, 중동, 중남미, 동유럽 등 신흥시장에서는 품질과 성능을 강조했다. 현대차를 구입한 현지 구매자들의 평가, 품질자체에 대한 검증기간을 거쳐 최근에는 '현대차를 소유하고 있다는 자부심'을 주제로 광고하고 있다.

12_2-3-2 표준화전략

현대자동차는 해외와 국내로 나누어졌던 유통구조를 최근 하나로 통합하여 차종별로 내수와 수출시장을 동시에 공략하는 IMC전략을 시행하고 있다. 딜러들이 타사 차량을 취급하지 않고 현대차만을 판매하는 전문특약점이 되어 차종별 전문성을 갖게 했다. 이를 위해 딜러 수를 제한하고 부가적 이익을 확보해 줌으로써 더 많은 판매이익을 보장해 주는 전략을 채택했다. 국제광고도 차츰 표준화전략으로 전환하고 있다. 변화하는 자동차의 의미와 달라진 현대자동차의 위상에 맞춰 자동차에 대한 새로운 생각, 고객에 대한 새로운 생각으로 더 많은 가능성을 고객과 사회에 제공하겠다는 의지를 나타내기 위해 'New thinking, new possibilities'란 광고 슬로건을 채택했다. 현대자동차 글로벌 SNS사이트와 Microsoft의 다양한 네트워크를 활용하고, 고객들은 브랜드 사이트에 연동된 페이스북을 통해 세계 온라인 유저들과 소통할 수 있다.

12_2-3-3 프로모션

해외에서 현대자동차의 성공 비결 가운데 하나는 공격적인 프로모션 활동이며, 그 대표적인 예가 대규모 시승 운영이다. 현대 쏘나타가 도요타 캠리, 혼다 어코드와 비교해도 전혀 손색이 없다는 자신감에서 비롯된 비교 시승 행사를 통해 북중미 시장을 공략했다. (그림 12.14)는 현대자동차의 배너 게재 화면으로, MSN 홈페이지 노출을 통한 타깃 접근 및 바이럴 효과를 기대한 온라인 마케팅 사례이다. 화면 우측의 화살표를 클릭하면 큐브가 돌아가듯이 페이지가 변경되며, 차량 관련 세부 사항을 보여준다.

그림 12.14 쏘나타의 미국 온라인 배너광고

미국 뉴욕의 타임스퀘어 광장에 설치된 대형 스크린으로부터 반경 100 m이내에서 앱을 실행하면 레이싱 게임을 즐길 수 있다. 작은 스마트폰 화면에서 벗어나 초대형 옥외 전광판을 보며 레이싱 할 수 있는 짜릿함을 선사하였다(그림 12.15).

그림 12.15 타임스퀘어의 'Hyundai Race'

런던의 중심지 피카델리 서커스에 가로 20 m, 세로10 m 규모의 옥외광고를 게재했는데, 피카델리 광장은 런던의 중심가이자 세계적 관광명소이다(그림 12.16). 매월 유동인구가 460만 명 이상이어서 옥외광고에 따른 브랜드 인지도 향상 효과가 높다. 2012 런던올림픽 기간 동안 현대차 브랜드를 높이는 데 크게 기여했다.

그림 12.16 런던의 옥외광고

현대자동차는 중국의 수도 베이징 '창안제' 버스정류장 90곳에 광

그림 12.17 베이징 창안졔 옥외광고

그림 12.18 프랑크프루트 국제공항 옥외광고

고판을 설치했다(그림 12.17). 창안졔는 유동인구가 350만 명에 달하며 해외 관광객이 많은 베이징의 중심지역이다. 천안문을 중심으로 41개 버스정류장 상단에 현대차 광고가 실렸다.

현대자동차의 초대형 옥외광고가 독일 프랑크푸르트 국제공항의 새로운 상징물로 등장했다(그림 12.18). 현대차는 프랑크푸르트 국제공항 제1터미널 출국장 진입로 한쪽 편에 길이 200미터 높이 3미터의 옥외광고를 설치했다. 옥외광고의 길이는 공항에서 제공한 환영보드까지 합치면 230미터가 된다.

12_2-3-4 스폰서십

현대자동차는 세계인의 축구 축제인 월드컵 등 다양한 스포츠마케팅에 적극적인 후원을 하며, 특히 미국인들이 열광하며 세계 1억 명이 시청하는 수퍼볼에 광고를 하고 있다. 2014년 수퍼볼 경기 중 방송된 총 57편의 광고에 대해 온라인 투표로 선호도를 조사한 결과, 현대 제네시스가 자동차 부문 1위, 전체 6위에 올랐다. 한편 2013년 수퍼볼 쏘나타 광고는 오토바이, 이사짐, 위험물질(화학제품, 폭죽, 미사일 등) 이송차를 쉽게 추월하는 쏘나타의 모습을 재미있게 보여주었다(그림 12.19).

그림 12.19 쏘나타의 2013 미국 수퍼볼 광고

현대자동차는 축구, 테니스, 골프, 크리켓 등 세계적 스포츠 이벤트, 특히 축구 쪽에 막대한 지원을 통해 기업의 브랜드 이미지 제고 및 홍보 효과를 얻고 있다. 2002년 한일월드컵의 공식 후원사가 된 것을 시작으로 2006 독일, 2010 남아공,

2014 브라질 월드컵에 이르기까지 FIFA가 주관하는 모든 대회의 공식 후원사로서 전 세계 소비자들에게 많이 알려지게 되었고, 이를 통해 기업의 브랜드 이미지를 한층 더 높이게 되는 계기가 되었다. 2012년 폴란드 · 우크라이나 공동 개최한 유로 2012에 5명의 주요국 대표 선수로 구성된 홍보대사 '팀현대'를 운영하여 인지도 제고와 흥미로운 프로그램을 제공했으며, 유럽 전역에서 시승회 및 길거리 응원전을 개최했다(그림 12.20).

그림 12.20 현대차의 홍보대사 '팀현대'

스포츠 뿐만 아니라 기획공연 및 전시를 통해 현대자동차의 문화 브랜드를 알림과 동시에, 문화의 저변확대를 위해 분야별 우수 문화 기관과 연계했다. 음악, 무용, 미술, 영화 등 다양한 문화 분야에 걸쳐 H · art란 이름으로 공연 및 전시 등을 지원하고 있다. 2010년부터 시작된 현대자동차의 서울시립교향악단 해외투어는 해외 주요 도시에서 공연하여 브랜드 이미지를 높였다(그림 12.21).

그림 12.21 현대자동차 서울시립교향악단 해외투어

현대자동차는 인도네시아 수마트라섬 근해에서 발생한 지진 · 해일 피해를 입은 인도네시아, 말레이시아, 인도, 스리랑카, 태국 등 동남아 연근해 지역 피해복구를 위해 봉사활동, 구호물품 전달, 자동차 무상수리센터를 운영하여 피해차량 수리 및 부품을 지원했다. 이란에서 발생한 대규모 지진 피해 복구 및 의료지원 활동을 돕기 위한 앰뷸런스를 제공하여 환자수송과 치료에 큰 도움이 되었다.

12_2-4 요약

자동차 산업은 2만개 이상의 부품과 첨단기술이 요구되는 산업이라는 측면에서 국가의 경제 및 산업 전반에 미치는 시너지 효과가 크다. 여기에서는 글로벌 시장에서 브랜드 인지도를 얻은 현대 쏘나타를 중심으로 국제광고 전략을 살펴보았다.

현대자동차의 국제광고 초기에는 현지화전략에 기반을 두었으며, 직접적으로 제품의 우수한 성능, 스피드, 가격 정보 등을 제시하고, 비교광고, 유머 소구 등 새로운 시도를 했다. 최근에 들어서 글로벌 시장을 미주, 유럽, 신흥국으로 대단위 지역화하고, 국제광고도 점차 표준화전략을 채택하고 있다. 현대차는 각 시장의 특성을 잘 반영한 광고를 집행하며, 그 지역의 소비자들이 원하는 정보를 빠르게 포착하여 광고에 담고 있다. 또한 변화하는 글로벌 수요 패턴에 능동적으로 대응하기 위해 하이브리드차, 전기차와 같은 고연비, 저공해, 친환경 차량 개발에도 힘쓰고 있다. 글로벌 경영이 가속화 되면서 해외사업장이 늘어나 현대자동차는 거점지역을 중심으로 지역사회에 실질적인 도움이 될 수 있는 사회복지, 교육, 환경, 스포츠 등 다양한 영역에서 사회공헌활동을 전개하고 있다. 앞으로도 현대자동차가 글로벌 시장에서 큰 성장을 하고, 특히 쏘나타는 글로벌 시장에서 30년 이상된 장수 브랜드로서 앞으로도 오랫동안 세계인의 사랑을 받는 차가 되기를 기대한다.

12_3 LG 3D TV

12_3-1 회사 및 브랜드 소개

LG전자

LG전자는 1958년 금성사로 출발하여 국내최초로 라디오를 개발했으며, 전자제품, 모바일 통신기기 및 가전제품 분야의 기술혁신을 선도하는 글로벌 기업이다. 세계 113여 사업장에서 약 87,000명의 임직원이 근무하고 있으며, 2013년 매출 58조 1,404억 원을 기록했다. LG전자는 5개의 사업본부로 구성되어 있으며, TV, 휴대폰, 에어컨, 세탁기 및 냉장고 부문 등에서 시장을 선도하고 있다. LG전자에서 3D를 채택하고 있는 TV의 주력 모델은 시네마 3D 스마트 TV와 울트라 HD TV이다. 2014년 LG전자는 '울트라 HD TV 대중화'를 선언하고 공격적 마케팅을 펼치고 있다.

12_3-2 시장 상황

몇 년 전 영화 '아바타'의 세계적인 흥행으로 3D에 대한 사람들의 관심이 폭발적으로 증대했다. 3D화면이 주는 어지러움, 투박하고 무거운 안경, 콘텐츠가 부족하다는 것을 이유로 3D TV에 대해 회의적인 입장을 가진 소비자들이 있으나, 기술적으로 차츰 보완되고 있다. 글로벌 시장에서 3D TV의 선두주자는 삼성이며, 2위는 LG가 차지하고, 그 뒤를 소니, 파나소닉이 따르고 있다.

12_3-2-1 SWOT분석

LG 3D TV에 대한 시장 상황을 SWOT분석을 통해 살펴보면 (표 12.3)과 같다.

현재 3D TV에 사용되는 방식은 편광필름패턴(FPR)과 셔터글라스(SG)이다. FPR은 한 화면 좌우 동시에 나타나는 영상을 간편한 편광안경을 이용해 입체 영상을 인식하는 방식이다. SG방식은 화면 좌우 영상이 번갈아 표시되고 이를 전용안경이 포착해 입체 영상을 구현하는 방식이며, 전용안경에 배터리가 장착된다. LG전자는 FPR방식을 사용하고 삼성전자는 SG방식을 쓴다. LG전자도 초기에는 SG방식을 적용했지만 2011년 FPR 방식을 독자 개발하고 방향을 완전히 선회했다. 두 방식 중 어느 것이 우위에 있는지 많은 논란이 일고 있지만 SG방식의 구조적 문제점으로 점차 FPR방식이 힘을 얻고 있다(전자신문, 2013. 11. 1).

표 12.3 LG 3D TV의 SWOT분석

Strengths	Weaknesses	Opportunities	Threats
• 높은 최초 상기도 • 수준 높은 기술 및 화질의 우수함 • 오랜 전통으로 높은 브랜드 인지도 • 높은 제품 신뢰도 • 편광필름패턴(FPR) 안경의 편리성	• 상대적으로 비싼 가격 • 안경의 호환성, 가격, 무게, 충전방식, 전자파, 유지비용 등 개선점 있음 • 화질 및 시야각 저하 • 글로벌 시장에서 상대적으로 낮은 인지도	• 국내 TV 시장의 이원화 • 일본 브랜드의 약세 • 한류로 인한 브랜드 인지도의 상승 • 셔터글라스(SG)기술이 가진 약점 • 매력적인 광고컨셉(Life's Good)	• 삼성의 높은 시장점유율 • 중국 기업 등 후발주자들의 추격 • 애플의 TV시장 진출 • 경쟁사의 공격적 마케팅 • 프로모션에 투자할 자본력 열세

12_3-2-2 STP 분석

가전제품 구매와 사용행태를 보면 소득수준과 호기심이 큰 요인이다. 신제품 확산과정에서 혁신자와 초기채택자의 역할이 매우 중요하므로, 초기에는 이들을 대상으로 집중적인 광고활동을 하는 것이 필요하다. 아울러 시차를 두고 모든 소비자에게 채택이 되도록 일반 소비자를 대상으로 하는 광고도 병행해야 한다. 3D TV를 구매하는 혁신자와 초기채택자 가운데에는 영화매니아, e게이머들이 많으며, 이들을 대상으로 하는 광고 및 마케팅 활동이 선행되어야 한다. 뉴스나 드라마 등 일반 프로그램 시청을 위해서는 굳이 3D TV를 필요로 하지 않기 때문이다. 뿐만 아니라 3D 콘텐츠를 시청하기에는 기술적인 문제, 제작비, 특수 안경을 써야하는 불편함 등 해결해야할 과제가 남아 있다. 영화를 좋아하고 홈씨어터를 가질 만큼 경제적 여유가 있는 계층과 새롭게 TV를 교체하는 소비자들에게 고급사양인 3D TV를 남들보다 앞서 구매하는 혁신자의 이미지를 갖게하는 포지셔닝 전략이 필요하다.

12_3-3 국제광고 전략

12_3-3-1 현지화전략

LG전자가 실시한 국제광고를 나라별로 살펴보면, 먼저 미국에서는 3D를 통해 얻을 수 있는 편익을 중심으로 광고를 실시했다. 2011년부터 집행된 광고는 편광방식의 이점을 설명했다. 총 10편의 시리즈로 제작되었으며 '깜박임 없는 3D', '온 가족이 즐길 수 있는 3D', '가벼운 3D', '넓은 각도에서 볼 수 있는 3D' 등 LG가 채택한 편광방식에 대해 설명했다(그림 12.22). 이 광고는 영어로 제작되었지만, 중국, 일본어 등 다양한 언어로 번역되었다. 당시 개봉된 '캐리비안의 해적'을 바탕으로 만든 광고는 가족들이 TV를 함께 시청하면서 영화 속 가상을 마치 거실에서 겪는 듯한 느낌을 전해주기도 했다.

그림 12.22 LG 3D TV의 미국광고

유럽에서 방영된 광고는 스타일, 생생함, 편리함 세 가지의 편익을 표현했다. (그림 12.23)에서는 편광식 안경의 가벼움과 선글라스와 같은 스타일리쉬함, 3D

TV를 통해 즐기는 생생함, 아이들도 이용할 수 있는 편리함을 소비자에게 이해하기 쉽게 전달했다.

그림 12.23 LG 3D TV의 유럽광고

중동 국가에서 집행된 광고는 3D TV의 생생함을 표현했다. 이란 광고에서는 사람들이 3D TV를 시청하는데 TV 속 정글이 현실로 변하는 내용이다. 가상이 현실로 되는 장면을 일반 거실 배경과 자연 경관을 대조하며 보여줬다(그림 12.24).

그림 12.24 LG 3D TV의 이란광고

일본에서는 3D TV의 장점에 대해 설명했다. (그림 12.25)의 광고에서 모델이 편광식 안경을 끼고 안경 위에 클립 형식으로 간단하게 쓸 수 있는 가벼운 안경이라고 설명하고 있다. 또한 일본에서는 타사 제품의 TV를 일반 TV로 분류하여 'TV or LG TV?'라는 문구를 통해 차별성을 부각시켰다.

그림 12.25 LG 3D TV의 일본 광고

국내에서는 3D TV와 편광식 안경의 편익을 직접적으로 소구하는 해외광고와

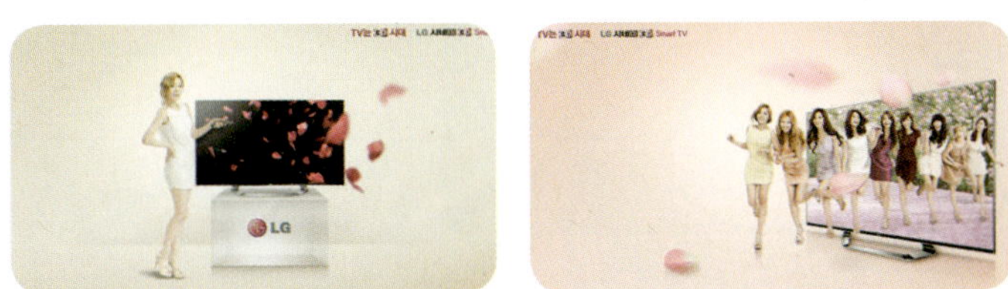

그림 12.26 LG 3D TV의 국내광고

달리 스타마케팅을 위주로 했다. 2012년 소녀시대가 원빈과 함께 모델로 선정되어, 3D TV의 기능을 모델이 설명해주는 광고가 제작되었다(그림 12.26). 스타마케팅을 통해 처음 도입되는 기능들을 쉽게 보여주어 전달력이 높았지만, 제품보다 모델에 집중되는 아쉬움이 있었다.

12_3-3-2 표준화전략

그림 12.27 뉴욕타임즈 광고

LG전자의 3D TV 국제광고는 전반적인 포맷을 동일하게 표준화전략을 실시하는데, 주로 제품의 장점과 편익을 부각하는 광고를 집행했다. 뉴욕타임즈에 전면광고로 실린 '누군가는 가장 스마트해야 했다'라는 광고는 3D TV시장에서 LG의 우위를 강조하기 위해 IT전문지인 씨넷(Cnet)이 평가한 내용을 그대로 광고에 인용했다. (그림 12.27)의 광고 본문에서 'LG 시네마 3D 스마트TV는 사용자의 편의성과 콘텐츠 접근성에서 삼성과 소니 제품을 능가한다.'고 주장한다. 경쟁 제품과 비교하는 공격적인 마케팅을 활용하여 LG TV의 인지도를 높이고 차별화된 장점을 부각시키는 전략을 사용했다.

LG전자의 해외광고는 기발한 아이디어로 이목을 끌었다. 'What would you do in this situation?' 제목의 동영상은 유투브에 등록 한 달 만에 조회 수가 1,500만회를 넘어서는 인기를 보였다(그림 12.28). 이 영상은 위

그림 12.28 LG 3D TV광고 '위장창문'편

장창문인 LG TV가 설치된 면접장에서 일어나는 일을 몰래카메라 형식으로 보여준다. 면접자들은 눈 앞에 보이는 창문인 TV로 운석이 떨어져 도시가 아수라장이 되는 장면을 목격하는데, 이 때 면접자들이 보인 다양한 반응을 시청자들에게 전달했다. TV 속 화면이 현실로 착각할 정도로 LG TV가 생생하고 정교하다는 것을 보여주었다.

12_3-3-3 프로모션

LG전자는 글로벌 시장에서 경쟁사를 대상으로 비교광고를 실행했는데, 2011년 유명 일간지에 삼성과 소니에 직접적인 공격 메시지가 담긴 광고를 실었다. (그림 12.29)의 광고에는 '삼성과 소니, 2D에나 신경 쓰시지' 라는 내용과 '사람들이 당신 회사의 무겁고 비싼 3D 안경을 쓸 것 같은가?' 라는 공격적인 내용을 담고 있다.

그림 12.29 LG 3D TV의 공격적인 비교광고

LG전자는 해외 주요 행사에 3D 체험 부스를 설치하여 자사 3D TV와 타사 제품을 비교하는 이벤트를 진행했다. 미국 독립영화협회 행사에 3D 체험 부스를 설치하여 그 곳에 모인 헐리우드 배우들이 LG 시네마 3D TV와 타사 제품을 직접 비교 체험할 수 있게 했다. 중동에서 제일 큰 테마파크인 '페라리 파크'에서 유명인사와 기자들이 편광식 3D를 체험하게 했다. 또한 프랑스에서는 예술 공간으로 유명한 그랑 팔레에 3D 체험 공간을 마련하여 체험할 수 있게 했다. LG는 자사의 3D 안경이 가볍고 저렴하다는 차별성을 위해 3D TV 구입시 및 3D 영화를 볼 때 필요한 3D 안경을 증정하는 마케팅을 진행했다.

12_3-3-4 스폰서십

그림 12.30 LG의 F1 대회 후원

LG전자는 세계적인 스포츠 대회에 공식 후원을 하며 경기장에 LG 마크를 노출시키고, 3D 체험관을 설치하여 젊고 역동적인 이미지를 심고 있다. 대표적인 예로 F1과 NCAA를 들 수 있다. F1은

그림 12.31 LG의 NCAA 후원

그림 12.32 e-스포츠 재팬컵 후원

올림픽, 월드컵과 함께 세계 3대 스포츠 대회로 꼽힐 정도로 세계적인 자동차 경주대회이며, LG는 2009년 부터 공식 후원을 하고 있다. 경기장 가운데 LG 로고를 설치하여 경주차가 지나갈 때마다 로고가 비친다. 경기장에 3D TV 체험관을 설치하여 사람들이 직접 체험해 보게 했다(그림 12.30). NCAA 농구 토너먼트는 '3월의 광란'이라는 애칭으로 불릴 정도로 최종 4강전에만 20만 명이 넘는 관중이 운집한다. 여기서도 3D TV 체험관을 설치하여 많은 관중들이 경기를 시청할 수 있게 했다(그림 12.31).

최근 LG전자는 e-스포츠 대회를 공식 후원했는데, 한국과 중국에서 3D 구현을 지원하는 스타크래프트와 연계하여 게임 페스티벌을 진행했다. 또한 일본 도쿄에서 열린 'e-스포츠 재팬컵'의 공식후원자로서 시네마 3D TV와 모니터를 지원했다(그림 12.32).

12_3-4 요약

LG전자의 3D TV 광고 전략은 국내광고와 해외광고를 차별화하고 있다. 국내에서는 스타 모델을 활용한 광고를, 해외에서는 도전적인 비교 광고나 객관적인 자료를 보여주면서 사람들의 흥미를 유발하는 광고를 주로 집행했다. 이러한 광고 전략은 3D TV라는 새로운 기술의 제품을 광고하는데 효과적이었다. LG의 강점인 3D를 구현하는 편광식 안경 자체를 강조했는데, 이 안경을 통해 얻을 수 있는 편익을 적극적으로 홍보했으며, 안경을 사용하는 소비자가 광고 콘셉트의 중심이 되었다.

LG의 국제광고는 현지화전략에서 차츰 표준화전략으로 전환되고 있으며, 지역적 요소를 배제하고 3D 안경의 편익을 알리는 이성적 소구를 택했다. 대부분의 광고가 문화적 요소를 고려하지 않아도 이해할 수 있고, LG 3D TV의 특징인 '편광방식=LG' 라는 인식을 소비자에게 각인시켰다. 더욱이 마지막에 LG 로고와 징글 그리고 'Life's Good'이란 짧지만 효과적인 카피를 제시했다. 또한 체험을 위주로 프로모션을 실시했는데, 행사에서 3D 체험 부스를 설치해 3D TV를 체험시키고 3D 안경 증정 이벤트를 통해 효과적으로 홍보했다.

12_4 오리온 초코파이

12_4-1 회사 및 브랜드 소개

오리온의 역사는 1956년 당시 국내 제과시장 2위 풍국 제과를 인수하는 것에서 시작된다. 1960년대 오리온은 제조기술에 대한 과학적 연구를 시작하여 신제품을 출시하면서 소비자들에게 인기를 얻었다. 1968년 국내 최초로 판형 초콜릿을 생산했고, 1974년 세계 최초로 초코파이를 생산했다. 초코파이는 제과류의 짧은 라이프사이클 흐름을 깨고 출시된 지 40년이 지난 오늘날에도 국민의 사랑을 받는 과자가 되었다. 제과업계 최초로 단일품목 매출 1조 원을 돌파했는데, 이러한 성공에는 1980년대부터 집행한 '정(情) 시리즈' 광고가 크게 기여했다. 1990년대 중반부터 세계화를 추진한 오리온은 현재 초코파이를 비롯해 다양한 제품을 60여 개국으로 수출하고 있다. 특히 러시아, 중국, 베트남에 5개의 현지법인, 10개의 해외 사무소를 통해 생산, 영업 및 시장조사 활동을 전개하고 있다.

12_4-2 시장 상황

2012년 오리온은 해외시장에서 1조 2천억 원의 매출을 달성했으며, 초코파이의 해외매출은 2,400억 원으로 국내매출 1,100억 원의 2배가 넘는다. 1995년 중국 북경과 상해에, 2005년 베트남 하노이에 현지법인을 열어 동남아 시장 진출에 박차를 가하고 있다. 해외시장 개척의 중심에는 주력제품인 초코파이가 있다. 지름 7 ㎝, 두께 2.3 ㎝, 무게 35 g의 과자가 중국 대륙과 시베리아 벌판을 넘어 글로벌 시장을 향해 나아가고 있다. 오리온 초코파이는 롯데제과 '초코파이', 크라운제과 '빅파이', 해태제과 '오예스' 등과 치열한 경쟁을 하고 있다.

12_4-2-1 SWOT분석

오리온 초코파이의 시장 상황을 SWOT분석을 통해 살펴보면 (표 12.4)와 같다.

표 12.4 오리온 초코파이의 SWOT분석

Strengths	Weaknesses	Opportunities	Threats
• 국내 최초의 초코파이 • 장수 브랜드 • 장기 광고캠페인으로 높은 브랜드 인지도 • 시리즈 광고로 좋은 이미지 형성 • 각 나라별로 적합한 패키지 사용	• 경쟁제품에 비해 비싼 가격 • 가격경쟁력 떨어짐 (할인행사 하지 않음) • 경쟁사들의 시장진입 용이 • 국내 경쟁기업의 해외시장 선점	• 情 캠페인 성공 • 러시아, 중국, 동구, 북한 등 신흥시장 개척 • 신흥시장에도 점차 대형 마트 들어섬 (에어컨시설 등 냉장 저장 가능) • 한류열풍 활용	• 경쟁사의 유사품 다량 출시 • 경쟁사의 대형유통망 확보 • 해외시장 진출시 기후문제로 제품 변질 위험(특히 동남아 등 더운 나라에 판매) • 기후문제로 아시아, 아프리카 등 신흥국 시장 확대 어려움

12_4-2-2 STP 분석

과자는 어린이들이 주대상이지만 오리온 초코파이는 '국민간식'으로 남녀노소를 대상으로 하며, 특히 '군대과자'로는 절대적인 위치를 차지하고 있다. 초코파이는 1989년부터 '정(情) 시리즈' 광고를 시작했다. 情이라는 한국의 고유한 정서는 다른 가치들 보다 높게 평가 받는다. 초코파이는 소비자층을 넓히기 위해 집배원, 경비원, 간이역 역무원, 군인, 어려운 이웃에게 정을 전하는 내용을 소재로 채택하여 성공을 거두었다. 개성공단의 북측 근로자들에게도 간식으로 초코파이를 제공하는 것으로 알려져 있다. 힘든 일을 하는 이웃사람에게 정과 감사를 표현하는 매개물로 초코파이를 소구했으며, 해외에서도 가족 또는 친구 사이에 부담없이 마음을 담아 '정을 나눌 수 있는 작은 선물'로 포지셔닝하고 있다.

1989년 235억 원이었던 매출은 광고 실시 이듬해 315억 원으로 올랐고, 점유율 역시 파이시장의 절반 이상을 차지하게 되었다. '초코파이=정'이란 등식을 각인시키며 정이 메말라가던 때에 정을 내세운 광고로 소비자들의 마음을 움직였다. 정 시리즈는 지금까지 30여 편 제작되었으며, 영화 'JSA'와 '집으로'에서 이념과 세대를 잇는 매개체로 등장했다. 최근에는 '정 때문에 못한 말, 까놓고 말하자' 시리즈를 집행하고 있다.

초코파이는 1993년 경부터 성장 둔화의 조짐을 보였는데, 국내 제과 시장이 포화상태가 되고, 어린이의 수가 줄고, 패스트푸드와 외식 산업의 확산이 원인이었다. 이 때 부산에서는 특이하게 초코파이 소비가 늘어났는데, 러시아 상인들에 의해 많은 초코파이가 러시아로 유입되는 것을 파악했다. 추운 날씨로 인해 당분

섭취를 좋아하는 러시아인들에게 초코파이가 인기를 끈 것이다. 이러한 시장분석을 계기로 초코파이의 해외 시장 진출이 시작되었으며, 우선적으로 러시아와 중국에 초코파이를 출시했다.

12_4-3 국제광고 전략

12_4-3-1 현지화 전략

오리온 초코파이는 각 나라의 문화와 가치관을 이해하고 광고와 마케팅에 적용하는 비교문화 광고와 현지화에 주력했다. 오리온은 해외로 진출할 때 각 나라의 성향과 기호에 맞는 광고전략을 세우고, '문화감수성 교육'이라는 교육프로그램을 실시했다. 이 프로그램은 각 나라의 역사, 문화, 생활방식, 관습, 종교, 언어 등을 포함하여 현지문화를 이해하는데 필요한 사항을 담았다.

오리온은 러시아, 중국, 베트남에 공장을 설립하고, 각 나라의 문화 특성에 맞는 브랜드 네이밍과 광고전략을 사용했는데, 대표적인 예는 2005년 인도 진출 과정이다. 인도에는 채식주의자가 많아 식물성 초코파이인 '베지멜로'를 출시했다. 초코파이의 마쉬멜로 재료 중 하나인 젤라틴이 동물성 지방이기 때문에 해조류인 우뭇가사리 원료로 교체했다.

오리온은 1993년 북경 사무소를 열고 시장조사 및 문화를 익혔고, 현지에 맞는 제품을 출시했다. 기존의 파란색 포장지 대신, 중국인들이 좋아하는 빨간색으로 바꾸고, '하오리여우(好麗友 · 좋은 친구)'라는 중국식 이름으로 바꿨다(그림 12.33). 중국 대륙을 돌며 무료 시식회를 열고 천안문광장에 대형 입간판을 설치했다. 중국에서 오리온은 국내 경쟁사인 롯데, 크라운 제과 뿐만 아니라 대만 제품과도 경쟁하고 있다. 롯데 초코파이는 오리온의 포장과 유사한 포장을 선점했고, 상품명인 '초코파이'를 법적으로 먼저 등록하여 오리온이 같은 이름을 사용하는 것을 막았다. 오리온 초코파이는 중국 CCTV와 인민일보 선정 5년 연속 인지도 1위, 중국 내 파이시장 60% 점유, 연간 판매량

그림 12.33 초코파이의 중국 포장

2억9,000만 개, 4개의 현지 공장을 가동 중이며, 2012년 중국매출 1조 원을 돌파했다.

2009년에는 중국에 정(情) 마케팅을 도입했다. 어질 인(仁)자를 적극 활용하여 제품에 '인자안인(仁者安仁, 어진 사람은 분수를 알아 만족하고 마음이 흔들리지 않는다는 뜻)'을 넣고 仁을 부각시켰다. 2010년 광고 컨셉트는 '노인공경'인데, (그림 12.34)에서 할머니에게 자리를 양보하기 위해 다투는 아이들을 통하여 도덕적이고 어진 인간상을 보여 주고, 양보 받은 할머니는 고마움의 표시로 초코파이를 선물하며 따뜻한 마음을 표현했다. 이는 한국의 情을 중국에 적용 가능한 가치인

그림 12.34 2010년 중국광고 '노인공경'편

그림 12.35 초코파이를 즐기는 러시아 대통령

仁으로 나타냈다.

2006년 오리온은 러시아에 현지 공장을 세웠으며, 초코파이와 초코송이(현지명 초코보이)가 큰 인기를 얻었다. 2010년 약 400억 원의 매출을 달성한 초코파이는 메드베데프 당시 대통령까지 즐겨먹는 것으로 언론에 보도되어 큰 관심을 끌었다(그림 12.35).

러시아에서 오리온 초코파이는 롯데, 현지기업 프뤼주다, 세계적 식품기업 네슬레, 다농 등과 경쟁하고 있다. 오리온보다 먼저 러시아에 진출해 초코파이를 수출하던 롯데는 1998년 러시아 경제위기 때 철수했으나 최근 다시 진출했다. 롯데는 강력한 유통망을 바탕으로 오리온을 대형 판매점에서 밀어냈고, 롯데 초코파이가 그 자리를 차지했다. 현재 오리온은 소매점 위주로 판매하고 있다.

오리온 초코파이는 1997년 러시아에서 첫 TV 광고를 선보였는데, 광고 주제는 '부드러운 순간'이다. 초코파이는 가족과 함께하는 편안한 휴식에 알맞은 간식이라는 주제를 스토리텔링 형식으로 가족의 정과 사랑을 표현했다. 2009년 광고는 '엄마의 사랑'이라는 주제로, 일 때문에 학예회에 참석하지 못한 엄마가 늦었지만 딸

의 학교에 찾아간다. 딸은 엄마를 위해 노래를 불러준다. 그 노래가 한국에서 많이 듣던 CM송 '말하지 않아도 알아요' 멜로디이다. 엄마와 딸은 초코파이를 먹으며 사랑을 확인한다(그림 12.36).

인쇄광고도 엄마와 자녀를 등장시켜 '가족과 함께, 초코파이와 함께하는 부드러운 시간'을 나타냈다. 이렇게 오리온 초코파이는 국내 광고 컨셉트인 '정'을 러시아에 맞게 '가족의 정'으로 변형하였다.

그림 12.36 러시아 광고 '엄마의 사랑'편

베트남에서 오리온 초코파이는 2009년 판매량 2억3,000만 개를 기록했으며, 2010년 매출 1,000억 원을 돌파했다. 오리온의 베트남 진출은 1997년이며, 처음에는 국내에서 만든 제품을 수출하다가 호치민과 하노이에 공장을 세우면서 매출이 대폭 늘어났다. 베트남에서 초코파이는 추억의 일부, 가족이나 친구 등 행복한 기억과 함께하는 과자로 자리매김했다. 베트남에서는 제사상, 절, 사당에 초코파이를 봉양하기도 하고, 결혼식 때 하객에게 초코파이를 제공하기도 한다. (그림 12.37)의 TV광고 '생일파티'편에서는 남자아이가 선물로 초코파이를 받고 싶은 마음을 표현했다. 2008년 광고는 '제사상에 올라가는 초코파이'를 소재로 했다. 손녀에게 초코파이는 할아버지와의 '추억'이다. 엄마가 초코파이를 사 오자 손녀는 먼저 할아버지 영정 사진 앞에 올려놓는다. 초코파이를 통하여 할아버지를 추억하고 사랑을 표현했다. 2009년에는 남매가 초코파이를 서로 양보하는 모습에서 형제간의 우애를 강조하는 광고를 선보였다.

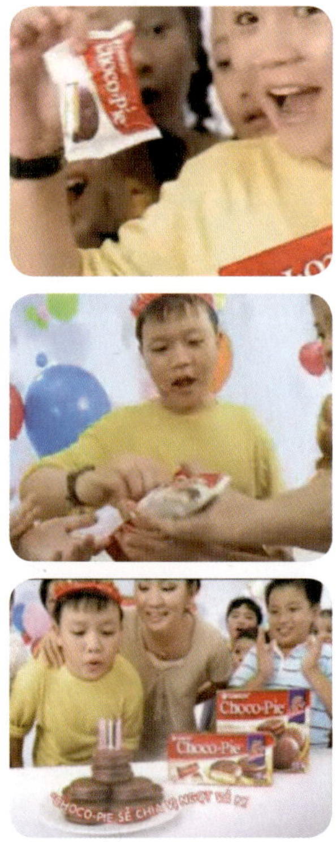

그림 12.37 베트남의 초코파이 광고 '생일파티'편

12_4-3-2 표준화 전략

오리온 초코파이는 가족과 친구, 이웃 사이의 정을 광고소재로 채택해 왔다. 최근 초코파이가 세계 60여 개국에 수출되면서 이른바 '파이로드(pie road)'를 개척하는 글로벌 제품이라는 점을 강조한다. 제품을 직접적으로 노출하는 방식의 기존 광고와는 달리 세계인의 정감 어린 얼굴을 클로즈업해 마치 다큐멘터리를 보는 듯하다. 초코파이의 국제광고는 현지화전략을 위주로 하지만, 국내의 정 시리즈와 비유될 수 있는 가족의 정을 세계에 전파하고 있다. 인류 보편적 정서를 바탕으로 티가 나지 않는 표준화전략을 채택하여 세계인에게 거부감을 주지 않는 광고 운영을 하고 있다. 이런 점에서 초코파이는 우리나라 크리에이티브를 글로벌 시장에 적용하는 표준화전략 가능성을 보여준다. 2009년부터 중국과 베트남, 일본에서 한국의 정서인 '정'과 유사한 정서를 세계로 확산시키고 있다. 이처럼 초코파이는 많은 국가에 판매되면서 이른바 '초코파이 지수'를 형성하기에 이르렀다. 초코파이 지수는 세계적으로 품질, 크기, 재료가 표준화된 12개들이 오리온 초코파이의 국가별 가격을 말하며, 각국의 물가와 구매력을 평가하는 지수로 활용된다.

12_4-4 요약

오리온 초코파이는 국내에서 우리의 보편적 가치를 앞세워 '정 캠페인'을 실시했다. 친구, 이웃, 가족 등에게 고마움과 정을 표현하는 시리즈 광고를 통해 '초코파이=정'이라는 이미지를 심었고, 높은 매출을 기록하며 파워브랜드로 자리매김했다. 오리온의 국제광고는 현지화전략을 바탕으로 실시하고 있다. 중국에서는 한자의 특성을 파악하여 제품명을 결정했고, 초기에는 한류스타를 모델로 하여 주목을 끌었지만 점차 우정이라는 가치를 광고에 적용했다. 러시아에서는 추운 기후로 인해 초콜릿을 선호하는 러시아인들의 기호와 가족의 사적 관계를 중시하는 특성을 담았다. 주로 엄마와 딸이 등장하는 광고가 많은데, 초코파이는 위로, 사랑, 격려를 표현했다. 베트남은 중국의 영향을 받은 나라로 비슷한 문화 요소가 있기 때문에, 중국과 유사한 광고 컨셉트를 유지했다. 또한 고급 이미지가 정착되어 초코파이를 선물로 생각하는 베트남인들의 특성을 파악해 광고소재로 사용했다.

초코파이는 글로벌 시장에 수출하면서 '마음을 전하는 매개물'로 소구하면서 정이라는 한국적 정서를 활용하고 있다. 최근 중국과 베트남에서 인(仁)을 사용하고, 로고송인 '말하지 않아도 알아요'를 채택했다. 즉 오리온 초코파이는 정의 가치를 현지 문화에 맞게 적용한 절충전략을 사용한다. 또한 한국적 정서를 담은 크리에이티브를 세계인에 보편화시키는 표준화전략으로 볼 수 있다. 이러한 시도는 우리나라의 글로벌 기업이 실시하는 국제광고에 있어 새로운 변화로 주목할 만하다.

생각해 볼 문제

1. 삼성 갤럭시의 국제광고에 사용된 표준화전략과 현지화전략에 대해 생각해 보자.
2. 현대 쏘나타의 국제광고전략 및 장수브랜드가 된 이유에 대해 생각해 보자.
3. LG 3D TV의 국제광고와 국내광고를 비교해 보자.
4. 오리온 초코파이의 국제광고와 국내광고를 비교해 보자.

참고문헌

공현희 (2012), 우리나라 기업의 국내와 해외 비교광고 동향 분석, 디지털디자인학 연구, 35(3), 한국디지털디자인협의회.

김준신 (2007), 초코파이의 글로벌 마케팅 성공사례, 식품산업과 영양, 12(1), 31-39, 한국식품영양과학회.

김정남 (2007), 오리온 초코파이 情, 마케팅, 41(3), 82-85. 한국마케팅연구원.

매일경제 (2013), 밀라노에 등장한 갤스4 광고…TV서 봤던 그 장면이, 2013. 7. 17.

연합뉴스 (2012), LG전자 '스마트TV 자신있다' 미주시장 광고, 2012. 9. 14.

이투데이 (2011), 오리온 '베트남 1위' 비결, 2011. 1. 31.

임철재 (2013), 글로벌 기업의 해외광고 전략에 관한 연구: 삼성 · 현대의 글로벌광고 표현전략을 중심으로, 한국외국어대학교, 2013년 2월.

조선일보 (2013), 오리온, 베트남 4년 만에 석권…해외에서 1조 넘게 번다, 10. 16.

조선일보 (2014), LG 'UHD TV 대중화' 선언, 200만원대 출시, 2014. 3. 12.

중앙일보 (2011), 롯데제과, 중 · 러 등 공장 설립 '초코파이벨트 구축', 2011. 9. 22.

최윤식 (2013), 2030 대담한 미래, 지식노마드.

한국일보 (2012), LG 시네마 3D TV 새 모델 '소녀시대' 영입, 2012. 1. 16.

IT DAILY (2013), LG전자, TV CF 통해 3D 스마트 TV '신개념 이용 가이드' 제시, 2013. 6. 20.

삼성전자 공식사이트 http://www.samsung.com/sec

오리온 공식사이트 http://www.orionworld.com

초코파이 공식사이트 http://www.chocopie.co.kr

현대자동차 공식사이트 http://www.hyundai.com/kr

Hyundai Motors America 공식사이트 http://www.hyundaiusa.com

LG전자 공식사이트 http://www.lge.co.kr

찾아보기

한글

ㄱ

가설 ▸ 213
가치 ▸ 51, 52
가치구조 ▸ 52, 56
가치유형 ▸ 53
가치 체계 ▸ 52
감성적 표현 ▸ 56
감정 ▸ 62, 63
감퇴효과 ▸ 144
개념적 동질성 ▸ 219
개방성 ▸ 198
개성 ▸ 50, 59
개인주의 ▸ 54, 58, 64, 65, 78, 205
개인주의 문화 ▸ 56, 59, 60
검색광고 ▸ 160
경성판매 소구 ▸ 55
경성판매소구 ▸ 54
계약경영 ▸ 14
계약제조 ▸ 15
고맥락 ▸ 77, 102
고맥락 문화권 ▸ 77
고유판매제안 ▸ 8, 92,
고유판매제안 전략 ▸ 107
공감성 ▸ 101
공명 전략 ▸ 109
관세무역일반협정 ▸ 23
광고 ▸ 56
광고목표 ▸ 88
광고의 소구 방법 ▸ 103
광고전략 ▸ 100
광고전략 모형 ▸ 89
광고 창의성 ▸ 100
구글 ▸ 168
국가별 광고산업 ▸ 39
국내기업 ▸ 25
국제광고 ▸ 56, 58
국제광고비의 증가현황 ▸ 33
국제광고비 현황 ▸ 33
국제광고산업 현황 ▸ 32
국제광고의 기획 전략 ▸ 76
국제기업 ▸ 25
국제마케터 ▸ 35
국제무역 ▸ 32
국제통화기금 ▸ 23
굿 다운로더 ▸ 237
궁극적 가치 ▸ 52
권력거리 ▸ 63, 64, 205
권역화(regional) ▸ 49
규모의 경제 ▸ 24
그리드 모형 ▸ 89, 90
극단적 반응 ▸ 220
글로벌 ▸ 76, 86
글로벌 100대 마케터 ▸ 36
글로벌 광고 ▸ 3, 26, 58, 63, 65
글로벌광고대행사 ▸ 36
글로벌 광고대행사의 역사 ▸ 36
글로벌기업 ▸ 24, 26
글로벌 마케터 ▸ 35
글로벌 마케팅 ▸ 58
글로벌 브랜딩 ▸ 58
글로벌 현상 ▸ 48
글로벌화 ▸ 24
기능적 욕구 ▸ 61
기능적 혜택 ▸ 55
기술적 조사 ▸ 215
기업의 사회적 책임 ▸ 16
기획단계 ▸ 130

ㄴ

남성성 ▸ 66, 95, 205
남성주의 ▸ 54, 66
내적탐색 ▸ 193
내적 특징 ▸ 59
뉴미디어 ▸ 156

ㄷ

다국적광고 ▸ 3
다국적 글로벌 기업 ▸ 30
다국적기업 ▸ 26
다섯 가지의 욕구 ▸ 201
다자간 자유무역협정 ▸ 24
단기기억 ▸ 200
단기 지향성 ▸ 68
단기 지향성 문화 ▸ 69
단어연상법 ▸ 226
단일 집약적 제안 ▸ 92
대단위 지역화 ▸ 15
대중매체 ▸ 156

덴츠 ▸ 37
도달률 ▸ 142
독립변수 ▸ 213
독립적 자아 ▸ 197
독창성 ▸ 101
독특한 판매제안 ▸ 8
동기부여 ▸ 201
디스플레이광고 ▸ 159, 170
디지털 광고 ▸ 35

ㄹ

라이센싱 ▸ 14, 27
라이프스타일 ▸ 61
레드불 ▸ 233
로컬 미디어 ▸ 147
루이까또즈 ▸ 236
리치미디어 ▸ 168, 170
리커트 척도 ▸ 220
링크드인 ▸ 177

ㅁ

마케팅 커뮤니케이션 ▸ 49
만족 ▸ 195
매슬로우 ▸ 201
매체가용성 ▸ 147
매체계획 ▸ 132, 133
매체구매 ▸ 132
매체목표 ▸ 130
매체스케줄링 ▸ 126
매체의사결정과정 ▸ 136
매체 전략 ▸ 130
매체전술 ▸ 130
매체집행 ▸ 132
매체클러터 ▸ 143
맥도날드 ▸ 253
맥락 ▸ 60
메가 에이전시 ▸ 37
메시지광고 ▸ 168
메시지 소구 방식 ▸ 72
명료성 ▸ 101
모바일 ▸ 156
모바일광고 ▸ 34, 167
모바일 웹광고 ▸ 170
문장완성법 ▸ 226
문헌조사 ▸ 213
문화 ▸ 49, 50, 204
문화간 커뮤니케이션 ▸ 50
문화거리 ▸ 50, 51
문화의 수준 ▸ 50
문화적 가치 ▸ 79, 80, 81
문화적 의식구조 ▸ 56
문화적 일치 ▸ 49
문화적 차원 ▸ 51
문화적 차이 ▸ 49
미대학스포츠협회 ▸ 241
미디어믹스 ▸ 126, 144
미디어 하부구조 ▸ 127
밀레니엄 미디어 ▸ 168

ㅂ

바라는 가치 ▸ 64, 72, 83
바람직한 가치 ▸ 64, 72, 83
바람직한 규범적 가치 ▸ 56
배너 ▸ 168
번역과 역번역 방법 ▸ 219
보상적 평가방식 ▸ 195
본원적 전략 ▸ 105
부호화과정 ▸ 200
불만족 ▸ 195
불확실성 회피 성향 ▸ 67, 96, 205
브랜드 ▸ 56
브랜드 개성 ▸ 60
브랜드 개성 요소 ▸ 60
브랜드 개성 차원 ▸ 60
브랜드 친숙기법 ▸ 54
브리프 ▸ 89, 92
블로그 ▸ 177, 184
블록화 ▸ 15
블루오션 ▸ 18
비교소구 ▸ 55
비디오 ▸ 168
비이클 ▸ 147
빅 파이브 ▸ 198
빈도 ▸ 142
빠른 추격자 ▸ 2

ㅅ

사이몬 ▸ 104
사적 공간과 공적 공간 ▸ 206
사전기획단계 ▸ 130
사전편집식 평가방식 ▸ 194
사전평가 ▸ 133
사회계층 ▸ 205
사회 문화적 특성 ▸ 72
사회자 토론가이드 ▸ 224
사회적 욕구 ▸ 61, 202
사회적으로 바람직한 방향으로 응답하려는 편향성 ▸ 226
사후기획 ▸ 133
사후기획단계 ▸ 130
사후평가 ▸ 133
삼성 갤럭시(Galaxy) ▸ 262
삼성전자 ▸ 239, 262
상관성 ▸ 101
상호의존적 자아 ▸ 197
상호작용성 ▸ 156
상황분석 ▸ 84
상황적 문화의 분류 ▸ 65
샘플의 동질성 ▸ 218
생리적 욕구 ▸ 202
서베이 ▸ 218
서양적-동양적 가치 ▸ 82
선도자 ▸ 2
선점 전략 ▸ 106
선택적 지각 ▸ 199
설문조사 ▸ 218
성숙의 가치 ▸ 54
성실성 ▸ 198
성취적 가치 ▸ 53
세계무역기구 ▸ 23
세계화 ▸ 48
셔터글라스 ▸ 279

소비 동기 ▸ 62
소비자행동 ▸ 57, 58
소비행위 ▸ 52
소셜 네트워킹 서비스 ▸ 180
소셜미디어 ▸ 156
소속지향성 ▸ 54
수단가치 ▸ 52
수입광고 ▸ 3, 4
수출 ▸ 26
수출광고 ▸ 3, 4
수평적-수직적 가치 ▸ 82
순차제거식 평가방식 ▸ 194
쉐보레 ▸ 234
스키마 ▸ 200
스타벅스 ▸ 10
스포츠 마케팅 ▸ 232
스폰서십 ▸ 230
스폰서십 활동 ▸ 249
시연과정 ▸ 200
신경증성 ▸ 198
신뢰 ▸ 69
신문광고 ▸ 34
실용적-상징적 가치 ▸ 82
실질적인 자아 ▸ 58
실행단계 ▸ 130
실험조건의 조작 ▸ 223
실험조사 ▸ 222
실험 처치 ▸ 223
심층인터뷰 ▸ 224
쏘나타(Sonata) ▸ 270

ㅇ

아디다스 ▸ 234
아웃바운드 ▸ 126
아이애드 ▸ 168
안전가치 ▸ 55
안전의 욕구 ▸ 202
애플 ▸ 168, 256
앱광고 ▸ 170
언어적 ▸ 219
언어적 커뮤니케이션 스타일 ▸ 118
여성성 ▸ 66
여성주의 ▸ 66
역치 ▸ 143
연성판매소구 ▸ 54
영향 ▸ 57
오리온 초코파이 ▸ 285
온라인 네트워크광고 ▸ 164
외적탐색 ▸ 193
외향성 ▸ 198
위성방송 ▸ 156
위치기반서비스 ▸ 170
유교적 역동성 ▸ 55, 69
유니클로 ▸ 250
유닛 ▸ 147
유투브 ▸ 177
유효도달률 ▸ 144
유효빈도 ▸ 143
의견선도자 ▸ 208
의미분별 척도 ▸ 221
이메일광고 ▸ 161
이상적인 자아 ▸ 58
인과관계조사 ▸ 215
인바운드 ▸ 126
인지 ▸ 57, 200
인지적 부조화 ▸ 196
인출 ▸ 200
인터넷 ▸ 34, 156
인터넷 PPL ▸ 164
인터넷광고 ▸ 35, 158
일관성 ▸ 59

ㅈ

자아개념 ▸ 197
자아실현 ▸ 53
자아실현 ▸ 53
자아실현의 욕구 ▸ 202
자아존중 ▸ 53
자아 지향성 ▸ 54
자아 지향적 가치 ▸ 53
자연친화적 가치 ▸ 55
자회사설립 ▸ 28
장기기억 ▸ 200
장기 지향성 ▸ 68, 69
장기지향성-단기지향성 ▸ 69
저맥락 ▸ 77, 102
저상황적 ▸ 65
적합성 ▸ 101
전략적 제휴 ▸ 27
전 세계 광고비 총액 ▸ 32
전 세계 상위 25개의 글로벌광고대행사 ▸ 38
절충전략 ▸ 8
정(情) 시리즈 ▸ 285
정교성 ▸ 101
정보적 소구 ▸ 55
정보처리 행위 ▸ 52
정서 전략 ▸ 110
제약요소 ▸ 130
제일기획 ▸ 38
조인트 벤처 ▸ 27
조작점검 ▸ 223
조화지향적 가치는 ▸ 55
존경의 욕구 ▸ 202
존 펨버턴 ▸ 246
종속변수 ▸ 213
주관적 규범 ▸ 204
주의 ▸ 199
주제통각검사 ▸ 226
준거집단 ▸ 207
증강현실 ▸ 170
증언 ▸ 68
지구촌 ▸ 2
지속성 ▸ 142
지속형 스케줄링 ▸ 150
지역화 ▸ 49
직접투자 ▸ 15
집단주의 ▸ 64, 78, 102, 205
집단주의 문화 ▸ 56, 60, 62
집중형 스케줄링 ▸ 152

ㅊ

창의성 ▸ 100, 102

체계적 상황 ▸ 67
첼시 클럽 ▸ 240
측정척도의 동질성 ▸ 219
친화성 ▸ 198

ㅋ

카피 플랫폼 ▸ 117, 119, 120, 122, 123
칸느광고제 ▸ 42
캐논 ▸ 235
캔들러 ▸ 246
케이블 ▸ 156
코카콜라 ▸ 231, 246
크로스미디어 ▸ 147
크루거만 ▸ 143
크리에이티브 전략 ▸ 89, 100, 103, 104, 112
클리오광고제 ▸ 42

ㅌ

탐험적 조사 ▸ 215
태도 ▸ 202
통합적 마케팅 커뮤니케이션 ▸ 146
투사법 ▸ 225
트위터 ▸ 168, 176

ㅍ

판도라 ▸ 168
판매의 계절성 ▸ 148
팬페이지 ▸ 179
퍼스트 무버 ▸ 2
펄싱형 스케줄링 ▸ 150
페이스북 ▸ 168, 176
편광필름패턴 ▸ 279
평가 ▸ 130
평가기준 ▸ 194
포지셔닝 전략 ▸ 108
포커스그룹 인터뷰 ▸ 224
표준화 ▸ 51, 84
표준화 성향 ▸ 51
표준화와 현지화 ▸ 255
표준화전략 ▸ 7, 248
표현전략 ▸ 72
푸쉬형광고 ▸ 171
풀형광고 ▸ 171
프랜차이징 ▸ 27
프랭크 로빈슨 ▸ 246
프레이저 ▸ 105
프렌전 ▸ 105, 111
플라잇형 스케줄링 ▸ 151
피시바인의 행동적 의도모델 ▸ 204

ㅎ

합작회사 ▸ 15
해외조립 ▸ 15
핵심가치군 ▸ 52
행동 ▸ 58, 60
행동성향 ▸ 58
행동적 의도 모델 ▸ 204
현대 쏘나타 ▸ 270
현대 어슈어런스 프로그램 ▸ 272
현대자동차 ▸ 241, 270
현지화 ▸ 85
현지화 전략 ▸ 8, 248
홉스테드 ▸ 205
환경분석 ▸ 130

영어

A

Achievement ▸ 53
affect ▸ 57
affective strategy ▸ 110
AIDMA ▸ 156
AIMSCAS ▸ 156
AISAS ▸ 156
appropriateness ▸ 101
Arcelor Mittal ▸ 238

B

behavior ▸ 58, 60
B2B 기업 ▸ 237
Branded entertainment ▸ 248
BRIC ▸ 40

C

clarity ▸ 101
cognition ▸ 57
concept mapping ▸ 56
continuity ▸ 142
Contract Manufacturing ▸ 15
Corporate Social Responsibility ▸ 16
CPC ▸ 174
CPM ▸ 145, 174
CPRP ▸ 145
creativity ▸ 100
CSR ▸ 16

D

Dentsu ▸ 37
dependent variable ▸ 213
Direct Investment ▸ 15
Domestic company ▸ 25
Dow Chemical ▸ 238

E

elaboration ▸ 101
empathy ▸ 101
ERS ▸ 220
Export ▸ 26
export advertising ▸ 4

F

fast follower ▸ 2
FCB그리드모형 ▸ 138

FIFA ▸ 249
first mover ▸ 2
Fishbein ▸ 204
Foreign Assembly ▸ 15
FPR ▸ 279
Franchising ▸ 27
Free Trade Agreement ▸ 24
frequency ▸ 142
FTA ▸ 24

G

GATT ▸ 23
GE ▸ 237
General Agreement on Tariffs and Trade ▸ 23
generic ▸ 105
global advertising ▸ 3
Global company ▸ 26
global village ▸ 2
GRPs ▸ 142

H

Hyundai Assurance Program ▸ 272

I

IMF ▸ 23
I'm lovin' it ▸ 253
import advertising ▸ 4
inbound ▸ 126
independent variable ▸ 213
International company ▸ 25

J

Joint Ownership ▸ 15
Joint Ventures ▸ 27

L

LG 3D TV ▸ 278
LG전자 ▸ 240, 278
Licensing ▸ 14, 27
localization ▸ 49

M

Management Contracting ▸ 14
Maturity ▸ 54
Mega Agency ▸ 37
MMS ▸ 174
multinational advertising ▸ 3
Multinational company ▸ 26

N

NCAA ▸ 241
NMMC ▸ 147

O

originality ▸ 101
outbound ▸ 126

P

photo sort ▸ 63
positioning ▸ 108
preemptive ▸ 106
pull ▸ 171
push ▸ 171

R

reach ▸ 142
relevance ▸ 101
resonance ▸ 109
ROI 모형 ▸ 89, 94

S

self-actualization ▸ 53
SG ▸ 279
SMP ▸ 92
SMS ▸ 174
Social Desirability Bias ▸ 226
SPA브랜드 ▸ 251
Strategic Alliances or Partnership ▸ 27
SWOT분석 ▸ 257

T

threshold ▸ 143
TOP(The Olympic Partners) ▸ 230
TV ▸ 156

U

UCC광고 ▸ 163
Unique Selling Propositions) ▸ 8
USP ▸ 92
USP: Unique Selling Proposition ▸ 107

W

Wholly-owned Subsidiaries ▸ 28
world Trade Organization ▸ 23
WTO ▸ 23

기타

1차자료 ▸ 213
2차자료 ▸ 212
3HIT이론 ▸ 143
3자 투사법 ▸ 225

저자소개

정만수
mchung@sm.ac.kr

현재 숙명여자대학교 홍보광고학과 교수로 재직하고 있다. 고려대학교 신문방송학과를 졸업하고, 미국 University of Florida에서 언론학 석사, University of Missouri- Columbia에서 광고학 박사를 받았다. 종합광고대행사 (주)금강기획에서 국제광고본부장, 마케팅본부장을 역임했으며, 수원대학교 언론정보학과 교수를 지냈다. 한국광고학회 상임이사 및 감사, 한국광고홍보학보 편집위원장, 숙대신보 주간교수 등을 역임했으며, 저서로는 설득커뮤니케이션의 이해(공저), 글로벌마케팅커뮤니케이션(공저), 글로벌시대의 광고와 사회(공저), 인터넷 커뮤니케이션(공저) 등이 있으며, 수십편의 학술논문을 발표했다

김유경
ykkims@daum.net

현재 한국외국어대학교 미디어커뮤니케이션학부 교수이자 국가브랜드연구센터장으로 재직 중이다. 국가브랜드위원회 위원을 역임하였으며 현재 대통령직속 문화융성위원회 전문위원이며 해외문화홍보원, 아리랑 국제방송, 디자인 온, 메타 브랜딩, DMC, 문화체육관광부 등에서 자문위원으로 활동하고 있다. 한경-외대 주관 공공브랜드 아카데미의 원장을 맡고 있다. 한국외국어대학교에서 신문방송학 학사를, 하와이 주립대학에서 커뮤니케이션 석사, 시라큐즈대학에서 매스 커뮤니케이션학 박사를 취득하였다. 주로 글로벌 브랜딩, 국제광고, 브랜드커뮤니케이션, 브랜드관리, 국가브랜드 및 도시브랜드 관리에 관하여 연구하고 있으며, Coporate Reputation Review, 언론학보, 방송학보, 광고학연구, 광고홍보학연구, 광고연구 등의 저널에 다수의 논문을 게재하였다. 저(역)서로 〈해외시장에서의 브랜드전략〉, 〈도시브랜드의 전략적 관리〉(공역, 2013), 〈스마트시대의 광고미디어〉(2012), 〈City Branding〉(Palgrave, 2011) , 〈브랜드관리〉(2010) 등이 있다.

이경렬
kylee19@hanyang.ac.kr

한국외국어대학교 신문방송학과를 졸업하고 텍사스 오스틴대학교에서 광고학 석사(M.A), 플로리다대학교에서 커뮤니케이션학 박사학위(Ph.D)를 받았다. 박사학위 취득 후 삼성전자 국내영업본부 마케팅팀 광고그룹 과장, 동아대학교 사회언론광고학부와 언론홍보대학원에서 학과장과 교학과장을 거쳐 현재 한양대학교 광고홍보학부 교수로 재직 중이다. 2009년 대한민국 광고대상 심사위원, 문화관광부 홍보정책자문위원회 자문위원, 한국방송광고공사 교육자문위원, 연구자문위원, 미디어포럼 광고분과위원, 한국광고학회 편집위원장. 한국커뮤니케이션학회 회장, 미국 캘리포니아 주립대학교(플러톤) 커뮤니케이션학과 교환교수로 활동하였다. 2009년 한국광고학회 올해의 최우수논문상, 2013년 제2회 제일기획 학술상 저술부문 대상을 수상했다. 관심분야는 매체기획, 뉴미디어 및 소셜미디어광고로서 최근의 저서와 연구로는 스마트시대의 광고미디어(2009), 4대 매체 중복률 예측모델 정확도 검증에 관한 연구(2013), SNS 상의 온라인 구전 (eWOM)의 정보처리과정에 관한 통합 모형의 개발에 관한 연구(2014), SNS에 대한 이용자의 진정성 지각이 기업의 공중관계성에 미치는 영향에 관한 연구(2014) 등 다수가 있다.

전영우
youngwoo@incheon.ac.kr

인천대학교 신문방송학과 교수이다. 한국외국어대 영어과를 졸업하고 미국 위스컨신대학교 언론학 석사, 서던미시시피대학교에서 언론학 박사를 받았다. 국제광고 관련 학술 논문을 다수 발표하였으며, 현대광고학, 광고 상품 쇼핑의 노예들 등의 저서가 있다. 한국광고학회 이사, 인천대학보 미추홀 주간교수, 인천대 국제교류원장, 인천광역시 국제교류재단 대표이사를 역임했다. ITV인천방송 옴부즈맨 프로그램 '터치itv' 사회자로 방송을 진행했으며, OBS경인방송 시청자평가위원으로 활동하였다.

저자소개

김병희

kimthomas@hanmail.net

서원대학교 광고홍보학과 교수다. 서울대학교 국어국문학과를 졸업하고 연세대학교 석사를 거쳐 한양대학교 광고홍보학과에서 광고학 박사를 받았다. 미국 일리노이대학교 광고학과 교환교수, 한국PR학회 제15대 회장, 「광고PR실학연구」 편집위원장, 한국광고학회 및 한국PR학회 총무이사로 활동했다. 그동안 「창의성을 키우는 통섭 광고학」(시리즈 5권, 2011), 「광고의 새로운 정의와 범위」(2013)를 비롯한 20여권의 저서를 출판했으며, "가치관의 차이가 국제광고 표현에 미치는 영향: 한미 간 비교문화연구"를 비롯한 60여 편의 학술논문을 발표했다. 광고 창의성 평가 척도와 이론 개발에 기여한 공로를 인정받아 한국갤럽학술상 대상(2011)과 제1회 제일기획학술상 저술부문 대상(2012)을 수상했다.

최영균

choiyung@dgu.edu

현재 동국대학교 광고홍보학과 교수로 재직하고 있다. 한양대 영문과를 졸업하고, 미국 Michigan State University에서 광고학 석사와 박사를 받았다. 박사논문은 미국 광고학회로부터 최우수 논문상(2000)을 수상하였다. 한국광고학회 편집장, 한국 광고홍보학회 편집이사, Journal of Business Research 특별호의 객원 편집장을 역임하였고, 현재 Journal of Advertising, International Journal of Advertising, Journal of Global Scholars of Marketing Science 등의 국제학술저널에 편집위원으로 활동하고 있다. 글로벌마케팅커뮤니케이션(공저), Effects of Virtual Human Agent on Consumer Persuasion 등의 저서를 출판하였고, 다수의 논문을 국내외 저명학술지에 게재하였다.

심성욱

swsjah33@empas.com

1994년 한국외국어대 신문방송학과를 졸업하고 1999년 미국 미주리(Columbia)대학에서 광고학 석사(M.A)를 그리고 2002년 플로리다대학 광고학 박사(Ph.D)학위를 취득했다. 2003년부터 한양대학교 광고홍보학부에서 광고 전공 교수로서 일하고 있다. 박사 학위 취득 후 2002년 9월부터 광고대행사 오리콤에서 브랜드전략연구소 부장으로, 2003년에는 한국언론재단 객원연구위원으로 일한 바 있다. 그의 관심분야는 광고전략, 인터랙티브광고, 옥외광고 등이며 이러한 관심분야에서 활발한 연구 및 저술활동을 하고 있다.

저서로는 '인터랙티브광고론(공저)', '신옥외광고론(공저)', 디지털미디어와 광고(공저), 한국의 광고2(공저) 등이 있다.

글로벌 시장과 국제광고

2014년 7월 24일 | 제1판 1쇄 인쇄
2014년 7월 30일 | 제1판 1쇄 발행

지 은 이 정만수, 김유경, 이경렬, 전영우, 김병희, 최영균, 심성욱
발 행 인 김은중
발 행 처 서울경제경영출판사
북디자인 (주)우일미디어디지텍
주 소 120-808 서울특별시 서대문구 신촌로203(대현동) 대현빌딩 6층
전 화 02) 313-2682
팩 스 02) 313-8860
등 록 1998년 1월 22일 제5-63호

ISBN 978-89-97937-25-7 93320
정가 25,000원